中国社会科学院创新工程学术出版资助项目

发展型安全

中国崛起与秩序重构

钟飞腾 著

中国社会科学出版社

图书在版编目（CIP）数据

发展型安全：中国崛起与秩序重构/钟飞腾著 . —北京：中国社会
科学出版社，2017.4
ISBN 978 - 7 - 5203 - 0303 - 3

Ⅰ.①发…　Ⅱ.①钟…　Ⅲ.①国家安全—研究—中国
Ⅳ.①D631

中国版本图书馆 CIP 数据核字（2017）第 081316 号

出 版 人	赵剑英
责任编辑	周晓慧
责任校对	无　介
责任印制	王　超

出　　　版	中国社会科学出版社
社　　　址	北京鼓楼西大街甲 158 号
邮　　　编	100720
网　　　址	http://www.csspw.cn
发 行 部	010 - 84083685
门 市 部	010 - 84029450
经　　　销	新华书店及其他书店

印　　　刷	北京明恒达印务有限公司
装　　　订	廊坊市广阳区广增装订厂
版　　　次	2017 年 4 月第 1 版
印　　　次	2017 年 4 月第 1 次印刷

开　　　本	710×1000　1/16
印　　　张	23
插　　　页	2
字　　　数	342 千字
定　　　价	96.00 元

序　言

张蕴岭[*]

钟飞腾博士完成这本《发展型安全：中国崛起与秩序重构》书稿，要我写一篇序言，虽有些为难，但盛情难却，只好从命。

作者把发展型安全作为主题，把发展与安全，发展与秩序重构联系起来，试图以国际政治经济学方法来研究中国崛起背景下对自身安全环境和周边秩序的构建，应该说，这是一个很有理论性和现实意义的议题，也是一项带有创意性的研究。

安全问题一直是近代中国面临的一个最严峻问题。在自身衰落的情况下，面对西方列强的殖民扩张，日本帝国主义的崛起，中国失去了捍卫自己利益和维护自身安全的基本能力，成为被侵犯、被瓜分的病夫之国。

中华人民共和国成立，结束了中国衰落的下行线，但是，在很长的时间里，安全问题就像一把达摩克利斯剑，时刻悬在头上，在大多数情况下，只能被动应对，有时甚至不得不卷入战争。究其原因，一个致命的问题是经济不发达，实力不强，甚至陷入贫困。就对外关系来说，在此情况下，中国与周边绝大多数国家基于发展利益的共享性很小。应该说，当时，除了冷战对抗格局和中苏分裂的政治因素外，发展滞后是国家安全脆弱的内在病因。

改革开放是中国做出的一个重大理念与战略转变。理念上的转变

＊ 张蕴岭，全国政协委员，中国社会科学院学部委员，国际研究学部主任，地区安全研究中心主任。

主要体现在把经济发展放在首位，作为第一要务来抓，而战略上的转变则体现在为发展而主动开拓安全环境上。前者改变了中国的资源和作为方向，把主要资源、精力和政策导向转向发展经济，为此，大力推动对外开放，积极吸引外来资本，发展加工制造业；而后者转变了中国处理外部关系的方式，主动改善和发展与他国的关系，缓解外部安全威胁，为此，邓小平先后出访美国、日本、欧洲和东南亚，主动改善与这些国家的关系。显然，以发展为中心的安全环境构建，让中国走出被动维护安全的状况，实现了安全环境的主动创建。在此基础上，中国进一步有所作为，积极推动通过谈判解决历史遗留的陆地边界争端，完成了除印度外的陆地边界勘定，同时，积极参与多种区域合作机制。这样，既改善了中国的安全环境，又为扩大对外经济关系奠定了基础，可以说，由此实现了发展增进安全和安全推动发展的良性互动。当然，正如作者所说的，发展本身并不能自动产生安全，不过，为实现发展而主动创建安全环境，因发展进步和综合实力提升而使安全环境得以改善，在改革开放后的中国，这种互动关系是显而易见的。

中国的安全与众不同，有着复杂的和多层次的影响因素和战略性考虑，既有历史遗留和现实存在问题的交织，又有基于现实问题的考量和未来秩序构建所涉及的联系。随着中国的发展和以此为基础的综合实力提升，总的来说，既有安全环境的创建，也有关系和秩序构建的双重含义。我把这种多重含义大体归结为：其一，中国的陆海综合环境全面建设。在地缘上，中国是一个陆海复合型国家，因此，越来越需要综合起来加以设计和建设。在这种建设中，一则，中国不会，也不可能走传统大国扩张、独霸的道路；二则，中国还是一个发展中国家，需要基于发展理念的和平发展环境建设，从这个角度来说，也许只有中国才会，才能够提出基于合作发展与合作安全的"一带一路倡议"。其二，和平解决争端，构建新型周邻关系。近代衰落的历史，还有新的国际海洋立法（《联合国海洋法公约》）等，为中国遗留或者凸显出诸多争端，有陆、海领土、海域的，有历史人文的，还有国家分裂方面的，处理这些问题难以用简单的办法，一则，需要针对不同的情况、不同的形势，采取不同的对策；二则，需要着眼于综合的发展需要。因此，中国一直坚持和平解决争端。当然，如何把握利益诉求与维护稳定与和平环境，对中国来说并非易事，既需要以实力作为基础，也需要进行智慧操作，更需要相关各方的合作意愿与行为。其三，处理好大国关系，其中主要是与美国的关系，努力创建一种基于"不冲突、不对抗、相互尊重、合作共赢"原则的新型大国关系。这种开创性定位和努力，当然基于中国自身发展安全环境的需要，但也有新的理念支撑。其四，中国是一个地区大国，近代以来失去了对地区关系和秩序的构建能力。随着中国综合实力的提升，重构地区关系和秩序是一个必然和自然的进程。尽管中国不是要重新回归主导，而是基于"命运共同体"的理念构建新关系和秩序，但这毕竟是一场大的变革，在认可度上，也不是能"一呼百应"的。新关系和秩序的共识和建设基础需要时间、耐心和中国本身行为的积淀和检验。

本书作者提出关于发展力量对安全影响的问题，在很多情况下，力量的提升并不总是能提供正能量和正向反应的。正如作者所说"中国面临的挑战是，在英美地缘政治模式仍旧占据主导地位的国际关系逻辑中，发现、培育和扩展发展中国家的新型国际关系逻辑，让周边国家逐步相信中国的崛起有利于地区稳定和各国的发展。"从这个意义上说，和平构建新地区关系和秩序既是一个理论问题，是一个实践问题，对于学者来说，是需要进行深入研究和观察的。

发展型安全是作者提出的一个重要且带有创新含义的立论，或者说一个命题，这个问题需要进一步深入研究，从这个意义上说，本书只是开了一个头，希望作者继续在这方面进行系统和深入的研究。

目　　录

导　　论

将发展与安全关联起来，并在周边地区进行实践，逐步推动一个有利于中国持续发展的和平环境，这是 20 世纪 80 年代后期以来中国在重塑周边关系中倡导和遵循的战略原则。本书主要立足于国际政治经济学的方法和理论，将经济与政治的互动原理运用于分析中国崛起背景下如何处理与周边关系。用一句话概括，这一阶段中国在对外关系领域的成功之道，笔者认为是牢固树立发展的首要战略目标，始终明确并连贯地将安全问题纳入发展的大框架中，构建稳定和可预期的外部环境。而这也是"发展型安全"（Developmental Security）的基本含义。

本书大体上按照定义周边、评估外部总体环境、纳入海洋新问题、拓展与美国体系的关系等展开，并最终导向中国大战略的根本特征。最核心的是中国的国家战略，必须兼顾发展与安全，即发展经济和维护国家安全这样一个双重任务，中国的特色在于它是由发展而非权力定义安全大战略。从基本学理思路看，本书基本上是从政治与经济两条线索的互动来展开论述的，并追求从本源上探讨基本概念和基本规律的原始风貌，因此很多篇章对概念的历史背景有较为深入的交代。本书提出，在未来一段时期里中国在周边地区所面临的挑战是地缘政治层面的，这是中国最终崛起的表现和结果，也是崛起进程中不得不设法周旋的重大挑战。

一　发展型国家与"发展型安全"

在交代本书的章节内容之前，有必要介绍一下笔者是如何构思"发展型安全"这个概念的。已故哈佛大学教授雷蒙·弗农（Raymond Vernon）在回忆《主权困境》一书时曾提到，如果作者想让人记住一本书，可以使用一个模糊的标题。[①] 作为一名因研究跨国公司问题而闻名于世的专家，弗农在 20 世纪 70 年代发明了"主权困境"这个术语，意指发展中国家的主权面对跨国公司时很可能失守。弗农将国家主权与跨国公司结合在一起进行分析，突出发展中国家的安全与发达国家主导的跨国经济力量的关联性。"主权困境"这个概念提出伊始，并不容易被人理解，因为当时跨国公司还是一种新兴势力，人们对它的影响力有很大争议。1976 年，普林斯顿大学教授罗伯特·吉尔平（Robert Gilpin）在《美国政治学评论》中将主权困境模式概括为对外直接投资的三种视角之一，此后人们接受了这种说法。[②] 一个经济学家发现了国际政治问题，而另一个政治学家通过倡导经济学家的术语，推动了国际政治经济学在美国的大发展。在这背后，主要是两人所处的背景的一致性，即美国面对波澜壮阔的世界经济也得重新思考出路。

追求政治和经济关联性的国际政治经济学适用于分析国家崛起和衰落，特别是中国这样的社会主义发展中大国的崛起以及美国这样的霸主的衰落。一百多年来，中国追寻国强民富，至 20 世纪 90 年代初才开始明确建设社会主义市场经济体系。20 多年来我们生活其中的市场体系，与西方人在教科书、日常舆论以及国会辩论中所强调的自由市场、协调市场等都不同，中国体验和发展的经济并非西方的那个经济系统。但在中国的外部，具有强大优势地位的却是美国主导的国际政治经济体系，处理好与外部世界的关系始终是中国面临的巨大挑战。在政治方面，中西方的差异更大。但这种差异并不妨碍中国人追求更好的生活，事实上，通过改革开放，中国人整体上快速提高了生活水平。因此，把握政治与经济的辩证关系，从政治经济学的传统中去寻找持续推进发展的动力和机制，仍然是未来中国绕不过去的

①　Raymond Vernon, *Sovereignty at Bay*: *The Multinational Spread of the U. S. Enterprises*, Basic Books, New York, 1971.

②　Robert Gilpin, "Review: The Political Economy of the Multinational Corporation: Three Contrasting Perspectives," *The American Political Science Review*, Vol. 70, No. 1（Mar., 1976）, pp. 184 – 191.

主题。

20 世纪后半期，一度将西方的政治经济学思想运用得炉火纯青的是日本。从国际角度分析的话，这一阶段日本崛起的案例对中国具有很重要的参考意义。而且，观察在地理上靠近中国大陆的日本发展历程，要比眺望在太平洋另一端的美国，更能在知识体系上认识中国发展的成就和挑战。这大概也是笔者在构思"发展型安全"时，多次思考查默斯·约翰逊的《通产省与日本奇迹》一书的原因。① 在这本书中，约翰逊构建了一个新概念"发展型国家"（Developmental State），约翰逊的视角是国内的，关注通商产业省这个官僚机构在推动日本发展时所发挥的积极作用。约翰逊选定 1925 年作为日本产业政策发挥效力的阶段，对认识那个时候的日本国情以及日本的对外战略，特别是中日战争有重要启示。而将 1975 年作为结束点，也有积极意义。按照已故经合组织经济学家麦迪森的统计，1925 年，日本的人均 GDP 为美国的 30%，在美日太平洋战争爆发前缩小至美国的43%（1939 年）。但与美国的战争在一定程度上导致日本人均 GDP 急剧缩小，绝对额退回到第一次世界大战爆发前的阶段，战败的那一年不到美国的 12%。此后日本通过融入美国主导的国际体系获得发展，而在国内施行的仍旧是"发展型国家"的产业政策，1958 年，日本的人均 GDP 占美国的 31%，首次超过 1925 年的占比。到 1975 年，也即约翰逊选定的"日本奇迹"结束点，日本人均 GDP 占美国的近 70%，17 年增长了 3.5 倍。同样的对比方法如果运用于中美，则 1978 年中国人均 GDP 为美国的 5%，2010 年上升至 26%，32 年间增长了 28 倍。②

在中共十一届三中全会召开前两个月，后来被誉为改革开放总设计师的邓小平访问日本。1981 年 4 月，在会见日中友好议员联盟访华团时，邓小平首次提出中国 2000 年的战略目标是人均 GDP 达到 800 美

---

① Chalmers A. Johnson, *MITI and the Japanese Miracle*: *The Growth of Industrial Policy*, *1925 - 1975*, Stanford University Press, 1982.

② 该数据库更新至 2010 年，http: //www. ggdc. net/maddison/maddison - project/home. htm。

元。① 按照国际货币基金组织（IMF）的数据，1980 年，中国人均 GDP 为 307 美元，2000 年，中国的人均 GDP 为 954 美元，如期实现了邓小平 20 年前规划的目标。从 20 世纪 80 年代初起，中国政府一直倡导对外开放和构建稳定的外部环境。2015 年，以购买力计算，中国人均 GDP 占日本的 36.7%、美国的 25.3%。在不到 40 年的时间里，中国人均 GDP 占美国的比重从 1/20 缩小至 1/4，这是一个巨大的进步。

本书认为，中国政府将增加人均 GDP 作为核心的国家发展战略目标之一是中国取得成功的基本原因。尽管很多学者认为，人均 GDP 不足以代表和衡量一个个体的生活质量，在国际政治现实主义理论中也不占有一席之地，但中国的成功却迫使我们重新认识西方追求财富和权力的道路。权力、利益、观念和制度，任何一个变量单独拿出来考察中国的崛起，都难以抓住根本所在。关键在于政治和经济的互动，造就了今天中国的发展。在看到日本的巨大成功之后，中国主动融入日本主导的东亚地区生产网络，得以快速利用其劳动力资源，同样发展了出口导向型经济，并于 90 年代后期在一些产业领域快速追赶日本，直至 2001 年加入美国主导的国际经济体系，更为快速地赶超发达国家，最终于 2010 年在经济总量上超过了日本。在 2008 年金融危机后，美国和西方世界再度陷入泥潭，中国决定进一步调整政治与经济的关系，2013 年 11 月召开的中共十八届三中全会决定"使市场在资源配置中起决定性作用和更好发挥政府作用"②。就政府在经济发展中的作用这一共同性而言，中国已被广泛认为是东亚地区"发展型国家"的一员。③

基于比日本更为特殊的地缘特性，以及"朝贡秩序"对中国政治智慧的影响，中国堪称比日本采取了更成功的发展模式。自明治维新

---

① 中共中央文献研究室：《邓小平思想年谱（1975—1997）》，中央文献出版社 1998 年版，第 187—188 页。

② 《中共中央关于全面深化改革若干重大问题的决定》，新华网，2013 年 11 月 15 日，http://news.xinhuanet.com/politics/2013 - 11/15/c_ 118164235.htm.

③ Shaun G. Breslin, "China: Developmental State or Dysfunctional Development?" *Third World Quarterly*, Vol. 17, No. 4, 1996, pp. 689 - 706; John B. Knight, "China as A Developmental State," *The World Economy*, 2014, pp. 1335 - 1347.

以来，日本人通常认为自己是东亚的英国。① 事实上，日本最大的岛屿面积确实也与英国本土相当，大约22万平方公里。日本作为岛国的战略环境，与英国也的确有很大的类似性。但是，中国的地缘环境是相当特殊的。② 除了陆海兼备外，最典型的是邻国数量众多。如果仅计算陆地邻国数量，那么在所有的大国中，中国的邻国最多，其次是俄罗斯、法国与巴西。当然，如果考虑到英、美、法等国拥有并保留至今的各种海外领地，计算这些领地的相邻国家，那么英法的邻国就比中国多，甚至美国的邻国数量也接近于中国。

在主权国家构成的当代世界中，这种地缘特性对中国安全战略的影响是巨大的。中国无法坚持旧的领土和安全观念，而势必尊重国际法对边境的基本界定。由于"朝贡秩序"的影响，中国也比其他大国经受着相邻国家更多的直接关注，特别是在安全问题上。因此，中国必须更为注意发展与周边的关系。从这个意义上说，将中国与周边关系作为整体来处理，也是这种反思的一个结果。张蕴岭也指出，中国对外关系处理中的一个重要成果，是将周边视作一个整体，并将周边作为中国崛起的战略依托。③ 由此便凸显出一个事实：中国是不同于日本的一个独立战略行为体。中国在主权上完全独立，在安全战略上拥有相当强的自主性和较大的运筹空间。在遭遇国内、国际危机时，中国有独立的意志调节发展与安全两个杠杆，维持中国高速增长和快速发展的动力。

中国政府不断革新对安全观的认识就体现了这一点。从20世纪90年代起，中国政府逐步提出并实践"新安全观"，并在21世纪的

① 比如，1889年日本国宪法起草者之一金子间太郎（1853—1942年）在日俄战争结束后认为："日本群岛在亚洲相当于英国在欧洲的独特和优越地位……日本今天面临的挑战，犹如19世纪初英国面对拿破仑的威胁一样，日本在战争中的表现并不逊色于当年的英国。"Baron Kentaro Kaneko, "Japan's Position in the Far East," *Annals of the American Academy of Political and Social Science*, Vol. 26, the United States as a World Power (Jul., 1905), pp. 77 - 82.

② 张文木对中国数千年来地缘格局变化做了深入的阐述，并强调当前中国地缘政治形势与欧美存在着根本的差异（张文木：《中国地缘政治论》，海洋出版社2015年版）。

③ 张蕴岭：《在理想和现实之间：我对东亚合作的研究、参与和思考》，中国社会科学出版社2015年版。

第二个十年发展为总体国家安全观和亚洲安全观。从其组成来看，不仅接受了日本在 20 世纪 70 年代后期提出的"综合安全"（comprehensive security），也接受了罗马俱乐部特别关注的可持续安全概念，而且日益重视发展海洋权益，将建设海洋强国视作国家战略目标之一。事实上，中国的发展在一定程度上延续了日本开创的东亚发展路径，同时也在安全上革新了理念，照顾到亚洲各国的发展现实和亚洲安全的多样性。2014 年 4 月，中国政府提出总体国家安全观，其中有这样的论述："既重视发展问题，又重视安全问题，发展是安全的基础，安全是发展的条件，富国才能强兵，强兵才能卫国"。[①] 这是中国政府首次对安全与发展的关系做出明确的界定。

事实上，中国学术界对发展与安全之间的辩证关系有着清晰的认识，这一点是不同于西方学者的。张文木就有如下论述："如果说中国 20 世纪五六十年代的安全问题是生存问题，那么，80 年代之后中国的安全问题就是发展问题。发展安全是这一时期中国安全哲学的核心概念；从某种意义上说，这一时期的发展问题就是生存问题。"[②] 西方也有学者认识到，亚洲国家不仅在发展上处于后来阶段，就是在安全观上也不能简单套用欧洲和美国的经验。[③] 但在国际学术界关于发展研究的界定中，并没有形成将安全与发展联系在一起的学术传统。在英国学者范达娜·德赛与罗伯特·B. 波特主编的《发展研究指南》第 2 版（中文版厚达 1100 页）中，第九部分为"暴力和不安全的政治经济学"。但从其所列的 12 个主题来看，甚少有涉及大战略层面的安全问题。即便提到"发展安全化"，也多是基于个人的经济和社会权利层面的人类安全概念。[④]

---

① 习近平：《习近平谈治国理政》，外文出版社 2014 年版，第 201 页。

② 张文木：《中国地缘政治论》，第 213 页。

③ Mark Beeson, "Security in Asia: What's Different, What's Not?" *Journal of Asian Security and International Affairs*, Vol. 1, No. 1, 2014, pp. 1 – 23.

④ 蒂莫西·M. 肖：《和平构建合作伙伴关系和人类安全》，［英］范达娜·德赛与罗伯特·B. 波特主编：《发展研究指南》（下册），杨先明、刘岩等译，商务印书馆 2014 年版，第 883 页。

二 与"发展型安全"类似的概念

1969 年，从哈佛大学毕业已 8 年并在美国学界有一定地位的入江昭（Iriye Akira）发表《和平的发展主义与日本》一文，总结第二次世界大战结束后日本的发展路线。[①]"和平的发展主义"这个词与中国在 21 世纪初提出的"和平发展"有异曲同工之妙。不过，从日文文献来看，入江昭构造的"和平的发展主义"这个词似乎并没有在日本流传开来。

对日本发展战略更为流行的概括是国际政治学者高坂正尧提出的"吉田路线"（Yoshida Doctrine）。1964 年，从哈佛大学毕业不久的日本国际政治学者高坂正尧发表了《宰相吉田茂论》一文，将吉田茂的哲学定义为"商人性质的国际政治观或经济中心主义"，并认为吉田内心深处坚持这样一种原则——在国际关系中最重要的是一国的繁荣和富强。尽管这种观点在 20 世纪 60 年代还是少数派，但最终被日本大众所接受，成为概括这一时期日本国家战略的标准见解。[②] 吉田茂是外交官出生的政治家，1906 年从东京大学毕业后即考入外务省，到 1946 年担任首相首次组阁之前，有整整 40 年的外交生涯。担任外交官时，吉田茂的足迹遍布中国、美国、法国、英国、伊朗等，对世界形势的洞察和把握在日本无与伦比。吉田茂晚年应邀为大英百科全书写纪念明治维新一百周年词条时，有过这样的说法："日本自从与外国建交以来，一直是以同英美两国取得政治上和经济上的协调为原则的，破坏了这个基本原则，同德国和意大利结盟，是投入轻率的战争的原因。"[③] 吉田茂对日本必须与世界主导者搞好关系的看法是吉田路线的核心。1975 年，日本产业政策的设计者之一、原任通产省

---

① 入江昭「平和的 発展主義と日本」（『中央公論』1969 年 10 月）。

② 参见 [日] 大嶽秀夫《经济高速增长期的日本政治学》第四章，吕耀东、王广涛译，社会科学文献出版社 2013 年版。

③ [日] 吉田茂：《激荡的百年史——我们的果断措施和奇迹般的转变》，孔凡、张文译，世界知识出版社 1980 年版，第 72 页。

副大臣的天谷直弘认为，日本加入美国主导的世界贸易体系后，"看到了一个比明治维新以来更加自由的世界，意识到等待很久的快速经济增长终于可以实现。战后前所未有的经济增长，特别是日本，在'美国治下的和平'创造的稳定环境中变得清晰可见"①。这实际上就是日本对外部环境与本国经济增长之间关系的一种妥协观点。

日本政治学家猪口孝认为，日本国际政治发展中存在一个每过 15年就会发生重大转变的特性。他将吉田路线的执行时间界定为 1960—1975 年，并认为 1975 年后日本基本上成为美国的体系性支持者（systemic supporter）。② 笔者认为，日本执行吉田路线的时间远远超出了 15 年，为了确保日本的经济增长并缓解日本权力增长所引发的地区压力，日本的外交做了很多工作。美国学者甚至直到最近还认为，吉田路线仍然约束着日本。③ 而中国社会科学院张勇博士认为，安倍晋三政府正在谋求摆脱"吉田路线"，致力于构筑"新海洋国家战略"。④

近期，与"发展型安全"主旨最为接近的学术概念可能是"发展型和平"（Developmental Peace）。2015 年，瑞典奥斯陆和平研究所教授斯坦·托尼森（Stein Tønnesson）发表《解释东亚的发展型和平：经济增长的红利》一文，他认为，东亚之所以会保持和平，原因在于一国接一国地将经济增长作为优先目标。⑤ 为了解释东亚自 20 世纪 70 年代末保持和平状态的动因，托尼森教授在乌普萨拉大学领导了一项长达 6 年的研究课题"东亚和平项目"（2011—2016 年），研究

---

① 转引自 Masataka Kosaka, "The Showa Era (1926-1989)," *Daedalus*, Vol. 119, No. 3, 1990, pp. 43 – 44.

② Takashi Inoguchi and Paul Bacon, "Japan's Emerging Role as a 'Global Ordinary Power'," *International Relations of the Asia-Pacific*, Vol. 6, No. 1, 2006, pp. 1 – 21.

③ Gerald L. Curtis, "Japan's Cautious Hawks: Why Tokyo Is Unlikely to Pursue an Aggressive Foreign Policy," *Foreign Affairs*, Vol. 92, No. 2, 2013, pp. 77 – 86.

④ 张勇：《日本战略转型中的对外决策调整——概念模式与政治过程》，《外交评论》2014 年第 3 期。

⑤ Stein Tønnesson, "Explaining East Asia's Developmental Peace: The Dividends of Economic Growth," *Global Asia*, Vol. 10, No. 4, 2015, pp. 10 – 15.

团队的成果刊登在韩国发行的《全球亚洲》（*Global Asia*）上。① 其缘起则是托尼森 2009 年发表的论文《什么是东亚 1979 年以来和平的最佳解释？一项研究议程》，他认为，现有对东亚保持长期和平的解释差强人意，需要推陈出新。② 根据奥斯陆乌普萨拉大学整理的数据，1946—1979 年，东亚每年就有 4 场战争，而 1980—2005 年则降至每年只有 0.5 场战争。鉴于东亚减少冲突、持续和平时间如此之久，他认为，学术界长期重视欧洲和平，却不重视 20 世纪后半叶东亚和平是说不过去的。托尼森强调，使用"东亚和平"（East Asia Peace）并不意味着，该地区的和平状态比欧洲更为持久，也不是说亚洲国家更能管理冲突，而是要承认这样一个事实，即东亚过去 30 年在大幅度减少冲突和冲突中人员死亡方面的成绩令人瞩目。针对东亚持续的和平，在既有的理论解释方面，托尼森认为，强调中美作为大陆权力和海洋权力之间均衡的现实主义解释、通过民主化来维持和平的民主与评论等难以适用。东亚经济体之间的相互依赖越来越密切，但这能否成为和平的根本原因？托尼森认为，对此似乎还存在讨论空间。此外，托尼森也质疑那些从观念层面讨论中国通过非正式机制自我克制的建构主义观点。在提出新的可能性解释时，托尼森转向了中国本身。他认为，邓小平将经济增长列为政策优先项，寻求减少军事冲突，并使中国与西方和解以便对付苏联。而邓小平的继任者也保持着经济优先的政策，并解决了绝大多数边界冲突，同时改革中国的军

---

① "The East Asian Peace: How it Came about and What Threats Lie Ahead," *Global Asia*, Winter 2015, Vol. 10, No. 4. https://www. globalasia. org/issue. php? bo_ table = issues&wr_ id = 8993. 该研究项目聘请北京大学教授王逸舟担任顾问，浙江大学教授邹克渊、复旦大学教授任晓为项目成员之一，其论著分别为王逸舟《创造性介入》，北京大学出版社 2011 年版；Zou Keyuan, "Building a 'Harmonious World': A Mission Impossible?" *Copenhagen Journal of Asian Studies*, Vol. 30, No. 2, pp. 75-99, 2013; Ren Xiao, "The Rise of a Liberal China?" *Journal of Global Policy and Governance*, Vol. 2, No. 1, pp. 85 – 103, 2013; Ren Xiao, "Idea Change Matters: China's Practices and the East Asian Peace," *Asian Perspective*, Vol. 40, No. 2, pp. 329 – 356, 2016. 关于项目的具体介绍请参考网站：http://www. pcr. uu. se/research/eap/Publications/。

② Stein Tønnesson, "What Is It that Best Explains the East Asian Peace Since 1979? A Call for a Research Agenda," *Asian Perspective*, Vol. 33, No. 1, 2009, pp. 111 –136.

队，实施现代化战略。[①]

从将国家战略目标设定为增长，而增长本身将带来和平红利这一逻辑来看，本书强调的"发展型安全"与"发展型和平"两个概念显然有其类似性。从学术思想方面看，"发展型和平"属于商业和平主义这一脉络，尽管托尼森对自由主义导致和平的说法并不欣赏。但与"发展型和平"旨在解释东亚地区的和平有所不同，"发展型安全"的中心意图是要理解一个崛起的中国为什么认为保持和平的外部环境这么重要，以及如何与外部世界保持和平稳定的关系。从这个意义上说，"发展型和平"只完成了一半的工作，或者说辩证关系中的前一半。对于崛起的社会主义发展中大国而言，更要注意链条的后一半，即增长（崛起）之后的权力关系变局。

三　本书的主要内容

"发展型安全"的核心理念是，经济增长本身并不会自动带来和平，作为崛起国的大战略，需要处理增长和安全逻辑链条上的两大类阶段性挑战。其一，增长本身需要一种有利的发展环境，特别是对于人均收入极低的国家而言，一个稳定的国际环境是至关重要的。这是讨论大战略的一个基本前提和第一阶段，没有经济增长的大战略很难是一个和平、主动的战略。其二，经济持续增长会带来战略影响力。这是大战略的第二个阶段，也是西方国际关系理论很少明明白白说出来的一个假设。本书第一章将从历史的角度挖掘一个简单的事实：西方参与大国争霸的国家基本上是当时全球最富裕的国家。就经济规模而言，中国已经崛起。[②] 美国及其盟友在金融危机后对中国崛起的过激反应就是一个例证，而力量小得多的周边邻国更早感受到中国经济力量崛起后在安全和战略影响力上的扩展，因而更为重视经济增长的安全后果。对中国来说，"发展型安全"的含义也从早期改变对外部

[①]　Stein Tønnesson, "What Is It that Best Explains the East Asian Peace Since 1979? A Call for a Research Agenda," *Asian Perspective*, Vol. 33, No. 1, 2009, pp. 129 – 130.

[②]　在最近出版的一部书中，学者们认为，中国和亚洲已经崛起。Saadia M. Pekkanen, *Asian Designs*: *Governance in the Contemporary World Order*, Cornell University Press, 2016.

环境的看法，积极维护和平环境以推动增长，逐渐转变为增长（崛起）之后也要创造和提升于我有利的周边环境，才能继续维护持续的增长。鉴于中国仍处于一个较低的收入阶段，中国的大战略在战略目标和战略手段上需要转换。这个含义与早期重商主义的见解也是一致的，对于重商主义者而言，财富与权力两者既是目标，又互为手段。但与重商主义所处的世界不同的是，目前中国崛起所经受的体系性压力和周边关注度更强，特别是战争作为崛起国的一种手段已经不存在。

　　本书突出强调的一个观念和角度是人均 GDP 很重要。长期以来，受到西方国际关系学科的影响，中国学者很少讨论发展水平和发展阶段（本书基本上以人均 GDP 这个指标来衡量）对一国对外关系和战略的影响。尤其是现实主义学者，他们大都认为，国际政治的本质自古以来甚少发生变化。但大多数将意大利马基雅维利的《君主论》当作现实主义代表作的人可能不知道这样一个事实：16 世纪初的意大利是欧洲最富裕的国家。1651 年，英国哲学家托马斯·霍布斯出版《利维坦》一书时，英国的人均 GDP 增速名列欧洲第一，富裕水平仅次于荷兰。由于这两个当时最富裕的国家都提倡政治现实主义学说，对后来人而言似乎现实主义理论会是一种永恒的现象。实际上，正如本书第一章所言，以霍布斯为代表的现实主义者描述的世界多少反映了人类社会所处的马尔萨斯陷阱阶段。但在 1800 年左右，西欧国家通过工业革命迎来了"现代经济增长"。而中国尽管长达几千年的时间都深嵌在马尔萨斯陷阱之中，毕竟也走出了这个阶段，甚至在经济发展上都开始跨过二元经济阶段。当然，对于很多发展中国家而言，跨越低收入陷阱仍然是一个巨大的挑战。这种不平衡的发展似乎成了第二次世界大战以后国家间战争频率下降而国内冲突上升的一个原因。

　　构成中国经济成长和外部环境的一个重要内容是国际贸易与海洋。与众多分析中国崛起及其战略影响的论著缺少对海洋的关注不同，本书倾注心血描述开放贸易与海洋问题对中国战略思想重大转变的影响。新中国成立后在很长一段时间里，与发达国家的贸易量非常少，最为突出的是与美国的贸易额为零。但是，自邓小平推行改革开放政策后，中国异常显著地成为一个国际贸易的重要参与者，尤其是21 世纪初加入 WTO 之后很快成为数一数二的贸易大国。与此同时，中国当然也成为全球大宗商品的主要进口方。由于发达国家和资源丰富的发展中国家基本上都在海洋的另一端，中国不得不重视海洋问题。随着中国综合国力的不断增强，发展海上力量的能力也显著增强，中国远程投射能力以及捍卫海洋国土权益的决心逐步加大。至少对周边国家和美国等而言，中国不断地表明和显示出这种能力。将海洋问题重新纳入国家发展和安全战略考量中，并得到外部世界的重视，这在中国历史上并不是首次。宋代和明代都有过这种时刻，但海洋问题再度回到政府的核心议程中，其间却隔了好几个世纪。在甲午战争败于日本后的半个世纪里，中国的海上力量几乎是没有的。最突出的一点是，1922 年华盛顿会议决定太平洋海洋秩序时，没有中国的声音。[①] 中华人民共和国建立后，尽管也很重视发展海军，但投入不够。尤其值得注意的是，与物质力量投入欠缺相比，中国人对海洋与中国长远利益的关系更是缺乏深刻认识，一个典型例子是 20 世纪70 年代支持发展中国家推动联合国海洋法公约的签署。中国政府强调海洋法公约的缔结是第三世界国家的巨大胜利。[②] 随着中国参与国际经济进程的深入，我们对海洋的认识也在改变，并且不断深化对海洋在西方崛起和施展霸权进程中所起作用的看法。实际上，英国工业革命的一个来源就是利用新世界的财富。而西方进行大航海的一个重

---

① 王赓武：《1800 年以来的中英碰撞：战争、贸易、科学及治理》，金明、王之光译，浙江人民出版社 2015 年版，第 13—33 页。

② 据当时参加联合国海洋法中国代表团的倪徵燠回忆：1971 年 10 月 25 日，中国恢复联合国席位，1972 年 2 月 22 日，海底委员会中国代表团即赴纽约开会，而此时倪老作为代表团的法律顾问已经 23 年没有走出国门。中国代表团在 3 月举行的海底委员会会议上阐述中国立场时，第一条便是坚决反对一两个超级大国独断专行。此后十年，倪老基本全程参与了第三次海洋法会议。1973 年 12 月 3 日，联合国第三次海洋法会议在纽约召开，会议主席为斯里兰卡人。参会的除主权国家外，还有大约 50 多个未独立领土、民族解放运动组织以及各种国际组织的代表。第三次海洋法会议的一个突出特征是，发展中国家主张 12 海里领海和 200 海里专属经济区。中国在此基础上，还提出了外国军舰和飞机进入沿海国领海及其上空时，须经沿海国政府有关当局批准。不过，倪老的回忆并没有提到中国对当时分歧严重的相邻或相向国家的海域划界问题。倪徵燠：《淡泊从容莅海牙》（增订版），北京大学出版社 2015 年版，第 190—211 页。

要动因，也是绕开阿拉伯人对东方贸易的控制。与以往从文化交流、安全防御以及政治属性上重视海洋不同，当代中国更多的是从经济利益和权力角度探寻海洋的重要性的。①

美国是控制海洋的霸权国，也是中国学者和政府始终重视的外部因素。长期以来，中国国际关系学者在有关周边外交的研究中都会分析美国因素的影响，研究经济增长和发展的学者更是重视美国的经验。日本经济增长的成功之道是融入美国主导的国际经济秩序，中国改革开放在一定程度上也是如此。中国经济增长成功，战略影响力随之提升，中美关系也变得越来越复杂。与经济学在一个开放体系中分析中美关系不同，在国际关系学科中，如何在比较一致的框架中分析美国在中国周边关系中的作用，历来是一个难点。从地理上看，美国在亚洲的驻军其实离中国并不算远，至少就物理距离而言，比中国与新加坡的距离来得短。但是，美国却不是一个亚洲国家，在中国与周边关系漫长的历史演变中看不到美国的身影。因而，美国并不是传统"朝贡秩序"中的一员。相反，美国却是破坏这一等级秩序的西方一员。西方国际关系理论建立在无政府假设之上，因而与东亚的传统截然不同。本书的一个观点或者角度是，按照发展阶段，美国的富裕程度远超过亚洲，东亚的经济成长确实受益于美国，也是在美国主导的国际体系中发生的重大事件。无论是在发展还是安全上，美国引领的模式与其说是霸权模式，还不如说是雁形安全模式。美国对东亚盟友并不均等对待，而且这些盟友或者伙伴之间也存在很深的互动关系。因此，中国与美国在直接的双边关系之外，在东亚地区存在多个中间渠道。无论是安全上的间接影响，还是基于生产链的分工，中国与美国以及周边国家处在一个网络当中，彼此互相影响。

由此也推出本书一个重要的观点，中国在 20 世纪 80 年代后期推广使用的周边概念与西方缔造的东亚概念完全不同。中国外交中并没有一个东亚政策，但却有一个独特的周边板块。而且，随着中国崛

---

① 1982 年 6 月，王铁崖在海洋法研究所第 16 届年会上发表演讲时指出，决定中国政府在海洋法会谈中政策的主要有两个原因，首先考虑的是安全，其次是第三世界身份。参考王铁崖《中国与海洋法》，邓正来编：《王铁崖学术文化随笔》，中国青年出版社 1999 年版，第 101 页。

起，亚洲的经济重心将不会停留于美国在东亚和西太平洋的盟友那儿，而是真正地实现向西的迁移。因此，独特的地缘政治概念背后，其实是增长中心的转移。抓住了增长中心对权力的影响，就抓住了地缘政治的核心。未来，对中国最富挑战的是，我们能否发展出一个共同富裕的中国，并带动周边国家的共同发展，从而使得中国成为亚洲的稳定锚。

第一章 从政治经济学视角
探寻中国崛起

中国崛起吸引了国内外的广泛关注。从字面意义上看，崛起（Rise）意味着中国综合国力和国际地位的大幅度上升，例如，中国经济总量占世界比重的大幅度上升，中国产品在全球各国的普遍出现，中国在国际组织和机构中的发声越来越多，有关中国的话题常常出现在全球主要媒体的焦点播报中。

从国际问题研究的角度审视中国崛起，一般而言意味着三个基本特性：第一，以国家为基本的分析单元，考察某一个国家在国际体系（或地区体系）中的位置变迁，崛起则意味着中国在国际体系中的地位显著上升；第二，以国家间的对外关系变化为主，而不是从某一个集团或者个体的具体认知出发，崛起就意味着在何为国家利益方面的认识更为丰富，同时在维护和拓展国家利益方面也更具挑战；第三，这种位置变迁引发众多后果，对不同的国家和国家集团效果很不同，各国将根据它们的利益做出判断和应对。

以国家为中心考察中国崛起时，遭遇的一个重大挑战是总量和人均方面的巨大差异。从总量来看，中国在历史上的位置几乎总是处于前列，但以人均水平衡量，排序呈现出显著的起伏。而西方社会在大航海时代以来的霸权兴衰经历则表明，霸权国的总量和人均 GDP 远没有中国差异这么大。因此，理解中国崛起及其广泛影响，仅有总量视角是不够的。

我们需同时从总量和人均意义上评估中国崛起以及崛起之后对地区和全球产生的广泛影响。鉴于提高人民生活水平是中国政府极为重要的战略目标，而生活水平的改善也是中国近三十年来非常显著的一个特点。为此，本书将提供一种从人均 GDP 角度看待中国崛起的政治经济学，并且与一般只是解释中国崛起不同，本书还有一个兼容的目标，将周边关系的建设作为中国崛起的动因和结果之一。事实上，如何提高人均产出是政治经济学研究的悠久传统。[①] 作为一种内容更为丰富、知识传统更为深厚的思想体系，国际政治经济学有可能为理解中国崛起及其影响提供更独特的分析视角。尽管中国在经济总量上已经是全球第二大经济体，但在人均 GDP 含义上，我们仍然任重而道远，中国政府不会放弃继续提高生活水平的努力。本章的主要目的是从历史视角展示人均 GDP 对国家兴衰的重大作用，提供一个理解中国崛起及其发展战略的新视角。

第一节　中国崛起的双重特征

自冷战结束以来，美国被公认为全球最强大的国家。在苏联解体后，没有第二个国家在军事上能够挑战美国，在经济上日本则陷入了停滞发展，对美国的心理冲击不复存在。美国的地位相当超脱，哈佛教授亨廷顿曾认为是"孤独的超级大国"，国内有学者称之为"高处不胜寒"[②]。基于国际关系中的不同理论视角，国家实力的衡量也有很多角度，比如现实主义更突出军事实力，自由主义认为冷战后经济在国家议程上占据相当突出的位置，而哈佛教授约瑟夫·奈在冷战结束前后提出来的"软实力"也成为重要的分析概念。中国政府自中共十七大以来也明确提出建设文化软实力的战略。中国崛起给人印象最深的是经济，经济总量已经有超过美国的态势。例如，国际货币基金组织（IMF）根据购买力平价计算，认为中国经济总量已经于 2014 年超过了美国。基于经济层面的差距，很多中国人都认为中国是世界老二。但美国并不认可这一地位。

西班牙的一项研究可能更为中立地描绘了当今世界如何看待中美在全球中的地位差异。根据西班牙艾尔卡诺（Elcano）皇家研究所的

---

① 傅军：《国富之道——国家治理体系现代化的实证研究》，北京大学出版社 2014 年版

② 王缉思主编：《高处不胜寒：冷战后美国的全球战略和世界地位》，世界知识出版社 1999 年版。

研究，2015 年，全球主要大国的排序依次是美国（1100）、中国（414）、德国（404）、英国（404）、俄罗斯（320）、法国（317）和日本（248）。这一排序源于该研究所构建的全球存在感指数（Global Presence Index）。① 从综合指数看，中国的确排在了全球第二位，但中国与美国的差距高达 686，远高于中国与排名第三位国家的差距。从这个意义上说，美国仍然是超级大国，国际格局仍然是"一超多强"。与美国相比，中国经济第二、军事第三，但在软实力方面排名第五位，低于英国、德国和法国。从经济、军事和软实力的贡献度来看，美国依次是 46%、13% 和 41%，中国是 65.1%、3.1% 和 31.8%，显然中国的军事地位距离世界一流差距还较大。大体而言，每年美国军费开支是全球前 15 国的总和。尽管中国目前军费开支全球第二，但多年累积下来，与美国的差距是很大的。如果以与美国的差距来评估中国崛起，那么这个过程并不如我们想象的那样令人兴奋。

在经济层面，近年来，中国成为全球第一大经济体并非历史罕见现象。按照原经合组织经济学家安格斯·麦迪森的估算，1500—1820 年，中国明显是全球第一大经济体。到 1870 年左右，全球经济的多极化趋势已非常明显，英国、美国的经济总量与中印两国差距并不大。按照麦迪森的计算方法，到 1900 年左右，美国是毫无疑问的全球第一大经济体，这一纪录一直保持到 2008 年左右，此后中国崛起为全球第一大经济体。当然，各种数据表明，中国经济第一并不是毫无争议的。一部分美国战略家，比如布热津斯基等，并不使用日常媒体报道中的数据，而是更多地使用美国农业部、能源部的国际比较数据。在布热津斯基看来，中国经济总量很难在 2030 年前超过美国。②

同样，根据西班牙的这份排名，在中国周边或者说广义上的亚洲地区，中国的地位非常突出。例如，亚洲的另一个人口大国——印度，得分只有 145 分（全球列第 16 位），甚至低于韩国的全球存在感。在全球前 20 个国家中，亚洲和大洋洲包括日本、沙特（194）、

---

① Iliana Olivie and Manuel Gracia, Elcano Global Presence Report 2016, Real Instituto Elcano Royal Institute.

② 关于不同数据源及评估方法，可以参考钟飞腾《超越地位之争：中美新型大国关系与国际秩序》，《外交评论》2015 年第 6 期。

阿联酋（156）、韩国（151）、印度以及新加坡（128）。按照美国的标准，第一大于后续两名的总和，那么中国在地区层次上还未达到这个水平，低于日本和沙特的总和（440）。但在经济层面，中国经济总量于 2010 年超过了日本，成为亚洲第一大经济体。目前，中国经济总量大概是日本的 2.5 倍左右，但是与历史上日本经济总量占整个地区的比重（历史高点是 70% 左右）相比，中国仍需要继续努力。因此，从这个意义上说，发展仍是第一要务。在军事层面，我们的发展则非常迅速，已经超过了当年日本军费开支占地区的比重，毫无疑问是本地区内的军事强国。

从人均 GDP 看一个国家的崛起是一个很有意思，也很新鲜的视角。正如后文将要进一步加以论述的，所谓衰落，在很大程度上是富裕水平的快速下降，而所谓崛起最根本性的正是富裕水平的提升。西方的国际关系研究过于强调总量，而忽视人均意义上的变化。之所以给人这种印象，往深了看，是因为整个西方在崛起过程中，直到 19 世纪后期才在总量上超过东方，但在财富意义上却早就超过东方几百年了。因此，对于西方而言，总量具有关键意义。但这种固化的思维和惯性，对于落后的东方世界而言，却不是如此。因为中印两大经济体长期占据世界经济总量排行榜的前两位，在我们的文化传统中，这一点就不可动摇。但在财富水平（人均 GDP）意义上，从大航海时代开始，中印两国就开始显著落后于西方。就人口规模而言，只要中印进入增长通道，在总量上超越美国并不是什么值得大书特书的事情。西方社会也早就预测，未来全球前两大经济体基本上是中国和印度。因此，由于位置和发展进程的不同，中国更需要重视人均 GDP 水平上的崛起。

当前西方社会正进入一个民粹主义盛行的阶段，美国新政府有可能埋葬美国主导的自由国际主义秩序。2016 年 11 月，唐纳德·特朗普当选第 45 任美国总统，极大地打击了全球精英主义的惯性思路，普通民众的政策偏好显著地改变了美国政治，也影响到世界格局的变化。这使我们不得不思考贫富差距、中产阶级收入停滞增长给政治稳定和开放型世界经济带来的负面影响。如果换个视角，从人均 GDP 的水平考察中国的崛起，那么收入水平的改善远比 GDP 总量的上升更能体现崛起的含义。如图 1-1 所示，20 世纪 90 年代以来，中国人均 GDP 的增速超过 GDP 总量的增速。

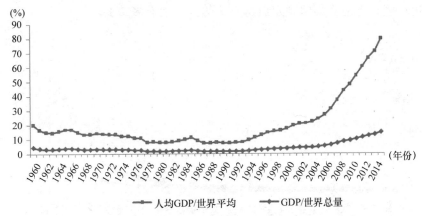

图 1 - 1　中国人均 GDP 与 GDP 的追赶速度（1960—2015 年）

资料来源：世界银行：世界发展指标。

　　将中国与印度的人均 GDP 增长轨迹进行对比，我们更能发现中国的发展有多迅速。按世界银行基于市场汇率计算的数据，1960 年，中国人均 GDP 为 89 美元，印度 84 美元，可以说两国相当接近。1977 年，中国改革开放前夜的人均 GDP 为 183 美元，印度为 190 美元，印度还略高于中国。此后，中国进入了改革开放的新阶段，但中印人均 GDP 的分化仍旧不太明显。也就是说，从 1960 年到 90 年代初，以人均 GDP 衡量的中印两国的发展水平几乎是一致的。但进入 20 世纪 90 年代之后，中印的发展真正开始发生较大规模的分化（如图 1 - 2 所示）。当时中国改革开放已经十多年，而印度才刚刚拉开对外开放的序幕。以现值美元计算，2014 年，中国人均 GDP 为 7593 美元，而印度只有 1595 美元，相当于中国 2004 年的水平，中国是印度的 5 倍。对此，印度经济学家也感慨道："中国在 1987—2003 年的人均收入增长率略低于 7%，这个数字虽然低于官方数字，但是以任何一个国家的历史标准来看，在 25 年以上的时间里保持这个增长数据仍然令人瞩目，2 倍于同时期的印度增长率。"[1] 从更广泛的地区视角

---

　　① ［印］普拉纳布·巴丹：《觉醒的泥足巨人：中印经济崛起评估》，陈青蓝等译，中信出版社 2012 年版，第 39 页。

来看，印度落后于中国这一事实告诉我们，解决好边境纷争，稳定周边环境，将精力集中到发展这一头等大事上有多重要。

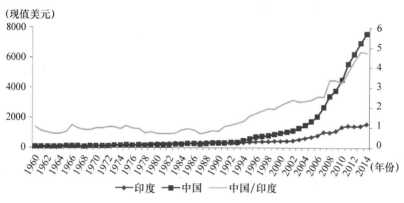

图1-2 中国与印度的人均GDP（1960—2014年）

资料来源：世界银行。

人均GDP为我们理解20世纪60年代以来的东亚地区形势变化提供了新角度。首先，一个突出的印象是亚太主要国家经历了人均收入的持续增长，尤其是20世纪80年代中后期以来更为快速。这一成绩与全球化的快速发展息息相关，1985年以来，世界贸易的增速基本上以2倍于GDP的速度前进，直到2012年，我们进入一个"新常态"或"长期停滞"阶段。其次，在国际关系意义上美日冲突最严峻的时刻也恰恰是日本人均GDP超过美国的一个阶段，受惠于1985年底"广场协议"后日元兑美元升值，1987年，日本人均GDP首次突破2万美元（几乎是1984年的一倍），也一举超过美国，这一纪录一直保持到1997年亚洲金融危机爆发，可谓是日本的"黄金十年"，此后日本再也没有超过美国。最后，2008年国际金融危机以来，美国人均GDP再度被其他国家超越，这次是澳大利亚和新加坡。从这个意义上说，美国的衰落是个事实。

相对于美国人富裕水平的下降，21世纪初以来，中国人收入水平的提高十分突出。如果以2000年为比较基点，将前后年份相当于2000年的比作为新的序列重新计算，那么我们会发现一个令人吃惊的现象。如图 1-3 所示，2014 年中国人均 GDP 是 2000 年的 8 倍，而同一时期美国盟友中收入水平提高最快的泰国也不过 2.8 倍。关键的一点是中国坚决地拥抱全球化，加入 WTO 大幅度改善了老百姓的生活。在此之前，亚洲其他国家如日本、韩国、泰国等改善的幅度都要比中国来得大一些。因此，从这个意义上说，中国崛起真正独树一帜，是进入新世纪以后的事情。

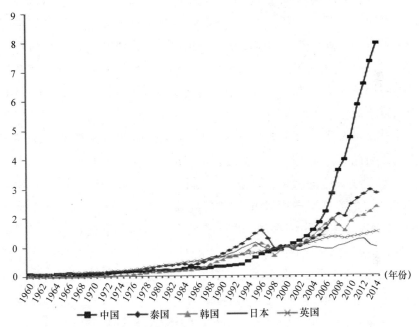

图 1-3　中国、美国及其东亚盟友的人均 GDP 指数（1960—2014 年）

说明：各国以 2000 年为 1，各年份相对于 2000 年的比重。

资料来源：世界银行。

第二节　为什么人均 GDP 是重要的

几年前，两位术有专攻的中国国际问题研究人士曾围绕"人均 GDP 是否重要"在媒体上发生过争辩。有的认为，这一概念是误导性的，有的则强调它"是我国全面实现小康社会目标的重要政策参考值"①。理解人均 GDP 在国际关系中的重大意义，可能需要重新挖掘政治经济学史，并重新理解西方的大国争霸历史。

长期以来，我们不明白中国为什么在 19 世纪的两场决定性大战——1842 年的鸦片战争和 1895 年的甲午战争中，分别败给了经济总量远小于中国的英国和日本。从本书倡导的视角来看，中国收入水平长期停滞是一项至关重要的原因。如图 1 - 4 所示②，如果从人均 GDP 角度看的话，中国在 1000—1500 年是全球领先的。用美国世界史学者威廉·麦尼尔（William H. McNeill）的话说，这是"中国称雄的时代"③。这个时期主要是宋代和元代以及明代前期，包括郑和下西洋时期。在这个 500 年中，宋朝的转型、蒙古铁骑与郑和的船队对全球政治的影响是巨大的。但是，中国在 1500 年后明显出现了人均 GDP 增长的停滞。在欧洲，1000—1500 年，西欧最富裕的国家是意大利，因此文艺复兴勃兴于意大利也就不那么令人奇怪了，包括令政治学界津津乐道的《君主论》也出版于 1513 年。但意大利同样在 1500 年以后出现了人均 GDP 增长的停滞。西班亚随后也步意大利后尘，在 1600 年以后 GDP 增长基本停滞了。因此再度出现一个奇怪的现象，即极度富裕的社会在步入停滞阶段后，却产生了文学艺术上的经典作品，如塞万提斯的《堂·吉诃德》即完成于 1605 年与 1615 年间。但西班牙和意大利这两个国家在推动欧洲成为现代世界中的全球

---

① 阎学通：《警惕人均 GDP 的误导》，《环球时报》2011 年 2 月 20 日；冯昭奎：《小康社会 人均 GDP 是重要参数》，《环球时报》2011 年 3 月 11 日。

② 对于东西方在工业革命前期的生活水平，不同流派的学者看法差异较大。大体上，认为工业革命以前西方（主要是荷兰、英国等）就比中国、印度富裕的一派主要是亚当·斯密、托马斯·马尔萨斯、卡尔·马克思、戴维·兰德斯以及安格斯·麦迪森；而以加州学派为阵营的一批学者，如王国斌、彭慕兰等人则认为，1800 年左右中国最富庶的江南地区与英格兰、荷兰差别不大。可参考托米·本特森《生活水平与经济压力》，［瑞典］托米·本特森、［美］康文林、［美］李中清等：《压力下的生活：1700—1900 年欧洲与亚洲的死亡率和生活水平》，李霞、李恭忠译，社会科学文献出版社 2007 年版，第 33—37 页。不过，需要注意的是后者强调的概念是"生活水平"，延续的是诺贝尔奖获得者阿马蒂亚·森提出的概念，它与富裕（收入）、日用品（商品）和效用无关。

③ ［美］威廉·H. 麦尼尔：《竞逐富强——公元 1000 年以来的技术、军事与社会》，倪大昕、杨润殷译，上海辞书出版社 2013 年版。

主导者方面贡献却不大。

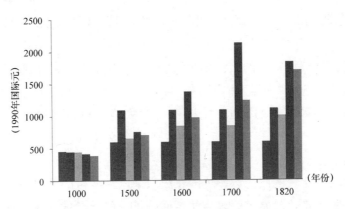

图 1 - 4 1000 年—1820 年中国与西欧霸权国的人均 GDP

资料来源：安格斯·麦迪森。

说明：从左至右依次是中国、意大利、西班牙、荷兰和英国。

　　在意大利和西班牙之后的两个崛起国——荷兰与英国，不仅对现代世界产生了重大影响，也深刻地影响了东亚的形势。在此处很有必要插入一点，即对西方科学革命的新认识。从人类历史发展的关键转折点而言，1687 年，牛顿出版《自然哲学的数学原理》，形成了牛顿体系，这不仅给西方的科学技术发展带来革命性变革，也使得后续所有的社会科学发展都以牛顿为基本参照系，西方争鸣的各类思想意识有了一个新的讨论框架。① 但是，我们对于西方为什么在这个时期爆发了科学思想体系性的革命并不是那么了解。② 如果加入政治经济学的发展历史，可能就会更清晰一些。1664 年，英国纺织商人托马斯·孟的专著《英国得自对外贸易的财富》发表，该书认为，获得出口盈余是一种重要的使英国变富裕的方法，由此开始显露出重商主义对西方崛起的重大影响。在牛顿和莱布尼茨生活的时代，英国和荷

---

　　① 牛顿体系对后续哲学以及社会科学发展产生了极为深远的影响。关于这一点，可参考 [美] M. 克莱因《西方文化中的数学》，张祖贵译，复旦大学出版社 2016 年版；[美] I. 伯纳德·科恩《自然科学与社会科学的互动》，张卜天译，商务印书馆 2016 年版。

　　② 陈方正：《继承与叛逆：现代科学为何出现于西方》，三联书店 2009 年版。

兰都处于追求财富的重商主义时代，两国的人均 GDP 也高居欧洲乃至世界前列。① 英国历史学家艾伦·麦克法兰（Alan Macfarlane）在《现代世界的诞生》一书中指出："荷兰是 15—16 世纪欧洲最富裕的地区之一。"这个观点也与麦迪森的数据基本符合，甚至在 17 世纪荷兰依然是欧洲最富裕的。但到 17 世纪末，英格兰人赶上来了。麦克法兰这样写道："时至 17 世纪末，英格兰人再也不可能怀疑自己生活在全球世界最富裕的国土上，惟有荷兰人庶几可以比肩了。"② 而荷兰人的富裕，造就了 17 世纪荷兰人在整个文化、艺术和商业上的巨大成就。

从国际比较的眼光看，英国在成为全球最富裕的国家时，世界上大部分地区都比较贫穷。麦克法兰回顾了一些学者的评述，基本上代表了目前对 3 个世纪以前全球财富水平评估的一种标准见解。对于中国读者而言，如下一段话仍然需要牢记在心："1788 年英国——很可能将苏格兰和威尔士也计算在内——比法国的人均 GNP 大约高出 30%。法国并不是极端案例，它属于比较富裕的西欧地区。如果我们把以上数据与晚近以前的第三世界相对照，结果将更加触目惊心。弗里斯估计，根据 1688 年格雷戈里·金（Gregory King）所报告的数据，当时英格兰的人均收入比今日的'现代'亚洲或非洲高出 2—3 倍。大卫·兰德斯提出，18 世纪英格兰的人均收入约为 100 镑，是 1960 年代印度人均收入的 4 倍。换言之，甚至在工业革命以前，英格兰已经跨越了贫困线，以其富足而论已经进入了'现代'，与大多数邻国已经有了差距——惟一的例外是荷兰人，因为荷兰人曾有过一个短时期比英格兰还要富足。英格兰与第三世界的差距更是迢遥无可计。"③ 这段评估唯一不足的是，荷兰人均收入高于英格兰并非只是

---

① 西方社会曾长期认为，重商主义者只是追求国家权力，但这种认识却不断被修正，参考 Jacob Viner, "Power Versus Plenty as Objectives of Foreign Policy in the Seventeenth and Eighteenth Centuries," *World Politics*, Vol. 1, No. 1, 1948, pp. 1–29.

② ［英］艾伦·麦克法兰：《现代世界的诞生》，管可秾译，上海人民出版社 2013 年版，第 77、83 页。

③ 同上书，第 84 页。文中所引格雷戈里·金的著作出版于 1960 年，兰德斯的著作出版于 1975 年。

一个短期事件，同样也是一个长期事件，而且在时间上要远远早于英格兰。

在整个重商主义时期（1500—1776 年），荷兰与英国的争霸极大地影响了现代社会，而英国大战略的一项核心内容是变得比荷兰更富裕。从人均 GDP 而言，这一时期正是英国追赶荷兰的时代。1588 年，英国击败西班牙的"无敌舰队"，成为新兴的海上力量。尽管在 GDP 总量上，英国早就是荷兰的几倍，但却无力挑战荷兰全球海上霸权，在多次英荷战争中遭遇失败。英国商人在这个时期发展出了重商主义学说，有经济史论著简明扼要地说出了该理论学说的重大价值："重商主义思想是在欧洲列强之间对立和战争的背景下发展起来的。从 1600 年到 1667 年这段时期里，欧洲只有一年保持了和平。以前只是个死气沉沉的地方的英国，1588 年成功地向西班牙无敌舰队挑战。她在 17 世纪同荷兰较量，然后成了欧洲最强大的商业民族；在 18 世纪早期，结束了法国的扩张，然后成为欧洲最强大的军事国家。这样，重商主义思想就伴随着英格兰和不列颠帝国作为一个世界强国并步而起了。"[①] 荷兰在 1700 年以后相对衰落，但收入水平长期保持高位，仍然是世界上收入水平最高的国家，直到 19 世纪中叶被英国超过（如图 1-5 所示）。[②] 显然，从人均 GDP 来看，英国屡战屡败这一事实背后的逻辑就显得清楚多了，英国不如荷兰富裕。尽管英国的人口和 GDP 总量都是荷兰的几倍，但在人均收入上却显著低于荷兰。这一关系几乎是 19 世纪后期中国与英国、日本关系的翻版，尽管中国经济总量几倍于敌方，但却是个穷国。

---

① ［美］亨利·威廉·斯皮格尔：《经济思想史的成长》，晏智杰等译，中国社会科学出版社 1999 年版，第 85 页。

② 需要注意的是，荷兰学者范赞登最近认为，1750 年，荷兰人均 GDP 比英国高出 12%，而 1820 年荷兰的人均 GDP 相当于英国的 92%。根据他的估算，1600—1820 年，英国的人均 GDP 翻了一番，而荷兰不过增长 50%。荷兰的人均 GDP 增长几乎集中在 1570—1650 年，从 1650 年到 1807 年，实际收入水平再次缓慢下降。范赞登对欧洲诸国在 1500 年后收入的分析表明，其变化趋势与麦迪森的描述基本一致。1550 年前，意大利是欧洲收入水平最高的国家，甚至到 1600 年左右也依然高于英格兰。但 1600—1700 年，英国的人均 GDP 增速为年均 0.49%，而意大利仅为 0.01%。参见 ［荷］杨·卢滕·范赞登《通往工业革命的漫长道路：全球视野下的欧洲经济，1000—1800 年》，隋福民译，浙江人民出版社 2016 年版，第 286 页表 10、第 307 页表 11。

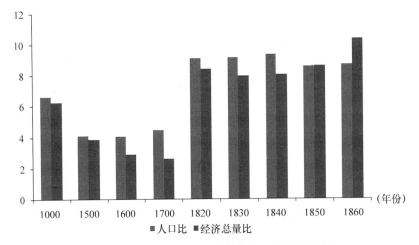

图 1-5 英国追赶荷兰阶段的人口与经济总量

资料来源：安格斯·麦迪森。

　　这一时期，海上争霸是英荷霸权战争的显著特征，其目的和根源之一也是为了创造一种生产财富的新方式，即海外贸易与财富增长。正是由于这种压倒性的民族任务，迫使双方都不断在社会科学研究上进行投入，国务活动家也极为重视创新思想的人才。英国和荷兰相继出现了论述海洋的国际法人才。荷兰作为新崛起的霸权国，提倡航行自由，意欲打破当时西班牙与葡萄牙对东西方贸易的垄断，代表人物是雨果·格劳秀斯。1608 年，格劳秀斯的拉丁文著作《论海洋自由或荷兰参与东印度贸易的权利》匿名出版。① 一年后，荷兰从西班牙独立出来。格劳秀斯的著作是当时荷兰与西班牙谈判的重要依据之一，论证了荷兰有权航行到东印度，并与那里的人们进行贸易。而英国则是比格劳秀斯年轻得多的约翰·塞尔登（John Selden），以海洋封闭论与之辩驳。因此，英国崛起的进程与荷兰一样，都在贸易引发的海洋问题上花费了大量的精力。与当时欧洲最为富裕的荷兰不同，富裕程度较低的英国并没有发现海洋自由有利于其国家财富增长。等到英国财富增长到一定程度时，英国的崛起也是以破坏荷兰的海洋学

---

　　① ［荷］格劳秀斯：《论海洋自由或荷兰参与东印度贸易的权利》，马忠法译，张乃跟校，上海人民出版社 2013 年版。

说为结果的。不过，随着英国崛起为海洋强国，荷兰的学说却变成了英国国家战略的一部分，而塞尔登的学说被束之高阁。

与国际战略思想的演变一致，在英国富裕水平赶超荷兰的过程中，亚当·斯密学说的影响力越来越大。最终，当英国在人均收入上赶超荷兰的最终阶段，亚当·斯密的自由主义学说真正成为英国的国策。与重商主义强调国家（政府）的财富不同，斯密 1776 年出版的《国富论》是建立在国民收入提高的基础上的。为什么英国在 18 世纪后期发生了这样一种转变呢？答案还是源于国家层面的财富积累，最终改变了基本的思想认识："在一个像中世纪这样的社会，经济停滞是其基本特征，一个人的所得就是另一个人的损失——所以教父关心经济公平，关心其他世俗趋势，亦即他们把欲望最小化描绘成实现幸福和经济福利的途径。相反，当国民产出扩大的时候，人们期望减少据有道德意义的职业，较多地关注于经济分析，以解释经济增长的隐含原因。"[①] 根据赖建诚的考证，英国在 1840 年前后才把斯密的自由主义经济学说当作国家政策实行。[②] 而此时，英国的富裕水平已经非常接近于荷兰。反观中国，此时正处于收入水平的最低点（参见表 1 - 1）。

表 1 - 1　　**亚洲和欧洲国家的人均 GDP（1990 年国际元）**

年份	亚洲					欧洲				
	中国	印度	爪哇	印尼	日本	英格兰/英国	荷兰	尼德兰	意大利	西班牙
1661	852	638	–	–	557	1030	1978		1398	687
1685	820	630	–	–	592	1350	2250	–	1437	751
1724	751	598	–	–	615	1586	2239	–	1505	799
1766	622	573	–	–	596	1806	2718	–	1533	783
1812	565	519	507	–	641	2012	2408	1800	1433	916
1850	538	556	462	–	681	2718	–	2371	1481	1079

①　［美］亨利·威廉·斯皮格尔：《经济思想史的成长》，第 103 页。

②　赖建诚：《亚当·斯密与严复：〈国富论〉与中国》，浙江大学出版社 2009 年版，第 29 页。

续表

| 年份 | 亚洲 | | | | | 欧洲 | | | | |
	中国	印度	爪哇	印尼	日本	英格兰/英国	荷兰	尼德兰	意大利	西班牙
1887	572	526	548	696	952	3713	–	3277	1751	1585
1911	568	691	–	836	1356	4709	–	3863	2199	2017
1933	579	700	–	938	2122	5277	–	4956	2565	2486

资料来源：Xu Yi etc.，"Chinese National Income，CA. 1661 – 1933，" *Australian Economic History Review*，forthcoming，2017. DOI：10. 1111/aehr. 12127.

鸦片战争时期，清朝的人均 GDP 降到历史最低点，1850 年的水平不及英国的 20%。1887 年，清朝的人均 GDP 为 572 元，只有日本的 60%。到 1933 年，日本发动"九一八"事变后两年，中国人均 GDP 更是降到日本的 27.3%。公元 1000 年的印度曾是世界上最大的经济体，1850 年，其经济发展情况则比清朝还要糟糕一些，收入水平在 19 世纪末仍未到底。正是从收入最低点开始，中国社会经历了历史上最悲惨的一个时期。

第三节　中国贫穷与"百年屈辱"

西方对中国的冲击自然是"朝贡秩序"瓦解的一个强大外因。但是，我们也不能忽视"朝贡秩序"本身越来越难以维系的经济动因。尽管早在 20 世纪 60 年代，韩国学者全海宗在费正清主编的《中国的世界秩序》一书中就指出"朝贡制度"缺乏经济原因。但是，我们似乎长期对此视而不见，只接受了"朝贡秩序"的基础是中国抽象的政治利益这一点。鉴于到目前为止，全海宗的研究仍然难以超越，他的相关论述值得引用："朝贡制度给朝鲜政府造成了极大的财政损失，是完全没有益处的。如果把旅费也考虑在内，甚至中国政府在朝贡关系中也很难得到经济利益。"[①] 最终，我们不得不从日渐崩溃的

①　全海宗：《清代中朝朝贡关系考》，［美］费正清主编：《中国的世界秩序——传统中国的对外关系》，杜继东译，中国社会科学出版社 2010 年版，第 103 页。

"礼仪"中惊醒过来，承认并接受国际体系的巨大变化。王赓武认为，1927 年刊印的《清史稿》在对外关系部分，不仅将日本与其他列强并列在一章里论述，而且在许多向清朝朝贡的海上王国和港口中仅保留了琉球和苏禄。① 这是清朝灭亡 16 年之后，中国精英在新秩序支配下的世界观。而此时主导世界发展的是那些远比中国历史上任何朝代达到过的富裕程度还要高的国家，包括已经"脱亚入欧"的日本。

19 世纪后期，严复（1854—1921 年）留学英国，翻译了一批西方经济学论著，他对西方在重商主义时代建立的强政府传统，特别是社会达尔文主义非常感兴趣。② 不过，严复瞄准亚当·斯密的自由主义学说，可能是颠倒了英国富强与学说体系的因果关系。③ 传统中国的统治者缺少将财富和权力作为同等地位的思想脉络，没能发展出一个依靠持续经济增长扩大政府能力的治理架构。从根本上讲，传统东亚社会在推动社会转向富裕时能力不足，以中国为中心的这个地区秩序既没有实现自身的持续经济增长，也无法帮助附属于这个秩序的其他国家实现经济增长。当西方社会已经走上持续经济增长轨道，并为争夺经济利益而强化国家能力时，一个以农业为基础的"朝贡秩序"自然不是以工业化为核心的条约秩序的对手。鸦片战争以来的近代史充分说明了这一点。哈佛大学教授德怀特·珀金斯（Dwight Perkins）在一篇写作于 20 世纪 60 年代的文献中即认为，19 世纪后期，清政府的税收占 GDP 不足 2%，无法建立基础设施、统一的市场体系和构建经济秩序，由此导致弱势的清政府成了中国工业化的阻力。④

---

① 王赓武：《更新中国：国家与新全球史》，黄涛译，浙江人民出版社 2016 年版，第 50—51 页。

② ［美］本杰明·史华慈：《寻求富强：严复与西方》，叶凤美译，江苏人民出版社 1996 年版。2016 年，中信出版社再版了该书。严复 1877 年 5 月留学英国，1879 年 1 月回国。按照史华慈的观点，严复 1898 年翻译出版的《天演论》是他最大的成功。第二部书稿即是亚当·斯密的《国富论》，出版于 1902 年。

③ 赖建诚认为，严复推介的斯密的学说在经济发展阶段和政治时机上都不适合 20 世纪初的中国。参见赖建诚《亚当·斯密与严复：〈国富论〉与中国》，第 137 页。

④ Dwight H. Perkins, "Government as An Obstacle to Industrialization: The Case of Nineteenth-Century China," *The Journal of Economic History*, Vol. 27, No. 4, 1967, pp. 478–492.

尽管自 19 世纪后期起，包括像严复这样的中国人已经认识到西方富强的原因，但这种知识体系的革新要过很多年之后才能转化为国家的政策。而且，这个过程是在不断遭受西方列强打击、重新发现强政府后逐渐完成的。被誉为"发展经济学之父"的张培刚在 1949 年出版的《农业与工业化》一书中断言："中国的工业化已开始于三十年前，但就<u>人民</u>的<u>生活水准提高</u>而言，其效果实甚微小。"其原因在于，一方面中国是个半殖民地经济，缺乏经济主权，外国产品在华销售拥有一系列有利条件；另一方面政府不仅缺乏保护幼稚工业的能力，也无法消除区域间贸易壁垒，并建设有利于促进贸易的运输系统。① 而在全球化史学者杰弗瑞·威廉姆森（Jeffrey Williamson）看来，当英国等中心国家在 18 世纪后期以及整个 19 世纪快速工业化时，第三世界却经历着有史以来最大的贸易条件的冲击。但与绝大部分国家在 1780—1870 年改善贸易条件不同，中国的贸易条件在整个 19 世纪都是持续恶化的。关键性原因有两个：一个是进口鸦片，另一个是出口当时价格不断下跌的丝绸和棉花。②

中国共产党的崛起和新中国的诞生，接续了 19 世纪立足于对英国经验进行反思的马克思主义传统。通过马克思主义，我们异常坚决地贯彻了清除帝国主义影响的政策。③ 但马克思主义传统的关注点并不在增长，而在分配上。在马克思创作的整个时段（1818—1883年），英国是当时世界的首富，也是欧洲的霸权，并不断对外进行殖民，包括对中国的侵略。站在今天重新思考 19 世纪的政治经济发展，一个容易发现的问题是：在这个时间段内，英国社会的贫富差距长期维持在一个高危状态，工人阶级的生活状况恶化。有研究认为，英国在工业革命后迎来的一个问题是收入差距扩大，解决办法是扩大选民

---

① 张培刚：《农业与工业化》，中国人民大学出版社 2014 年，第 225—226 页。下画线为笔者所加。美国匹兹堡大学教授托马斯·罗斯基在 1989 年出版的《战前中国经济的增长》中认为，从第一次世界大战到 1937 年，中国的人均 GDP 上升超过 20%。但中国经济史学者刘佛丁在评述该书时也指出，罗斯基高估了中国 GDP 的增长。参见［美］托马斯·罗斯基《战前中国经济的增长》，唐巧天等译，浙江大学出版社 2009 年版。

② ［美］杰弗瑞·G. 威廉姆森：《贸易与贫穷：第三世界何时落后》，符大海、张莹译，中国人民大学出版社 2016 年版，第 27—32 页。

③ 胡绳：《帝国主义与中国政治》，人民出版社 1978 年版。

数量、进行收入再分配,即后来所谓的民主化。[①] 根据这一项研究,英国的基尼系数从 1823 年的 0.40 上升至 1871 年的 0.63,甚至马克思去世 8 年后仍有 0.55。直到 1911 年,基尼系数才下降至比较安全的 0.33(如表 1 - 2 所示)。而此时距离第一次世界大战已不远。换句话说,马克思对英国社会的观察在其有生之年是完全站得住脚的,工业革命后英国经济的快速成长不完全有利于工人阶级。而 2008 年后国际金融危机后的世界政治经济形势也再度说明,欧美发达国家尽管已经处于高收入阶段,但仍然无法解决贫富差距扩大,特别是相对收入停滞增长的问题。

表 1 - 2 英国的收入不平等

年份	10% 高收入的占比（%）	基尼系数
1823	47.51	0.400
1830	49.95	0.451
1871	62.29	0.627
1891	57.50	0.550
1901	47.41	0.443
1911	36.43	0.328
1915	36.46	0.333

资料来源: Daron Acemoglu and James A. Robinson, "The Political Economy of the Kuznets Curve," p. 187.

将增长视作最重要的目标之一是邓小平领导下的中国。中国最终在 20 世纪 70 年代后期迈上持续增长这条道路,除了政治领导人对经济增长而不只是对工业化的重视外,还有赖于发现和创造重大的国际机遇,即一个坚持独立自主外交政策的中国碰上了第二次全球化创造的历史性机遇。一个并不是那么显而易见的事实是,中国直至 1991

---

① Daron Acemoglu and James A. Robinson, "The Political Economy of the Kuznets Curve," *Review of Development Economics*, Vol. 6, No. 2, 2002, p. 187. 这些数据最初是 Jeffrey Williamson 在 1985 年的一本专著中使用的。

年，在人均GDP水平方面仍然只有英国19世纪40年代的水平。按照已故原经合组织经济学家安格斯·麦迪森的统计，1842年，也即鸦片战争期间，英国人均GDP为1869国际元，1839年甚至达到过2069国际元，到马克思逝世的那一年，英国的人均GDP为3643国际元。从人均GDP数据上衡量，中国的落后不是几十年的概念。1990年，中国人均GDP才达到1871国际元，而这是鸦片战争那一年英国的发展水平。尽管不同历史时期的人均GDP缺乏绝对的可比性，但我们也惊异而又沉重地发现，中英的差距几乎是150年！在20世纪90年代以后，中国才大幅度缩小了与世界平均水平的差距。但以市场汇率计算，目前仍然只有不到美国的20%。因此，中国仍然需要很多代人的奋力追赶。也就是说，中国在总量上尽管已经崛起，但是在人均意义上还落后很多。当前中国奋起追赶的国际态势，如同18世纪的英国，英国在人均意义上赶超荷兰花了差不多150年！

第四节　东亚发展与中国的增长

对于东亚地区在第二次世界大战后崛起的理解，学术界的一种思路是将其放在世界体系中加以审视。20世纪90年代中期，王正毅在分析东南亚作为一个地区蓬勃兴起时，就持有这种见解。[①] 事实上，国际学术界对东亚经济发展的独特研究早已在西方知识分析体系中立足。多数研究承认，东亚发展尽管不能脱离国际体系，但也有自身的独特性。

在经济发展领域，日本的成功异常引人注目。据王泰平回忆，1960年底，日本首相池田勇人提出"所得倍增论"。当时西欧各国的实际国民人均收入为1400美元，日本是350美元。按照所得倍增计划，10年后日本国民收入将达到700美元，20年后为1400美元。而实际上，1970年日本的人均国民收入就达2000美元以上，并且超过

---

① 王正毅：《边缘地带发展论：世界体系与东南亚的发展》，上海人民出版社1997年版。

了西欧各国。① 到 20 世纪 70 年代后期，日本经济崛起引起的巨大冲击已经在西方社会广为传播。美欧社会对日本的关注，也使这方面的研究进展神速。1979 年，哈佛大学教授傅高义（Erza Vogel）撰写的《日本名列第一》由哈佛大学出版社出版，成为这一时期的代表性成果。② 20 世纪 80 年代，亚洲"四小龙"——韩国、中国台湾和香港地区、新加坡——也相继实现了经济腾飞，对这些经济体实现高速增长的研究也迅速展开。国际出版界每隔几年，就会出现一批论述东亚经济体的代表性论著。早期是对日本的分析，此后相继出现了对韩国、中国台湾和香港地区、新加坡的分析。③

---

① 王泰平：《王泰平文存：中日建交前后在东京》，社会科学文献出版社 2012 年版，第 419 页。

② Erza F. Vogel, *Japan as Number One*: *Lessons for American*, Cambridge, MA: Harvard University Press, 1979. 此书很快由世界知识出版社翻译成中文（［美］埃兹拉·沃格尔：《日本名列第一：对美国的教训》，谷英、张柯、丹柳译，世界知识出版社 1980 年版），中国译者还同时翻译了傅高义为该书日本版撰写的序言和日本译者广中和歌子的译者后记。需要指出的是，美国学者对日本的研究很深入。但与傅高义研究当代问题不同，多数是研究历史上的日本，如普林斯顿大学历史系教授马里厄斯·詹森（Marius B. Jansen）。社会学训练出身的傅高义撰写《日本名列第一》时已经担任哈佛大学东亚研究所所长（1976 年），也即提出"朝贡体系"的费正清创立的那个中心。与费正清以研究近代历史上的中国与东亚成名不同，傅高义在日本崛起的形势下转向研究国际关系中的日本。2016 年，上海译文出版社再版了傅高义的这本书。

③ 查默斯·约翰逊对日本的研究（Chalmers A. Johnson, *MITI and the Japanese Miracle*: *The Growth of Industrial Policy, 1925－1975*, Stanford University Press, 1982）、爱丽丝·安士敦对韩国的研究（Alice H. Amsden, *Asia's Next Giant*: *South Korea and Late Industrialization*, New York: Oxford University Press）、罗伯特·韦德对中国台湾地区的研究（Robert Wade, *Governing the Market*, Princeton, N. J.: Princeton University Press, 1990）、斯蒂芬·黑格特对东亚和拉美的比较研究（Stephan Haggard, *Pathways from the Periphery*: *The Politics of Growth in the Newly Industrializing Countries*, Ithaca and London: Cornell University Press, 1990）以及阿尔文·杨对中国香港和新加坡的分析（Alwyn Young, "A Tale of Two Cities: Factor Accumulation and Technological Change in Hong Kong and Singapore," *NBER Macroeconomics Annual*, Vol. 7, 1992, pp. 13－54）。当然也不可忽视珀金斯很早就在系列演讲中做出中国经济腾飞的预测（1985—2000 年年均达到 6%—8%），参考 Dwight H. Perkins, *China*: *Asia's Next Economic Giant*? Seattle: University of Washington Press, 1986, 以及更早些年份哈佛出身的年轻学者柯德尔等人对东亚整体的研究（Roy Hofheinz, Jr., and Kent E. Calder, *The East Asia Edge*, New York: Basic Books, 1982）。需要提及的是，该书早有中文版（［美］霍夫亨兹、柯德尔：《东亚之锋》，黎鸣译，江苏人民出版社 1995 年版），但 2014 年夏季笔者在华盛顿柯德尔办公室提及这本书的中文版时，柯德尔却表示他并不知道中国早就翻译了该书。

这些对东亚发展经验的概括，显著地不同于以小政府为基础的自由市场经济模式，而是充分肯定政府对于促进发展的积极角色。尽管在1997—1998年东亚金融危机爆发后，欧美出现了质疑的声音，但东亚经济体的经济很快复苏，特别是中国发挥了独特作用。于是，世界银行组织一批专家于2001年推出《东亚奇迹的反思》，再次肯定了东亚出口导向政策和进口自由化对增长的贡献，并要求重新思考东亚的政治经济学。① 除日本之外，东亚高速发展的其他经济体规模都很小，不足以撼动美国主导的国际秩序。中国加入WTO后，对外贸易更是迎来了高速发展，经济规模越来越大，对地区秩序和国际体系的冲击非常明显。

中国崛起引起广泛的国际关注之后，必然引发众多的研究。在这方面，中国学者也是这一潮流的参与者。不过，需要注意的是，早期对中国增长的研究约束在严格的新古典框架下。例如，20世纪90年代中期，林毅夫、蔡昉和李周联合推出《中国奇迹》，以比较优势理论解释了中国发展战略的成功。② 在这部名著中，三位作者更多的是以苏联和东欧地区为比较对象。这一时期，很多学者理解中国改革和经济发展的视角通常约束在转型经济学中，试图走出"苏联模式"。这与21世纪以后越来越重视更为一般性的理解有较大不同。最近一些论著在视野上更开阔，将中国置于新的时空环境中，重新发现中国改革开放的本土力量来源。比如，中欧国际工商学院的授朱天认为，东亚传统的儒家文化奠定了重视教育进而积累丰富的人力资本的基础，这对实现持续的长期经济增长至关重要。③

清华大学经济学教授文一提出了经济发展的"胚胎发育"理论，用以解释中国经济的腾飞。文一认为，现有的发展理论，包括欧美新近流行的新制度经济学，都无法完全理解中国自1978年以来的发展经验。文一认为："中国的实践为重新思考整个发展经济学理论和政治经济学的基本原理，以及重新解读工业革命的机制本身提供了一个

---

① ［美］约瑟夫·E.斯蒂格利茨、沙希德·尤素福主编：《东亚奇迹的反思》，王玉清、朱文晖等译，中国人民大学出版社2013年版。

② 林毅夫、蔡昉、李周：《中国奇迹》，上海人民出版社1995年版。

③ 朱天：《中国增长之谜》，中信出版社2016年版。

鲜活案例和千载难逢的机会。"① 与文一的观点一致，哈佛大学教授珀金斯也不同意美国最近兴起的制度学派对东亚经济增长动因的解释，即阿西莫格鲁和罗宾逊所认为的，有些国家之所以不能取得经济的持续发展，是因为建立了与发展型相反的攫取性制度的解释。珀金斯表示，尽管欧洲和非洲的经济史证实了上述两位学者的分析，但将之用于东亚是不对的。② 如此一来，就造成了一个越来越大的悖论，东亚（中国）越是在经济上表现出引人瞩目的成绩，西方社会越是难以用工业革命两百年总结的理论范式来理解东亚。文一教授的解决办法是回到英国工业革命之前，并用中国的经济成长来重新审视英国崛起（富裕）的原因。这或许就是本书一再强调的，真正引起人们兴趣的是一个国家何以变得富裕，并能长期保持富裕水平。

如果换个视角，从人均 GDP 水平比较现在中国与日本、韩国的发展水平，那么中国仍然显著落后于这两个东亚国家。如图 1－6 所示，按照宾州世界表（Penn World Table）第 9 版的数据，以购买力平价计算，2014 年中国人均 GDP 达到 1.2 万美元，而日本与韩国为 3.5 万美元。日本 1970 年的人均 GDP 接近 1.3 万美元，韩国 1990 年的人均 GDP 略超过 1.2 万美元。也就是说，如果按照人均 GDP 比较富裕水平，今天的中国相当于 20 世纪 70 年代初的日本、90 年代初的韩国。如果与美国相比，那么差距更大，大概相当于 20 世纪 50 年代初的美国。也正因为如此，在经济总量注定被中国赶超时，越来越多的美国学者转而突出强调中美人均 GDP 的巨大差距。

在经济学界，人均 GDP 被广泛用于衡量生产率水平。也正是基于对生产率的测量，一些经济学家重新将发展阶段作为理解东亚和中国发展的重要视角。在 2012 年正式发表的一篇论文中，日本学者青木昌彦基于人均收入水平将一个经济体的现代化过程分为三个阶段：（1）以农业为主的增长阶段；（2）以现代制造业、服务业为主的增长阶段，该阶段又可以细分为两个小阶段;(3)基于人力资本的增长

---

① 文一：《伟大的中国工业革命："发展政治经济学"一般原理批判纲要》，清华大学出版社 2016 年版，第 14 页。
② ［美］德怀特·珀金斯：《东亚发展：基础与战略》，颜超凡译，中信出版社 2015 年版，第 53 页。

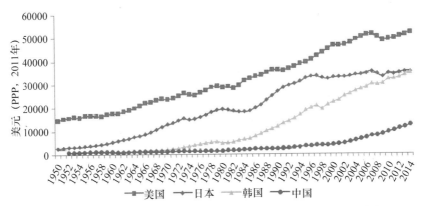

图 1-6　中国与美国、日本、韩国的人均 GDP（1950—2014 年）

资料来源：PWT vision 9.0.

阶段，也可进一步分为两个小阶段。因此，如果按照细分的阶段来看待经济的发展进程，那么总体上存在五个阶段。青木将以农业为主的发展阶段称为马尔萨斯阶段（M 阶段），将后马尔萨斯的工业化阶段进一步分解为两个阶段，第二个阶段属于政府卷入工业积累中的 G 阶段，以及第三个阶段——库兹涅茨阶段（K 阶段），这个阶段的特征是快速的经济增长以及快速的结构性转变。与西方相比，东亚的 K 阶段比较短。此后，随着全要素生产率的提升，人均产出增加很快，青木将这个阶段称为 H 阶段（即第四个阶段）。第五个阶段则是后人口转型阶段（PD 阶段），突出特征是人口老化和低抚养比。在这一阶段，对发达国家来说，公共财政问题成为普遍的政治经济议题。按照字母排列，上述五个阶段依次是 M—G—K—H—PD。青木认为，中国身处 K 阶段的时间范围是 1977—1989 年，而日本则是 1955—1969年。日本于 20 世纪七八十年代处于第四发展阶段，韩国和日本从 K到 H 阶段的转型，最突出的一个特征是农业就业人口占比降到 20%以下。青木估计，中国目前正处于从 K 到 H 阶段，但进入 PD 阶段的速度可能要快于日、韩两国。[1]

---

　　① Masahiko Aoki, "The Five-Phases of Economic Development and Institutional Evolution in China and Japan," in Masahiki Aoki, Timur Kuran and Gerard Roland, eds. , *Institutions and Comparative Economic Development*, Palgrave Macmillan, 2012, pp. 13 – 47.

　　与青木基于东亚经验得出的一般性阶段论类似，蔡昉最近试图将发展经济学与增长理论统一在一个一般性的框架中。① 蔡昉认为，在中西方的一定历史阶段上，都会出现一个时期，在农业中积累起大规模的剩余劳动力，由此导致经济发展中的二元经济现象。亚当·斯密在 1776 年出版的《国富论》中所研究的，其实是马尔萨斯增长类型结束之际、现代经济增长类型成形之前的一个过渡性增长时期。斯密对英国这一时期的描述，尽管仍处于工业革命未完成之际，却是 20 世纪中期很多发展中国家所面临的一个阶段。即便是现在，多数发展中国家仍然没有迎来高速增长期。蔡昉认为，1954 年刘易斯提出二元经济论，基本遵循了斯密的传统，把在斯密那里尚不清晰的观察提升为经济发展理论模型。不过，刘易斯没有将二元经济理论用于理解和说明欧洲国家的早期经济增长。蔡昉进一步认为："如果把人类迄今所经历的全部经济发展划分为 M 类型增长、L 类型增长、T 类型增长以及 S 类型增长的话，作为一种类型或阶段的刘易斯二元经济发展（从而与之相应的刘易斯转折点或 T 类型增长），并不仅仅是在当代发展中国家才可以观察到的特有发展阶段，而是从早期工业化国家到当代发展中国家都经历过的一般发展阶段。"② 按照这种阶段性分类，目前中国已经基本结束刘易斯的二元经济阶段，正在快速地转入新古典增长阶段，表现在经济增速上则是从高速转向中高速甚至低速。

　　蔡昉的这种分析佐证了本书的一个观点，即将中国放在国际视野中加以比较时，也不能忽视历史发展时段。如果说中国目前正在快速转入新古典增长阶段，考虑到美国经济学家索洛于 1956 年提出的索洛模型，那么 2010 年的中国与 1950 年的美国的确具有发展阶段上的类似性。这么说，并不是要贬低中国的发展业绩。事实上，人类历史从来没有一个单一的国家永远处在收入的最顶端。兴衰乃是常态，国际政治经济学家金德尔伯格的"国家生命周期"说表明，富强并不

---

　　① 蔡昉：《理解中国经济发展的过去、现在和将来——基于一个贯通的增长理论框架》，《经济研究》2013 年第 11 期。

　　② 蔡昉：《二元经济作为一个发展阶段的形成过程》，《经济研究》2015 年第 7 期，其中 M、L、T、S 分别指的是马尔萨斯阶段、刘易斯阶段、二元经济以及以索洛为代表的新古典阶段。

特别眷顾某块土地。① 十几年前，美国两位著名经济学家曾声称："中国在 900—1250 年间的发展路径与英国在 1500—1750 年间的发展路径在很大方面保持一致。"② 事实上，在学术界不乏欧洲文艺复兴借鉴自宋代的声音。③ 从历史发展来看，这也并非不可能。元朝继承了宋代的文官制度，元朝在西征欧洲时带去了这些制度也完全是一种合理的猜想。若果真如此，那么就如同现代经济增长形成之后跨国的产业转移，最富裕的国家也是在不同地区间转移的。既然西方从中国宋代学到的一套制度催生了文艺复兴，而中国文明在东亚地区曾广泛传播，并留下诸多制度遗产，那么这两套制度既有源头一致的类似之处，但又似乎是一个大家庭的不同分支，难以弥合。这或许是以制度为基础的经济学分析无法照搬到东亚的历史原因。

蔡昉认为，忽视发展阶段的新古典理论"不适用于解释典型贫困陷阱的传统经济，也不适用于解释具有二元经济特征的当代发展中国家，因而在解答经济史意义上的国家兴衰之谜，或者为发展中国家赶超努力提供政策建议时，常常感到力有不逮和捉襟见肘"④。不过，蔡昉没有进一步说明的是，对于处于二元经济发展阶段末期，并向新古典发展阶段迈进的经济体，如何应对国际体系的冲击。蔡昉在分析关于中国经济迈入中高速发展的前景时，强调一个不同于那些持趋同论、均值回归论者的观点，即中国经济减速主要是由国内因素导致的，而不单纯是外部周期性变动的结果。即便如此，蔡昉也强调中国作为一个超大规模大国的崛起，会产生强烈的修昔底德效应。与国际关系学界通用的"修昔底德陷阱"不同，蔡昉认为，陷阱可以避免，但由此产生的大国猜疑和压制效应却是客观存在的。蔡昉进而指出，近几年来，中国提出了很多新概念，令西方的外交家惊叹，但都是旨

---

① ［美］查尔斯·P. 金德尔伯格：《世界经济霸权 1500—1990》，高祖贵译，商务印书馆 2003 年版。

② ［美］斯蒂芬·L. 帕伦特、爱德华·C. 普雷斯科特：《通向富有的屏障》，苏军译，中国人民大学出版社 2010 年版，第 110 页。普雷斯科特后于 2004 年获得诺贝尔经济学奖。

③ ［日］宫崎市定：《宫崎市定中国史》，焦堃、瞿拓如译，浙江人民出版社 2015 年版，第 328 页。

④ 蔡昉：《二元经济作为一个发展阶段的形成过程》，第 4 页。

在"打破或减轻修昔底德效应，为我们创造更好的国际发展环境，真正地把我们的战略机遇期延长"。① 前文的分析已经表明，十七八世纪的英国借用了重商主义的学说与荷兰争霸，极大地提高了人均收入水平。而对于收入最高的经济体而言，也不是说不会固步自封，走向闭关自锁。宋元之后的中国即是如此。当前的欧美社会也有这种倾向。

如果未来中国很快步入新古典增长阶段，那么有无可能短期内赶超美国呢？国际上基于中国此前 30 年的高增长历史以及目前中国人均 GDP 仍然较低的现状，对中国未来发展前景基本看好，但都认为今后中国无法维持目前的高增长态势。2010 年，加州大学教授巴里·诺顿认为："其他东亚发展中经济体的经验表明，要从由劳动密集型产业推动的超快增长阶段转型，常常会引发动荡。1950 年到 1972 年，日本经济每年增长 10.4%，但 1973 年之后，就再也没有超过 6%。韩国的增长模式也在 20 世纪 90 年代经历过严重的困难。与这些经济体相比，中国向前发展的增长潜力似乎更大。中国国内市场非常庞大，而中国的平均生活水平仍然低于这些先行经济体在到达劳动密集型增长阶段末期的生活水平。因此，中国仍然存在基于国内市场继续高速发展的巨大潜力，中国没有理由重蹈日本和其他先行经济体经历过的增长率暴跌的覆辙……中国现在正在进入通常已经预见到的转型时期，但人们并没有预见到这一转型会在 2015 年之前开始。驾驭好这一转型对中国经济的重要意义，绝不亚于 1978 年开始的向市场经济的转型。"② 朱天认为，如果未来 10 年中国的人均 GDP 增长率达到 6%，而美国为 1.8%，那么到 2026 年，中国的人均 GDP 占美国的比例会达到 37.5%，接近高收入水平。到 2036 年，中国的人均 GDP 将是美国的 52.5%。③ 而明尼苏达联邦储备银行的两位学者则持更谨慎的预测，他们认为，如果未来中国沿着日本或者韩国的发展路径前进，

---

① 蔡昉：《新常态·供给侧·结构性改革：一个经济学家的思考与建议》，中国社会科学出版社 2016 年版，第 87—88 页。

② ［美］巴里·诺顿：《中国经济：转型与增长》"中文版序言"，安佳译，上海人民出版社 2010 年版，第 VI – VII 页。该序言于 2010 年 7 月写成，该书英文版出版于 2007 年。

③ 朱天：《中国增长之谜》，第 192—193 页。

并假设中国人均GDP相对于美国的差距每缩小1个百分点，相应地，人均GDP增速分别降低0.162%（日本路径）或0.175%（韩国路径），那么中国在2060年前后将达到美国的50%（如图1-7所示）。不过，在2030年之前，中国人均GDP与美国缩小的速度会加快。

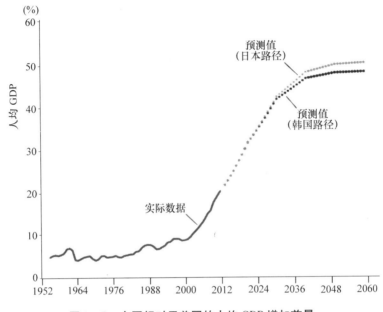

图1-7　中国相对于美国的人均GDP增加前景

说明：原文预测时的基本数据来自Penn World Table 8.0。

资料来源：Jingyi Jiang and Kei-Mu Yi, "How Rich Will China Become?" *Federal Reserve Bank of Minneapolis Economic Policy Paper*, Vol. 15, No. 5, 2015, p. 5.

第五节　对东亚（中国）崛起的国际问题研究

一个地区和国家在经济上的持续增长显然将导致国际关系上的重大影响。20世纪80年代以来，国际学术界围绕东亚政治经济发展和中国崛起的文献数量众多。与政治经济学领域的丰富成果并产生广泛国际影响力不同，以东亚为对象的国际问题研究在理论创新和国际影响力上都大大落后。概括而言，这些文献具有如下两个特点。

第一，尽管美国国际关系学者认为东亚越来越重要，但是学术知识的供给却跟不上美国政策变革和社会需求的变化。美国"教学、研究和国际政策"（TRIP）系列调查显示，目前美国学者认为，东亚是最具战略重要性的地区，中东下降为第二位。尤其是在判断未来20年哪一个地区对美国最为重要时，认同东亚的比例从2004年的60%上升至2011年的72%。与此同时，在大学教学和学术论文发表方面，这些年来有关东亚的内容却没有怎么提升，仍然显著少于中东和欧洲。①

少数美国国际关系主流学者对东亚的研究也相当深入，但多数时候只是拿东亚的经验来验证和弥补西方理论，而不是替代源自西方历史的这些理论。简单而言，这些主流学者缺乏勇气承认西方的历史经验不具有普适性。哈佛大学教授江忆恩（Alastair Johnston）认为，长期以来大西洋两岸的国际关系理论研究忽视东亚，而东亚在崛起国导致冲突的结构主义理论、制度设计以及历史记忆对冲突的影响等方面可以为发展国际关系理论提供新动力。但江忆恩也不确定"将东亚带回来"是否有可能对国际关系理论发展产生拉卡托式的影响。② 如果东亚对西方国际关系理论体系的贡献不只是案例层面的，那么需要基于中国这样一个超大规模的行为体的崛起才有可能。从人口数量、国土规模和历史传统方面而言，唯有中国崛起才能与200年前英国工业革命带动的整个西方高速发展相匹配。曾任美国政治学会主席的戴维·莱克（David Lake）则明确提出了"白种男人"的国际关系学是不够的。③ 而在更早些时候，资历更老的斯蒂芬·克拉斯纳（Stephen Krasner）也提出，起源于欧洲的主权国家体系与东亚的儒家体系有着

---

① Lindsay Hundley, Benjamin Kenzer, and Susan Peterson, "What Pivot? International Relations Scholarship and the Study of East Asia," *International Studies Perspectives*, 2015, Vol. 16, pp. 286 – 301.

② Alastair Iain Johnston, "What (If Anything) Does East Asia Tell Us About International Relations Theory?" *Annual Review of Political Sciences*, Vol. 15, 2012, pp. 53 – 78.

③ David A. Lake, "White Man's IR: An Intellectual Confession," *Perspectives on Politics*, Vol. 14, No. 4, 2016, pp. 1112 – 1122.

不同的治理外部关系的规范和规则。① 从更宽阔的国际关系学说发展脉络看，这些反思和辩驳反映出西方的相对衰落，以及由此而来的西方国际关系理论创新的枯竭。最近一份对美国 42 所大学国际关系学课程的调查表明，美国大学课堂讲授的国际关系知识与学者的学术发表不仅越来越脱节，而且国际关系研究也远离作为基础学科的政治学学术资源。总体来看，西方学者也认识到，需要基于新的世界性现象提出国际关系理论的新综合和创新。②

第二，具有亚洲背景的国际关系学者通常认为，西方的国际关系理论难以解释东亚。例如，十几年前康灿雄（David Kang）与阿米塔·阿查亚（Amitav Acharya）在《国际安全》这一顶尖刊物上就发生过一场论战。尽管双方各自基于特定区域提出了对整个东亚国际关系的不同理解，但双方的一个共同认识是，东亚在国际关系研究方面具有特殊性。③ 十几年来，康灿雄通过研究 14—19 世纪的东亚国际体系，提出了"朝贡秩序"和儒家社会支撑的"东亚和平论"。作为一名研究现状的国际关系学者，为什么舍近求远去研究历史呢？康灿雄给出了这样的回答："对这一问题的兴趣，源于我对国际关系理论以及学者们用以检验这些理论的案例的深深失望。这些理论和案例绝大多数都出自欧洲历史，然而我在对当代东亚进行研究的过程中发现，它们普遍缺乏解释力。"④ 而阿查亚则以呼吁创建一门全球国际关系学而著称，最近更是声称美国建立的自由多边主义秩序已经瓦解。阿查亚尽管不认为中国具有替代美国霸权的能力，但也赞同中国运用日益增长的经济实力强化相互依赖，以便维持世界和平与稳定的努力。⑤

---

① Stephen D. Krasner, "Organized Hypocrisy in Nineteenth-Century East Asia," *International Relations of the Asia-Pacific*, Vol. 1, 2001, pp. 173 – 197.

② Jeff D. Colgan, "Where Is International Relaitons Going? Evidence from Graduate Training," *International Studies Quarterly*, Vol. 60, No. 3, 2016, pp. 1 – 13.

③ David C. Kang, "Hierarchy, Balancing, and Empirical Puzzles in Asian International Relations," *International Security*, Vol. 28, No. 3, 2004, pp. 165 – 180; Amitav Acharya, "Will Asia's Past Be Its Future?" *International Security*, Vol. 2, No. 3, 2004, pp. 149 – 164.

④ ［美］康灿雄：《西方之前的东亚：朝贡贸易五百年》，陈昌煦译，社会科学文献出版社 2016 年版，第 1 页。

⑤ ［加］阿米塔·阿查亚：《美国世界秩序的终结》，袁正清、肖莹莹译，上海人民出版社 2017 年版。

随着中国崛起的不可阻挡，越来越多的学者似乎肯定传统的"朝贡秩序"对理解当前东亚秩序的积极意义，中国香港学者甚至提出"新朝贡秩序"[①]。任教于韩国釜山国立大学的罗伯特·凯利（Robert Kelly）则从文化视角提出东亚存在"儒教和平论"，但凯利强调这不是"中国和平论"（Sinic Peace），因东亚的和平基础是文化意义上的，而不是中国维持的。[②]

在美国学术界进行教学和研究的亚裔国际关系学者，更多的是从学术生态的多元化目标发出呼吁，并依赖于某个亚洲次区域和某些时段的经验。如阿查亚的建构主义研究主要基于对东盟经验的概括，康灿雄对古代东亚体系的认识主要建立在明清时代的中国、朝鲜、越南和日本等上。但是，对当代的美国学者来说，他们之所以关注东亚，是因为中国的崛起。美国 TRIP 调查显示，美国国际关系学界对东亚地区的研究，在方法论和理论视角上有自身的特色，呈现出非同一般的理论争论范式，有的用中国崛起检验现实主义理论，另外一些则探究是否证实自由主义的论断。[③] 这些认识本身充满了矛盾，它们的根本不足在于，没能抓住当代国际关系中最重要的中国崛起的伟大意义，无法从理论上界定中国崛起所具有的鲜活性。他们似乎难以明白中国人提出的要走出一条新路的根本底蕴。因此，当这些学者站在国际舞台上看到西方概念的没落时，多数时候是本能地从上而下呼吁。但是，这种呼吁的距离很遥远，并不是基于对规模巨大、速度很快的中国崛起的总结。如果没有对中国这个洲际级的崛起现象的理论性总结，还是依旧从西方看中国，当然就无法抓住中国崛起所具有的超越西方的伟大意义。

西方国际关系学界之所以在东亚研究上落后甚远，可能在于东亚长期以来是西方的征服对象，而不是挑战者的形象。特别是作为东亚最大体量的中国，迈入崛起进程不久，其人均收入水平还低于世界平

---

① 如 Su-Yan Pan and Joe Tin-Yau Lo，"Re-conceptualizaing China's Rise as a Global Power：A Neo-Tributary Perspective，" *The Pacific Review*，Vol. 30，No. 1，2017，pp. 1 – 25.

② Robert E. Kelly，"A 'Confucian Long Peace' in Pre-Western East Asia?" *European Journal of International Relations*，Vol. 18，No. 3，2011，pp. 407 – 430.

③ Lindsay Hundley，Benjamin Kenzer，and Susan Peterson，"What Pivot? International Relations Scholarship and the Study of East Asia，" pp. 295 – 296.

均水平。因此作为一门现实性极强的学科，西方国际关系界的确难以真正持续关注这样一个区域，难以吸引一大批一流学者参与，并因而难以根据东亚的新现实发展出系统性的理论知识。绝大多数学者沿用旧理论套路，只不过将分析对象从欧洲换到了东亚而已。冷战结束后，西方社会主流刊物上出现了一批论著，讨论崛起的中国可能引发的地区动荡，持进攻性现实主义立场的学者早就预言，东亚将重复欧洲在第二次世界大战之前走过的道路，迟早会陷入以均势变迁为核心特征的权力争斗中。[①] 冷战结束已经 20 多年了，东亚的国际关系也发生了巨大转变。尽管现实主义学者们对东亚国际关系发展趋势的预测完全错了，但他们仍然可以留在大学里继续进行理论构思，并持续影响东亚地区内不少人的思想观念。如果东亚的政府当年追随这些欧美学者的建议调整政策，恐怕东亚的国际关系早就变天了。

对于描述当代东亚国际关系的学者而言，首先要从理论上认识中国崛起的动力，以及如此一个巨大规模的、快速崛起的对地区秩序和国际关系的重大影响。美国 TRIP 调查显示，在国际关系领域，一般是安全研究多于国际政治经济学研究。但在东亚，却是后者的比例明显高于前者。[②] 这似乎进一步表明，理解东亚的国际关系需要从政治经济学入手。

第六节　重新理解外部（周边）环境与中国崛起的关系

在国际金融危机之后重新审视中国 30 多年来的高速发展，我们进一步认识到 20 世纪 80 年代中期以来中国发展的外部环境总体不错。1984—2011 年，世界经济和世界货物出口增速分别达到 3% 和

---

① 典型观点如美国《国际安全》刊物 20 世纪 90 年代初刊发的两篇稿件。Aaron L. Friedberg, "Ripe for Rivalry: Prospects for Peace in a Multipolar Asia," *International Security*, Vol. 18, No. 3 (Winter 1993/94), pp. 5 – 33; Richard K. Betts, "Wealth, Power and Instability: East Asia and the United States after the Cold War," *International Security*, Vol. 18, No. 3 (Winter 1993/94), pp. 34 – 77.

② Lindsay Hundley, Benjamin Kenzer, and Susan Peterson, "What Pivot? International Relations Scholarship and the Study of East Asia," p. 297.

6.4%（如图 1 – 8 所示）。2012 年以来，这种外部环境已经发生巨变，2012—2016 年，世界经济增速为 2.5%，而贸易增速只有 2.8%。也就是说，与 20 世纪 80 年代中期以来全球贸易增速显著高于 GDP 增速不同，目前以及今后一个时期中国所处的外部经贸环境是大大恶化了的。美国经济学家劳伦斯·萨默斯甚至借用 20 世纪 30 年代描述大萧条的"长期停滞"概念，来界定和预测未来的世界经济走势。[①] 2016 年以来，发达国家如英美等脱离多边主义体制，聚焦于捍卫单纯的本国利益的保护主义和孤立主义做法，更是加剧了国际环境的动荡。

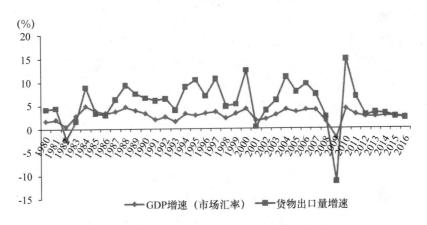

图 1 – 8　世界 GDP 与出口货物量增速

资料来源：IMF, World Economic Outlook.

东亚社会经济成功的一个重要基础是外向型贸易，特别是出口导向体制以及由此进一步引发的进口。这个体制的成功既有政治因素，即早期阶段发展较快的都是美国盟友，美国出于国际政治目的对东亚部分经济体实行了不对称开放，但也有更为广泛的国际经济体制与发展思潮环境。例如，20 世纪 70 年代以前，拉丁美洲之所以施行进口

---

① Gauti B. Eggertsson, Neil R. Mehrotra and Lawrence H. Summers, "Secular Stagnation in the Open Economy," *American Economic Review: Paper & Proceedings*, Vol. 106, No. 5, 2016, pp. 503 – 507.

替代，是因为稳固的布雷顿森林体系下美元体制的作用。在固定汇率制度下，发展中国家政府难以通过汇率贬值来实现对发达国家的持续出口。哈佛大学教授珀金斯最近指出："开放对外贸易无疑是东亚经济成功史的一大重要部分。然而东亚地区的开放，与坚持所谓的'华盛顿共识'毫不相干……还应当指出，开放对外贸易（或至少是对外出口）在 20 世纪后半叶产生积极影响，在很大程度上是因为欧洲和北美当时的自由贸易政策。相反，在第二次世界大战之前，当南美洲开始工业化进程时，战争和全球经济萧条就严重阻碍了这种出口导向型发展战略。"① 而在《东亚奇迹的反思》一书中，珀金斯也强调中国和越南发展所面临的国际环境已大为变化，"当今世界正处于世纪交替之际，中越两国改革所处的国际经济环境与五六十年代日本和韩国制定产业政策、开始经济发展的环境远远不同。乌拉圭回合和快速的经济全球化改变了游戏规则。20 世纪中期行之有效的方法到了21 世纪初已经不适用了"②。

将东亚发展的稳定与拉美的起伏对比来看，我们可能会进一步加深一个印象和判断，即对于促进一个地区的发展，需要综合考虑国际背景和国内背景，这两个因素是不能分离的。20 世纪 80 年代初，中共中央即提出"利用两种资源、打开两种市场、学会两套本领"③。1988 年 9 月，邓小平在分析中国经济形势时提出了"两个大局"的思想，他指出："沿海地区要加快对外开放，使这个拥有两亿人口的广大地带较快地先发展起来，从而带动内地更好地发展，这是一个事关全局的问题。内地要顾全这个大局。反过来，发展到一定的时候，又要求沿海拿出更多力量来帮助内地发展，这也是个大局。那时沿海

---

① ［美］德怀特·珀金斯：《东亚发展：基础与战略》，颜超凡译，中信出版社 2015 年版，第 52 页。

② 德怀特·H. 珀金斯：《中国和越南的产业政策和金融政策：是一个新模式的诞生还是东亚经验的再现？》［美］约瑟夫·E. 斯蒂格利茨、沙希德·尤素福主编：《东亚奇迹的反思》，王玉清、朱文晖等译，中国人民大学出版社 2013 年版，第 197 页。

③ 1982 年 1 月 14 日，胡耀邦在中共中央书记处会议上讲话时指出："前不久，中央书记处一致认为，我们的社会主义现代化建设，要利用两种资源——国内资源和国外资源，要打开两个市场——国内市场和国际市场，要学会两套本领——组织国内建设的本领和发展对外经济关系的本领。"胡耀邦：《胡耀邦文选》，人民出版社 2015 年版，第 358 页。

也要服从这个大局。"① 这个时候的"两个大局"仍然停留在国内发展的层面，而没有扩展到国内与国际的关联中。

冷战结束前后，在中国的外交体系和布局中，周边作为一个独立的板块猛然生成。面对西方世界的制裁和压迫，中国需要一项大战略，以便构建稳定开放的外部环境，继续推进中国的现代化建设。此时相对富裕且传统上与中国联系紧密的西太平洋区域，特别是日本、东亚四小龙以及影响力颇大的东盟，受到中国最高决策层的再度关注。而苏联的解体为中国转移战略视野、调整发展与安全的关系，以及重新构造于我有利的周边地缘环境，创造了极为特殊的机会，别的发展中大国缺少边界巨变所带来的这种戏剧性效应。从整个全球范围来看，原本高度对抗的国际格局不复存在，中国、印度以及苏联地区相关国家正以新的姿态看待"新世界"，这些国家拥有的劳动力优势将逐步涌入一个资本高速运行的发达世界中。正是在此大背景下，中国周边外交的开展显得生机勃勃，进展迅速。如同现实主义不能回答冷战为何突然结束一样，中国的"三个世界"理论也无法为中国改革开放融入国际体系提供富有方向性的判断。改革开放推动的重大而又紧迫的现实需求亟须创新中国的外交理论，特别是为中国发展提供新的外交空间。

随着中国与世界的关系进一步深化，特别是对外贸易扩大和吸收外资迅速增多，尤其是加入 WTO 引发的广泛讨论，革新了全社会对经济全球化的认识。中国政府也越来越在正式文件中宣传和认可全球化的作用。2001 年 4 月，党史专家冷溶在新加坡演讲时认为："在邓小平还健在时，全球化这个词还没有被中国正式使用。而在江泽民时代，则已成为了现实。这是一个全新的问题和巨大的挑战。"② 在 2002 年 11 月举行的中共十六大上，江泽民在政治报告中使用了"积极促进经济全球化朝着有利于实现共同繁荣的方向发展"说法。这是中国政府首次在党的政治报告中使用"经济全球化"，意味着中国共

---

① 邓小平：《中央要有权威（1988 年 9 月 12 日）》，《邓小平文选》（第 3 卷），人民出版社 1993 年版，第 277—278 页。

② 冷溶：《江泽民领导下的中国——十年回顾和新世纪的展望》，《党的文献》2001 年第 4 期。

产党对世界的认识发生了一个历史性的飞跃。这是一个重大的逻辑上的转换，中国不再是单纯的吸收，或者说按照美国的理解是搭便车。

从学术逻辑上看，而英美国际政治经济学界在20世纪70年代以来经历了从国际到国内的转换阶段，但没有解决的问题是如何将两个层次衔接起来。本书认为，对于发达国家而言，比较难以解决这个问题，因为它们是高度联系在一起的，特别是对于精英分子而言，国际金融市场是高度联系的，国内市场在一定程度上就是国际金融市场。而处于高速发展中的低收入大国，国内国际的互动机制所起的作用则相当明显。一个核心要点是，中国几乎是在人均和经济总量意义上少数几个同时获得高速增长的国家。按照IMF数据，中国经济总量占世界的比重，从20世纪80年代的5%上升至目前的15%。按照世界银行的数据，中国人均GDP占世界平均的比重，也从1978年的7.8%上升至2015年的79.2%。如前文所示，人均收入增长主要是在20世纪90年代以后加快的。这个阶段，中国明确改变了世界主题判断，将精力转移到经济增长轨道上，并同时改变了对周边国家的看法，重构周边关系。中国长期将人均GDP和总量的增长作为国家发展战略目标，而其他国家很少简单地将"双增长"作为目标，因为其他国家没有中国这样巨大的规模和较低的发展起点。1978年改革开放时，人均GDP甚至低于印度。现有的经济增长文献表明，在众多影响经济长期增长的因素中，初始阶段的收入水平是关键因素之一。[①]

单纯聚焦于国内政治经济改革，而不深入留意地区背景，恐怕难以理解为什么中国能获得超越人类历史既有的经济增长，并进而打破西方多种理论对该地区和平发展前景的猜疑。一个需要东亚人特别注意的是，在何种意义上中国政府成功地将一个迅猛崛起的大国稳定在周边，没有造成地区秩序的动荡，并威胁到美国主导的国际秩序呢？事实上，欧美人多年来对中国重组国际秩序的担忧，已被证明言过其

---

① Xavier Sala-I-Martin, Gernot Doppelhofer and Ronald I. Miller, "Determinants of Long-Term Growth: A Bayesian Averaging of Classical Estimates (BACE) Approach," *The American Economic Reviw*, September 2004, pp. 813 – 835. 这种观点并不只是少数人的看法，比如普雷斯科特等认为："理解发展问题的关键点在于相对收入水平，而不是增长率。"参考［美］斯蒂芬·L. 帕伦特、爱德华·C. 普雷斯科特《通向富有的屏障》，前言第1页。

实。今天，不是中国要求推翻现有秩序，恰恰是秩序的创造者美国，在特朗普时代明确宣布要求废弃诸多多边协定。如果一种理论对现实的预期与发生的事实之间存在这么大的偏差，我们有什么理由孜孜以求呢？面对这种悖论，西方人不得不承认东亚长期和平的历史事实，并进而从历史上追寻这种和平性的地区性知识和文化背景，而不是简单地将欧洲争霸历史所遗留的理论转移到东亚。

从知识谱系角度分析，可以 2008 年国际金融危机为界，将此前出版的一些周边外交论著视为第一波，此后视为第二波。尽管在冷战结束前后不乏研究中国周边外交问题的学者，如美国加州大学的斯卡拉皮诺等①，但系统性论著却大规模地出现于 20 世纪 90 年代末新世纪初，这也验证了外交实践推动外交理论创新的一般性认识。第一波的代表性论著如北京大学张小明教授出版于 2003 年的《中国周边安全环境分析》、原中国社会科学院唐世平研究员 2003 年出版的《塑造中国的理想安全环境》等，前者偏重于中国的对外政策话语分析，后者则更重视运用西方国际关系理论解读，但两本书都对诸多双边关系进行了横断面的深入分析。② 西方学界的代表性论著则有兰德公司 2000 年出版的《中国大战略》，该书从现实主义视角追溯了中国周边关系的历史性变革，认为传统中国与周边关系似乎存在着一种周期性现象，驱动力主要是中华帝国的王朝兴衰。该书还推断中国在 2020 年前后将形成一种新的大战略，改变 20 世纪 80 年代以来逐步形成的、低调的合作性政策。③ 目前来看，上述专著仍然是研读中国周边关系和周边战略的必读书。

21 世纪初，两位历史学者对中国冷战时期的周边关系曾做出这样的评价："客观地讲，中国学者对于冷战时期中国周边关系和周边问题的研究还处于开始阶段，如何从个别上升到一般，从对中国周边

---

① Robert A. Scalapino, "China's Relations with Its Neighors," *Proceedings of the Academy of Political Science*, Vol. 38, No. 2, 1991, pp. 63 – 74.

② 张小明：《中国周边安全环境分析》，中国国际广播出版社 2003 年版；唐世平：《塑造理想的中国安全环境》，中国社会科学出版社 2003 年版。

③ ［美］迈克尔·斯温、阿什利·特里斯：《中国大战略》，洪允息、蔡焰译，新华出版社 2001 年版。

政策的个案研究进展到对总体趋势和特征的讨论，恐怕还需要经过一段时间的努力。"① 这种研判代表了国际冷战史学者对中国周边外交研究的看法，尽管他们的着眼点不是外交学研究，而更看重周边问题能否为综合性的冷战国际关系史提供丰富的案例，但却提出了对发展周边外交的条件性判断和期待。事实上，学科发展史已经表明，相关问题的研究从个别到一般和整体，需要重大的历史机遇给予人力、物力以丰厚的储备，并在知识生成上存在不断革新的现实压力。第二波周边外交研究的重大背景是国际体系动荡引发的权势变更，中国崛起已经不是一种预测，而是一种客观的现实存在，对地区环境和国际局势产生了重大影响。② 中国学术界需要回答为什么中国崛起不会回到传统的"朝贡秩序"时期，也不会落入大国争霸的"修昔底德陷阱"，亦即在传统东方和传统西方之外找到一条新路。

---

① 牛大勇、沈志华主编：《冷战与中国的周边关系》"前言"，世界知识出版社 2004 年版，第 5 页。

② 例如张蕴岭《在理想与现实之间——我对东亚合作的研究、参与和思考》，中国社会科学出版社 2015 年版；石源华《中国周边外交十四讲》，社会科学文献出版社 2016 年版；孙学峰：《中国崛起困境：理论思考与战略选择》，社会科学文献出版社 2011 年版。

第二章 作为大战略的发展型安全

中国政府提出构建"新型大国关系"理念之后,国际舆论普遍认为,一个新兴强国和一个守成国之间的关系主要是两种:一种是历史上已经发生过的冲突性关系,另外一种是仍然有待于探索和建立的新型关系。回顾新中国60年来与世界的关系,前30年被普遍认为是革命型国家,而后30年则被界定为现有国际秩序的参与者,最近一些年关于中国是否仍然是"现状维持国"的争论持续上升。①从国际政治角度看,中国转向改革开放与1971年中美关系改善关系密切,此后务实而非理想主义的对外政策在中国国际战略中逐渐占据主导地位。美国前总统尼克松在1994年完成的《超越和平》一书中承认:"在冷战期间,促使美国与中国相互靠拢并将两国联系在一起的力量是恐惧。在超越和平以后的时期,我们需要用新的经济动机把我们联系在一起。"②尼克松认为,中美需要建立以经济合作作为内涵的新型关系,"新型关系仅凭恐惧是不可能持久的……如果我们的关系是建立在经济合作的基础之上,我们的命运就掌握在我们自己的手中。"③尼克松指出的以经济构建新型关系对理解当代中国大战略具有重要意义。

为什么经济合作能够产生新型关系?关键在于国际经济的深入发

---

① 较早提出这一命题并作系统阐述的文献可参考 Alstair Iain Johnson,"Is China A Status Quo Power?" *International Security*,Vol. 27,No. 4(Spring,2003),pp. 5 – 56;Feng Huiyun,"Is China a Revisionist Power?" *Chinese Journal of International Politics*,Vol. 2,No. 3,2009,pp. 313 – 334.

② [美]尼克松:《超越和平》,范建民译,世界知识出版社1999年版,第147页。

③ [美]尼克松:《真正的和平》,钟伟云译,世界知识出版社1999年版,第88页。

展不仅需要开放与和平的外部环境，也要大国建立相互包容的关系。发展中国家通过比较优势有意识地升级产业、提升国际分工地位，而发达国家须克制保护主义势力，拓展一个开放的世界经济。此外，以经济发展水平来理解国际关系，那么一个显著的特征是，发展中国家在发展的时间维度上远远落后于发达国家，在实力地位、制度建设等方面差距也甚大。发展中国家仍需百年以上的时间追赶发达国家，这种时间维度的差异对国家间关系的影响十分重大。中国作为最大的发展中国家，美国作为最大的发达国家，两者的发展差距甚大，两国的安全观念也有很大不同。而发达国家之间也有差异，比如北欧国家的安全比较突出社会化，而美国则延续了欧洲传统大国的均势安全观。

从国际政治理论来看，已有不少学者对发展程度与安全观念及其应对安全的策略所存在的紧密联系进行过论述。美国学者斯蒂芬·沃尔特（Stephen Walt）在总结西方国际关系理论的发展时提出"一个世界、多种理论"的判断，认为没有哪一个单一的理论可以解释所有的世界政治现实，理论的主要目的在于抓住影响事件的基本力量。[①] 朱锋曾提出"三个世界、五种安全"的论断，认为发展中国家与发达国家在安全挑战和应对方式上存在显著不同。[②] 国防大学金钿教授在 2002 年主编的《国家安全论》中探讨了发展中国家、社会主义国家、西方大国这三种类型国家安全战略谋划的特殊规律，认为发展中国家与发达国家对安全利益的需求并不一致，而社会主义国家则要比一般的发展中国家更强调制度安全，进而认为，由于中国国情涵盖了当今世界三大类型国家的基本特点，在国家安全战略上呈现出混合特色。[③] 而唐世平则从国际社会进化的视角出发，认为 17 世纪中叶以前主要是进攻性现实主义的世界，此后的西方世界则是防御性现实主义占据主导地位的世界。自第二次世界大战以来，世界逐渐演变出新自

---

① Stephen M. Walt, "International Relations: One World, Many Theories," *Foreign Policy*, No. 110 (Spring, 1998), pp. 29 - 32, 34 - 46.

② 朱锋：《国际关系理论与东亚安全》，中国人民大学出版社 2007 年版，第 20—28 页。

③ 金钿主编：《国家安全论》，中国友谊出版公司 2002 年版。

由主义特征，即更加注重规则和制度。[①] 唐世平解决了大理论的时代性问题，而朱锋与金钘等的论述则表明基于发展水平去理解国家安全战略是极为重要的。

自 20 世纪后半叶起，以改革开放为路线的中国主动快速地融入国际体系，形成了一种基于发展的新型安全观念。这种发展型安全在邓小平时期得到明显的塑造，但在后几任领导人那里也不断呈现，因此这种大战略不只是某一个时期的政策，而是比较持久的一种力量。发展型安全以发展而不是获取世界霸权界定国家安全，与美国以霸权均势统领的安全理念形成鲜明对比，由于发展是一个逐步演进的进程，以推进发展作为国家战略目标的大战略不同于寻找外部敌人的均势战略，发展型安全坚持国防和发展两者的统一，认为和平比战争更能让国家和人民获益，致力于推进一个和平、稳定、开放的外部环境。在未来 30 年里，中国仍将以提高国内民众的生活水平为主要目标，鉴于 2012 年中国人均 GDP 只有美国的 12%，我们需要从一个更加长期的视角去理解中美新型大国关系的建设。

第一节　发展阶段与国家安全观的多样性

西方国际关系理论所立足的历史是欧美发达国家，这些国家的基本特征是人均收入水平和 GDP 都比较高，而像中国、印度等发展中大国，人均收入则较低，但在世界经济中的排名却较高。因此，经济大国又同时是人均收入小国这样的情况，是西方世界在建设国际关系大理论时没有碰到的问题。当人均收入和 GDP 总量分离时，对国家政策会产生怎样的影响呢？一个人均收入较高的社会，政府财政汲取能力较强，国内消费市场活跃，因而社会的动员能力强。中印两国经济总量尽管在 19 世纪分属全球第一、第二位，但农业社会在社会动员和组织能力上落后于工业社会，在很长一段时期内中印都是国际政治中的被打压者、受欺凌者。

---

① 唐世平：《国际政治的社会进化：从米尔斯海默到杰维斯》，《当代亚太》2009 年第 4 期。

当代世界近 200 个国家按收入水平可分为发达国家、中等收入国家、低收入国家，这是一个相对脱离意识形态色彩、比较中性的描述，收入水平不同的国家尽管仍然共存于一个西方世界主导的全球化体系中，但不同发展程度的国家对安全的认识和判断存在极大的差异。与此同时，随着收入差距的改善和趋同，安全理念也将逐步趋同，会进一步推动安全合作。因此，就理论建设而言，安全观念或者说安全战略是否与发展存在着紧密的联系？发展能否作为区分安全战略以及规划大战略的一个先行指标？

从经济增长角度看，1820 年左右全世界进入了一个新阶段，其标志是西方世界开始进入一个经济稳定增长、人口持续扩大的阶段，而中国在这一阶段由盛转衰，农业社会在面对工业化强国入侵时，无法有效动员、组织国内力量进行武力对抗。根据英国学者安格斯·麦迪森（Angus Maddison）的论述，1500—1820 年，全世界的人均收入年均增长率在 0.05% 左右，而 1820—2001 年的人均收入年均增长率达到了 1.23%。① 加州大学戴维斯分校经济学教授格里高利·克拉克（Gregory Clark）也提出，1800 年前后，世界人均收入开始了飞跃性发展。② 克拉克认为，在人均收入停滞不前的漫长世纪中，普通人的生活和他们生活在旧石器时期的祖先并无二致。当代社会注重的原则，比如和平、稳定、秩序、公共健康等在 1800 年前是社会的公敌，而被现代社会唾弃的一些人类行为，比如战争与暴力，则是那个社会的生存法则。③ 罗伯特·吉尔平在其 1981 年出版的《世界政治中的战争与变革》中，把研究的时间段定位在 1800 年以来的世界经济、国家力量以及国家间战争关系上，并将不平衡发展和收益递减规律作为理解国际体系变革的根本动力。④

---

① Angus Maddison, "Contours of the World Economy and the Art of Macro-measurement 1500 – 2001," Ruggles Lecture, IARIW 28th General Conference, Cork, Ireland August 2004, p. 11.

② ［美］格里高利·克拉克：《应该读点经济史》，李淑萍译，中信出版社 2009 年版，第 2 页。

③ 同上书，第 4—7 页。

④ 罗伯特·吉尔平：《世界政治中的战争与变革》，武军译，中国人民大学出版社 1994 年版。

在国际关系史上，19 世纪，最主要的国际政治理念是以欧洲协调（Concert of Europe）为核心的均势，英国人在对外政策中娴熟地运用均势原理，成就了 19 世纪"英国治下的和平"。19 世纪中叶中国战败于鸦片战争，标志着英国全球霸主地位的确立。尽管全球第一大经济体被迫纳入国际政治体系，但对于国际政治而言，非欧洲世界仍然是边缘地带，主导欧洲大国的根本性国际政治理念仍然根植于欧洲的大国争霸历史，而不是欧洲对边缘地带的征服，由此导致欧洲大国的安全观以均势为核心。按照麦迪森的数据，1820 年，西欧的人均 GDP 是除美国之外其他国家水平的三倍，1851 年，英国成为全球人均 GDP 最高的国家（2451 国际元），直至 1903 年被美国超越。从 1880 年美国人均 GDP 首度超过 3000 美元开始直到 1941 年首度超过 8000 美元期间，英国与美国的人均 GDP 差距不大，但第二次世界大战结束后美国成为全球人均 GDP 最高的国家。[①]这一数据或许能进一步促进我们对英美霸权和平转移的探究，人均收入水平与国家安全大战略有很大的关系，位居人均 GDP 世界第一的大国与排列其后的其他大国在安全战略上具有类似性，英美两国在长达 60 年的人均 GDP 趋同进程中改变了对双方关系的认识，而人均收入差距快速缩小的大国之间则容易产生摩擦，20 世纪后期的美日是一个例子，19 世纪后期的英德关系也如此。[②]

美国从一个欧洲移民国家发展为当代霸权国家，其安全观和大战略发生了数次较大的变迁和扩展，但不变的是美国阐述其大战略的基本原则，即基于美国全球最发达国家的身份以及维护霸权地位的需

---

① 1820 年，各国人均 GDP 水平（按国际元度量）如下：荷兰 1838，英国 1706，法国 1135，德国 1077，美国 1257，拉丁美洲的平均水平是 712，中国 600，印度 533，日本 669。1913 年，世界主要大国人均 GDP（按国际元度量）如下：英国 4921，法国 3485，德国 3648，美国 5301，苏联 1488，中国 552，印度 673，日本 1387。参见［英］安格斯·麦迪森：《世界经济千年统计》，伍晓鹰、施发启译，北京大学出版社 2009 年版。

② 卡尔·波兰尼曾指出："欧洲协调在俾斯麦时代（1861—1890）达到顶峰。在德国崛起取得霸权之地位以后的 20 年间，它是和平利益的主要受益者。"见卡尔·波兰尼《巨变——当代政治与经济的起源》，黄树民译，社会科学文献出版社 2013 年版，第 73 页。而根据麦迪森的数据，1890—1914 年，德国的人均 GDP 从占英国的 60% 迅速增加至 74%，人均收入快速接近显著增强了竞争性和对抗性，不过，这一判断还需做出进一步考察。

要。国家安全作为突出问题起源于大萧条时期，大萧条迫使美国注意到"社会安全"对国家安全的重大影响，而在第二次世界大战期间罗斯福总统则将安全的认识上升到国家战略层面。[①] 据有关学者考证，美国专栏作家李普曼（Walter Lippmann）于 1943 年首先使用了"国家安全"一词，用以替换战争时期的"国家防务"。为了赢得第二次世界大战的胜利，美国社会科学界创建了一系列新的制度和概念，以了解和配置能够用于作战的总资源数量，比如被誉为 20 世纪最重要发明的国民生产总值（GDP）概念就是这一时期的产物，美国之所以将防务拓展为安全，正是基于对影响国家前途和命运的综合力量的认识。20 世纪五六十年代，在所谓战略研究的"黄金时代"，美国安全观的核心是遏制苏联，其重要组成部分是以核武器与威慑作为遏制手段的大战略。冷战时代，美苏双方在军事、意识形态、政治制度等方面存在着激烈的对抗，形成了被后来称作冷战思维的旧国际安全观。沃尔特曾将冷战时期美国的国家安全战略概括为"军事威慑、军事力量的使用以及军事力量的控制"[②]。

20 世纪 70 年代以后，美国霸权进入一个相对衰落期，安全观念也随即进行调整。在安全理念上对美国造成重大冲击的是两大事件：首先，发展中世界在两个领域挑战美国的霸权，即石油输出国组织带来的石油危机冲击和以联合国海洋法谈判为标志的海洋权益斗争，逼迫美国逐渐开始讨论非传统安全问题。其次，随着发达国家向发展中国家大量转移高污染产业，环境安全也逐步得到重视。[③] 最后，迫使美国改变安全观念的重大挑战也来自西方社会内部，一个是欧洲，另一个是日本，这两个美国的盟友同样通过经济力量改变了美国对国家安全的认识。由于美国霸权相对衰落，国际关系理论界开始讨论"霸

---

① Mark Neocleous, "From Social to National Security: On the Fabrication of Economic Order," *Security Dialogue*, 2006, Vol. 37, No. 3, pp. 363 – 384.

② Stephen M. Walt, "The Renaissance of Security Studies," *International Studies Quarterly*, Vol. 35, No. 2 (Jun., 1991), p. 212.

③ Joseph S. Nye, Jr. and Sean M. Lynn-Jones, "International Security Studies: A Report of a Conference on the State of the Field," *International Security*, Vol. 12, No. 4 (Spring, 1988), pp. 5 – 27; Cwyn Prins, "The Four-Stroke Cycle in Security Studies," *International Affairs*, Vol. 74, No. 4, 1998, pp. 781 – 808.

权之后"的国际秩序是否还能维持稳定，而这个国际秩序就是开放的自由经济秩序。①

自 20 世纪 80 年代初开始，欧洲国家和日本日渐强调非军事威胁的重要性，产生了如"地区安全复合体""综合安全保障"等新概念。② 对于非军事因素的强调显然直接源于石油危机对西方社会稳定的冲击，在以定期选举为核心的民主制国家，日益关注经济损益的选民有能力迫使国家决策者改变国家安全战略。而对于广大的发展中国家，由于国内经济与国际经济关联甚少，尽管也强调非军事威胁，但主要是国内层面的社会稳定和经济发展。正如一位日本学者所总结的："对于这些国家来说，安全威胁并非来自国外，而是存在于国内。因此，这些国家的安全保障概念与日本相比更加内向，更重视国内经济社会发展、政治稳定的实现、国家认同的培育等。"③ 如图 2－1 所示，就人均 GDP 而言，1980 年，北欧国家略高于美国，如果不考虑石油输出国组织的人均收入水平，那么大量发展中国家集中在左下角区域，人均 GDP 很低，且无发展中国家进入全球前十大经济体序列。

冷战结束后，欧美安全观的分歧进一步显现。相比于美国继续以捍卫霸权地位来界定其全球战略，欧洲人对权力的兴趣降低了很多，更关注欧洲能否建成一个地区安全共同体。欧洲之所以不再关注军事威胁，的确与苏联的瓦解有关，但苏联瓦解这样一个单一因素无法解释冷战结束后 20 多年欧美围绕国家安全的争论。美国保守派代表人物罗伯特·卡根认为，造成美欧国际安全和世界秩序分歧的根本原因是"彼此的实力差距"，相对弱小的欧洲更愿意构建一个以经济力量和软实力为基础的世界，而不是一个由军事力量和硬实力构建的国际

---

① 罗伯特·基欧汉：《霸权之后——世界政治经济中的合作与纷争》，世纪出版集团、上海人民出版社 2001 年版。

② ［英］巴里·布赞：《人、国家与恐惧——后冷战时代的国际安全研究议程》，闫键、李剑译，中央编译出版社 2009 年版；Richard H. Ullman, "Redefining Security," *International Security*, Vol. 8, No. 1 (Summer, 1983), pp. 129 – 153；神谷万丈：《安全保障的概念》，日本防卫大学安全保障学研究会编著：《日本安全保障学概论》，刘华译，世界知识出版社 2013 年版，第 12—13 页。

③ 神谷万丈：《安全保障的概念》，日本防卫大学安全保障学研究会编著：《日本安全保障学概论》，刘华译，第 13 页。

秩序。① 实际上，就发展程度而言，欧洲比美国更前进了一步，以注重社会福利为主要特色。相比较而言，美国仍然处于扩大福利社会的发展阶段。② 因此，卡根最后将欧美权力失衡提升到意识形态差异上："在与美国的对抗中，欧洲人相信合法性是他们拥有的丰富资源，他们把合法性看做是自己的比较优势——已经失衡的美欧关系中的平衡器。"③

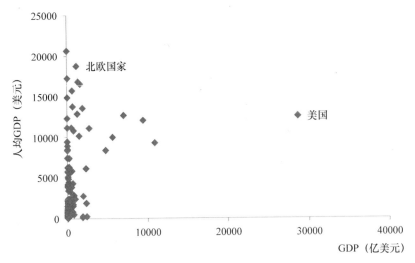

图 2 - 1 1980 年按 GDP 总量和人均 GDP 分布的各国

资料来源：世界银行。

欧洲与美国的差异是量而非质，抛开权力因素，欧美面临的根本性挑战都是在社会高度发达之后如何平衡社会和国家的关系。欧洲强调安全的社会化，表现在理论总结上则是建构主义几乎主导了欧洲的

---

① 罗伯特·卡根：《天堂和权力：世界新秩序中的美国与欧洲》，刘坤译，社会科学文献出版社 2013 年版，第 40 页。

② 例如，以世界卫生组织公布的卫生保健支出数据为例，按照该项政府支出占总支出的比例衡量，2006 年，欧洲国家普遍在 70% 以上，而美国不到 46%。数据来自联合国网上数据库，http://data.un.org/Data.aspx? d = WHO&f = MEASURE_ CODE%3aWHS7_ 149。

③ 罗伯特·卡根：《天堂和权力：世界新秩序中的美国与欧洲》，第 168 页。

安全话语。① 而绝大多数美国学者认为，主导安全观的仍然是那些事
关权力变革的重大问题。② 因此，尽管美国自20世纪70年代以来迫
于形势的压力，不断扩大国家安全的范围，将一些非传统安全问题也
纳入讨论范围，但美国仍然主要以清除外部威胁来维护其首要地位。
"9·11"事件进一步确立这种逻辑的合理性，摧毁"邪恶国家"成
为美国21世纪前10年的主导性战略。③ 鉴于未来中国在经济和安全
上都对美国构成巨大挑战，美国政府所谓欢迎一个繁荣的中国的表
述，是其基本国际政治理念的自然体现还是一种策略性安排？

第二节　以外部威胁界定安全的　美式国家安全战略

　　理解美国大战略中的基本逻辑是看待当前中国崛起的广泛影响的
必要条件。正如苏长和所指出的，英美特色国际关系的各类理论可以
归结为均势学说与民主和平论两大派，前者深受欧洲均势逻辑的支
配，而后者则是将英美的国内政治经验带入国际政治。④ 在以欧洲经
验为基础的国际关系理论看来，均势至关重要。美国建国之后所认知
的世界基本上是英国霸权治下的殖民地世界，在发展模式和思维模式
上深受英国的影响，国际政治理念也带有欧洲争霸史的烙印，有学者
因此指出："美利坚的崛起是英国帝国史上的一个新篇章，也是其后

---

　　① 参见朱宁《安全与非安全化——哥本哈根学派安全研究》，《世界经济与政治》
2003年第10期；高峻《哥本哈根学派复合安全理论的修正与演进》，《教学与研究》2005
年第10期；［英］巴里·布赞、［丹麦］琳娜·汉森《国际安全研究的演化》，余潇枫译，
浙江大学出版社2011年版。

　　② Steven E. Miller, "The Hegemonic Illusion? Traditional Strategic Studies in Context," *Security Dialogue*, Vol. 41, No. 6, 2010, pp. 639–648.

　　③ Alexandra Homolar, "Rebels without A Conscience: The Evolution of the Rogue States Narrative in US Security Policy," *European Journal of International Relations*, Vol. 17, No. 4, 2010, pp. 705–727.

　　④ 苏长和：《共生型国际体系的可能——在一个多极世界中如何构建新型大国关系》，
《世界经济与政治》2013年第9期。对英美特色国际关系理论的详细论述见该书第6—8页。

果和延伸"①。在欧洲历史上，均势曾被当作19世纪西方文明的四大支柱之一。卡尔·波兰尼断言，1815—1914年的百年和平归功于均势的运用。不过，均势的基础是以金本位制为核心的国际金融体系，如果持续扩大的国际经济不能协调国内社会福利，那么包括其上层结构在内的均势将瓦解。② 波兰尼的著作完成于第二次世界大战后期的美国，他对均势和平、开放国际经济与国内社会契约三者关系的论述与第二次世界大战后美国的大战略十分契合。在没有发生冷战之前，美国决策者已经开始设计一个保障国际经济开放的布雷顿森林体系以确保经济安全，与大萧条、第二次世界大战相比，40年代中期的苏联还没有成为美国的最大威胁。③ 此后，布雷顿森林体系在西方国家之间已经被证明行之有效，而且在与苏联竞争时更是发挥了重要作用，进一步促使美国下定决心，要捍卫这一制度，击败挑战这一制度的外部威胁。

美国组建西方联盟抗衡苏联是均势逻辑的自然反映，这一逻辑在苏联军事力量强大之后进一步贯穿在美国的大战略中。④ 20世纪60年代后期，美国国内民众反对越南战争，尼克松不得不从亚洲削减美国力量，为了重新平衡苏联的影响，美国转而拉拢中国。欧洲裔美国国务卿基辛格是联华制苏战略的设计者和推手，他的国际政治理念从根本上讲是均势。在1994年出版的《大外交》中，基辛格认为："就地缘政治而言，美国是欧亚大陆海岸外的一座岛屿而已；欧亚大陆的资源与人口都远远超过美国。不论冷战存在与否，单单一个大国主宰欧亚大陆两大范围之一（欧洲或亚洲），都会对美国构成战略意

① ［美］韩德：《美利坚如何独步天下：美国是如何获得和动用它的世界优势的》，马荣久等译，上海人民出版社2011年版，第4页。
② 卡尔·波兰尼：《巨变——当代政治与经济的起源》，黄树民译，社会科学文献出版社2013年版。
③ 对美国建立布雷顿森林体系的目的是防范苏联还是应对再一次的大萧条的分析，可参考 Robert A. Pollard, *Economic Security and the Origins of the Cold War, 1945 - 1950*, New York: Columbia University Press, 1985.
④ 最近有学者推翻了历来对冷战格局起源于美苏意识形态竞争的判断，认为美国政策的变化与欧洲大陆均势的变化基本吻合，而意识形态的作用是第二位的。参考 Paul C. Avey, "Confronting Soviet Power: U. S. Policy during the Early Cold War," *International Security*, Vol. 36, No. 4（Spring 2012），pp. 151 - 188.

义上的危险。"① 与基辛格一样有着欧洲背景的另一位地缘政治大师布热津斯基同样推崇均势理念。在 1997 年出版的《大棋局》中，布热津斯基明确指出，美国只有阻止别国主导欧亚大陆才能确保美国在全球的首要地位。②

冷战结束后，美国学界在美国国家安全战略的选择上意见纷呈。一派观点是美国单极优势不可持续，一定会有国家崛起来平衡美国的优势地位。这一判断主要源自结构现实主义的理论推理，沃尔兹认为，结构现实主义的逻辑之一是权力终将恢复平衡，"未来会成为大国并由此恢复均势的候选者有欧盟，或领导一个联盟的德国，中国，日本，在更遥远的未来还有俄罗斯"③。尽管"均势"非常普遍，沃尔兹的理论也倾向于认为会出现一个制衡者，但冷战结束后的 20 年内，美国确实是"一超多强"中卓越的"一超"。鉴于美国势力超群的优势地位异常稳固，多数学者相信美国能够维持全球（地区）霸主地位，但在策略上有不同观点。一种观点是美国应该扮演离岸平衡者的角色，米尔斯海默认为，只有在欧洲和东亚出现唯有美国才能遏制的潜在霸权国，美国才有必要采取驻军和干预措施。④ 同样坚持离岸平衡的克里斯托弗·莱恩则认为，国际体系因素只是构成美国扩张的客观条件，经济和政治上的"门户开放"最终促使美国追求超地区的霸权。⑤ 另一种观点是选择性干预，罗伯特·阿特认为，该战略不仅可以帮助美国实现现实主义的安全和繁荣目标，还能超越这两个目标去进一步追求价值观等自由主义目标，尽管选择性干预要比离岸平衡战略多耗费 20% 的预算，但鉴于其金额不超过美国国内生产总

---

① ［美］亨利·基辛格：《大外交》，顾淑馨、林添贵译，海南出版社 1998 年版，第 753 页。

② ［美］兹比格纽·布热津斯基：《大棋局：美国的首要地位及其地缘战略》，中国国际问题研究所译，上海人民出版社 2007 年版。

③ ［美］肯尼斯·沃尔兹：《现实主义与国际政治》，张睿壮、刘丰译，北京大学出版社 2012 年版，第 198 页。

④ 关于离岸平衡者的大战略分析可以参考 ［美］约翰·米尔斯海默《大国政治的悲剧》，王义桅、信强译，上海人民出版社 2008 年版。

⑤ ［美］克里斯托弗·莱恩：《和平的幻想：1940 年以来的美国大战略》，孙建中译，上海人民出版社 2009 年版。

值的 1%，该战略并不会对美国经济构成多大障碍。① 冷战以来美国政府在欧洲和东亚都维持了强大的军事力量，其安全战略采纳的显然是最后一种观点。对于美国追求霸权或均势看似矛盾的解读，实际上是视角不同而已，用两位中国学者的话说，冷战后美国的战略选择是"霸权均势"，包括新现实主义指导下的新均势战略和在新自由主义指导下的制度霸权战略。而在整个 20 世纪，美国的霸权战略是"以均势（大国均势、地区均势）为基础的"②。

如果持有均势这一基本的安全信念，那么其主要的推论之一是安全的威胁来自外部世界，即是否会出现一个外部的挑战者，足以改变力量的分配。以外部威胁界定安全这一特性也符合第二次世界大战结束后美国安全观念的变革，美国历届政府的目标就是要消除外部威胁，塑造一个让美国体系生存并繁荣的外部环境。在这样一种安全观念的支配下，自 20 世纪 90 年代以来，美国在战略上对中国的关注始终表现为两个基本问题：中国的经济增长和军费开支增长是否可持续？美国该采取遏制还是参与战略？进入 21 世纪之后，中国经济体量迅速壮大，接连赶超美国的数个盟友。2008 年金融危机爆发加速了美国，特别是其盟友在国际体系中的衰落，有的学者强调"单极时刻"已经终结。③ 目前西方的增长势头下降很快，2000—2007 年，发展中世界的年均经济增长率达到 6.6%，而发达世界只有 2.6%。依照国际货币基金组织（IMF）的推测，2013—2018 年，发达世界经济年均增速只有 2.4%，而发展中世界年均为 6%。④ 以面向未来的战略眼光审视，西方社会过去 200 年来的持续经济增长时代很可能缓慢结束。按照西方人的逻辑，经济力量的衰落最终将导致战略力量，特别是两个世纪以来西方卓越的军事能力的衰落。如此一来，西方国际体

---

① ［美］罗伯特·阿特：《美国大战略》，郭树勇译，北京大学出版社 2005 年版，第 207 页。

② 倪世雄、王义桅：《霸权均势：冷战后美国的战略选择》，《美国研究》2000 年第 1 期。

③ Christopher Layne，"This Time It's Real：The End of Unipolarity and the Pax Americana," *International Studies Quarterly*，Vol. 56，2012，pp. 203 – 213.

④ International Monetary Fund，*World Economic Outlook*：*Hopes*，*Realities*，*Risks*，April 2013，Washington，DC：International Monetary Fund，2013.

系最终将瓦解。美国是西方世界权力变革进程中的代表者、集大成者，如果美国及其盟友不改变现有政策，那么历史的轨迹将如预期的那样延伸下去。

正是出于管控崛起国和维护美国首要地位的考虑，奥巴马政府最终确立了"再平衡"（Rebalancing）战略。在军事方面，向亚太地区盟国承诺美国将继续保持在亚洲的优势军事地位，特别是在西太平洋的海上主导地位，美国的政策表态至少是当前亚太地区海上争端爆发的一种原因；在经济上，通过"泛太平洋经济合作伙伴关系"（TPP）推进以美国为主导的地区一体化，此举显然存在着将亚洲贸易中心中国排除在外的目的，也将弱化东盟在东亚地区一体化进程中的领导地位，阻碍亚洲地区的贸易繁荣。美国的新亚洲政策对地区局势产生了深远影响，但经济实力相对下滑的美国是否还有足够的耐心和战略远见继续保持开放？是否还有足够的领导力在地区内确保盟主地位，维护地区稳定和安全？对此各方意见并不一致。在美国面临财政赤字的巨大压力时，不少观察家认为，美国重返亚洲的战略是一时的。不过，美欧的根本性国际安全理念却表明，当奥巴马政府使用"转向"（pivot）、"再平衡"来命名大战略时，具有浓厚的地缘政治色彩和丰富的历史经验，这是一项全球性的大战略，而不只是地区层面的战略，不会因一时的国际形势变化和国内人事调整而随意变更。

从历史长视角审视，冷战没能从根本上动摇欧美社会的国际政治理念，其突出标志是冷战结束被宣扬为欧美基本价值观的胜利。美国政治精英深信，以自由民主为特色的国内政治在对抗苏联的过程中发挥了主导作用，在国际政治领域则是西方联盟战胜了苏联集团。美国取得冷战的胜利，反而让观察家注意到一个在冷战时代不那么突出的问题，即"没有了冷战，做一个美国人的意义何在呢？"[①] 诚如政治学家亨廷顿在暮年时指出的，敌人的存在对于凝固美国信念至关重要，美国20世纪90年代对外政策辩论中的主要问题就是找到新敌

---

① John Updike, *Rabbit at Rest*, New York：Knopf, 1990, pp. 442 – 43，转引自塞缪尔·亨廷顿《谁是美国人？美国国民特性面临的挑战》，程克雄译，新华出版社2010年版，第190页。

人，其中两个最主要的敌人是"伊斯兰好斗分子和完全非意识形态的中国民族主义"①。寻找敌人这样一个美国国家特性，进一步证实美国是以外部是否存在挑战者作为界定本国安全的首要条件的。在当前西方世界逐步衰落的态势下，中国的和平发展将颠覆西方世界保持200年的国际政治根本理念，即一个不是均势的、非西方主导的世界对西方是否安全？

第三节　作为大战略的发展型安全

1968年，日本成为资本主义世界的第二大经济体，此后东亚"四小龙"也逐步步入经济起飞阶段，引起国际社会包括中国领导人的注意。70年代后，以日本为领头雁的东亚发展模式引起国际关注的标志性事件是，1979年，美国哈佛大学教授傅高义发表《日本名列第一》。② 按照麦迪森的数据，1952年，日本恢复主权时人均GDP只有美国的22%，1980年，日本人均GDP达到美国的72%，当时在全世界实现这一增速的国家只有日本。1982年，美国学者查默斯·约翰逊（Chalmers Johnson）在系统总结日本经济奇迹时提出"发展型国家"（Developmental State）概念，指出日本政府在经济发展中起到了导向、扶持的功能，此后以发展为导向的市场经济模式受到肯定。③ 尽管1997年东亚金融危机后美国对东亚模式的批评不断，但以国家深度介入经济发展为特色的东亚经济发展经验，被渐次扩展至东南亚甚至世界其他地区，在2008年全球金融危机中，这一模式大体上也经受住了考验。④

---

① ［美］塞缪尔·亨廷顿：《谁是美国人？美国国民特性面临的挑战》，程克雄译，第249页。

② Ezra F. Vogel, *Japan as Number 1：Lessons for America*, New York：Harper & Row, Publishers, 1979.

③ 查默斯·约翰逊：《通产省与日本奇迹》，戴汉笠等译，中共中央党校出版社1992年版。

④ Shigeko Hayashi, "The Developmental State in the Era of Globalization：Beyond the Northeast Asian Model of Political Economy," *The Pacific Review*, Vol. 23, No. 1 （March 2010）, pp. 45 – 69.

　　日本的例子之所以重要，不仅是因为中国的改革开放在初始阶段从日本得到了很多启发，也因为日本与美国的关系是东亚社会中最紧密的。从安全战略上看，东亚发展型国家在安全上多数是美国的盟友（日本、韩国等）。由于将安全拱手交给美国，无论是日本还是韩国等，都不足以构成新的安全研究范式，它们只是美国安全体系中的组成部分。尽管有学者将中国界定为东亚发展型国家的一员[①]，但中国的巨大幅员、人口规模和"超常增长"，使得发展型国家还不足以概括中国特色的发展道路。[②] 自 2004 年起，所谓"北京共识"逐渐在国际上流行开来，被认为是不同于"华盛顿共识"的一种发展模式。创造"华盛顿共识"一词的约翰·威廉姆森建议，美国应在其对发展中国家政策中考虑东亚模式中的教育、储蓄和出口导向政策。[③] 这似乎是 1979 年哈佛教授傅高义借用日本警示美国的重现，在金融危机后美国主流学者逐步肯定了中国模式中若干要素的优势。从安全上看，中国是独立自主的战略行为体，而作为发展型国家代表的日本并非战略独立的大国，只是中等权力（Middle-Power）国家，其安全战略难以做出替代美日联盟的选择。[④] 按照前文所述，不同国家类型在安全观和安全战略上有着明显的差异。当美国学者渐次肯定中国发展的积极意义时，我们需要进一步追问，一个以外部威胁界定国家安全战略的美国如何看待中国崛起，中国崛起在何种程度上挑战了美国主导的国际秩序？对中国而言，是否会形成东亚发展型国家早期的安全依附关系或者拉美早期的安全脱钩呢？如果是依附，那么最终中国将不会构成足够的战略影响力，不足以对美国体系形成巨大的挑战。显然，以美国的反应来看，中国追求的大战略与东亚其他发展型国家有所不同。

---

　　① Shaun Breslin, "The 'China Model' and the Global Crisis: From Friedrich List to A Chinese Mode of Governance?" *International Affairs*, Vol. 87, No. 6, 2011, pp. 1323 – 1343.

　　② 关于中国的超常增长参考史正富《超常增长：1979—2049 年的中国经济》，上海人民出版社 2013 年版。

　　③ John Williamson, "Is the 'Beijing Consensus' Now Dominant?" *Asia Policy*, No. 13 (January 2013), pp. 1 – 16.

　　④ Yoshihide Soeya, "US and East Asian Security under the Obama Residency: A Japanese Perspective," *Asian Economic Policy Review*, Vol. 4, 2009, pp. 292 – 307.

中国所设定的安全战略总体上是一种发展型安全（Developmental Security）。发展型安全不同于发展安全，后者认为，发展安全是与军事安全、政治安全并列的一种安全，而发展型安全则强调大战略层面的意义，它规定了其他安全的序列和资源配置。① 发展型安全强调发展是国家安全的先决条件，军事现代化服从于经济发展战略和安全战略。在审视外部威胁时，发展型安全所立足的背景是相互依赖，认为发展是在开放、和平的外部环境中取得的，一个高度军事化的外部环境不利于发展。② 在权衡内外威胁的重要性时，发展型安全更为突出内部因素，并不认为向外扩张有利于提升国家安全。正如唐世平强调的，中国当前执行的安全战略不是进攻性现实主义，而是一种防御性现实主义，并且制度主义的成分越来越厚重。③ 由于发展是安全的决定性因素，发展型安全强调根据本国的国情，特别是发展阶段所面临的主要任务和优先目标设定安全战略，在这一点上不同于结构现实主义关于所有国家在功能上都一致的论断，而更接近于新古典现实主义对国家内部因素的审视。④

中国发展型安全大战略起源于邓小平时期，一直贯穿在改革开放的历史进程中。从内容来看主要是三个方面：（1）以人均 GDP 确立

---

① 有学者将第二代领导集体的国家安全观概括为"以发展求安全"，将第三代领导集体的国家安全观概括为"以合作求安全"。尽管笔者也同样赞同自 20 世纪 80 年代以来发展问题的突出地位，中国的确是以发展求安全，但并不认为这只是第二代领导集体这一特定时期的安全观，参考束必铨《从三代领导集体看中国国家安全观之演变》，载《上海社会科学界第七届学术年会会议集（2009 年度）》（世界经济·国际政治·国际关系卷），第 38—50 页。

② 比如，阿尔及利亚资深外交官 Kherbi 指出，发展中国家解决冲突的能力日益与经济复苏和融入全球框架相联系，以军事威胁界定安全的传统方式行不通，要将安全放置于更大、更宽广的背景下来理解。参考 Amine Kherbi, "Development's Security: A New Perspective on International Security," *Harvard International Review*, Fall 2007, pp. 14 – 18.

③ 唐世平：《从进攻性现实主义到防御性现实主义：对中国安全战略的社会进化论诠释》，朱锋、[美] 罗伯特·罗斯主编：《中国崛起：理论与政策的视角》，上海人民出版社 2008 年版，第 109—133 页。

④ 在对外政策领域存在着国内政治、防御性现实主义、进攻性现实主义和新古典现实主义四种现实主义流派，所有流派都认可决定一国对外政策的首要因素是：国家在国际体系中的位置及其相对物质能力，但在影响时间、资源动员过程以及功能性问题上有显著差异。参考 Gideon Rose, "Review: Neoclassical Realism and Theories of Foreign Policy," *World Politics*, Vol. 51, No. 1 (Oct., 1998), pp. 144 – 172.

发展战略的阶段性目标，而不是追求缩小与霸权国的实力地位。（2）坚持安全利益与发展利益的统一。国防建设服从于经济建设大局，保障发展的国防支出，不是为了在全世界争夺霸权和维护首要地位。（3）致力于塑造一种有利于发展的和平环境。为经济建设可以降低意识形态斗争的地位，并随时根据经济发展的需要改变敌友关系，从而创造一种无敌国外交。

一　以人均 GDP 确立三步走战略的阶段性目标

在邓小平确定中国大战略的过程中，反复强调的一个事实是，中国不仅要成为位居世界前列的大国，也要经过大约 70 年的时间在人均 GDP 意义上成为中等发达国家。在 20 世纪 70 年代后期中国重新将实现四个现代化作为国家的根本战略目标后，人均国内生产总值概念成为界定中国战略目标的一个重要抓手。在会见日本客人时，邓小平明确提出"小康"目标，要在 20 世纪末实现中国式的现代化，其特定指标是人均 GDP 达到 1000 美元。为了向国际社会说明中国的发展意图，邓小平提出"翻两番、小康社会、中国式现代化"等新概念。[①] 邓小平并不是以国家总体力量作为战略目标，而是把综合国力作为人均发展之后的结果，强调提高人均收入，凝聚政治共识。

在确定新时期中国发展的阶段性战略目标时，邓小平花费了 10 年左右的时间。首先是调整战略目标，将 1000 美元下调至 800 美元。1975 年，周恩来宣布中国将在 2000 年实现四个现代化，邓小平在向外宾解释这个目标时比较乐观，认为到 2000 年中国的发展能接近 20 世纪 70 年代美国、西欧、日本的水平。但随后几年大项目引进失败，中国政府代表团出访西欧带回的直观认识，特别是邓小平出访日本、新加坡、泰国以及美国的经历，使邓小平对目标的界定更为审慎。1981 年 4 月，在会见日中友好议员联盟访华团时，邓小平提出中国

---

① 中共中央文献研究室：《邓小平思想年谱（1975—1997）》，中央文献出版社 1998 年版，第 281 页。

2000 年的战略目标是人均 GDP 实现 800 美元。[①]

其次，根据这个战略目标要求再将任务分解成两个阶段，并根据阶段性战略目标的实现情况进一步延伸、展露目标，因此动态性是很强的。1982 年 8 月，邓小平初步提出"翻两番"实现之后的目标，即进入 21 世纪之后再花 30 年时间达到接近发达国家水平。1984 年 10 月，在中顾委第三次全会上讲话时，邓小平又进一步将追赶发达国家的时间延长到 2050 年。

邓小平的这番构想很快成为党内高级干部的共识。1985 年 7 月 15 日，胡耀邦在中共中央党校学员毕业典礼上讲话时，将邓小平的这一展望对内公布："今后几十年，我国的社会主义现代化建设，要分三大步走。第一大步是到本世纪末，工农业总产值比一九八〇年翻两番，把我们国家建设成为社会主义的'小康之家'。第二大步是下个世纪的头二三十年，也就是我们党成立一百周年以后，把我们国家建设成为社会主义的中等水平的发达国家。然后再走第三步，到下个世纪的中叶，也就是到建国一百周年以后，把我们国家建设成为社会主义物质文明和精神文明高度发展的、经济发展水平接近世界最发达国家的、第一流繁荣富裕的现代化的社会主义强国。"[②] 同年 8 月 11 日，胡耀邦在欢送中共中央直属机关和中央国家机关培训中小学师资讲师团大会上讲话时，又再次提出："中央同志已经不止一次地讲过，从现在起，今后几十年内中国社会主义现代化建设的奋斗目标，大致分三步走：第一步是到本世纪末，实现工农业总产值翻两番，达到'小康水平'；第二步是到下世纪二十年代，二〇二一年，即建党一百周年，达到中等发达国家的水平；第三步是到下世纪中叶，二〇四九年，即建国一百周年，把我们祖国建设成为社会主义物质文明和精神文明高度发展的、世界第一流繁荣富强的、现代化的社会主义强国。"[③]

1987 年 4 月 30 日，邓小平首次完整地提出了"三步走"的战略：

---

① 中共中央文献研究室：《邓小平思想年谱（1975—1997）》，中央文献出版社 1998 年版，第 187—188 页。

② 胡耀邦：《胡耀邦文选》，人民出版社 2015 年版，第 605 页。

③ 同上书，第 617 页。

　　我们原定的目标是，第一步在八十年代翻一番。以一九八〇年为基数，当时国民生产总值人均只有二百五十美元，翻一番，达到五百美元。第二步是到本世纪末，再翻一番，人均达到一千美元。实现这个目标意味着我们进入小康社会，把贫困的中国变成小康的中国。那时国民生产总值超过一万亿美元，虽然人均数还很低，但是国家的力量有很大增加。我们制定的目标更重要的还是第三步，在下世纪用三十年到五十年再翻两番，大体上达到人均四千美元。做到这一步，中国就达到中等发达的水平。这是我们的雄心壮志。①

　　"三步走"战略很快成为指导中国发展的国家战略。1987 年 10月底举行的十三大确立了社会主义初级阶段的基本路线，并将邓小平提出的"三步走"界定为明确的阶段性战略目标。以世界银行公布的人均 GDP 数据为例（按现价美元计算），1980 年中国人均 GDP 195美元，1993 年达到 374 美元，大体上可以认为实现了"第一步"阶段性目标；1998 年达到 821 美元，实现"第二步"目标。从时间点看，第二步要比第一步快得多，在实现第一步战略目标的十多年内，中国的人均 GDP 平均为美日两国的 1/70，到 1998 年实现第二步战略目标时，这一比重下降到 1/40（如图 2 - 2 所示）。进入 20 世纪 90年代，中国与美日的人均 GDP 差距逐步缩小，与美日差距缩小的转折点分别是 1990 年和 1993 年。

　　2012 年，中国人均 GDP 分别是美日的 12% 和 13%，按照邓小平生前设定的"再翻两番"战略目标，即从 1998 年的 821 美元达到3300 美元，那么 2008 年已经达标。随着中国 2010 年超过日本成为世界第二大经济体，国际上对中国力量上升的疑虑日渐增多，国内也有不少声音主张要摆脱邓小平设定的战略框架。不过，在邓小平设定的阶段性战略目标中，"更重要的第三步"总体目标是接近中等发达国家水平。

---

　　①　中共中央文献研究室：《邓小平思想年谱（1975—1997）》，第 385 页。

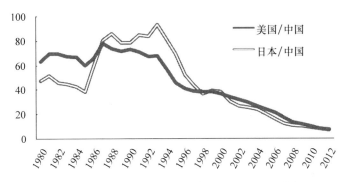

图 2 - 2　中美日人均 GDP 之比（1980—2012 年）

资料来源：世界银行。

如果说"翻两番"是一个静态目标，那么缩小与中等发达国家的差距这一目标则是动态的。在 1990 年版《世界发展报告》中，按照人均国民总收入水平（GNI），世界银行将 1978 年的三种国家分类——发展中、工业化、资本剩余石油输出国——调整为低收入国家、中低收入国家、高中收入国家和高收入国家四类，并以 1987 年为基数年。① 1998 年，中国人均 GNI 达到 790 美元，按照世界银行1998 年对中低收入国家门槛设定的 760 美元标准，中国正好跨入这一行列，但在世界银行提供的全球 213 个国家和地区中排名第 123位，落后于马来西亚、泰国、菲律宾等东亚国家。2010 年，中国人均 GNI 达到 4230 美元，一举跨入中等收入国家行列，但在全球排名中也仅列第 94 位，仍然落后于马来西亚和泰国，但已领先于菲律宾。尽管中国人均 GDP 在过去 10 年里有了显著增长，但以相对值衡量仍很低。

邓小平之后，中国历届领导人不断强调中国人均低水平的国情，也不断向世界解释为什么中国仍旧是一个发展中国家。2002 年 1 月，江泽民明确提出全面建设小康社会的目标，认为中国的小康"还是低

---

① 参考世界银行对这一分类的介绍，http：//data. worldbank. org/about/country-classifi-cations/country-and-lending-groups。

水平的、不全面的、发展很不平衡的小康"①。2004 年 1 月，胡锦涛强调，中国"人均国内生产总值仍居于世界后列，人口多、底子薄、发展不平衡的状况将长期存在"②。胡锦涛在执政期间屡屡向全党强调要准确、深刻"认识我国发展的阶段性特征"。在未来相当长一段时期内，中国难以接近美国人均收入水平，美国国家情报委员会指出，2020 年，中国人均 GDP 名义上将达到 1.7 万美元，巴西、俄罗斯分别超过 2.3 万和 2.7 万美元，而 7 国集团的平均水平是 6.4 万美元。③ 经合组织（OECD）的一份报告则认为，按照 2010 年的发展水平，中国需要 30 年才能在人均收入上与高收入国家齐平。④ 显然，中国的总体发展水平还处在邓小平设定的 70 年框架内，在未来 40 年里仍要落实"更重要的第三步"。

对中国这样一个发展中大国而言，人均收入具有极为重要的国内政治和国际政治含义。正如《2011 年世界发展报告》所指出的，大规模政治冲突、高频度凶杀犯罪与较低的人均 GDP 有着紧密联系，而摆脱长期政治和刑事暴力困扰的国家成为在落实千年发展目标方面进步最快的国家。⑤ 当外部世界存在着显著高于国内的生活水平时，一国政权的稳定越来越取决于本国政府能否持续提高经济发展水平。也正是在这个意义上，评估一国政权合法性以及它是否将对外扩张的标准，不在于它是不是美式民主，而在于能否以落实阶段性目标来找到合适的发展道路。

二　安全利益与发展利益的统一

邓小平在形成发展型安全大战略时，一项突出的特征是不断评估

---

① 《江泽民文选》（第 2 卷），人民出版社 2006 年版，第 416 页。

② 胡锦涛：《在全党大力弘扬求真务实精神，大兴求真务实之风》（2004 年 1 月 12 日），中共中央文献研究室：《十六大以来重要文献选编》（上），中央文献出版社 2011 年版，第 730 页。

③ The National Intelligence Council, *Global Trends* 2030: *Alternative Worlds*, p. 47.

④ 经济合作与发展组织：《2012 年全球发展展望：变迁世界中的社会和谐》，张菁译，国家行政学院出版社 2012 年版，第 25 页。

⑤ The World Bank, *World Development Report* 2011: *Conflict*, *Security*, *and Development*, Washington, D. C.: The World Bank, 2011.

战争发生的可能性，这类研判从 1975 年开始一直延续到 80 年代后期，其表述从"希望二十二年不打仗""希望至少有五十年到七十年的和平时间"发展到"至少十年打不起来"①。也就是说，对不发生战争形势的估计，一开始只是一种希望，但到后来成为一种明确的判断。从 1975 开始直至 80 年代初，邓小平预计战争爆发的时间都是 5 年以后，但是到了 1983 年初则进一步延长至 10 年以后。从当时来看，邓小平的判断并不是党内的共识。1982 年 9 月召开的十二大，尽管确立了独立自主的外交政策，但是仍然认为"世界大战的危险由于超级大国的争夺而越来越严重"②。从这个意义上说，邓小平做出了独立的判断，并通过集体决策机制将这种判断上升为国家战略。

正是基于对战争短期内不会爆发的判断，邓小平要求减少军费开支，降低军队在中国政治生活中的地位，并要求军队参与经济建设。从 1980 年 10 月起，邓小平就要求"备战经费，可以挪出一部分来搞经济建设""既然看准了这一点，就犯不着花更多的钱用于国防开支"③。1984 年 11 月 1 日，在中央军委座谈会上，邓小平提出："现在需要的是全国党政军民一心一意地服从国家建设这个大局，照顾这个大局。这个问题，我们军队有自己的责任，不能妨碍这个大局，要紧密地配合这个大局，而且要在这个大局下面行动。军队各个方面都和国家建设有关系，都要考虑如何支援和积极参加国家建设。无论空军也好，海军也好，国防科工委也好，都应该考虑腾出力量来支援国民经济的发展。"④ 1985 年 6 月，在中央军委扩大会议上，邓小平正式阐明了对国际形势的新判断和对外政策的两个重要转变。第一个转变是对战争与和平问题的认识，在较长时间内不会有大规模的世界战争；第二个转变是改变过去"一条线"的战略，奉行独立自主的外交路线，并要求军队忍几年，先把经济搞上去。

结合上文分析，邓小平在确立"三步走"战略时念念不忘调整军

---

① 中共中央文献研究室：《邓小平思想年谱（1975—1997）》，第 76、230、249—250 页。

② 胡耀邦：《胡耀邦文选》，第 450 页。

③ 中共中央文献研究室：《邓小平思想年谱（1975—1997）》，第 174、302 页。

④ 邓小平：《邓小平文选》（第 3 卷），人民出版社 1993 年版，第 99 页。

费开支，这并不是说为了推动经济建设而完全放弃国防建设，而是要求军队根据经济建设的需要进行适度调整。从一般原则来看，这种思路与西欧早期的重商主义者有类似点。欧洲的重商主义者在推动各国崛起时，时常在财富和权力之间转换，但从来没有长期忽视其中任何一样。在邓小平的战略哲学思维中，"两手抓""两手都要硬"是一个显著的特征。理解发展型安全的核心也需要有这种思路。

此后一个阶段，中国军费增长持续下降。在 1998 年首次公布的国防白皮书中，中国就已向国际社会指出，自 20 世纪 80 年代以来，中国国防经费占国内生产总值的比例就一直在下降。2002 年版的国防白皮书则强调："在国家经济不断增长的基础上，中国的国防费有所增加。"[①] 即便按照瑞典斯德哥尔摩和平研究所有所夸大的估算数据，中国军费占 GDP 的比重是大国中除日本外最低的。有研究指出，1978 年以来，总体上财政支出的增速超过军费支出，中国官方认为，军事现代化服从于经济发展这一目标是可信的。而且，在有关军事开支透明度方面，如果与亚洲邻国以及发展水平接近的国家相比，中国并不算是例外。[②]

进入 21 世纪，在加入世界贸易组织之后，中国国防白皮书对发展利益、海外利益的重视逐渐深化。2002 年的国防白皮书首次提到要"维护海洋权益"。2004 年，中国国防白皮书首次提出要"坚持发展与安全的统一，努力提高国家战略能力""维护国家发展利益，促进经济社会全面、协调、可持续发展"[③]。2006 年的国防白皮书则表述为"维护国家安全统一，保障国家发展利益"[④]。2008 年的国防白皮书的相关表述是"中国把捍卫国家主权、安全、领土完整，保障国

---

① 国务院新闻办公室：《2002 年中国的国防》，《人民日报》2002 年 12 月 10 日。

② Adam P. Liff and Andrew S. Erickson, "Demystifying China's Defence Spending: Less Mysterious in the Aggregate," *The China Quarterly*, July 2013, pp. 1 – 26.

③ 中华人民共和国国务院新闻办公室：《2004 年中国的国防》，《国务院公报》2005 年第 9 期。

④ 中华人民共和国国务院新闻办公室：《2006 年中国的国防》，《人民日报》2006 年 12 月 30 日。

家发展利益和保护人民利益放在高于一切的位置"①。2010 年的国防白皮书则将"维护国家主权、安全、发展利益"作为主要目标和任务，此前的国防白皮书在表述时并未将发展利益与主权、安全利益并置。② 党的十七大报告首次提出"维护国家主权、安全、发展利益"，将国家利益的基本构成从主权和安全拓展为"主权、安全、发展"，而国防白皮书的类似表述要滞后 3 年半时间。军队的安全战略稍稍滞后于党的政策调整，一方面说明中国国防带有明显的内向性特征。另一方面也表明，国防意义上的安全规划也要服从于中国的战略安排，其相关表述最终要紧紧跟随国家的总体战略部署。这方面的例子是关于"海外利益"的表述。2007 年 3 月 5 日，温家宝总理在十届全国人大五次会议上作《政府工作报告》时，首次提出"维护我国公民和法人在海外的合法权益"③。2008 年 12 月，中国海军首次在国际海域护航。国防白皮书直到 2013 年 4 月才首次进行相关论述，《中国武装力量的多样化运用》指出："随着中国经济逐步融入世界经济体系，海外利益已经成为中国国家利益的重要组成部分，海外能源资源、海上战略通道以及海外公民、法人的安全问题日益凸显。"④ 这一表述体现了国防建设最终将回应社会经济发展的需求，是经济利益国际化后的自然反应。

三　塑造一种有利于发展的和平环境

在毛泽东时代，不管我们用进攻性现实主义来描述政策，还是用理想主义的革命型国家来分析政策，总体上，外交政策具有浓厚的意识形态色彩，决策者认为，社会制度相同的国家能够建立新型关系。

---

　　① 中华人民共和国国务院新闻办公室：《2008 年中国的国防》，《人民日报》2009 年 1 月 20 日。

　　② 中华人民共和国国务院新闻办公室：《2010 年中国的国防》，《人民日报》2011 年 4 月 1 日。

　　③ 温家宝：《政府工作报告——2007 年 3 月 5 日在第十届全国人民代表大会第五次会议上》，中央政府门户网站，2009 年 3 月 16 日，http://www.gov.cn/test/2009 – 03/16/content_ 1260188_ 6. htm。

　　④ 中华人民共和国国务院新闻办公室：《中国武装力量的多样化运用》，《人民日报》2013 年 4 月 17 日。

但是从邓小平时期开始，意识形态对国家间关系的影响力大幅度下降。1989 年 2 月，在会见苏联外长谢瓦尔德纳泽时，邓小平表示："只有创造一个较长时期的国际和平环境，我们才能发展自己，摆脱落后。为此，我们必须改变同一些重要国家的关系。"① 在改革开放后很长一段时期内，中国仍然把苏联当作敌人，其客观原因是 20 世纪 70 年代后期苏联帮助越南建立地区霸权主义以及入侵阿富汗，但鉴于与苏联接壤的地缘事实，不改善与苏联的关系就无法集中力量建设经济。

中国复杂而又独特的周边地缘环境，是中国追求和平环境的重要考虑。与传统上中国处于亚洲东部板块的中心地位，并构建了维持地区秩序的朝贡体系不同，新中国成立后所处的周边环境是一个主权国家的世界，尤其是冷战结束后一下子增加了中亚新国家，与中国直接相连的邻国发展为陆上 14 个、海上 6 个。从全球范围来看，80% 的国家（领土）的陆地邻国在 5 个或 5 个以下。也就是说，只有不到 20 个国家的邻国在 6 个以上。而邻国数量在 8 个以上的国家只有 11 个（法国有两类邻国，重复计算一次）。陆地邻国在 10 个以上的国家只有巴西（10）、法国（11）以及俄罗斯（14）。中国的陆上邻国是 14 个，与俄罗斯相同。而主导当今国际秩序的美国并没有像中国这么多的陆地邻国。而且，美国的周边环境一直是一种简单的地理环境。墨西哥独立于 1810 年，尽管此后爆发了与美国的战争，丧失了部分领土，以及法国入侵等，但从 19 世纪 60 年代迄今仍然是主权国家，边界是稳定的。加拿大于 1867 年建国，俄国于 1867 年将阿拉斯加州卖给了美国。至此之后，美国的陆地邻国就是两个，且边界很稳定，这与 19 世纪后期以来中国周边环境的复杂变化是十分不同的。因此，我们很难看到美国国际关系研究者讨论周边环境问题，美国人一出手就是全球战略环境分析。尤其对中国而言，在新中国成立之后，长期就处于美国与苏联对抗的全球战略格局中。因此，中国领导人从来就很重视对外环境的分析，这不仅是缘于对 19 世纪后期以来帝国主义者入侵中国的经验性认识，也是在与苏联的交往中学习

① 中共中央文献研究室：《邓小平思想年谱（1975—1997）》，第 419 页。

到的。

长期以来，俄罗斯的政治经济中心位于欧洲，比较稳定。但中国近现代是地方分割、军阀混战与帝国主义者划分势力范围的局面，政治经济中心数度转移，例如北京、南京两地，少数时候也有广州、武汉、上海、重庆等。1949 年中华人民共和国成立后，才重新确立北京为中心。作为版图规模超大、人口世界第一的国家，中国维护大一统的历史传统，加大了我们对周边环境的重视。这种将国家安全放在与周边互动中加以考虑的思路，似乎很难在其他国家中找到。

在邓小平的大战略构想中，改善地区环境首先是从与美国关系较好的东亚国家入手，有了一个战略依托之后才着手解决与苏联的关系。改善周边关系有利于中国向世界开放，邓小平曾强调中国的开放不只是向发达国家开放，也面向苏联东欧国家和第三世界国家，全方位开放的思想促进了和平环境的建设。对于当时比较弱小的中国而言，改变自己，不把外部环境看成威胁，是一种理性的选择。用建构主义的话说，中国重新界定了自己的身份，从而缔造了新的国家间关系。当然，中国领导人在战略选择上具有很强的独立性，并不是基于和美国的关系定义国家的属性。1982 年中共十二大报告提出的坚持独立自主的外交政策，绝不是随便说说的，而是 20 世纪 70 年代后期改革开放后一批老干部重返政治舞台的体现。对于经历革命洗礼的那一代人而言，从中国的立场和国情出发仍然是最贴切的选择。

自邓小平以后，中国的领导人以及中国学术界对和平环境的强调与研究从未间断。[①] 在中国的政策话语中，和平的环境一般被分成周边和国际环境两块。随着中国经济建设的进步，中国领导人对周边环境的期望一直在上升，并进一步显现出塑造周边环境的能力和意愿。在认知国际环境方面，近些年来，中国也有显著变化。21 世纪初，美国进入了一个长达 10 年的反恐战争时期，减轻了中国所面临的战略压力，中共十六大政治报告提出未来 20 年"重要战略机遇期"概念，同时也提到

---

① 可参考笔者对相关文献的论述，钟飞腾：《中国周边安全环境：分析框架、指标体系与评估》，《国际安全研究》2013 年第 4 期。

"世界大战在可预见的时期内打不起来"①。但是此后党代会的政治报告在国际形势部分已经不再写入"世界大战"，转而深入阐释中国的"和平发展道路"和"促进人类和平与发展的崇高事业"。

和平发展道路不仅是中国大战略的最新表述，同时也反映出中国对国际形势的新研判。在中国的战略文化中，比较突出的一个特点是对"势"的把握，就当前和平与发展的形势而言，主要有两个突出点：一是国家之间爆发战争的频度与战争的暴力程度降至历史最低；②二是全球经济增长的福利分配总体上越来越多地进入非军事领域。据瑞典斯德哥尔摩和平研究所公布的军费开支数据，全球军费开支占全球 GDP 的比重呈现缓慢下降态势。1988 年，这一比重达到 0.89%，但此后逐步下降，至 2012 年已下降为 0.24%。③ 从这个意义上说，和平与发展是世界主题这一说法是成立的，冷战结束与全球化的确已经改变世界大势。

中国目前已经是全球最大的货物贸易国，其增速主要发生在中国确立发展型安全大战略之后。如图 2－3 所示，以贸易占 GDP 的比重衡量，在 2008 年国际金融危机之前，世界发展趋势总体是上升的。1960 年该比重为 25%，1980 年为 39%，2000 年突破了 50%，2008 年突破了 60%，目前基本维持在这一水平上。中美日都是全球贸易大国，三个国家贸易开放度的一个转折性变化出现于 1986 年。在此之前，三国的排序是日本、美国与中国，且日本显著高于美国。出现这种变化的一个可能原因是，1985 年，西方国家达成"广场协议"之后，日本的产业大规模向亚洲转移，而中国快速融入亚洲生产网络，在出口量上迅速上升。与第一章的一个判断接近：在改革开放后，尤其是在 1985—2008 年，中国贸易占 GDP 的比重是迅速扩大的。改革开放前，中国贸易占 GDP 的比重低于 10%，但自 1985 年突

---

① 江泽民：《全面建设小康社会 开创中国特色社会主义事业新局面》（2002 年 11 月 8 日），人民出版社 2002 年版，第 47 页。

② Azar Gat，"Is War Declining – and Why?" *Journal of Peace Research*，Vol. 50，No. 2，2013，pp. 149 – 157；Mark Harrison and Nikolaus Wolf，"The Frequency of Wars，" *Economic History Review*，Vol. 65，No. 3，2012，pp. 1055 – 1076.

③ 参考该研究所网上数据库和世界银行网上数据库中的数据。

破 20% 之后，一路上扬，于 2002 年突破 50%，2005 年突破 60%，在 2008 年国际金融危机后迅速下滑，2015 年跌落至 41%，也即回到了当初加入 WTO 时的水平。

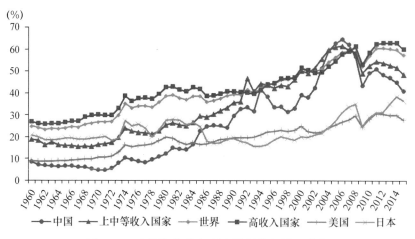

图 2-3　中国与各收入国家类型的贸易开放度

说明：贸易开放度以贸易占 GDP 的比重来衡量。

资料来源：世界银行。

全球绝大多数贸易都是通过海运完成的，中国也不例外。有研究认为，2008 年全球海上运输的总运量超过 80 亿吨，是 1950 年的 14.5 倍。自 20 世纪 80 年代以来，集装箱运输发展迅猛，目前占全球海上运输量的 40%。2008 年全球各个港口的装卸量超过 5 亿个标准箱，是 1990 年的 6 倍。中国 20 多年的迅猛发展对此贡献颇大。目前，在全球 50 个大港口中，东亚占 26 个，其中中国拥有 11 个。[1] 显然，中国对于维护开放与稳定的外部环境的需求，也源于坚实的贸易利益。

---

① 安托万·弗雷蒙：《海上运输：经济与环境问题的交汇点》，［法］雅克、［印度］帕乔里、［法］图比娅娜主编：《海洋的新边界》，潘革平译，社会科学文献出版社 2013 年版，第 108—109 页。

第四节 美式安全观与发展型安全能融合吗

中国的发展主要是通过经济增长而不是对外武力扩张实现的，总体上与外部的关系比较和平。当前在美国权势相对衰落的态势下，中国人均收入持续提升之后已成为世界第二大经济体、第二大军费开支国，那么与外部世界的稳定关系能否持续？特别是随着中国海外权益扩增，中国的国防政策提出为"维护海外利益提供可靠的保障"，党的十八大报告提出要建设"海洋强国"，那么中国是否会变成一个被激进民族主义主导的修正主义国家？国际社会对此有各种不同的预测，在理论方面最有影响力的可能是权力转移论。

与均势安全观强调联盟和制衡不同，权力转移论更加重视国内因素和等级制国际体系，它认为，国家间的不平衡发展和崛起国的不满导致大国战争，鉴于中国的人口规模和经济增长前景，中国经济总量最终必定超过美国，如果中国对现有的国际秩序不满，那么中美之间很容易爆发战争。杰克·利维认为，就理论而言，权力转移理论混合了霸权稳定论、新古典现实主义以及自由主义的部分观点，但该理论的重大不足是其权力概念过于集中在人口和经济规模上，没有注意到技术创新、国家所采取的战略以及经济增长方式的差异。从历史经验看，该理论也低估了核武器的威慑作用和预防性战争的重要性。对中国尤具启发的是，权力转移论不善于处理地区体系和全球体系的互动，而中国与历史上的大国崛起很不同的一点是，中国的地区环境更加严峻。①

均势论、权力转移论都是从美国视角出发对外部威胁的一个理论推理，只是权力转移论承认国内因素有可能比国际的权势分配更重要。发展型安全与权力转移论都关注国内因素，并不认为无政府状态一定会导致国家之间的对抗，单元层面的政治能力和战略选择对战争是否爆发具有重大影响。但与权力转移明显不同的是，发展型安全同时也强调外部和平环境的重要性，特别是周边环境的首要地位。美国

---

① 杰克·S. 利维：《权力转移理论和中国崛起》，朱锋、［美］罗伯特·罗斯主编：《中国崛起：理论与政策的视角》，上海人民出版社 2008 年版，第 3—35 页。

学者约翰·伊肯伯里（John Ikenberry）借用巴里·波森（Barry Posen）关于大战略是"一个国家关于它如何能够最好地为自己带来安全的理论"的定义，区分了两种类型的大战略：一种是追求霸权地位的大战略，另一种是以环境为导向的大战略。前者的代表性例子包括纳粹德国、帝国主义的日本、苏联集团以及未来有可能的大中华（Greater China）。伊肯伯里认为，执行后一项大战略的大国"不会将某个特定国家设定为靶子，但会寻求以有利于其长期安全的方式构建其总体国际环境"[①]。对比伊肯伯里此前对国际秩序变革的认识，他提出以构建总体国际环境为目标的大战略，意在通过更广阔的、共存性的国际秩序建设以维护美国利益，但这种论述对于理解中国大战略也不无裨益。

只要美国还是诸国当中的首要强国，就始终会将外部威胁视作其安全战略的根本性决定因素。如果美国不再是首要强国，那么内部威胁的重要性也将上升。而后者正是亨廷顿等人试图解决的一个问题，如何保持美国信念也正是当前美国社会正在遭遇的巨大困境。美国作为霸主的历史不完全一无是处，在追求其霸权均势的过程中，美国客观上也为一个开放的国际经济秩序提供了保障，而中国过去曾受益于这种和平环境。与其让美国退回到孤立主义状态，中国还不如促使美国发挥恰如其分的国际作用。

中国近年来的崛起综合了发达国家和发展中国家的特性。一方面在总量上完全是一个大国，因此国际舆论认为，中国将成为美国式的国家，特别是东亚地区对中国崛起是忧虑与期望并存的。对于周边国家和国际社会希望中国做更多贡献的期待，中国要报以善意的回应，强调国际责任将随中国社会经济的发展而逐步加大。事实上，中国也开始意识到要维护海外合法权益，增强军队在海外的存在、增强远程投射能力，为其他国家建设创造安全环境。与此同时，中国也要充分照顾到周边的忧虑，在运用权力时更加审慎，更多地强调共同发展和让周边地区国家获益更多。

[①] ［美］约翰·伊肯伯里：《自由主义利维坦——美利坚世界秩序的起源、危机和转型》，赵明昊译，上海人民出版社 2013 年版，第 305—306 页。

　　另一方面以人均水平衡量，中国仍然是一个发展中国家，至少目前仍然处于邓小平 20 世纪 80 年代界定的 70 年规划之内，中国依然须坚持不称霸目标，孜孜以求地提升人民的生活水准，使得国家强大越来越成为民富的一个结果。如果我们能继续秉持发展型安全，让中国军事力量的提升成为国家利益扩展的自然结果，那么有理由相信，与霸权国美国的竞争性共存是可能的。哈佛大学教授约瑟夫·奈曾指出，"中国目前仍然远远落后于美国，所制定的政策往往也只是着眼于其所在的区域，并与其经济发展水平相适应"，在中国发展水平接近美国之前，双方"可以致力于构建一种新型的大国关系"①。

　　在英美霸权和平转移过程中，1880—1940 年，英美人均 GDP 有过长达 60 年的交替演进，这可能有助于我们增强对中美关系复杂性和长期性的理解。在达到中等发达国家水平后，中国可能需要用另一个 70 年来追赶美国的发展水平。在追赶过程中，随着中国战略文化的变革，特别是海洋利益对战略文化的持续影响，中国大战略也将十分注重因海外利益扩增而带来的国际利益，积极维护带有公共物品性质的开放性世界经济。而美国很可能也会像英国那样，在超过半个多世纪与中国竞争性共处中，容纳一个新型权力，届时，中美看待彼此的方式也将发生根本变化，走向一个合作性的新型大国关系也并非不可能。

第五节　发展型安全与亚洲新安全观

　　2014 年 4 月，习近平总书记提出总体国家安全观，强调重视内外安全、国土和人的安全、传统和非传统安全、发展和安全以及共同安全问题。总体国家安全观的提出，是中国在综合国力达到一个新阶段之后对国内和国际新形势进行研判所提出的重大理念创新，带有全局性和战略性影响意义。2014 年 5 月，在上海举行的亚信（AICA）第四次峰会上，中国领导人习近平提出了共同、综合、合作和可持续的亚洲安全观，建议将亚信作为覆盖全亚洲的安全对话合作平台，并以

---

① 约瑟夫·奈：《一种新型的大国关系》，《第一财经日报》2013 年 3 月 11 日第 A7 版。

亚信为平台构建地区安全合作新架构。与 20 世纪 90 年代中期提出的新安全观相比，亚信峰会倡导的"亚洲安全观"增加了发展与安全的论述，并强调"对亚洲大多数国家来说，发展就是最大安全，也是解决地区安全问题的'总钥匙'"[①]。在 2014 年 11 月底举行的中央外事工作会议上，首次提出了"统筹发展安全两件大事"[②]。

提出亚洲新安全观，最终是要落实到如何建立一个适应亚洲地区情况的安全机制，不仅能积极应对本地区内的安全挑战，也能应对外部势力的干预。立足亚洲和发展来推进地区安全机制的建设，不仅具有地缘政治意义，也是对安全理念的一次革命。自 19 世纪末地缘政治概念提出以来，国际社会出现过两种有代表性的地缘政治学说体系：一是德国式的以获取合法性为特征的崛起地缘战略，另一种则是以英国和第二次世界大战后美国为代表的、以维护霸权地位为核心目标的地缘政治学说。这两种学说在目的和手段上有所区分，但两者最核心的部分都是识别本国力量变革的地理因素。中国提出亚洲新安全观，既是对 20 世纪 90 年代新安全观的继承，又是对当代最紧要的地缘政治现象的把握，中国日益认识到自身的崛起是亚洲崛起的继续和保障，但是没有亚洲的持续崛起，中国崛起就无法确保稳定的周边环境。中国崛起最终将推动亚洲发展中国家在国际社会获得更大的发展权利，是真正的合作共赢之路。将发展作为地区问题的核心，既是中国国内经验的地区扩张，也是对世界发展进程的一种贡献。中国加入WTO 以后，国内版的"发展是硬道理"被扩大至"努力使经济全球化朝着有利于实现共同繁荣的方向发展"，全球化与发展的紧密性被前所未有地加以强调。当前，中国仍然把发展列为头等大事，以国内为重的战略将不会对国际社会构成威胁，特别是在军费开支占 GDP比重低于全球主要大国、人均收入显著低于发达国家的情况下。当前，以中印为代表的新兴市场崛起，以美欧为代表的西方世界相对衰落，构成了近年来国际力量对比方面最富戏剧性的变革。在一个全球

---

① 习近平：《积极树立亚洲安全观，共创安全合作新局面》，《习近平谈治国理政》，外文出版社 2014 年版，第 356 页。
② 《习近平出席中央外事工作会议并发表重要讲话》，新华网，2014 年 11 月 29 日，http：//news. xinhuanet. com/politics/2014 - 11/29/c_ 1113457723. htm。

经济紧密相连的时代，新兴市场对全球市场的依赖要比欧美来得更深入，也将更加注重创造一个和平的外部环境来促进国内发展。发展中世界 60 亿人口的规模效应，正在改写长期以来被占据全球 1/6 人口的发达世界所控制的局面。从这个意义上说，全球化正在朝着以发展为核心的方向演进，这就是历史性的潮流。

从亚洲安全观所包含的四点内容，即共同安全、综合安全、合作安全以及可持续安全看，最富有新意的是可持续安全。如果仅从名词上看，美国早在 1951 年就制定了一部"共同安全法"，向"友好国家"提供军事、经济和技术援助，"增强自由世界的共同安全"，这一法案标志着美国对外援助从欧洲扩展到全球。① 美国对欧洲的援助提升了欧洲抗衡苏联的实力地位，但欧洲在综合实力地位得到提升之后，其利益也经历了多元化变迁，经济社会发展迈向后工业化阶段之后，其安全观念发生了较大变革，具有代表性的是欧洲安全与合作会议推动的赫尔辛基进程。有学者认为，欧安会在塑造欧洲地区"综合安全""共同安全""合作安全"和区域安全共同体建设方面发挥了重要作用。② 与共同安全、合作安全相比，综合安全也是一个已经被国际社会基本接受的理念，例如，20 世纪 80 年代日本就提出"综合安全保障战略"概念，将经济安全等纳入国家战略议程中。对多数亚洲国家而言，接受综合安全也非难事，毕竟东亚国家经历过 1997 年东亚金融危机，所有国家都感受到"9·11"恐怖事件的冲击。对于非传统安全的突发性和破坏性，如果没有一套应急机制，恐怕难以在事件爆发时有效应对。因此，在推进综合安全方面的挑战其实不是理念方面的，而是真正有效的应急机制的建设和管理。在这方面，大国并不一定在所有领域都富有经验，真正有话语权的应该是那些已经发生过类似事件，并且在事件处理中积累了较好经验的国家，甚至某些非政府组织。

合作安全的核心是承诺以和平手段、通过谈判的方式解决国家间

---

① 姚椿岭：《美国"1951 年共同安全法"的制定》，《复旦学报》（哲学科学版）1990 年第 2 期。

② 朱立群、林民旺：《赫尔辛基进程 30 年：塑造共同安全》，《世界经济与政治》2005 年第 12 期。

争端。① 中国主张国家无论大小，一律平等，也就是说，在承担政治和法律义务方面，大国和小国是平等的，大国不能威胁小国，小国也不能要挟大国。但难题在于，小国总是天然地担心大国的欺辱，因为力量不对称本身就构成了足够的心理暗示，会对大国的风吹草动做出敏感性解释。为此，大国在制定具体的安全政策时，要充分考虑到小国的心理特征，增强安全政策的透明度，通过在双边和多边场合宣传政策，达到增信释疑的作用。

最难的其实是共同安全理念。中国领导人强调："不能一个国家安全而其他国家不安全，一部分国家安全而另一部分国家不安全，更不能牺牲别国安全谋求自身所谓绝对安全。"② 传统的权力政治规定了安全利益的大小与国家实力成正比，大国的安全利益要大于小国的安全利益。而大国之间则更加突出强调绝对安全，因为大国安全利益的损失所带来的后果远比小国要严重得多。另外，在很长时间里，共同安全的存在是因为有重大的外部威胁。因此，在共同安全理念的扩散和接受度上，急切需要转变的是权力政治观念，增加衡量实力的因素和内容，特别是不仅仅以军事、经济作为衡量国家力量的基石，而是显著增强软实力在国家力量对比和利益格局重塑上的权重。为此，就需要增强地区内安全机制的建设，扩大中小国家的话语权，特别是增强地区内发展中小国通过一体化发展本国利益的能力和意愿。与此同时，随着参与安全对话和共同安全塑造中行为体的增多，在谈判和信息沟通中所耗费的成本将急剧上升。如何有效降低信息传递的成本，增强信息传递的质量，将是一个重大挑战。大国在这方面可以承担更多的义务，因为安全的收益在大国与小国之间的分配并不均衡，大国总体上更得益于地区安全。另外，如何对热点问题进行"降温去

---

① 20世纪90年代，国内学者对合作安全的定义多有分歧，有的学者认为，"合作安全"概念最早由加拿大学者于1990年提出，是一种不同于均势安全和集体安全的模式。参见尹桂云《合作安全：亚太地区可行的安全模式选择》，《当代亚太》1999年第10期；也有学者认为："后冷战时代的合作又称共同安全、集体安全，它通过多边安全机制，包括对话机制、信任机制、安全机制和军控机制等，谋求增加相互信任。"参见吴心伯《东亚合作安全的现状与前景》，《和平与发展》1995年第2期。

② 习近平：《积极树立亚洲安全观，共创安全合作新局面》，《习近平谈治国理政》，第354页。

火"也是一个大的挑战,如果让热点问题变成了"沸点"问题,引发直接的大规模冲突,亚洲安全机制建设就难以形成。

从可持续安全看,由于其侧重点在于国内经济社会发展以及发展带来的对外部世界的依赖,单纯强调国家之间的彼此依赖本身并不会增强可持续安全,重要的是管控历史上反复出现的经济依赖所带来的政治独立性降低,以及出现某些特殊情况时如何确保小国的社会稳定。对于亚洲地区国家,应该看到各自经济的互补性,同样是发展中国家,各国在具体的产业分工和产品出口方面千差万别,运作好了可以发挥大市场的作用。各国要推动互联互通,以油气、资源、电力合作拓展经济一体化新模式,继续提升亚洲国家在全球事务中的话语权,发出亚洲国家在发展经济、维护社会稳定方面的独特声音。

对中国而言,发展亚洲安全机制主要有两种方式:一种是中国成为亚洲的主导市场,通过深度依赖以加强利益协调和共生。中国势必会成为亚洲国家的主要出口目的地,或者相对差一些,成为多数亚洲国家生产链条中最重要的组成部分。中国提出"一带一路"建设是促成地区一体化的重要举措。但是这种模式的挑战在于,随着地区内国家经济分工的调整,大国往往并不占据生产链条中利润最高的部分,这个时候如何衡量利益的分配就成了挑战。另一种是提供更多的安全公共品,与亚洲国家协同维护地区的稳定和开放。

同时,中国也可以通过与美国合作获得在亚洲的地位。美国在亚洲享受到的超然地位,并非完全得自美国自身,在很大程度上依赖于地区内同盟以及伙伴关系国的支持。中国不希望建立同盟关系,但特别重视朋友和伙伴关系,在2014年11月底举行的中央外事工作会议上,习近平强调:"要在坚持不结盟原则的前提下广交朋友,形成遍布全球的伙伴关系网络。"① 就今天的亚洲事务而言,已经没有单独哪一个大国可以主导地区事务了。2008年全球金融危机以来,美国力量相对衰退,但这是一把双刃剑。一个返回本土、孤立主义的美国,有可能给地区经济融合造成重大打击。为此,积极处理好与美国

---

① 《习近平出席中央外事工作会议并发表重要讲话》,新华网,2014 年 11 月 29 日,http://news.xinhuanet.com/politics/2014-11/29/c_1113457723.htm。

的关系是建设新安全机制的重要内容，要把处理对美国的关系同创立新亚洲安全机制联系在一起，积极利用美国在该地区的历史遗产，进行创新性发展和创造性转化。

从根本上讲，中国构建亚洲安全机制的主要挑战和机遇仍然来自于自身的变革。中国已经是亚洲第一大经济体，在未来数年里经济总量也势必会超过美国。但是，中国仍然处于社会主义初级阶段，还只是一个发展中大国，人均收入低于全球平均水平。特别需要注意的是，经济力量的增长与安全影响力并非同步发生，国家总体实力在具体的各个问题领域的影响力也并非均衡分布。如何在一个强势中国时代继续保持对世界大势的清醒认识，仍然面临不小的挑战。

第三章 中国外交布局中的周边

　　中国外交的一个发展趋势是，更加强烈地意识到必须创造那些能准确表达中国的身份、国际定位以及战略需求的原创性概念。冷战结束以来，"新安全观""和平崛起""和谐世界""新型大国关系""新型义利观""人类命运共同体"等都是中国根据国内、国际社会发展需求而做出的创新，也适应了时代的需求。新概念体现出中国身份定位、战略利益以及与国际社会关系的演变。这些概念不仅源于社会实践，也反映了实践的转向，尤其是核心概念的创造和使用会产生信号灯和利益融合的作用，是理念变革的先导。

　　伴随着概念变迁的是中国出现了"新外交"①，其重要体现之一是新世纪前后中国外交呈现出"大国是关键，周边是首要，发展中国家是基础，多边是重要舞台"的总体布局。但是对这个布局中的周边是怎么来的，论述的文献较少。到世纪之交，中国学术界对周边安全环境的研究与认知已经大为扩展。第一，认识到美国因素对中国周边安全环境的影响是一个突出特点，强调不与美国发生冲突；② 第二，周边安全环境呈现出地区的差异性，试图按照利益关联性对周边国家分类；③ 第三，明确提出周边安全环境的维护是中国对外政策的首要

---

① 国际方面的"始作俑者"可参考 Evens S. Medeiros and M. Taylor Fravel, "China's New Diplomacy," *Foreign Affairs*, Vol. 182, No. 16, Nov./Dec. 2003, pp. 22 – 35. 国内的早期声音可参考阎学通、程瑞声、苗华寿、钱文荣《中国外交走向成熟》，《世界知识》2003年第3期。

② 黄仁伟：《中国面向二十一世纪保持国际环境稳定的战略选择》，《上海社会科学院学术季刊》1998年第1期。

③ 阎学通：《中国崛起的国际安全环境》，《国际经济评论》1998年第1—2期。

任务；① 第四，随着中国经济的日渐崛起，中国学者强调中国在周边不仅可以发挥重要作用，而且有必要通过加强经济区域合作以巩固和提升塑造能力；② 第五，从战略规划的角度视周边安全环境为国家安全体系的一部分。有的学者认为，中国未来的安全战略至少包括"构建周边安全机制，营造睦邻友好的安全环境"③。朱听昌在《新世纪中国安全战略构想》一文中认为，中国的安全战略包括"外交、国防、构建周边安全机制、参与改造国际体系、增强综合国力"五个方面。④ 可以说，2000 年前后，"周边安全环境"已经成为中国学术界研究安全问题的重要议题，融入国际关系研究的学术体系中。

本章试图分析在 20 世纪 90 年代成形的"周边""周边环境""周边安全环境"概念的生成机理及其对相关学术研究和中国世界秩序观念的影响。本章认为，国家战略目标与地区秩序是中国外交理念中"周边环境"产生的推动力，以经济建设为中心和稳定压倒一切的战略目标逐渐清晰化为这一个概念创造出巨大的需求，而东亚地区秩序的变革则提供了中国理解地区事务的方式，在某种程度上是"周边环境"概念的供给方。中国为了实现战略目标而创造出"周边环境"这个概念，利用这一新概念来动员国内力量，同时对外宣示中国会集中一切有利资源来实现国家的长治久安。

第一节 "周边"概念的生成与周边外交

对《人民日报》发表的对外关系文章中所使用的"周边""周边环境"以及"周边安全环境"概念的统计表明，从 20 世纪 80 年代后期起，这三个概念陆续出现在党报上。不过，这三个概念的使用并不均衡，"周边"概念使用得最多，其次是"周边环境"，最后是"周边安

---

① 张小明：《邓小平关于稳定周边的战略思想》，《国际政治研究》1998 年第 1 期。

② 刘靖华：《中国国际战略：相关理论与现实思考》，《国际经济评论》1999 年第 2 期；唐世平：《理想安全环境与新世纪中国大战略》，《战略与管理》2000 年第 6 期。

③ 周桂银：《新世纪的国际安全与安全战略》，《世界经济与政治论坛》2000 年第 1 期。

④ 朱听昌：《新世纪中国安全战略构想》，《世界经济与政治》2000 年第 1 期。

全环境"。其中，"周边"概念的使用在 1992 年前后达到了一个顶点，而"周边环境"概念的使用自 1993 年后相对稳定（如图 3 - 1 所示）。

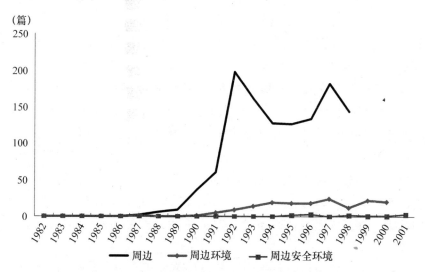

图 3 - 1　《人民日报》含"周边""周边环境"及
"周边安全环境"概念的文章

资料来源：根据《人民日报》数据库数据整理。

　　"周边"一词于 20 世纪 80 年代后期出现在表述中国外交和安全战略研究的文献中。1985 年 6 月，邓小平在中央军委扩大会议上指出："根据对世界大势的这些分析，以及对我们周围环境的分析，我们改变了原来认为战争的危险很迫近的看法。"[1] 直到 1987 年，"周边环境"概念才首次出现在《人民日报》上。7 月，张爱萍将军在纪念中国人民解放军建军 60 周年的讲话中认为："我国周边环境还存在着多种不安全的因素，领土领海受到威胁，并正受到越南地区霸权主义的侵犯。"[2] 12 月，北京国际战略学会举行年会对周边的国际形势

---

　　① 中共中央文献研究室编：《邓小平思想年谱（1975—1997）》，中央文献出版社1998年版，第 322—323 页。

　　② 张爱萍：《加强军队现代化建设——纪念中国人民解放军建军六十周年》，《人民日报》1987 年 7 月 24 日第 1 版。

作了深入讨论，战略学会的徐信会长是中央外事工作领导小组的成员。

1988年，李鹏担任代总理作《政府工作报告》时提出："中国一向重视同周边各国保持和发展睦邻关系，特别关心亚洲的和平与稳定。"① 这是"周边"一词首次出现在《政府工作报告》中，其范围包括蒙古、朝鲜半岛、东盟以及南亚各国，但不包括日本。5月，外交部副部长钱其琛在会见缅甸客人时强调："中国希望在和平共处五项原则的基础上同世界各国发展友好合作关系，尤其重视同周边国家发展睦邻友好关系。"② 12月，中国社会科学院学者李琼在接受《人民日报》采访时认为："任何国家，特别是美国和日本这样的经济大国，在广泛发展对外经济关系的同时，都首先与自己的周边国家建立更密切的关系，因为它们与这些邻国有传统的经济往来，有更多的共同利益，有更方便的往来条件，这也是地区性经济集团得以形成的原因。"③

从和平发展的角度重视国际环境变革并不始自20世纪80年代，但是80年代后期的一个创造性贡献是中国意识到"周边环境"也必须是和平的。早在1975年4月，邓小平在会见美国众议院院长艾伯特、众议院共和党领袖罗兹时指出："我们现在需要一个和平的国际环境来建设我们的国家"④。1990年10月，外交部长钱其琛在纽约亚洲学会发表演讲时认为："中国的经济建设需要和平的国际环境……中国一向重视在和平共处五项原则的基础上发展同亚洲国家的睦邻友好关系。"⑤ 1990年12月，张国成在回顾中国与东盟关系的进展时提出，双方"都需要有一个和平与稳定的周边环境。这些决定了中国重

① 李鹏：《政府工作报告——1988年3月25日在第七届全国人民代表大会第一次会议上》，《人民日报》1988年4月5日第1版。

② 《吴学谦会见缅甸外长、钱其琛宴请吴耶贡》，《人民日报》1988年5月6日第4版。

③ 李琼：《1988年西方经济：回顾·思考·展望》，《人民日报》1988年12月20日第7版。

④ 中共中央文献研究室编：《邓小平思想年谱（1975—1997）》，第5页。

⑤ 《钱其琛外长在美国亚洲学会发表讲话阐述亚洲形势和中国立场》，《人民日报》1990年10月4日第6版。

视发展同东盟国家的友好合作关系不是权宜之计，而是我国将要长期坚持的一项基本方针。"①

　　1990 年 12 月，钱其琛外长在接受《人民日报》记者采访时认为，"现在是我国同周边国家的关系 40 年来最好的时期"。② 1991 年 3 月，李鹏总理在"八五"计划纲要报告会上认为："我国政府大力发展同周边国家的睦邻友好关系，以此作为外交工作的重点，现在是建国以来我国同周围邻国关系的最好时期之一。"③ 5 月，江泽民出访苏联，在莫斯科发表演讲时指出："中国重视同周边国家发展睦邻友好关系。"④ 此时的"周边"已经明确包括日本。7 月 1 日，江泽民在纪念中国共产党成立 70 周年的讲话中强调："我们要继续坚持独立自主的和平外交政策，积极发展同一切国家的友好关系，特别是保持和发展同周边国家的睦邻友好关系，加强同第三世界国家的团结和合作。"⑤ 1991 年 12 月，国务委员兼外长钱其琛在第 46 届联合国大会上发言时指出："同周边国家发展睦邻友好关系，创造一个和平安定的周边环境是我国独立自主和平外交政策的重要组成部分。"⑥ 这是中国政府首次在国外向全世界宣布一个良好的"周边环境"对中国的重要性。

　　与"周边"和"周边环境"概念相比，中国学术界较多地使用"周边安全环境"概念分析中国面临的战略形势。1990 年 4 月，程林胜在《国际政治研究》杂志刊文指出，中国要进一步促进和保持周边安全环境的长期稳定，要敢于涉足亚太地区的区域性经济合作，以收获经济、战略和安全上的好处。⑦ 同年，郗润昌在《世界新秩序的

---

①　张国成：《我国与东盟国家关系全面发展的一年》，《人民日报》1990 年 12 月 19 日第 7 版。

②　郑园园、果永毅：《钱其琛外长接受本报记者专访畅谈一年来国际形势和我国外交成就》，《人民日报》1990 年 12 月 17 日第 7 版。

③　李鹏：《关于国民经济和社会发展十年规划和第八个五年计划纲要的报告》，《人民日报》1991 年 4 月 11 日第 1 版。

④　《走向二十一世纪的中国 江泽民同志在莫斯科向苏联公众发表的讲话》，《人民日报》1991 年 5 月 18 日第 6 版。

⑤　江泽民：《在庆祝中国共产党成立七十周年大会上的讲话》，《人民日报》1991 年 7 月 1 日第 1 版。

⑥　钱其琛：《独立自主、努力开拓》，《人民日报》1991 年 12 月 16 日第 7 版。

⑦　程林胜：《九十年代世界总格局与中国》，《国际政治研究》1990 年第 3 期。

演变趋势与国际安全》一文中认为，中国的安全环境由三个相互关联的层次组成：全球安全环境、地区安全环境和周边安全环境。尽管全球安全环境转好，但周边问题仍然颇多。① 1992 年 10 月，党的十四大政治报告指出，中国"同周边国家的睦邻友好关系处于建国以来的最好时期"。尽管这一表述并没有采用"周边环境"这一概念，但此后一个阶段中国学术界对亚洲形势的判断基本上秉持了党在政治报告中的论断。

官方对"周边安全环境"概念的使用多与军事、安全联系在一起。1992 年 12 月，江泽民在驻京部队老干部迎新年茶话会上强调，军队要"为改革开放和现代化建设创造长期稳定的安全环境"②。1993 年 1 月，江泽民在中央军委扩大会议上认为："我国周边安全环境不断得到改善，同周边国家的睦邻友好关系处于建国以来最好的时期。"③ 这是中国最高领导人首次使用"周边安全环境"概念。不过，江泽民的这一讲话直到 2006 年《江泽民文选》出版时才公布。在 1996 年 6 月举行的一次记者招待会上，外交部发言人沈国放在回答记者提问时说，中国和东盟"就双边关系、地区形势以及周边安全环境等问题交换了看法，并取得了广泛的共识"④。这是"周边安全环境"概念首次出现在《人民日报》上。

1997 年 10 月，党的十七大政治报告在分析中国面临的国际形势时采纳了"周边环境"概念。报告认为："在相当长的时期内，避免新的世界大战是可能的，争取一个良好的国际和平环境和周边环境是可以实现的。"国际环境与周边环境处于等同的地位。实际上，整个 90 年代中国领导人普遍使用"周边环境"一词来描述中国对亚洲形势的判断。从表 3 – 1 来看，使用"周边环境"一词次数排在前三位的领导人依次是李鹏总理（36 次）、江泽民主席（13 次）和钱其琛

---

① 郗润昌：《世界新秩序的演变与国际安全》，《未来与发展》1991 年第 4 期。

② 罗同松：《中央军委举办老干部迎新年茶话会江泽民通报军队建设情况》，《人民日报》1992 年 12 月 30 日。

③ 江泽民：《江泽民文选》（第 1 卷），人民出版社 2006 年版，第 279 页。

④ 罗辉：《就中国与东盟高官磋商外交部发言人发表谈话》，《人民日报》1996 年 6 月 12 日第 4 版。

副总理兼外长（11次）。此外，包括全国人大、全国政协、中央军委等部门的最高领导人都先后使用过"周边环境"概念。

表 3 - 1　20 世纪 90 年代中国中央领导人使用"周边环境"概念频率

年份	领导人	时任职务	使用次数	年度使用次数
1991	钱其琛	国务委员兼外交部长	1	1
1992	钱其琛	国务委员兼外交部长	2	6
	李鹏	国务院总理	3	
	万里	全国人大常委会委员长	1	
1993	李鹏	国务院总理	5	11
	李瑞环	全国政协主席	4	
	乔石	全国人大常委会委员长	2	
1994	李鹏	国务院总理	11	18
	江泽民	中共中央总书记、国家主席	2	
	刘华清	中央军委副主席	1	
	罗干	国务委员兼国务院秘书长、国家边防委员会主任	1	
	李铁映	国家体改委主任	1	
	钱其琛	国务院副总理兼外长	1	
	李瑞环	全国政协主席	1	
1995	钱其琛	国务院副总理、外交部长	3	11
	李鹏	国务院总理	2	
	迟浩田	国务委员兼国防部长	1	
	江泽民	中共中央总书记、国家主席	2	
	姜春云	中央书记处书记、国务院副总理	1	
	乔石	全国人大常委会委员长	2	
1996	李鹏	国务院总理	6	13
	钱其琛	副总理兼外长	2	
	江泽民	国家主席	5	

续表

年份	领导人	时任职务	使用次数	年度使用次数
	钱其琛	国务院副总理	2	
	李鹏	国务院总理	8	
1997	江泽民	中共中央总书记、国家主席	4	17
	乔石	全国人大常委会委员长	1	
	刘华清	中央军委副主席	1	
	李岚清	国务院副总理	1	

注：领导人排列顺序的标准是按年度使用该词汇时的日期。

资料来源：《人民日报》数据库。

可以说，正是从 80 年代后期开始，"周边""周边环境"以及"周边安全环境"等概念，不仅受到学术界的重视，也逐渐成为中国官方表述国际形势、外交战略与亚太政策的正式语言。李鹏担任政府总理之后，历届《政府工作报告》都非常重视"周边"的形势分析。在 1992 年的《政府工作报告》中，对周边的论述已经被摆在第一位，替代了此前以中美、中苏关系为论述框架统领全局的国际形势分析，外交的布局顺序也转变为周边国家、发展中国家与发达国家。在 1993 年 3 月公布的《政府工作报告》中，第七部分"关于我国的外交工作"在表述"周边国家"和"周边环境"时，其范围已经包括俄罗斯和新独立的中亚国家。

从"周边环境"概念的使用来看，中央外事工作领导小组发挥了决定性的作用。李鹏总理从 1988 年 3 月开始任中央外事工作领导小组组长，成员包括外交部长、外经贸部长、中联部长、国防部长、人民日报社长及两名顾问。钱其琛从 1991 年 4 月开始兼任中央外事工作领导小组秘书长。1996 年，江泽民接替李鹏担任中央外事领导小组组长，这是该小组在历史上第一次由最高领导人担任负责人。这或许印证了国外学者关于该机构在中国对外战略形成中处于核心地位的观点。[①]

在传统意义上，外交是国家行为体调整与外部世界关系的一种策

---

① 胡菁菁：《境外中国外交决策机制研究综述》，《国际政治研究》2010 年第 4 期。

略和行为。国家通过对外交往维护和拓展国家利益，一个强大的国家拥有与实力地位相匹配的外交能力。随着一国实力地位的变化，其对外交往的模式、动力以及成效都将随之改变。中国对周边国家政策的改变，不仅反映出地位的变化，也揭示出中国外交近期出现的"新国际主义"转向，即中国更愿意与国际合作，视全球化为机会，逐渐在地区和全球事务中发挥建设性作用。[①]

从中国共产党的历届全国代表大会报告来看，中国政府直至1992年召开的十四大才首次从"第三世界"概念中划分出"周边国家"这一对外关系层次。也正是在中共十四大报告中，中国政府认为，"我国同周边国家的睦邻友好关系处于建国以来最好的时期"。这一判断与苏联解体后中国周边地区不再有大规模军事冲突压力直接相关。利用冷战结束契机，中国随之与众多邻国逐步解决了属于主权范畴内的领土、边界争端问题。

在周边安全环境改善的同时，中国官方逐渐开始使用"周边外交"这一概念。不过，20世纪90年代初期，中国外交语汇中的"周边外交"，仅仅被用来概括中国恢复与周边国家的正常关系，还没有涉及如何利用经贸手段进一步提升这种关系。例如，1991年末，前外交部长黄华在接受《人民日报》采访时表示，中国已经"同所有邻近国家的关系实现了正常化，与各国基本都和睦相处"[②]。此后，中国高层出访，在阐述中国对外政策时，多次提及"周边外交"概念，认为良好的周边环境为国内现代化建设提供了必不可少的保障和条件，同时双边关系改善也带动了同周边国家经贸关系的进一步发展。1997年党的十五大报告认为，争取一个良好的周边环境是可能

---

① 参考 Evan S. Medeiros and M. Taylor Fravel, "China's New Diplomacy," *Foreign Affairs*, Vol. 82, No. 6, 2003, pp. 22 – 35；Yong Deng and Thomas G. Moore, "China Views Globalization: Toward a New Great-Power Politics?" *The Washington Quarterly*, Vol. 27, No. 3, 2004, pp. 117 – 136；苏长和：《发现中国新外交——多边国际制度与中国外交新思维》，《世界经济与政治》2005年第4期；秦亚青、朱立群：《新国际主义与中国外交》，《外交评论》2005年第5期；王逸舟：《论中国外交转型》，《学习与探索》2008年第5期；时殷弘：《当代中国的对外战略思想》，《世界经济与政治》2009年第9期。

② 转引自周树春《为了和平与发展——中国周边外交成就》，《人民日报》1991年12月22日。

的，同周边国家之间有争议的问题要通过友好协商解决。

进入新世纪以后，中国的周边外交以区域合作为导向进行了重大拓展。2002 年 4 月，外交部副部长王毅指出，即将进行的中国—东盟自由贸易区谈判"堪称中国与东盟关系史上的一个里程碑，也为中国的周边外交开辟了新的局面"①。同年 11 月，江泽民在党的十六大报告中指出，中国"将继续加强睦邻友好，坚持与邻为善、以邻为伴，加强区域合作，把同周边国家的交流和合作推向新水平"。自此之后，"与邻为善、与邻为伴"成为中国处理与周边国家关系的原则，而"区域合作"概念首次出现在党代会报告中。从此，区域合作成为中国周边外交的主要方向，中国周边外交开始走出"安全突围"，进入了"利益拓展"阶段。②

2003 年 10 月，中国总理温家宝在出席东盟商业与投资峰会时首次对中共十六大确定的周边外交作了阐述，继中共十六大确定"以邻为善、与邻为伴"周边外交方针之后，又提出了"睦邻、安邻、富邻"的周边外交政策。③ 在中国的语境中，方针主要指引导事业前进的方向和目标，而政策是为完成特定任务规定的行动准则，是路线、方针的具体化，更具有操作性。由此，中国的周边外交被进一步概括为方针和政策的统一，既有目标也有手段。正如学者指出的，这一政策意味着"中国正在把自己的利益同周边国家的利益紧密地联系在一起以实现共同发展"④。2007 年 11 月，胡锦涛在党的十七大上提出，中国"将继续贯彻与邻为善、以邻为伴的周边外交方针，加强同周边国家的睦邻友好和务实合作，积极开展区域合作，共同营造和平稳定、平等互信、合作共赢的地区环境"。2009 年 11 月，中国国家副主席习近平出席欧亚经济论坛时重申了这一周边战略。⑤

---

① 王毅：《水到渠成 意义深远——写在中国与东盟自由贸易区谈判即将启动之际》，《人民日报》2002 年 4 月 26 日。

② 杨毅：《积极推动构建周边合作机制》，《当代亚太》2009 年第 1 期。

③ 王小光：《温家宝出席东盟商业与投资峰会并发表演讲》，《人民日报》2003 年 10 月 8 日。

④ 王光厚：《从"睦邻"到"睦邻、安邻、富邻"》，《外交评论》2007 年第 3 期。

⑤ 习近平：《在 2009 欧亚经济论坛开幕式上的致词》，《人民日报》2009 年 11 月 17 日第 3 版。

表 3 - 2　　　　冷战结束以来中国周边政策的演变（1992—2007）

	十四大	十五大	十六大	十七大
时间	1992 年	1997 年	2002 年	2007 年
身份定位	中国是发展中国家	中国现在处于并将长时期处于社会主义初级阶段；中国是维护世界和平和地区稳定的坚定力量	中国永远不称霸，永远不搞扩张	中国将始终不渝走和平发展道路；中国发展离不开世界，世界繁荣稳定也离不开中国
外交格局	周边国家、广大发展中国家、西方发达国家	邻国、第三世界国家、发达国家、多边外交	发达国家、周边国家、第三世界、多边外交	发达国家、周边国家、第三世界、多边外交
周边形势与政策	世界上许多国家特别是我们周边的一些国家和地区都在加快发展；我们同周边国家的睦邻友好关系处于建国以来的最好时期	争取一个良好的国际和平环境和周边环境是可以实现的；对我国同邻国之间存在的争议问题，应该着眼于维护和平与稳定的大局，通过友好协商和谈判解决。一时解决不了的，可以暂时搁置，求同存异	争取较长时期的和平国际环境和良好周边环境是可以实现的；我们将继续加强睦邻友好，坚持以邻为善、以邻为伴，加强区域合作，把同周边国家的交流和合作推向新水平	我们将继续贯彻与邻为善、以邻为伴的周边外交方针，加强同周边国家的睦邻友好和务实合作，积极开展区域合作，共同营造和平稳定、平等互信、合作共赢的地区环境

资料来源：根据中国共产党十四大至十七大全国代表大会的报告整理。

　　与"周边外交"内涵的扩展类似，新世纪之后中国的外交格局也基本定型。从中共十四大开始，周边国家、发展中国家、发达国家是中国外交格局中的三个支柱，十五大之后增加了多边外交，自十六大之后，排序变为发达国家、周边国家、发展中国家以及多边外交，十七大继续采纳了这种分类。有学者认为，十六大以来形成的这一外交格局是"符合中国国内经济建设这个工作重心的，因此是成熟的，也是理论与实践、政策与主张相一致的对外政策布局"①。

中国外交布局在胡锦涛时代初步定型，并将周边视作仅次于大国的第二序列。2003 年 8 月 25 日，胡锦涛在驻外使节小型座谈会上作了"开创新世纪新阶段外交工作新局面"的讲话。从《胡锦涛文选》中的文献来看，这是胡锦涛第一次系统阐述自己的外交理念，并提出"坚持大国是关键、周边是首要、发展中国家是基础的布局，坚持在国际舞台上高举和平、发展、合作的旗帜，展示公正、民主、进步形象"②。尽管后面两点是继承而来的，但这个外交布局是胡锦涛提出并奠定的。胡锦涛强调，中国外交应"正确处理大国是关键、周边是首要、发展中国家是基础的关系。大国是关键、周边是首要、发展中国家是基础的外交布局，是我们从长期外交实践中总结出来的。这三者互为依存、相辅相成、缺一不可。其中也包含着正确处理大国和小国、周边和全局、富国和穷国、强国和弱国等诸方面的关系。坚持这个外交布局，有利于我们全方位加强对外关系，走活整个外交工作这盘棋"③。

"周边外交"在中国外交政策与外交布局中得到极大重视，并出现了较大进展。具体而言，周边外交具有如下两个特点：第一，中国周边外交的拓展从加强区域合作开始；第二，中国周边外交是战略目标和行动路线的统一。中共十七大以后，中国周边外交的战略目标是"共同营造和平稳定、平等互信、合作共赢的地区环境"。从三项内容的排序来看，"和平稳定、平等互信"突出了"安邻"的重要性，而"合作共赢"则强调"富邻"。也就是说，中国周边外交实质上以"安邻"与"富邻"为两大操作手段，战略目标则是营造有利于中国现代化建设的地区环境。简而言之，中国政府越来越强调"安邻"与"富邻"的结合，重视地区安全合作与经济增长分享两者之间的关系。本书把这个含义概括为"政经合一"。

长期以来，中国外交服务于国内经济建设这个战略目标。冷战结束创造了改善国家间关系的机会，大幅度推进了中国周边外交的范围

---

① 张清敏：《六十年来新中国外交布局的发展》，《外交评论》2009 年第 4 期。
② 胡锦涛：《胡锦涛文选》（第 2 卷），人民出版社 2016 年版，第 91 页。
③ 同上书，第 95—96 页。

和深度。随着与周边国家关系的改善，特别是国内政治经济建设的进步，如何进一步利用国际环境（包括周边环境），稳步推进中国的"和平发展"就成为首要的问题。中国须向周边国家解释清楚，中国实力增长之后是否会让周边国家分享利益，以及通过什么样的方式实现这种分享。一个强大的中国应该不断改善周边地区的环境，不仅服务于本国的国内战略目标，也要服务于创造一个富裕、和谐的周边。

第二节 确立经济增长目标与中国经济的亚洲化

社会需求的变革是概念诞生的条件，在对外政策制定中国家战略目标的革新是首要条件。"周边环境"上升到与国际环境同等重要的地位，与经济增长目标实现的外部条件和亚太安全形势的变革息息相关。20世纪80年代以来，对中国对外战略产生至关重要影响的观念，首选是以经济建设为中心。王正毅认为，中国自改革开放以来顺利转型的国家战略目标是"追求经济持续增长、维持社会稳定"[1]。章百家认为，改革开放后中国"在指导思想上明确了外交工作要配合国家经济建设这一中心工作"[2]。时殷弘在解释中国对外战略变革时提出了"经济第一"和"愈益并入世界体系"两个概念，认为中国对外战略目标已经包括了创造和平的国际环境。[3] 在经济主义的目标下，不难理解中国领导人对创造一个和平的国际环境的强调。无论是在会见发展中国家的领导人，还是发达国家的领导人时，邓小平在1975年以后数次表达了中国需要一个好的环境、和平的国际环境以达成我们的愿望。

如果说，在20世纪80年代早期，这种经济建设和外部环境的关联性还只存在于像邓小平等少数领导人的观念中，那么到了80年代后期，随着国际国内形势的发展，经济增长作为一种国家战略目标具有更加的迫切性。

第一，在东欧剧变、苏联解体之后，中国领导人认为不搞意识形

---

① 王正毅：《理解中国转型：国家战略目标、制度调整与国际力量》，《世界经济与政治》2005年第6期。

② 章百家：《中国内政与外交：历史思考》，《国际政治研究》2006年第1期。

③ 时殷弘：《中国的变迁与中国外交战略分析》，《国际政治研究》2006年第1期。

态争论，必须搞好经济才能让中国不倒。从 1989 年 10 月 9 日匈牙利局势变动开始，到 1990 年 4 月 23 日李鹏总理访问苏联为止，中央领导人几乎每个月就讨论东欧国际形势，有时甚至间隔只有 5 天。在1989 年 12 月的一次国际形势讨论会上，李鹏总理认为："在对外关系上，要坚持原则，多做工作，为改革开放创造一个良好的外部条件。"① 1990 年 3 月 3 日，江泽民和李鹏去邓小平处听取对国际形势的看法，邓小平强调："世界上一些国家发生问题，从根本上说，都是因为经济上不去，长期过紧日子。如果经济发展老是停留在低速度，生活水平就很难提高。人民现在为什么拥护我们？就是这十年有发展，发展很明显。假设我们有五年不发展，或者是低速度发展，这不只是经济问题，实际上是个政治问题。加强思想政治工作，讲艰苦奋斗，都很必要，但只靠这些也还是不够。最根本的因素，还是经济增长速度，而且要体现在人民的生活逐步地好起来。"② 1991 年 12 月 27 日，在李鹏主持的国际形势讨论会上，江泽民认为："中国要坚持社会主义，只要把经济搞上去，就什么也不怕。"③ 1993 年 7 月，江泽民在第八次驻外使节会议上明确宣布："我国外交工作的根本目标是，进一步巩固和发展有利于我国的和平国际环境特别是和平周边环境，为我国改革开放和经济建设服务，为祖国统一大业服务。"④ 同年 11 月，江泽民在参加亚太经合组织会议会见美国总统克林顿时指出："经济是基础。一切政治归根到底都是为经济服务的。一个国家不搞好经济，不致力于改善人民生活，是难以稳定的。"⑤ 从领导人的讲话来看，对实现高速的经济增长是有共识的，而且是从政治的角度来强调经济问题，实质上在当时的背景下是生死存亡的大事。

第二，中国与周边国家的发展差距，特别是中国与东亚"四小龙"的发展差距对国内政治稳定包括统一大业构成挑战。1990 年，

---

① 李鹏：《和平发展合作：李鹏外事日记》，新华出版社 2008 年版，第 237 页。
② 中共中央文献研究室编：《邓小平思想年谱（1975—1997）》，第 448 页。
③ 李鹏：《和平发展合作：李鹏外事日记》，第 262 页。
④ 江泽民：《江泽民文选》（第 1 卷），人民出版社 2006 年版，第 314 页。
⑤ 同上书，第 332 页。

长期主管经济工作、中央顾问委员会常务副主任薄一波在《求是》杂志上发表文章认为：“我国周边的大多数国家和地区的经济，近年来都有较快的发展，我们面临着挑战。国家实力的增强和人民生活的改善，都要求我们必须保持适当的发展速度；不如此，就不能充分体现我国社会主义制度的优越性。”①

20 世纪 80 年代中期至 90 年代前期，东亚“四小龙”经济体的经济增长率要高于中国。对东亚地区经济来说，1985 年 9 月签订的“广场协议”是经济发展的转折点。日本汇率政策调整以及在美国遭受到贸易投资保护主义的冲击，迫使日本企业不得不逐渐重视对亚洲的直接投资。此外，亚洲新兴经济体借助日本与美国经济战的机会，通过出口导向战略获得了经济的持续增长，由此亚洲经济的生产结构发生了重大转折。如图 3 - 2 所示，在 1986—1991 年这 6 年里，东亚“四小龙”中始终存在某一个经济体的增长率超过中国,这种经济增

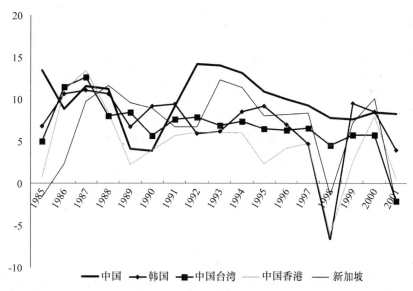

图 3 - 2　中国与东亚“四小龙”经济增长率比较（1985—2001 年）
资料来源：UNCTAD.

① 薄一波：《提高产品质量是经济生活中的一件大事》，《人民日报》1990 年 12 月 16 日第 2 版。

长率的差异给中国社会造成强烈的危机感，尤其是在国际和国内政治形势发生剧烈变革的时代。邓小平"南方讲话"之后，中国经济增长率开始持续超越东亚"四小龙"，特别是在1997年东亚金融危机中保持了稳定，且至今仍保持高位运行。

第三，自80年代末期以来西方国家对中国实施的制裁，加速了中国国际贸易亚洲化的趋势。实际上，自80年代后期以来与东亚经济体保持进一步的经济联系已经成为政府的优先发展目标。1987年10月，中共十三大认为，"沿海地区，从南到北，正在形成广阔的前沿开放地带"。但是，东欧形势以及国内"政治风波"造成了西方国家的制裁，压缩了中国开放的区位。1990年前后，中国与欧美的贸易额有所下降，不得不把开放的视角转入周边地区，特别是东亚"四小龙"。1991年1月通过的"十年规划和八五计划建议"主张："进一步贯彻沿海地区经济发展战略，积极发展外向型经济……与此同时，积极发展同内陆周边国家的经济贸易关系。"① 如图3－3所示，整个80年代中国的国际贸易主要在亚洲、欧洲和北美洲之间进行，三个地区的比重基本保持平稳。但是进入90年代之后，中国与亚洲贸易的成长速度开始大大超越同欧美社会的贸易。传统的贸易比较优势理论无法解释中国与发达欧美社会的贸易竟然慢于、少于和发展中亚洲国家的贸易，如果加入政治变量，那么就容易理解中国国际贸易的方向与中国外交战略对周边的重视存在着极强的关联性。② 1999年，中国同亚洲国家的贸易突破2000亿美元。

---

① 新华社：《中共中央关于制定国民经济和社会发展十年规划和"八五"计划的建议》，《人民日报》1991年1月29日第1版。

② 在国际政治经济学文献中存在着"贸易围绕着国旗进行"的说法，比较早的一篇英文文献可参考 Brian M. Pollins, "Does Trade Still Follow the Flag?" *American Political Science Review*, Vol. 83, No. 2, pp. 465－80. 国内一项相关研究认为："出访周边国家并不受经贸关系的影响，更多的是基于政治和战略等因素的考虑。双边经贸关系在与周边关系中处于次要地位，但出访活动会对贸易状况产生较为直接的影响。"不过，该文对"周边"的定义不包括日本，而且在案例中主要选择俄罗斯作为周边的样本进行论证。参考杨霄、张清敏《中国对外经贸关系与外交布局》，《国际政治科学》2010年第1期。

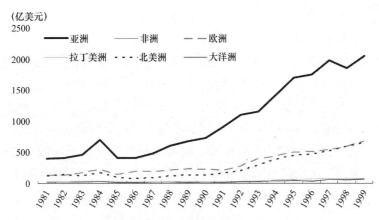

（亿美元）

图 3 - 3　中国同各大区域的国际贸易（1981—1999 年）

资料来源：根据历年《中国统计年鉴》中的数据整理。

　　随着中国国家力量的增强与国家利益的拓展，中国周边的范围也在扩展之中。本书把中国的周边分为三个层次：陆上邻国 14 个，海上邻国 6 个，以及这些邻国中与中国关系密切的 8 个国家，谓之"二级周边"①。由于美国是一个全球性国家，对中国产生了全方位的影响，增加美国势必会冲淡本书主题。为了更加突出均衡的中国—周边关系，这里暂不考虑美国在中国周边外交拓展中的作用与地位。②

　　从表 3 - 3 可以看出，近十年来中国与周边国家的贸易形成了深度依赖关系。2002 年，在周边国家中，中国占该国贸易比重超过 10% 的有 7 个，2009 年上升为 18 个，包括陆上 9 个邻国、海上 5 个邻国以及二级周边 4 个。2008 年，中国首次成为印度最大的贸易伙伴，并继续保持与日本、韩国的较大贸易伙伴地位。③ 2002 年，周边国家在中国国际贸易中的比重为 38.35%，受金融危机影响，2009 年

　　① 这一分类受到中国社会科学院亚太与全球战略研究院朴键一研究员的启发。

　　② 有学者认为，中国外交讨论中长期存在的"中国中心主义"与"美国中心主义"都把"周边国家"看作棋子，而不重视它们的"独立价值"，参考唐世平、綦大鹏《中国外交讨论中的"中国中心主义"与"美国中心主义"》，《世界经济与政治》2008 年第 12 期。笔者认为，尽管学术界存在这种倾向，但中国政府的外交理念却非如此。

　　③ 商务部亚洲司：《与邻为善、以邻为伴——中国与亚洲经贸合作持续稳定健康发展》，《中国经贸》2009 年第 8 期。

下滑近 4 个百分点，但仍占总贸易额的 1/3 以上。这一趋势表明，周边国家仍然是中国国际贸易的重要对象，但地区贸易比重的下降却显示了中国正从区域性大国朝着全球性贸易大国迈进。从某种程度上讲印证了如下观点：中国没有垄断亚洲贸易，而是正带领着亚洲其他国家进一步融入全球生产网络。[①] 陆上邻国对中国国际贸易的重要性日渐上升，而海上邻国由于日本的下滑、韩国份额基本保持不变而整体上处于下降趋势。这一变动说明了近些年来陆上邻国基础设施和贸易便利化的发展。总体而言，中国与周边国家的贸易往来频繁，中国周边国家分享了中国经济增长的好处，中国也不断调整与周边国家的贸易关系。

表 3 - 3　　　　　　　中国与周边国家贸易地位情况

国家	中国占该国贸易比重（%）		该国占中国贸易比重（%）	
	2002 年	2009 年	2002 年	2009 年
亚洲总计			58.48	53.10
周边小计			38.35	34.43
陆上邻国			4.2	5.42
俄罗斯	7.09	11.54	1.92	0.96
蒙古	29.9	60.21	0.05	0.11
朝鲜	-	-	0.11	0.12
越南	8.95	15.09	0.52	0.95
老挝	8.55	34.17	0.01	0.03
缅甸	15.97	27.89	0.14	0.13
印度	4.68	7.49	0.80	1.97
不丹	0.21	0.45	-	-
尼泊尔	5.55	6.35	0.02	0.02
巴基斯坦	8.51	11.60	0.29	0.31
阿富汗	0.78	4.74	-	-

[①]　Thomas G. Moore, "China as An Economic Power in the Contemporary Era of Globalization," *Journal of Asian and African Studies*, Vol. 43, No. 5, 2008, pp. 497 - 521.

续表

国家	中国占该国贸易比重（%）		该国占中国贸易比重（%）	
	2002 年	2009 年	2002 年	2009 年
塔吉克斯坦	0.85	35.09	–	0.02
吉尔吉斯斯坦	18.81	84.62	0.03	0.17
哈萨克斯坦	12.03	16.57	0.31	0.63
海上邻国			27.98	22.04
韩国	14.02	19.07	7.10	7.08
日本	12.60	16.28	16.41	10.37
菲律宾	14.94	20.01	0.85	0.93
马来西亚	8.20	15.45	2.30	2.35
文莱	5.00	4.49	0.04	0.02
印度尼西亚	8.14	11.26	1.28	1.29
二级周边			6.17	6.97
乌兹别克斯坦	2.67	9.72	0.02	0.05
土库曼斯坦	1.76	7.1	0.01	0.02
伊朗	8.30	16.51	0.60	0.96
孟加拉	7.45	20.34	0.18	0.21
柬埔寨	6.51	9.08	0.04	0.04
泰国	6.46	10.79	1.38	1.73
新加坡	5.8	6.99	2.26	2.17
澳大利亚	7.58	14.95	1.68	1.79

说明：2009 年中亚五国与中国贸易数据用 2008 年数据替代。吉尔吉斯斯坦与中国贸易占该国贸易总额数据异常，主要源于中国贸易额统计和吉尔吉斯斯坦统计上的差异。

资料来源：作者根据 WTO, *International Trade Statistics* 2010, Geneva：WTO, 2010；中国国家统计局《中国统计年鉴》各期以及中国商务部网站等相关数据计算整理得出。

表 3 - 3 还显示，中国周边地区与中国的贸易形成了不同的模式。2002—2009 年，中国占周边国家贸易的比重不断上升，大致可以分为四组：增长 3 倍以上的国家包括塔吉克斯坦、吉尔吉斯斯坦、阿富汗、乌兹别克斯坦、土库曼斯坦等中亚国家；增长 1 倍以

上的国家包括蒙古、老挝、孟加拉国；增长 0.5 倍以上的国家包括越南、印度、马来西亚、伊朗、澳大利亚、泰国及缅甸；增长 0.5 倍以下的国家包括柬埔寨、韩国、印度尼西亚、新加坡、日本、哈萨克斯坦、俄罗斯以及巴基斯坦。从周边国家在中国贸易中地位的变化来看，则可以分为三组：比重比过去上升 1 倍以上的包括吉尔吉斯斯坦、老挝、乌兹别克斯坦、印度、蒙古、哈萨克斯坦、土库曼斯坦；比重有所上升的包括越南、伊朗、泰国、孟加拉国、菲律宾、朝鲜、巴基斯坦、澳大利亚、马来西亚、印度尼西亚、柬埔寨、尼泊尔；比重下降的国家包括韩国、新加坡、缅甸、日本、文莱以及俄罗斯。

显然，中国的亚洲贸易格局在过去几年里发生了重大变化。一方面，中亚、南亚与东南亚是中国周边双边贸易关系增长迅猛的三个区域。对这三个地区的国际贸易而言，中国的重要性上升；而这三个区域在中国国际贸易中的比重也有所上升。另一方面，自改革开放以来在中国国际贸易中占据重要地位的东北亚地区的地位下降。例如，中国占日本国际贸易的比重从 2002 年的 12.6% 上升为 2008 年的 17.3%，而日本占中国国际贸易的比重却从 2002 年的 16.4% 下降为 2009 年的 10.4%。这一变化的启示是，中国正日渐成为周边国家的贸易中心，日本的地区地位迅速下降。这一景象在 10 年前还处于学者的展望中。[①]

中国的亚洲贸易格局变化与中国在地区安全合作建设方面所取得的进展息息相关。近十年来，在中国的区域贸易增长中，中亚与东南亚两个地区特别突出。同样在这两个区域，中国推动建设的地区安全合作机制也取得重大进展。两种机制建设互相促进，实现了中国周边外交中的"安邻"与"富邻"目标。

在中国与中亚经贸关系拓展中，以安全与经济为两大支柱的上海合作组织发挥了关键性作用。2001 年 6 月，上海合作组织（以下简

---

① 譬如，2000 年，唐世平认为经过区域经济合作之后，中国成为周边地区的大市场，形成以中国为中心的经济圈，通过各个国家的相互依赖为地区提供安全保障，参见唐世平《理想安全环境与新世纪中国大战略》，《战略与管理》2000 年第 6 期。

称"上合组织")成立。成立伊始，上合组织就认为，一方面"尽一切必要努力保障地区安全"，另一方面"利用各成员国之间在经贸领域互利合作的巨大潜力和广泛机遇，努力促进各成员国之间双边和多边合作的进一步发展以及合作的多元化"①。2003 年，中国国家主席胡锦涛在上合组织成员国元首莫斯科会议上指出："毫不动摇地坚持以安全和经济合作为重点，逐步带动其他各领域全面合作的发展思路。"②

上合组织议题的拓展体现出"政经合一"的逻辑。

首先，议题围绕安全、经济两大领域逐步深化。2001 年 6 月，上合组织签署《打击恐怖主义、分裂主义和极端主义上海公约》，9 月又签署《上海合作组织成员国政府间关于开展区域经济合作基本目标和方向及启动贸易和投资便利化进程的备忘录》。此后，上合组织便围绕着全面落实安全与经济两大议题，召开各相关领域部长级会议，设法建立长期有效的机制与工作机构。继国防部长会议、交通部长会议之后，还落实了经贸部长会议和外交部长会议机制。2003 年 9 月，六国通过了《上海合作组织成员国多边经贸合作纲要》，这标志着上合组织区域经济合作开始步入正轨。2004 年 1 月，上合组织的两个常设机构——秘书处和地区反恐怖机构启动，这标志着上合组织已成为完全意义上的地区合作组织。2005 年和 2006 年，在上合组织框架内还分别成立了两个非政府机构：银行联合体与实业家委员会。此后，上合组织还相继召开了一系列部长级会议，包括文化以及总检察长（2002 年）、救灾（2003 年）、教育（2006 年）、最高法院（2006 年）、议长（2006 年）、公安内务部长（2009 年）、财长和央行行长（2009 年）以及卫生部长会议（2010 年）等，这些功能性会议不仅有利于增强政治互信，而且大大便利了经贸往来。此外，上合组织于 2009 年 10 月通过了《上海合作组织成员国关于加强多边经济合作、应对全球金融危机、保障经济持续发展的共同倡议》，并加强了宏观

①　《"上海合作组织"成立宣言》，《人民日报》2001 年 6 月 16 日。
②　胡锦涛：《承前启后继往开来努力开创上海合作组织事业新局面》，《人民日报》2003 年 5 月 29 日。

经济政策的协调。

其次，六国确立了经济合作领域的先后次序，并以大型经济技术合作项目为基点推进区域经济合作。2003 年 9 月，在上合组织成员国经贸部长第二次会议上，中方认为，各成员国需进一步消除在海关程序、商务流动等方面存在的壁垒。中方建议，优先在能源、交通、通信等领域启动。此后，上合组织以大项目推进区域合作。例如，2006 年 7 月，连接塔吉克斯坦和乌兹别克斯坦的"杜尚别—恰纳克"公路修复改造工程开工，这是第一个在上合组织框架内利用中国优惠贷款进行的项目。类似的项目还包括塔吉克斯坦 500 千伏南北输变电线项目。2009 年 12 月，长达 1833 公里的天然气输气管从土库曼斯坦出发，经乌兹别克斯坦和哈萨克斯坦输送到新疆，然后被接入中国的天然气网络送往 4000 多公里以外的上海。对此，西方学者认为，上合组织注重经济利益，而不是形成一个反对美国的安全联盟。中国参与中亚地区事务的目的主要有两个：维护地区稳定与确保能源安全，长期来看能源贸易是中国中亚政策的重心。①

最后，针对中亚地区部分国家经济落后的特点，中国提供了资金援助。在中亚五国中，只有哈萨克斯坦人均 GDP 超过 1 万美元，其余四国人均 GDP 都低于中国。为此，中方在 2004 年的塔什干峰会上宣布提供 9 亿美元优惠出口买方信贷，在 2009 年的叶卡捷琳堡峰会上宣布向上合组织框架内多边和双边经济技术合作项目提供 100 亿美元信贷，用于支持基础设施互联互通及民生领域的合作项目。同时，为了应对金融危机的不利局势，中国还向上合组织成员国派出贸易投资促进团，改善中亚五国的国际贸易、投资状况，提升这些国家的技术水平。在 2010 年 11 月举行的上合组织成员国第九次会议上，中国总理温家宝建议成立上海合作组织开发银行，扩大本币结算合作，这无疑将促进地区经济的发展。

---

① Kevin Sheives，"China Turns West：Beijing's Contemporary Strategy Towards Central A-sia," *Pacific Affairs*，Vol. 79，No. 2，2006，pp. 205 – 224.

第三节　地区秩序转型与"周边环境"概念的完善

20 世纪 80 年代后期以来，中国周边发生了重大的地区秩序转型。中国与东盟关系逐步改善以及中国与中亚国家迅速建交是两个最重大的变动，前者是地区内多个国家作为一个整体和中国关系的改善，后者是集团解体之后多个国家与中国外交关系的建立。就"周边环境"概念在决策界和学术界的使用而言，中国东盟关系的改善尤其重要。与中亚国家还处于民族国家建立、政府机构完善以及外交规范的学习阶段不同，东盟比较早地融入了现有的国际秩序。建立于 1967 的东南亚国家联盟是东亚地区内唯一的一个多边安全机构，它对地区秩序的理解不仅早于中亚国家，也早于中国。中国从与东盟的互动中很快了解、认识并学习到地区观念和秩序，其典型的体现和最终成果是 1997 年东亚金融危机时在党的政治报告中纳入"周边环境"的论述。

中国与东盟关系的改善始于 20 世纪 70 年代后期，大国关系决定了东盟的外交政策走向。东盟调整对华关系的动力是中美苏大三角关系的变化，马来西亚、菲律宾和泰国这三个和美国关系良好的国家先后同中国建交，中美两个大国关系的改善迫使地区内的东盟改变反华姿态。1988 年 11 月，李鹏总理访问泰国时提出了关于建立、恢复和发展同东盟各国关系的四项原则，当时泰国总理差猜·春旺刚上任 3 个月，陪同李鹏出访的还有劳动部长罗干和外交部长钱其琛。① 前文已经提到罗干 1994 年担任国务委员和国家边防委员会主任时使用过"周边环境"概念。

中国领导人当时认识到中国与东盟关系的改善最终取决于印度尼西亚。1989 年 2 月，外交部长钱其琛利用到东京参加日本天皇葬礼的机会会晤印度尼西亚总统苏哈托，双方发表"三点一致意见"，表示将积极推动两国关系正常化，这被外界誉为"一个划时代的事件"。② 印度尼西亚是世界第四大人口大国，在东盟国家中具有举足

---

① 李鹏：《和平发展合作：李鹏外事日记》，第 154 页。
② 钱其琛：《外交十记》，世界知识出版社 2003 年版，第 126 页。

轻重的地位。当时中国十分重视与印度尼西亚恢复关系的原因主要有
三点：改善与东盟关系、遏制台湾的"弹性外交"以及打破西方国
家的制裁。① 1989 年 3 月，泰国总理差猜来华访问，邓小平在会见差
猜时指出："随着中国和印尼恢复外交关系，新加坡同中国的关系也
会有新的发展。这样，中国和整个东盟将建立比较完全的关系。"②
中国的市场规模以及中国与周边国家关系的改善，对印度尼西亚实现
经济增长和维持在东盟的领导地位至关重要③，1990 年 8 月，中国和
印度尼西亚恢复外交关系。至 1991 年 9 月，随着新加坡、文莱相继
同中国建交，中国已同所有的东盟国家建立了外交关系。

　　中国与东盟国家关系全面改善之后不到 3 个月苏联解体，苏联解
体前后中国有充分的空间在周边地区进行部署。在这 3 个月中，东
南亚局势再度朝着和平稳定的方向发展。1991 年 10 月，柬埔寨和平
协议在巴黎正式签署。这一问题的解决实质上反映出大国利益的重
合，钱其琛认为："在一个多极的世界中，大国间的共同利益，往往
是维持地区稳定和平衡的关键因素。"④ 在中国的对外关系布局中，
柬埔寨问题是一个检验大国关系好坏的试金石，中国谋求与苏联、越
南关系的改善直接与此相关。通过多边领域解决柬埔寨问题之后，中
越两国很快在此后的两个月内实现关系正常化和领导人互访。11 月
底李鹏访问越南，越共总书记杜梅最关注的问题是社会主义是否能够
坚持下去。⑤ 此后不到一个月，苏联果然解体。12 月 27 日，国务委
员兼外长钱其琛致电包括俄罗斯在内的 12 个中亚国家，宣布中国承
认这些国家的独立，并准备与之谈判建交。这说明，中国对周边局势
的解读和部署是由来已久的，要不然不可能在大变局之际把握住
机会。

<hr>

① 钱其琛：《外交十记》，世界知识出版社 2003 年版，第 128 页。
② 《邓小平与外国首脑及记者会谈录》编写组：《邓小平与外国首脑及记者会谈录》，
台海出版社 2011 年版，第 196 页。
③ 参见张洁《印尼对华政策的演变及其缘由》，唐世平、张洁、曹筱阳主编：《冷战
后近邻国家对华政策研究》，世界知识出版社 2005 年版，第 114—130 页。
④ 钱其琛：《外交十记》，第 66 页。
⑤ 李鹏：《和平发展合作：李鹏外事日记》，第 438 页。

　　与东盟的互动促使中国从多边的角度思考安全环境。① 1991 年 7 月，东盟首次邀请中国外长出席在马来西亚举行的第 24 届东盟外长会议开幕式，这被认为是中国—东盟关系中的重大事件，此前中国都通过双边关系来认识东盟国家，而中国的一项重要考虑是柬埔寨问题。1992 年 1 月，第四次东盟首脑会议召开，加强了地区经济合作，东盟进入了一个新阶段。中国学者认为，新东盟在重新思考周边安全环境，亚太地区基本上没有什么国家能够对其安全构成直接、现实的威胁，可以构建新的地区安全框架。同时从安全的范畴来看，东盟国家认为，长期稳定与繁荣已经超越保障主权和领土完整，成为主要考虑的问题，而从安全手段来看，经济增长与合作是重要途径。② 不过，在全球军费持续下降时，东盟国家却迅速增加军事力量，有学者认为："东盟国家对周边安全环境的认识发生了重大变化，对国家安全内容做了重大调整……通过增强本国和东盟组织整体的军事力量，从而确保东盟在未来同新的力量较量中处于安全稳定的地位。"③

　　1994 年 7 月，东盟创立"东盟地区论坛"（ARF），并邀请中国参加。对东盟而言，以集体的力量通过协商一致来制衡日渐崛起的中国，是一种不同于处理对美国关系的思路。④ 钱其琛副总理兼外长在会上指出，中国在亚太地区有三项基本的安全目标："本国的稳定与繁荣，长期和平安宁的周边环境以及在相互尊重和平等的基础上开展对话与合作。"⑤ 这是中国第一次在东盟地区会议上提出周边安全战略目标。中国认为，90 年代影响周边安全的因素至少包括地区冲突、历史遗留的边界领土问题以及现实存在的经济发展不平衡。中国建议在亚太地区建立广义的信任措施，包括政治、经济和社会等多项内容

　　① 　Alice D. Ba, "China and Asean: Renavigating Relations for a 21st – century Asia," *Asian Survey*, Vol. 43, No. 4, 2003, pp. 622 – 647.

　　② 　邓方、栗建芳：《东盟合作进入新阶段》，《国际问题研究》1992 年第 4 期。

　　③ 　方柏华：《东盟军事力量近期迅速增强的情况及其原因浅析》，《东南亚研究》1993 年第 4 期。

　　④ 　［加拿大］阿米塔·阿查亚：《建构安全共同体：东盟与地区秩序》，王正毅、冯怀信译，上海人民出版社 2004 年版，第 30 页。

　　⑤ 　《钱其琛在东盟论坛会议演讲阐述中国对亚太安全和合作立场》，《人民日报》1994 年 7 月 26 日第 6 版。

在内，并建议促进多种形式的双边或多边安全对话与磋商。

1996 年 7 月，中国成为东盟的正式对话伙伴。7 月 23 日，钱其琛副总理兼外长在第三届东盟地区论坛会议上表示，亚太地区已步入一个持久的和平发展时期。中国十几年来经济高速健康发展，不仅得益于稳定安宁的地区环境，也促进了亚太地区的稳定与繁荣。发展经济、提高人民生活水平将是中国面临的持久课题，中国将继续积极致力于本地区的和平与发展，履行作为一个大国的责任和义务。① 正是在这次会议上，中国提出摈弃冷战思维，顺应时代潮流，共同培育和推广新的合作安全观。1997 年 3 月，东盟地区论坛建立信任措施会议在北京举行，此次建立信任措施会议是中国第一次举办多边安全对话会议，中国支持东盟在论坛上发挥主要推动力作用。

1997 年，东亚金融危机进一步融合经济与安全的关联性，也突出了中国对周边安全环境的塑造能力。事实上，从 1996 年开始，"中央多次研究经济安全和防范金融风险的问题"②。金融危机爆发之后，中国采取人民币不贬值政策赢得了东盟的信任和赞赏。中国认为，"这既是对各国战胜金融危机的有力支持，也符合我们的自身利益。事实上，如果亚洲乱了，中国也难以独善其身。而当我们起了稳定作用，对各国克服困难提供了帮助时，就是利人，也利己。"③ 1997 年底，中国与东盟建立了"面向 21 世纪的睦邻互信伙伴关系"，标志着中国与东盟关系进入一个新的发展阶段。金融危机之后，经济增长和国家安全的联系日益被学术界和政策界所注意。④

中国与东盟国家关系的进展更加有利于理解中国周边外交中的"安邻"与"富邻"两大支柱。2001 年 11 月，在文莱举行的第五次"10＋1"领导人会议上，中国与东盟达成了在 10 年内建成"中国—东盟自由贸易区"的协议。2002 年 11 月，在第六次中国—东盟领导

---

① 《钱其琛在东盟地区论坛会议上发表讲话》，《人民日报》1996 年 7 月 24 日第 6 版。

② 江泽民：《江泽民文选》（第 3 卷），人民出版社 2006 年版，第 533 页。

③ 钱其琛 2001 年 9 月 10 日在北京大学作报告时指出了这一点。参见钱其琛《外交十记》，第 390 页。

④ Wang Zhengyi, "Conceptualizing Economic Security and Governance: China Confronts Globalization," *The Pacific Review*, Vol. 17, No. 4, 2004, pp. 523 – 545.

人会议上，中国和东盟签署了《中国与东盟全面经济合作框架协议》，决定到 2010 年建成中国—东盟自由贸易区。2003 年，中国正式加入《东南亚友好合作条约》，与东盟建立了战略伙伴关系。由于经济增长与安全合作同时取得进展，中国的周边外交有了大范围的推进。诚如中国社会科学院张蕴岭所言："中国—东盟自由贸易区建设这步棋把我国的外交这盘大棋搞活了。"①东盟并没有因为中国经济的崛起而失去全球竞争地位，特别是在吸引外国直接投资方面。②

改善与东盟的关系，特别是加强与东盟的经济联系，中国方面最直接的受益者是云南、广西等边疆省区。在过去很多年里，这些地区受制于国防和战略考虑，无法全力以赴搞经济建设。减轻这些少数民族地区的国际安全压力，将有效释放市场力量、激活地区发展，从而为凝聚社会力量、构建和谐社会做出贡献。20 世纪 80 年代以来，中国开放经济的布局首先从邻近香港的华南地区展开，然后由南向北依次递进，在开放进程中利用了日本、东亚"四小龙"所积聚的力量。这段历史表明，一个和平的周边环境以及一个合作开放的经济战略将有效提升中国地方经济的活力，从而为一个强大的中国奠定基础。中国与东盟关系的改善，特别是自由贸易区建设，首先为地理上的相邻地区打开局面，必然促进这些地区经济的发展，长期来看，为中国形成发展、均衡、开放的经济格局注入新的动力。

中国—东盟自贸区成立以来，双方的贸易投资相互依赖关系进一步加深，但是在战略互信上依然面临挑战。③ 在 2010 年河内召开的中国—东盟对话会上，中国提出 2015 年双边贸易额达到 5000 亿美元，届时东盟很可能成为中国第一大贸易市场。与此同时，东盟国家又担心中国实力进一步增强之后将使东盟在经济上依附中国，在某些主权安全问题上很可能被迫向中国让步，为此东盟试图拉拢美国、日本来

---

① 张蕴岭主编：《中国对外关系：回顾与思考（1949—2009）》，社会科学文献出版社 2009 年版，第 3 页。

② John Ravenhill, "Is China An Economic Threat to Southeast Asia?" *Asian Survey*, Vol. 46, No. 5, 2006, pp. 653 – 674.

③ 王玉主：《中国—东盟自贸区一年评估》，李向阳主编：《亚太地区发展报告（2011）：亚洲与中国经济模式调整》，社会科学文献出版社 2011 年版，第 131—141 页。

制衡中国。对中国的考验是，如何进一步将经济战略化，让周边国家在分享中国经济增长的红利时更加接受一个崛起的中国。

随着中国海外投资、对外经济合作、技术援助等的急剧扩大，中国外交部门扩展制度积极应对新挑战，海外利益的保护被提上议事日程。[①] 2004 年，中国外交部设立了涉外安全事务司，专门处理和协调对中国海外公民和法人合法权益的保护工作，这项制度建设体现了中国外交"以人为本"的精神。外交制度的变革一方面反映了中国外交理念的变革，同时也意味着中国外交要与时俱进跟上相关行为体的利益变革与需求。中国企业日益增多并复杂化的海外投资与海外经济合作需要中国执行"大外交"战略，改善对中国国家利益来源、利益维护机制以及拓展手段等的认识。从维护与拓展国家利益的角度看，中国外交制度变革源于经济利益的海外拓展，同时在手段和目标上不断跟进中国的社会性需求。中国企业走出去，不仅充分利用了东盟—中国自由贸易区的建设机会，也为这一战略性安排做出了重要贡献，其利益创造与制度建构还将不断深化。

第四节　"周边"与中国对外关系模式的革新

进入近代周边外交研究时，一个很重要的问题是如何看待"朝贡秩序"瓦解后所造成的困境，一个核心问题是中国的疆域究竟有多大？这不仅涉及政权的合法性等重大现实问题，也极为关乎当代中国开展周边外交时的尺度问题。如果不确定边界，怎么理解中国周边关系的演化，譬如 20 世纪 90 年代以来边界谈判的大幅度推进对我们构建良好的周边环境产生了重大影响，现代民族国家体系的基础之一也正是明确而清晰的疆域范围。对此，中国周边外交研究可以从另外几门相关学科中获得启示，比如正在建设中的中国边疆学与具有深厚传统的历史地理学。与 20 世纪 90 年代初以来周边外交逐步形成一个独立的板块相对应，历史政治地理研究也在这个阶段逐步产生了重要的

---

① 有关中国海外利益的文献综述可参考门洪华、钟飞腾《中国海外利益研究的历程、现状与前瞻》，《外交评论》2009 年第 5 期。

成果。显然，20 世纪 90 年代初中国重新被西方打压的现实，触动了一大批中国学者更为珍重中国自身的历史遗产，就外交而言，这种遗产中最为重要的是历代统治者应对政权对立的经验。周振鹤教授认为："中国历代统治者对于如何从地理角度来处理与周边国家关系，在分裂时期如何运用政治地理原则与对峙政权相处，都有一系列理论与实践值得我们重视。"① 而在研究中国边疆问题的学者看来，"疆界、边界、外交等属于中国边疆学研究的重要问题，与法学尤其是国际法的关系极为密切"②。也有学者认为，近代以来，中国的边防即外边防务问题日益突显。但清朝统治者仍沉迷于治理"内边"的传统边疆政策而不能洞察到"外边"冲击的根本不同，致使清后期边疆政策全面破产。③

确定周边外交的历史起源，则必须阐述清楚"中国"面对西方条约体系时的疆域范畴，在一个什么样的起点上，现代中国拥有国际社会明确认可的疆界？没有含义明确的"中国"，何以谈中国的周边呢？确定一个较为明确的地理范围当然是研究中外关系时一项必不可少的工作。"关于中国疆域的概念，直到 20 世纪 50 年代还非常模糊，往往将中国与中原王朝等量齐观，因而关于疆域的定义并不十分确切。"④ 目前，学术界普遍认可的中国疆域概念形成于 20 世纪 80 年代初，到 20 世纪 90 年代初则因为复旦大学教授谭其骧公开发表的一篇名文《历史上的中国和中国历代疆域》奠定基础。1981 年 5 月，复旦大学谭其骧教授在"中国民族关系史研究学术座谈会"上作了关于"历史上的中国和中国历代疆域"的讲话，后于 1991 年公开发表。谭其骧的一个基本见解是"18 世纪 50 年代到 19 世纪 40 年代鸦片战争以前这个时期的中国版图作为我们历史时期的中国的范围"⑤。这

---

① 周振鹤：《范式的转换——沿革地理—政区地理—政治地理的进程》，《华中师范大学学报》（人文社会科学版）2013 年第 1 期。

② 方铁：《论中国边疆学学科建设的若干问题》，《中国边疆史地研究》2007 年第 2 期。

③ 马大正：《关于中国边疆学构筑的几个问题》，《东北史地》2011 年第 6 期。

④ 葛剑雄、华林甫：《二十世纪的中国历史地理研究》，《历史研究》2002 年第 3 期。

⑤ 谭其骧：《历史上的中国和中国历代疆域》，《中国边疆史地研究》1991 年第 1 期。

也是中国学界在阐述现代中国与周边关系时的一个重要历史基础，更是中国政府目前处理领海纷争时的一个重要历史基础。谭其骧认为，以晚清学人杨守敬编撰的《历代舆地图》涉及的范围来看，从春秋战国起至明代，儒家文化下的所谓"中国"基本上就是清代所谓18省"中原王朝"范围，不包括新疆、青海、西藏、吉林、黑龙江、内蒙古等边区。就此地理范围而言，朝贡秩序时代的周边概念并不是我们现在所讲的周边概念。在新中国第一代领导人为重建中国历史威望的指引下，新中国成立以来历史地理学的研究经过各部门的集体努力，有了持续多年的系统积累，终于在20世纪80年代澄清了什么是历史上中国疆域的概念，这对于政府开展对外工作起到了积极作用，为20世纪90年代陆地边界的陆续解决奠定了基础，也是中国知识界得以推进周边研究的一个国际事实。

中国外交语汇中频繁使用"周边"及"周边环境"概念也反映出这样一个事实，20世纪90年代，中国领导人的国际政治观已经超越20世纪70年代后期使用的"三个世界划分"战略框架。在中国的国际战略规划中，"中间地带""两个中间地带"以及"三个世界划分"曾经是冷战时代中国最具独特性的指导性纲领。1982年党的十二大提出独立自主的外交，被认为是放弃了"三个世界划分"，而学术界的相关研究则"对外交政策已没有什么影响"①。不过，美苏冷战的对峙结构对中国外交的制约还是很明显的。我们注意到，很长一段时期内中国外交史教材的编排还是按照美苏两强、第二世界及发展中第三世界等展开。例如，谢益显教授主编并出版于1995年的《中国外交史》，其论述框架基本上还是"三个世界"的表述，有关"周边"的论述分散在各章中介绍，而不像现在单独把周边作为一个分析板块，特别是在全书277页的篇幅中，周边的相关论述只有20多页。②

20世纪80年代后期，随着国际国内形势的发展，经济增长作为

---

① 对这种观点的介绍参考何方《记李一氓同志的为人和他的几个重要观点》，《百年潮》2001年第5期。

② 谢益显主编：《中国外交史（1979—1994）》，河南人民出版社1995年版。

一种国家战略目标具有更加的迫切性，而周边是中国获得持续高速经济增长的动力和依靠。东欧剧变、苏联解体使得中国领导人认为，必须搞好经济才能让社会主义中国不倒。而中国与东亚"四小龙"的经济增长差距对国内政治稳定甚至统一大业构成挑战。只是在邓小平"南方讲话"之后，中国经济增长率才开始持续十多年超越东亚"四小龙"。与此相对应的是，西方国家对中国的制裁加速了中国国际贸易亚洲化的趋势。90年代以来中国与亚洲贸易的成长速度开始大大超越同欧美社会的贸易，这是中国政治以及对外政策上注重亚洲和周边的原因和结果。

经过大约20年的探索，90年代后期"周边环境"上升到与"国际环境"同等重要的地位。这或多或少表明，中国在思考外部世界时，目光所及已经不仅是西方资本主义列强，中国周边的发展经验进入领导层的安全外交决策过程，中国的对外关系模式步入从地区扩展到国际的序列，对于一个经济上还不发达、现代外交经验相对欠缺的大国来说，经营好周边是一项务实的考虑。中国确立以经济增长而不是"世界革命"为目标，本身是对国际格局与地区秩序转型的反映，而"三步走"现代化目标的阶段性规划意味着中国要在经济上超过周边地带，才能谈得上缩小与世界先进的距离，最终实现中国民众和精英对一个强大中国的期望。因此，"周边"概念的诞生也表示中国对外关系中存在着一种类似经济务实主义的思路。此种经济先行的思路在随后10年里中国与东盟关系的拓展起到重要作用，中国利用经济与政治的相互关联加强了对周边国家的吸引力。

加强周边的地位，似乎还要注意到中国对海上邻国以及海上疆域的重视。上文已经指出，1987年，中国军方判断越南地区霸权主义是个威胁，结果，1988年3月中国果断在南沙群岛用军事行为控制了部分岛屿，同年9月，邓小平提出以和平共处五项原则"建立国际新秩序"，这应该不是偶然的。从80年代后期起，中国军方的战略目标已经逐步从"近岸防御"调整到"近海防御"。冷战结束前后，美苏军队相继撤离东南亚。1994年6月，越南国会迅速批准了《联合国海洋法公约》。1995年3月，李鹏总理在《政府工作报告》中首次强调"加强边防海防建设，维护国家领土完整和海洋权益"。① 1995年7月，越南加入东盟，中国与东盟框架的重要性日渐突出。1996年5月，中国批准《联合国海洋法公约》，随后召开海军会议，中国领导人重申了保护海洋权益的问题。1997年，党的政治报告认为，中国有一个"良好的周边环境"至关重要。因此，可以判断"周边"概念使用过程中逐渐含有对中国发展海上力量、维护海洋利益的关注。毫无疑问，从海洋、军事的视角看待中国"周边"，中国对外关系的视野、深度和复杂性都将发生变革。与历史上中国长期忽视海洋、长期不重视经济增长不同，现代中国开展周边外交时，是更加平衡与策略性的，可以说是以政经合一的方式提升中国的地区影响力。

"周边"以及"周边环境"进入中国决策层，作为对地区秩序有深入理解和安排的东盟起了重要作用。东盟作为东亚地区内唯一的一个多边安全组织，它对地区秩序的安排不仅早于冷战结束后新独立的中亚国家，也早于中国。中美苏三角互动促使一些东盟国家改善对华关系，最终中国与印度尼西亚恢复外交关系收到了良好的战略效应，大大增进了中国的地区发展空间。中国从与东盟的互动中很快了解、认识并学习到地区观念和秩序，其典型体现和最终成果是1997年东亚金融危机时党的政治报告纳入了"周边环境"的论述。与国际关系研究中认为大部分中国国际关系的概念都从西方学习不同，"周边"概念的融入主要得益于中国与东盟的互动，可以说是中国在总结、反思历史经验基础上，对现代中国周边关系运行机制的一项创造性应用。

东亚金融危机进一步融合经济与安全的关联性，也突出了中国对周边安全环境的塑造能力。2000年前后，"周边安全环境"成为中国学术界研究安全问题的重要议题，融入国际关系研究的学术体系中。从理论上讲，"周边"等概念显示出中国愿意以一种更加平等和系统的思路理解中国与中国之外世界的关系，包括注重政治、经济以及军事的平衡，这与传统中国强调朝贡的路径是很不相同的。

---

① 李鹏：《政府工作报告——1995年3月5日在第八届全国人民代表大会第三次会议上》，《人民日报》1995年3月20日第1版。

　　从中国本身力量的变革以及中国周边战略的角度考察，相当一部分学者倾向于对比历史上的中国与当代中国的治理方式。西方学者以历史类比的方式，突出中国明清两代朝贡体系对当代领导人的影响，错误地认为中国将在周边地区实行霸权。① 华盛顿大学教授沈大伟曾提及中国在亚洲的地区外交中之所以表现出色，主要是因为"中国还与很多亚洲国家签署了和平友好条约，同时，中国在建立上海合作组织过程中发挥了重要作用，这是地区经济增长的关键因素，也是地区国家间互相依赖的深化，更重要的是，它改善了与所有邻国的双边关系，包括那些曾经与之为敌的国家"②。沈大伟的认识实质上概括了改善安全环境与促进地区经济增长之间的关系，需要进一步分析的是中国周边外交如何强化这类关联性，中国与周边国家和地区在政治经济上的互动有没有地区差异性，以及政治与经济互动的特性都有哪些。③

　　对"朝贡模式"进行深入的重新挖掘与探讨，是一种回到中国自身的历史经验思考中国与周边关系的探索。毕竟就全球范围来看，中国的周边环境很特殊。中国人不能奢望从以欧洲为历史原型的当代国际关系理论中发现中国的历史，还是要更多依靠中国自己来总结。与此同样重要的还有，需要更多的学者投入精力来总结中华人民共和国如何处理周边关系的历史经验，毕竟这是在现代民族国家体系中生成的关系。

　　随着美国在东亚权势和战略的变更，很多人认为产生了一种东亚安全上依赖美国、经济上依赖中国的局面，不少人对中国以经济手段主导周边关系产生了忧虑和质疑。从西方大国 200 多年的经验来看，

---

　　① 对西方学者理解当代中国外交时误用简单类比的批评可以参考 Alastair Iain Johnston, "Is China A Status Quo Power?" *International Security*, Vol. 27, No. 4, 2003, pp. 28 - 29. 反对用"朝贡体系"概括当代亚洲地区秩序的观点可参考 David Shambaugh, "China Engages Asia: Reshaping the Regional Order," *International Security*, Vol. 29, No. 3, 2005, p. 66.

　　② [美] 沈大伟：《中国外交 60 年变迁》，《当代中国史研究》2010 年第 1 期。

　　③ 两份与本书主题接近的文献是苏长和《周边制度与周边主义——东亚区域治理中的中国途径》，《世界经济与政治》2006 年第 1 期；王正毅、迈尔斯·卡勒、高木诚一郎主编：《亚洲区域合作的政治经济分析：制度建设、安全合作与经济增长》，上海人民出版社2007 年版。

中国以经济增长为目标的战略不能改变，这是解决所有重大问题的前提。说中国只使用经济手段而不注重安全因素，是对中国周边外交的误解。早在 90 年代中期，中国在东盟的会议上就提出了新安全观，并在后来成立的上海合作组织中进一步加强了地区安全，但周边局势的复杂变化对中国周边战略规划和执行提出了更高的要求，今后需要更加注意协调安全和经济实力提升之间的复杂关系。"周边"作为分析层次和中国外交的板块，其内涵随着中国与周边实力差距的拉大而逐步扩大，美国不是中国邻国，但却是对中国与周边关系产生极大影响的"特殊周边"，如何把美国因素纳入"周边"框架中加以分析是一个挑战。

第四章　评估中国周边安全环境

　　在制定一项大战略或者安全政策时，各国一般都要考虑其内外环境，根据其内外环境的性质与状态分配其资源。现代国家的生存和发展受制于国际体系的约束，一个有利的外部环境能够减少其与国际互动的成本，增强从外部获得促进国家实力增长的机会。反过来，一个敌对的外部环境则会显著消耗本来能用于发展的资源（包括政治资源、经济资源、军事资源以及外交资源），从而降低发展速度。

　　新中国成立的多年来的历史表明，国际环境极大地影响了中国的发展水平和国际地位。冷战前期，中国在两极格局所形成的大国争霸中被迫站队，为求得生存而不得不耗费大量资源。20世纪60年代末70年代初，面对苏联的威胁，中国改善与美国的关系，获得较大的发展。此后，中国进一步加深了对国际环境的认识，将外部环境从"战争与革命"的判断扭转为"和平与发展"，加快了改革开放的步伐，极大地增强了国家实力。冷战结束后，中国政策界与学术界判断中国的周边安全环境进入了历史最好时期，中国经济也迎来了快速发展阶段。21世纪初发生的"9·11"事件以及中国加入世界贸易组织（WTO），中国进入了一个20年左右的战略机遇期，经过不到10年的再发展，中国的经济总量迅速上升到全球第二位。可以说，这一阶段中国主要是通过改变对外部安全环境的判断，改善资源在国内外的分配，加速经济增长的。最近几年里，尽管中国实力不断增长，但学术界普遍认为中国的周边安全环境变得复杂化了，形势严峻。①

如何认识国家所处的外部环境始终是相当复杂的一项工程。首先，安全本身的内涵在冷战后发生了较大变化。这一点特别明显地体现在西方社会对国家安全的相关辩论中。由于周边安全环境是中国与外部互动的结果，如果无法把握外部社会安全观念的变革，那么对什么是安全的、威胁的来源及以何种手段进行维护就把握不好。其次，对于一个发展中大国而言，中国已经成为周边安全环境的一部分。由于中国不断增长的国家力量能够影响到国际局势，与外部环境的互动显著增强，原来只是被动接受外部力量影响的时期逐渐过去，目前正迅速进入一个双向影响的阶段，如何准确界定外部环境与国家战略目标实现的关系则变得相当复杂。

第一节　安全环境概念的相关文献

"安全环境"（security environment）这一概念尽管非常流行，但存在着模糊性。有学者指出，西方的学理性研究倾向于将"安全环境"等同于"安全"，从安全研究的知识谱系中加以分析。② 在国际安全研究领域理解安全环境，多数文献都重点考察外部的环境，而不涉及一国内部的环境。在很多战略性预测中，多数是以国外的情况变化为主题，比如北约、美国、加拿大、英国和土耳其等国的一些研究，中国的周边邻国（比如俄罗斯、巴基斯坦、印度、日本、韩国）都曾以"安全环境"为题评估本国所面临的外部环境。绝大多数文

---

① 大部分学者持此类观点，参见王缉思《中国的国际环境为何趋于严峻》，《国际战略研究简报》第70期，北京大学国际战略研究中心，2012年5月31日；朱听昌：《中国地缘安全环境中的"安全困境"问题解析》，《国际展望》2012年第3期；万晓宏：《当前中国周边安全环境与战略选择》，《战略决策研究》2012年第4期；江凌飞：《现实中的国际安全环境及其挑战》，《当代世界》2012年第6期；陈向阳：《对中国周边环境新变化的战略思考》，《亚非纵横》2012年第1期。另外也可参考张洁、杨丹志主编《中国周边安全形势评估（2011）》，香港社会科学文献出版社有限公司2011年版；张洁、钟飞腾主编《中国周边安全形势评估（2012）》，社会科学文献出版社2012年版；张洁主编《中国周边安全形势评估（2013）》，社会科学文献出版社2013年版。

② 杨晓萍：《西方语境下的"安全环境"研究》，《中国社会科学报》2010年6月22日第3版。

献在使用这一概念时，等同于国际形势、发展趋势和外部威胁。① 此外，欧美对周边安全环境的系统评估很少，而且也都没有建立指标体系。其原因可能是霸权性国家英、美两国的地缘环境特殊，直接相邻的国家数量非常少，绝大多数文献是对全球安全环境进行评估，不存在一个对"周边"安全环境的评估。

长期以来，美国对"安全环境"的界定都以均势为基础，特别是以大国战略关系而不是以实力对比的变化为中心。例如，1983 年 9 月，美国国家安全委员会一份题为"紧盯亚洲安全环境"的报告中，美国情报人员指出，尽管 20 年来欧洲局势紧张，但保持了稳定，而亚洲局势却发生了显著变化，特别是中苏关系恶化、中越关系恶化。另外，该报告指出，亚洲不仅仅是全球战略均势的一部分，其地区内部的均势也趋向复杂化。② 冷战结束之际，美国学者认为，冷战时代全球安全环境基本上是可辨识的（discernible），因美国与其欧洲、亚太盟友共享一个观念，即来自于苏联扩张主义的"威胁"是最大挑战。进入 20 世纪 90 年代后，安全环境则发生了显著变化。一方面，威胁减少后将缩减防务支出；另一方面，安全环境出现结构性变化，包括：（1）大规模杀伤性武器扩散导致越来越多的国家拥有进行高烈度冲突的手段；（2）地区性权力的崛起将给美国的前沿防务部署

---

① 例如，Richard H. Gimblett, "A Strategic Overview of the Canadian Security Environment," *Canadian Foreign Policy Journal*, Vol. 9, No. 3（printemps 2002）, pp. 7 – 20; Ian O. Lesser, "Turkey in a Changing Security Environment," *Journal of International Affairs*, Vol. 54, No. 1（Fall 2000）, pp. 183 – 198; Ikram Sehgal, "Pakistan's Security Environment," *Global Agenda*, 2005 supp, pp. 31 – 32; Anand Kumar, "Chinese Engagement with the Maldives: Impact on Security Environment in the Indian Ocean Region," *Strategic Analysis*, Vol. 36, No. 2（March 2012）, pp. 276 – 289; Chandra Sekhar, "India's Security Environment: An Indian View," *Studies in Conflict and Terrorism*, Vol. 15, No. 4（October/December 1992）, pp. 309 – 316; Dmitri Trenin, "Russia and the Emerging Security Environment in Northeast Asia," *Security Dialogue*, Vol. 29, No. 1（1998）, pp. 79 – 88; Koo Sub Kim, "Substance of North Korea's Military Threats and the Security Environment in Northeast Asia," *Korean Journal of Defense Analysis*, Vol. 21, No. 3（September 2009）, pp. 239 – 250; Jason D. Wood, "Clausewitz in the Caliphate: Center of Gravity in the Post – 9/11 Security Environment," *Comparative Strategy*, Vol. 27, No. 1（January-March 2008）, pp. 44 – 56.

② Donald R. Fortier, Follow on Thoughts on the Asian Security Environment, National Security Council, Memorandum 8357, November 9, 1983.

带来挑战。与以苏联为目标设定防务计划不同，90 年代美国面临着不同层次、不同类型的挑战，在谱系的最低层面，安全环境将包括敌对的非国家行为体。① 从美国使用"安全环境"的内容来看，现实主义的思路占据绝对主导地位，以威胁界定安全环境是主要思路。

自"9·11"事件以来，国际安全环境被广泛定义为不确定、复杂和多层次、相互依赖的安全风险。② 脆弱性、不对称性会产生风险，进一步导致不安全。有的时候，一些文献也用"安全风险"（security risk）这个词，但危险更多的是紧迫的、直接的、有目的的、数量化的和具有暴力特征的，而风险重重的未来，具有不确定性、流动性和可能性等特征。威胁的多样化使得对安全环境的判定更为困难。比如，加拿大国防部在 2009 年出版的《未来的安全环境》报告中认为，不对称攻击构成了当前世界主要的安全威胁，但传统的国与国的冲突也不能忽视。未来的全球安全环境比之前更为复杂，全球化构成未来安全环境变化的最重要背景。加拿大在分析安全环境时，包括了经济社会、环境和资源趋势、地缘政治趋势、科技、军事和安全趋势。③

安全环境也是一个主观性的认知，因此难以完全数量化，会随着不同的群体、集团和国家而发生变化。我们常见到"总体有利、局部不利"这个说法，是一个事实，但到底哪个局部更加不利却很难加以辨别。因此，如何从整体上分析周边安全环境仍然是个挑战，例如，在经济领域，可以挑选出比国内生产总值更适当的衡量指标，但在安全领域似乎很难选出某一个单一指标。2012 年《国际组织》杂志刊登的一篇论文认为，国际安全环境对国家军费支出有显著影响，甚至超过内战，如果一国卷入国家间冲突的可能性提高 1%，那么其军费

① Robert L. Pfaltzgraff, Jr., "The Emerging Global Security Environment," *Annals of the American Academy of Political and Social Science*, Vol. 517, New Directions in U. S. Defense Policy (September 1991), pp. 10 – 24.

② 参考 Nick Ritchie, "Rethinking Security: A Critical Analysis of the Strategic Defence and Security Review," *International Affairs*, Vol. 87, No. 2（March 2011）, pp. 355 – 376. 该文是对英国政府 2010 年 10 月出台的两份战略文件的评述。

③ Canada National Defence, The Future Security Environment 2008 – 2030, Part 1: Current and Emerging Trends, January 27, 2009.

支出将提高3%。[①] 该研究将"国际安全环境"界定为"威胁环境",并进一步简化为已经卷入国家间冲突的次数。而在卷入冲突的数据整理方面,西方自20世纪60年代起就积累了众多不同时间段的数据。[②] 中国在研究安全环境时含义广泛得多,但却缺乏相应的数据整理。

中国学者对"安全环境"的界定与研究具有以下三个特点。第一,早期的论述把"安全环境"视作影响国家和平与稳定的一种外部状态。安全环境相当于国际安全形势,环境等同于变化的趋势,这种看法实际上是系统论的看法。比如,王逸舟在1993年曾认为:"可以把这种安全环境分作总的国际态势和中国周边地带状况两个层面……狭义的安全环境主要指我们周边和平与稳定的状况。"[③] 在此后一段时期的研究中,中国学者普遍将"安全环境"视作影响国家安全的外部总体状况,包括制度结构、实力结构与地缘结构。[④] 有学者侧重地理视角下的定义,即"国家安全环境是一个由各种足以影响国家安全的外部因素有机构成的综合体,它是一个复杂的巨系统",且认为中国的安全利益高度聚积在周边区域。[⑤]

第二,按照地理层次分析中国周边安全环境。与英、美等霸权性国家的地理特性与面临的威胁不同,中国从一开始就试图区分狭义和广义的安全环境,前者主要集中在中国周边,是国际环境这个大系统中的一个子系统。[⑥] 对于周边安全环境,则又按照不同次区域的影响加以比较,如袁正清认为,"中国的周边环境主要是指中国周边的大国和地区的安全环境,涉及的大国有美国、日本、印度和俄罗斯。地

---

① William Nordhaus, John R. Oneal and Bruce Russett, "The Effects of the International Security Environment on National Military Expenditures: A Multicountry Study," *International Organization*, Vol. 66, No. 3 (Summer 2012), pp. 491 – 513.

② 这方面的成果介绍可参考刘丰、陈冲《国际关系研究的定量数据库及其应用》,《世界经济与政治》2011年第5期。

③ 王逸舟:《中国的安全环境》,《世界经济与政治》1993年第6期。

④ 方柏华:《论国际环境:基本内容和分析框架》,《世界经济与政治》2001年第3期。

⑤ 陆俊元:《中国安全环境结构:一个地缘政治分析框架》,《人文地理》2010年第2期。

⑥ 中国学术界多年前就提出了"大周边"和"小周边"的区分,参考仇华飞《全球化时代的中国周边安全环境》,《社会科学》2005年第5期。

区包括东北亚、东南亚、南亚和中亚"①。

第三，安全环境包括的问题性领域有大有小。在"安全环境"的构成方面，早期文献已经将安全观、安全战略、地区安全结构以及国家间关系视作必要组成部分。② 有的学者在分析安全环境时，倾向于将其视作一个包含政治、经济和社会发展的全面综合的环境。③有的学者则认为，中国的外部环境分为经济、政治、安全、文化、生态等方面，核心是经济、政治和安全环境以及由这几方面综合而成的战略环境。④ 张小明认为："中国的周边安全环境是多层面的，涉及军事安全、政治安全、经济安全及非传统安全等等诸多内容。一般来说传统意义上的周边安全环境，主要指周边政治和军事安全环境。"⑤ 显然，在这几种说法中，对安全环境的内涵界定是不一样的，有的认为安全环境是单一的，大多数学者则认为"安全环境"中的"安全"是一个"大安全"概念。

第二节　中国对周边安全环境的已有评估

从 20 世纪 80 年代后期开始，中国才真正重视周边安全环境的评估和建构。一方面，中国领导人已经将国家战略的重心从安全转移至经济建设，强调发展至上；另一方面，由于 1989 年西方对中国实行"制裁"，国际环境恶化，加之两极格局逐步瓦解，中国领导人为了突破西方的制裁，努力与周边国家搞好关系。东欧局势的变动给中国创造了改善西部、北部安全环境的机会，而中国与东南亚国家关系的突破点是 1990 年 8 月中国与印度尼西亚恢复外交关系。在中国的语境中，"周边"的范围有一个逐步扩大的过程，日

---

① 袁正清：《中国周边安全环境的基本态势》，李慎明、王逸舟主编：《2006 年：全球政治与安全报告》，社会科学文献出版社 2006 年版，第 218 页。

② 谌取荣：《东北亚安全环境的特征及其敏感性》，《东北亚论坛》1992 年第 6 期。

③ [韩] 禹锡熙：《亚太地区安全环境与综合安全合作》，《国际政治研究》1998 年第 1 期。韩国学者禹锡熙对安全环境的定义参考的是中国学者时永明的观点。

④ 刘建飞：《试论中国特色社会主义外部环境建设》，《当代世界与社会主义》2011 年第 5 期。

⑤ 参见张小明《影响未来中国周边安全环境的因素》，《当代世界》2010 年第 6 期。

本、俄罗斯以及新独立的中亚国家在 90 年代初期都逐渐被纳入这一布局中。①

20 世纪 90 年代初期，中国对周边环境好坏的判断主要基于外交关系的恢复或者建立，并侧重强调周边环境的稳定性。随着西方大国对华关系的改善，特别是美国调整相关政策，中国对周边环境的期待以及判断进一步提高。进入新世纪以后，中国领导人在表述"周边环境"时显得自信心更强，突出长期和平稳定环境的可能性以及中国所具备的塑造能力。2012 年 11 月，中国共产党第十八次全国代表大会政治报告指出："国际力量对比朝着有利于维护世界和平方向发展，保持国际形势总体稳定具备更多有利条件。"②

回顾冷战结束后中国对周边环境的需求，可以发现，它是随着中国政治经济社会的发展而逐渐提高的。也就是说，中国在需要什么样的周边安全环境上，不仅有一个比较稳定、清晰的目标，而且注意从国内发展的角度去挖掘为什么中国需要这样一种环境。当然，与中国的期待相比，周边环境的变化却是复杂、波动的。以 20 世纪 90 年代以来《人民日报》《求是》上出现的关于"周边环境"性质的判断来讲，在不同阶段中国曾用多种词汇定性，比如性质比较差的"消极因素有新的发展"和"不确定、不稳定因素在增加"，性质比较好的如"建国以来最好""全方位的良好状态""建国以来最好时期之一""历史上最好的发展时期"等，如果我们以 1—10 分赋值每个年份的主题词判断，那么近 20 年来中国周边环境的变化就呈现出两个主要的阶段性变化（如图 4－1 所示）。20 世纪 90 年代初期，我们对环境的判断好于 90 年代后期，而 21 世纪初期的判断也好于 21 世纪第一个 10 年的结束阶段，尤其是最近几年里安全环境明显变差。

---

① 钟飞腾：《"周边"概念与中国的对外战略》，《外交评论》2011 年第 4 期。

② 胡锦涛：《坚定不移沿着中国特色社会主义道路前进为全面建成小康社会而奋斗——在中国共产党第十八次全国代表大会上的报告》，新华网，2012 年 11 月 8 日，http://news.xinhuanet.com/18cpcnc/2012－11/17/c_113711665_12.htm。

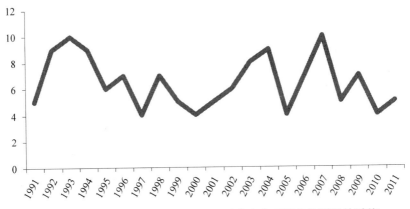

图 4 - 1　模拟的 1991—2011 年中国周边安全环境定性判断的赋值

与政府对周边环境的评判相比，学术界的研究则试图确定哪些因素影响中国周边安全环境，并进一步厘清各类不同因素的不同影响。阎学通于 20 世纪 90 年代中后期在评估中国崛起时，就对周边发展态势进行过分析。[①] 他认为，中国的外部环境按照范围大小可分为全球环境、地区环境以及周边环境。中国的特殊性在于，周边环境的地理范围大于地区环境。阎学通根据对世界上大国崛起道路的理论研究，设计了三个指标：卷入战争或军事冲突的风险、世界主要国家接受该国崛起的程度和海外经济利益的扩大速度，以此测度中国崛起时的外部环境。在 2000 年完成的一篇分析中国安全环境的文献中，阎学通判断今后在 10 年里中国战略安全环境将不如 20 世纪 90 年代，因台湾问题、中美结构性矛盾和经济全球化的副作用都继续加大。此外，阎学通还认为，尽管中国面临的非传统安全问题将更加严重，但是与传统安全问题相比，这些问题的重要性仍将是次要的。[②]

在此后一个阶段里，对中国周边环境的评估朝着两个方向发展。第一，以双边关系替代对整体性环境的评估。比如，阎学通在 2004 年与周方银合作发表的《国家双边关系的定量衡量》一文中，通过

---

① 阎学通等：《中国崛起——国际环境评估》，天津人民出版社 1998 年版。
② 阎学通：《对中国安全环境的分析与思考》，《世界经济与政治》2000 年第 2 期。

对事件的主观赋值，再转化为关系来评定周边环境的变化。① 秦亚青在评论该文时强调："研究者个人认为的确定，这会造成强主观因素的强介入。如果对某一个事件估计过高或估计过低，则会对整个双边关系的估计出现重大偏差。"② 2003 年，张蕴岭在《如何认识中国在亚太面临的国际环境》一文中认为，稳定的大国关系、稳定的周边关系和稳定的国内发展变革是构成中国在亚太地区实现一个稳定政治安全环境的基本支架。不过，张蕴岭侧重于分析大国关系与周边关系，而基本不涉及国内发展问题。③ 也就是说，与阎学通的处理方法一样，对安全环境的判断转化为对双边关系的把握，特别是与双边大国关系被认为是确定安全环境性质最基本、最重要的内容。

第二，试图确立一种系统性的评估框架。唐世平曾在 2002 年提出一个评估安全环境的系统框架，该框架由五种因素构成，分别是地理因素、国际结构、国家间相互作用、军事技术以及非传统安全因素，其中地理因素及国家间相互作用是决定因素，而非传统安全因素必须通过传统安全及地理因素才能形成，单独的作用并不太大。该框架是第一个基于"综合安全"的系统框架，但仍然是以国家为中心的。④ 从变量的角度考虑，在一定时间段内地理因素可以排除。在剩下的四个层次性变量中，主要的难点在于测度国家的相互作用，即对双边关系的把握。当要进行量化的评估时，该框架的困难还在于，很多变量不可观测，且难以度量，还需要进一步转化。在同一时期完成的评估未来 10—15 年中国周边安全环境的总体态势时，唐世平只是给出了三个因素，即力量格局、大国关系和地区热点问题。⑤ 不过，对于如何利用具体的数据来体现这些变量，作者并未给出多少参考。

---

① 阎学通、周方银：《国家双边关系的定量衡量》，《中国社会科学》2004 年第 6 期。
② 秦亚青：《国际关系的定量研究与事件分析》，《中国社会科学》2005 年第 1 期。
③ 张蕴岭：《如何认识中国在亚太面临的国际环境》，《当代亚太》2003 年第 6 期。
④ 唐世平：《国家安全环境的系统理论》，《世界经济与政治》2001 年第 8 期。更详尽的阐述参考 Shiping Tang, "A Systemic Theory of the Security Environment," *The Journal of Strategic Studies*, Vol. 27, No. 1 (March 2004), pp. 1 – 34.
⑤ 唐世平：《2010—2015 年的中国周边安全环境——决定性因素和趋势展望》，《战略与管理》2002 年第 5 期。

大多数学者都接受以力量格局与大国关系作为评估中国周边安全环境的核心内容。只要力量格局保持基本稳定，中国的周边环境就是稳定的。① 由于美国在冷战后所确立的超级大国地位以及中美双边关系的压倒性地位，当以国际格局作为分析安全环境的因素时，美国的变化就成了国际格局演进的指代。《现代国际关系》杂志于 2002 年 11 月举行了"如何评估中国面临的国际环境"研讨会，与会多数学者认为，美国事实上成了中国外部环境中的最重要因素。②

在力量格局对比上存在的困难是如何判定中国力量对周边安全环境的影响。一般认为，中国力量强大有利于维护周边安全环境，这不仅是学术界也是政策界的一个普遍看法。③ 比如罗肇鸿认为，经济实力的增强是改善中国国际环境的最重要因素，地区经济合作促进了环境改善，这意味着也可以将其作为一种因素加入评估指标内。④ 但是，章百家指出，改革开放初期中国的外部环境相对宽松，其中一个重要原因是中国比较弱。⑤ 这个判断与很多学者对实力增长有利于中国环境的看法不同。

以力量格局的变化作为确立周边环境的好坏这一思路与"霸权稳定"论试图在国际格局与国际秩序稳定之间建立关系的学理脉络十分吻合。"霸权稳定"理论认为，权力分配与国际秩序的稳定存在着"倒 U"形关系，当其他国家与霸权国实力差距过大时，周边环境稳定；当实力差距逐步缩小时，周边环境变差；过了转折点，则又继续变好。难点在于这个转折点如何确定。而"安全困境"理论则认为，由于无政府状态的存在，国家自助体系将产生严酷的竞争，一国增强

---

① 刀书林：《中国周边安全环境刍议》，《现代国际关系》2002 年第 1 期。

② 王缉思：《对我国国际环境和美国战略走向的几点估计》，《现代国际关系》2002 年第 11 期。金灿荣：《影响中国国际环境的两类新因素评估》，《现代国际关系》2002 年第 11 期。叶自成：《采取与环境变化相适应的外交战略》，《现代国际关系》2002 年第 11 期。

③ 比如，外交部政策司徐步 2009 年在北京大学举行的一次学术会议上认为："由于整体实力的增长，总体而言，外部环境对中国是有利的。"参见徐步《中国国际安全形势的变化及其启示》，《国际政治研究》2009 年第 4 期。

④ 罗肇鸿：《从经济角度把握环境的变化》，《现代国际关系》2002 年第 11 期。

⑤ 章百家：《稳中求进，顺利穿越"安全瓶颈"》，《现代国际关系》2002 年第 11 期。

实力将导致别国提升军力，因此不存在绝对意义上的安全。① 另外，章百家也指出，中国一般倾向于过高估计外部威胁。其主要原因是对外部威胁的分析不够细致，很少估算对方采取一种威胁行动时所要付出的政策成本。②

21 世纪初发生"9·11"事件之后，力量最强大的美国遭遇重大挫折，引领全球讨论非传统安全威胁。随着 2003 年"非典"的发生，中国学术界对非传统安全的认识大为加强。2008 年爆发的全球性金融危机使得非传统安全问题的重要性进一步上升，显然，在这一轮新的环境评估中势必要考虑非传统因素。金融危机后，中国外部安全环境又出现了一些新变化，涉及周边安全环境的因素主要还是力量对比、美国对亚太的投入、军事竞争日益激烈，特别是显著地注意到外部舆论环境的重要性。③

第三节 评估新时期周边安全环境的一个框架

以往的分析都强调力量格局和大国关系变化，但随着中国力量的上升和战略思维的发展，影响周边环境的因素也在演进。进入新世纪的第二个 10 年，中国在经济实力上已经位居全球第二，按照名义国内生产总值（GDP）衡量已经达到美国经济总量的一半以上。④ 在大国关系上，中国领导人提出了与发达国家构建"新型大国关系"的战略性思想。也就是说，中国在这两个主要因素上都发生了巨大变化和调整。如果承认实力因素的重要地位，那么，显然中国自身发展对周边环境的影响也日渐扩大，因此一个动态性的评估框架是必要的。

① 可参考 Shiping Tang, "The Security Dilemma: A Conceptual Analysis," *Security Studies*, Vol. 18, No. 3（September 2009），pp. 587 - 623. 唐世平认为，一个典型的"安全困境"有三要素：无政府体系、国家没有进行危害别国的意图以及各国积累实力。

② 章百家：《稳中求进，顺利穿越"安全瓶颈"》，《现代国际关系》2002 年第 11 期。

③ 马晓天：《当前我国外部安全环境的新变化及相关思考》，《学习时报》2012 年 1 月 2 日。

④ 按照美国中情局（CIA）提供的数据，2012 年，中国以购买力评价核算的 GDP 为 12.38 万亿美元，以汇率法核算的 GDP 是 8.25 万亿美元，美国的相应数值是 15.66 万亿美元和 15.65 万亿美元，中国占美国的比重分别为 79.1% 和 52.7%。

如果以一种动态、进化的角度看待中国所面临的外部环境，就能理解不同安全观各自所适用的历史时期。比如，前文提到中国长时期的安全关注都聚焦于国防领域，但冷战结束降低了军事在安全中的地位。实际上，对安全内涵的重新认识是中国自冷战结束以来一项未竟的工作。中国政府在20世纪90年代中期提出"新安全观"，就代表着政策界对安全的理解，而学术界则针对90年代后期爆发的东亚金融危机，将经济安全融入安全研究中。尤其值得指出的是，从这一阶段开始，非传统安全概念进入研究者的视野。在21世纪初期，绝大多数学者注意到非传统安全，但并不认为其构成国家安全环境的主要内容。经过10年的中国式发展，这一认识显然已大为改变。尤为重要的是，自冷战结束20年来，中国国家安全观念经历了从完全注重外部威胁到内外平衡，再到内部决定外部的认识转变。在2009年8月北京大学举行的"中国国家安全战略60年：理论、历史与现实"研讨会上，与会学者认为："中国国家安全战略的变动更多的是受国内政治的变化牵动，而不是相反。"[1]

以国内因素定义外部的安全环境，且将内部联动作为一个思考的基轴，这明显体现出一种"以发展定义安全"的特点。随着中国参与国际体系的程度日渐深入，中国对周边安全环境的需求逐步提高，中国的安全观念是在发展国家实力中革新的，认识到这一点对于评估中国的周边安全环境非常关键。与西方国家，特别是美国以"威胁"界定安全环境不同，在中国的语境中，更多的是以发展界定安全环境。欧美以威胁定义安全是以"他者"来界定的，而发展更多的是"自我"需求的延伸。中国战略和政策设计的主旨都是用来提升、扩大发展空间的安全环境。因此，中国所面对的安全环境的复杂性和动态性，需要一个合乎中国发展需求的理论作为指导。[2]

---

① 牛军：《改革开放30年中国国家安全战略再思考》，《国际政治研究》2009年第4期。

② 正如两位学者在考察刊登国际安全研究的杂志后所指出的，在1989—2008年的20年里没有一本关于国际关系研究的杂志居统治地位，安全研究中的国家特色非常明显。参考 Bruce Russett & Taylor Arnold, "Who Talks, and Who's Listening? Networks of International Security Studies," *Security Dialogue*, Vol. 41, No. 6 (2010), pp. 589 – 598.

21 世纪初中国将威胁的最大来源，或者说中国对周边安全环境的最大影响因素的判定与美国不同，中国目前所面临的最大威胁并不是美国，实力因素占据主导地位的判定不足以准确描述中国的安全环境。换句话说，实力地位提升在安全环境评估中的权重应适当降低。另外，中国学者已经将参与多边安全合作当作维护周边安全环境的有利因素。如果秉持综合安全观，那么还必须将国际舆论纳入框架的构件中。至此，我们可以清晰地看到，现实主义强调的实力、自由主义强调的制度以及建构主义强调的观念等都被纳入中国的安全框架中，中国的安全观融合了现实主义、自由主义、建构主义的主张，充分注意到安全环境的综合性与系统性。[①] 实际上，国外学者的最新研究，也综合考虑了现实主义与自由主义对安全的理论认识，将两者总结的原因变量如国家的政治制度、军事开支、经济相互依赖纳入一个框架里理解国家间冲突和军费开支。[②]

从根本上说，安全环境评估并不仅仅是学院派的工作，而是以实践为导向的一项应用性研究，要保持对政策和形势变革的敏感性。站在历史新起点评估安全环境，一定要注意到中国的国家安全观发生了变化、中国实力地位的快速提升，其包含的内容理所当然是不同的，也就是说，除了政治安全、军事安全外，还要有发展安全以及舆论安全。那么，评估中国的周边安全环境，一个合适的框架是包括这四大部分（如图 4－2 所示）。

在该框架中，中国自身的变革处于核心地位，辅之以四大影响安全环境变革的外部因素。如果我们承认美中实力地位对比是以往中国判断周边安全环境的主要因素，那么中国与周边国家实力地位的变化也具有类似的影响力。在考察中国外部环境变革时，周边国家普遍将

---

① 早在 2002 年，叶自成教授就提出，现实主义这一视角在分析周边安全环境时十分重要，但也"要从不同的角度，运用不同的方法，诸如制度主义、多边主义、建构主义等来分析周边环境"，参见叶自成《采取与环境变化相适应的外交战略》，《现代国际关系》2002 年第 11 期。

② William Nordhaus, John R. Oneal and Bruce Russett, "The Effects of the International Security Environment on National Military Expenditures: A Multicountry Study," *International Organization*, Vol. 66, No. 3 (Summer 2012), pp. 491–513.

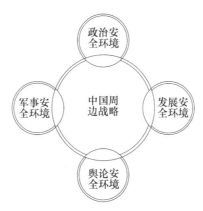

图 4 - 2   评估中国周边安全环境的框架

中国的发展视作地区稳定与否的重要因素。以美国中央情报局（CIA）提供的估计数据为例，2012 年，中国的 GDP 相当于美国的52.7%，而周边其他四大经济体日本、俄罗斯、印度和韩国的 GDP相当于中国的 72.5%、23.7%、23.6% 和 14%。① 按照世界银行提供的数据，2001 年，中国的 GDP 是美国的 13%，② 这种显著的实力差距是当时中国学者判断美国是中国最重要外部环境的一个依据。鉴于未来 10 年里中国的经济增长速度，中国与周边国家的经济实力差距还将进一步拉大。显然，实力逻辑将产生一个明显的悖论，即中国将中美实力差距缩小看作周边环境改善的主要原因，而周边国家承此逻辑则将各国与中国实力差距的拉大看作威胁！因此，对中国而言，如何运用自身实力的周边战略将起到显著的作用，而这是一个主观性和可塑性很强的因素。

第四节   中国周边安全环境的指标体系与评估

本节所设计的中国周边安全环境指标体系与通常仅强调政治安全

---

① 美国中情局：《世界概况》（The World Factbook），https://www.cia.gov/library/publications/the - world - factbook/index.html。

② 世界银行网上数据库（各国 GDP 以现价美元计算），http://data.worldbank.org.cn/indicator/NY.GDP.MKTP.CD? page = 2。

和军事安全的周边安全环境不同，还包括大国格局、发展安全环境与舆论安全环境等五个方面的指标。考虑到量化研究中数据的可得性以及前文提及的理论框架的国家特性，在指标的设计上尽量使用中国的数据来源。第一，大国地区格局指数主要指中、美、俄、日、印的经济总量，中国国内生产总值占四大国的比重。该指标试图反映目前多数中国学者的意见，即中国实力地位的提升有助于安全环境的改善，我们假定中国将善意地运用自身的力量。第二，政治安全环境指标主要指双边关系，中国对四大国关系的加总。其理论含义是，双边关系被众多中国学者认为是中国周边安全环境中最基本、最重要的内容。如果两国领导人相互访问越多，那么国家间关系就越紧密，即该指标得分值越高，中国的周边安全环境越好。第三，军事安全方面指标主要指军费占国内生产总值的比例，以中国占四大国的比重为指标。该指标表示的是，军事安全是相互、相对的，我们假定占比上升有利于中国的周边安全环境。第四，发展安全环境方面的指数主要由能源净进口构成，这也是一个相对、相互的安全状态，但总体上表现为净进口越大就越不安全。第五，舆论安全环境方面指标主要以《人民日报》所报道的涉及国际问题领域的"安全环境"文章为代表。以这类文章占《人民日报》当年所刊登的文章总数之比表示，显示中国舆论对安全环境问题的关注度。第六，按照前述设定的框架，中国周边战略指数表示的是中国如何运用自身的实力以及需不需要动用武力，以中国领导人对周边安全环境的判断为细分指标（见表 4-1）。

表 4-1 中国周边安全环境指标体系

总指数	细分指数
1. 大国地区格局方面指数	1.1 国内生产总值指数
2. 政治安全环境指数	2.1 双边关系指数
3. 军事安全环境指数	3.1 军费占国内生产总值
4. 发展安全环境指数	4.1 能源净进口
5. 舆论安全环境指数	5.1 新华社指数
6. 中国周边战略指数	6.1 中国领导人的判断

资料来源：作者自制。

鉴于数据可获得性以及运算规模，笔者拟暂就中、美、日、俄、印五国做出分析，对大国地区格局指数（G）、政治安全环境指数（B）、军事安全指数（M）、发展安全指数（E）、舆论安全环境指数（R）、中国周边战略指标（S）等做出粗略计算，以反映本框架和指标的合适程度。由于我们需要得到的是一个相对的变化趋势，在计算中假定以 1992 年为起点，各变量权重的估算以当年各国经济规模占中国 GDP 的比重设定。那么，可设定中国周边安全环境指数为如下线性函数关系式：

$$PSEI_t = aG_t + bB_t + cM_t - dE_t + eR_t + fS_t \qquad (4-1)$$

在式（4-1）中，$PSEI_i$ 表示第 i 年的中国周边安全环境指数，G_t 表示第 i 年的大国地区格局指数，B_t 表示第 i 年的政治安全环境指数，M_t 表示第 i 年的军事安全环境指数，E_i 表示第 i 年的发展安全环境指数，R_t 表示第 i 年的舆论安全环境指数，S_t 表示第 i 年的中国周边战略。各变量前的系数 a、b、c、d、e、f 表示的是各细分指数的权重。

在具体计算中，各分项变量的核算进一步简化如下：大国地区格局指数 G_t 以当年中国 GDP 占四大国的比重核算；政治安全环境指数 B_t 以当年中国与四大国的双边关系分值为基础，该指标内的权重以各自 GDP 占中国的比重得出；军事安全环境指数 M_t 以当年中国军费开支占 GDP 总值的比重除以其余四大国该项值，这一指标内的权重也按照各自 GDP 占中国的比重得出；发展安全环境指数 E_t 以中国能源净进口（占能源使用量的百分比）占五国能源净进口比重核算，该指标内的权重也按照各自 GDP 占中国的比重得出；舆论安全环境指数 R_t 以新华社指数，即当年《人民日报》数据库提供的文章内提到"安全环境"的文章与文章总数的比重核算；而中国周边战略 S_t 则以前文提及的中国政府对周边环境的判断为主，尽管这一指标存在着很强的主观性，但鉴于中国对外决策的特点，我们仍然采用这种近似处理办法。

进一步而言，政治安全环境指数 B_t，军事安全环境指数 M_t，发展安全指数 E_t 都存在着四大国的一个权重设定问题。为便于计算，我们将细分指数内的权重，以当年该国占中国 GDP 的比重设定。因此，三个细分指标的函数式可概括如下：

$$V = （UGDP/CGDP）V_u + （JGDP/CGDP）V + （RGDP/CGDP）$$

$$V_R + (IGDP/CGDP) \ V_I \qquad\qquad (4-2)$$

在式（4-2）中，V 表示任意上述三个细分指数，而 V_u、V、V_R、V_I 分别表示美国、日本、俄罗斯、印度的分变量，各分变量前的系数即为各国与中国 GDP 当年的比重。在这些细分指数中，比较特殊的是发展安全环境指数。历史表明，不仅本国对进口能源的依赖造成安全环境下降，别国对进口能源的依赖也会造成地区局势紧张，因此这是一个相互依赖关系十分紧密的指标。本节以能源净进口占能源使用量的百分比作为衡量指标。从世界银行提供的数据看，在过去 20 年里，中国从 1992 年的 −3% 变为 2010 年的 9%，日本的净进口基本在80% 以上，美国从 1992 年的 16% 增长到 2005 年的 30%，又持续下降到 2011 年的 19%，印度从 1992 年的 11% 增长到 2010 年的 25%。[①]由于各国实力差异，经济实力强的净进口国家对地区稳定更具影响力，美国、日本的净进口与经济实力之乘积显著强于另外三国，这两国的行为将直接影响与能源相关的地区安全环境，这也是本节以 GDP比重乘以净进口百分比作为衡量安全环境的一个考虑。

关于双边关系的赋值，笔者参考了清华大学当代国际关系研究院"中外关系数据库" 2005 年确定的赋值表。[②] 该赋值表将访问的级别分为七个等级，分值从最高级别的 1.5 分到第七等级的 0.1 分，并对各类表态和事件进行赋值，数据按月度进行整理。笔者拟计算年度总值，且将各分值乘以该国相对于中国的 GDP 比重，以此区分不同国家的影响力。从分值上看，由于前期中国与美、日之间巨大的经济地位差距，可以预料，当双边关系分值乘以 GDP 比重时，前期的分数有可能超过后期。从理论上解释，也可以理解为随着中国实力的增强，双边关系对周边安全环境的重要性可能在下降，周边安全环境的性质更多地取决于中国自身的周边战略。

在周边安全环境的综合评价中，确立理论分析框架之后，选择相

---

① 能源净进口数据来自世界银行数据库，http：//data. worldbank. org. cn/indicator/EG. IMP. CONS. ZS/countries。

② 清华大学当代国际关系研究院"中外关系数据库""双边关系赋值表"，http：// www. imir. tsinghua. edu. cn/publish/iis/7522/2012/20121129110933256294965/2012112911093 3256294965＿. html。

应的指标体系构建是第一步。由于各指标本身的度量单位以及变化趋势并不一致，为此还需经过指标的无量纲化处理，使不同度量单位的指标可以合成为一个综合指标。已有学者指出，并不存在一种满足所有研究对象的、普遍适用的无量纲化处理方法。[①] 笔者采用统计学界推荐的处理方法，对客观类数值以均值化方法对指标进行无量纲化处理，而对相对主观分数则用标准化方法。[②] 因此，对大国地区格局指数、军事安全环境指数、发展安全环境指数采用均值化方法，而对政治安全环境指数、舆论安全指数以及中国周边战略采用标准化方法。处理之后的结果见表 4－2。

从表 4－2 所示各细分指数的变动以及趋势来看，最近几年里大国地区格局指数最为重要，其次是军事安全指数，最后是发展安全环境指数和舆论安全指数。其余依次是中国领导人的判断和政治安全环境指数。不过，这种格局在过去 20 年里并非全都如此。在 20 世纪 90 年代早期，最重要的前三项因素是政治安全环境指数、中国领导人的判断以及军事安全环境指数。到了 21 世纪初期，大国地区格局指数、舆论安全指数和中国领导人的判断占据前三位。而在过去 20 年里，基本上呈现快速上升态势的是大国地区格局指数、军事安全环境指数和舆论安全指数，波动较大的影响因素是发展安全环境指数和中国领导人的判断，呈下降态势的是政治安全环境指数。

剩下的一个问题是确定各细分指数的权重 a、b、c、d、e、f，以便最终形成一个整体的周边安全环境指数。在上述的分析性评述中，我们已经指出，中国学者倾向于以大国力量对比以及战略关系确定中国的周边安全环境，而笔者的分析性框架则列出了其余四个变量的重要性，但权重如何却难以给定。在国际政治理论中，现实主义、自由制度主义、建构主义强调的因素各不同，现实主义认为，国家实力、军事安全构成主导因素，自由制度主义认为，经济合作促进和平稳定的安全环境，而建构主义则强调认同对国家间关系的决定性影响。近

[①] 郭亚军、易平涛：《线性无量纲化方法的性质分析》，《统计研究》2008 年第 25 卷第 2 期。

[②] 叶宗裕：《关于多指标综合评价中指标正向化和无量纲化方法的选择》，《浙江统计》2003 年第 4 期。

期，在中国周边安全环境的影响因素中，这三种理论背景都存在。因此，笔者简单给出三种情况对比，即赋予各细分指数三种类型的权重，看看历年来中国周边安全环境指数会呈现出何种变化。

表 4-2　经无量纲化处理后各细分指数的数值（1992—2011 年）

年份	大国地区格局指数	政治安全环境指数	军事安全环境指数	发展安全环境指数	舆论安全环境指数	中国周边战略
1992	- 1.061	1.629	- 1.190	- 0.760	0.272	1.390
1993	0.508	1.873	- 1.297	- 0.616	0.267	1.544
1994	0.601	2.343	- 1.232	- 0.665	0.244	1.389
1995	0.732	2.066	- 1.046	- 0.734	0.400	0.926
1996	0.873	1.053	- 0.779	- 0.690	0.550	1.081
1997	0.960	1.384	- 0.722	- 0.701	0.947	0.618
1998	1.031	2.171	- 0.517	- 0.616	0.671	1.081
1999	1.017	1.172	- 0.406	- 0.447	0.614	0.772
2000	1.054	0.943	- 0.354	- 0.365	0.772	0.617
2001	1.178	0.484	- 0.089	- 0.616	1.068	0.772
2002	1.272	0.556	- 0.028	- 0.506	1.010	0.926
2003	1.348	0.731	- 0.130	- 0.389	1.505	1.235
2004	1.469	0.628	- 0.047	- 0.004	1.839	1.390
2005	1.627	0.196	- 0.009	- 0.043	1.397	0.617
2006	1.869	0.379	0.362	- 0.640	1.386	1.081
2007	2.263	0.560	0.873	- 0.939	1.435	1.544
2008	2.782	0.494	1.102	- 1.192	0.978	0.772
2009	3.133	0.451	1.542	2.328	1.537	1.081
2010	3.471	0.434	1.646	2.661	1.741	0.617
2011	4.024	0.452	2.320	- 0.616	1.367	0.772

说明：2011 年中、俄、印的能源净进口数据缺失，有可能影响到标准化无量纲化处理结果。

资料来源：世界银行数据库、清华大学当代国际关系研究院"中外关系数据库"与《人民日报》数据库。

场景 1：给定 a、b、c、d、e、f 各 20% 的比重，暗含的假设是三类理论性判断是平等发生作用的。

场景 2：给定 a、b、c、d、e、f 以 20%、25%、25%、15%、10%、5% 的比重，暗含的假设是现实主义的。

场景 3：给定 a、b、c、d、e、f 以 10%、15%、5%、25%、20%、25% 的比重，暗含的假设是自由制度主义和建构主义的。

这三种场景下的中国周边安全环境指数趋势如图 4-3 所示。

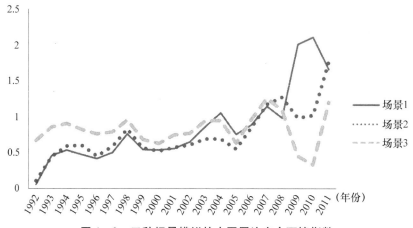

图 4-3　三种场景模拟的中国周边安全环境指数

20 年来，三种场景下的中国周边安全环境指数变化蕴含着丰富的信息。第一，三种场景在 2008 年以前表现出来的趋势基本上是上升的，2008 年开始呈现出显著的分叉。总体上，在 2008 年以后，场景 1 与场景 2 的大趋势比较一致。如果各自画一条趋势线，那么从 1992—2011 年的整个 20 年里，场景 1 与场景 2 都表明中国周边安全环境处于显著改善中。尽管场景 3 和场景 2 一样在 2010 年后都开始出现快速提升，但整个 20 年的趋势线则比较平稳，仅略有提高。而场景 1 则在 2010 年开始下滑，其波动与场景 2、场景 3 都不同，这可能是统计中 2011 年能源净进口数据缺失所致。但这似乎表明，2008 年以后中国的周边安全环境开始发生显著变化，不由得让人们关注美国推行"重返亚洲"战略给中国周边安全环境所施加的压力。

第二，三种场景变化近似于重叠的阶段发生在 1997—2008 年。

特别是 2002 年以后，三种场景变化步调一致以及场景之间的波动幅度都显著缩小。从中国周边安全环境来看，这一历史时期的起点是1997 年爆发的东亚金融危机，结束期则始于 2008 年的全球金融危机。这一阶段，国际政治大背景是东亚地区合作、东亚自主性增强。2002 年以后，美国对亚洲的关注减少。这种变化特性与学者对中国周边环境的分析大体上保持一致，即当中国稳步发展、美国干涉减少以及亚洲自主性增强时，中国的周边安全环境的确处于改善之中。就政策含义而言，无论是现实主义、自由制度主义还是建构主义，这些理论背景差异均不构成对中国周边安全环境的差异性影响。换句话说，如果把实力对比、双边关系、军力、能源净进口、舆论以及中国的周边战略都考虑在内，不管其中哪一种因素更重要一些，1997—2008 年的安全环境变化趋势基本上还是一样的。

第三，20 年来，差异较大的是前后两个阶段，特别是后一个阶段（2008 年以后）。在前一个阶段（1992—1997 年）里，如果秉持自由制度主义、建构主义立场，即更加看重能源净进口、舆论以及中国周边战略的话，那么中国周边安全环境要比其他两种场景好一些。在 2008 年以后，令人吃惊的是，现实主义立场的思路竟然要比自由制度主义、建构主义立场对于中国周边安全环境的认知更为乐观一些。当然，更乐观的是场景 1，即如果我们平均看待实力对比、双边关系、军力、能源净进口、舆论以及中国周边战略影响的话，那么，中国周边安全环境还是处于更好的发展态势中的。因此，一个重要的启示是，对于 2008 年以后中国周边环境的变化还需要更为细致的分析，中国有可能已经进入了一个与前十几年完全不同的状况。

从 20 多年周边环境的变革来看，中国知识界运用了大量美国开发的各类国际政治经济理论，以摸索中国与周边的新关系。站在不同的理论视角看待中国的周边环境，在不同的阶段有着量上的差异，但总体上波动幅度不大。这意味着，中国与国际体系的关系比较和谐，中国从冷战结束以来的开放环境中大幅度获益。这个开放环境与美国力量的全球分布息息相关，但同时也有绝大多数国家的参与。这样一种环境不仅持续推进着中国力量的增长，也使得中国国内形成了开放共识，大规模学习一切国外先进知识，让中国深度参与全球体系。

2008 年全球性金融危机，不仅对经济环境产生了重大影响，也牵连到大国的战略关系重组。以美国为代表的自由市场经济模式遭遇挫折，而以中国为代表的一批新兴市场国家探索的道路显现出活力。长期以来，美国都是影响中国发展的最重要外部环境，但以美国一国为坐标轴的这种模式日渐不适应中国这样的复杂性发展中大国，美国一直具备在全球范围内调整其政治经济利益的能力，当中国逐步发展壮大到迫使美国的这种调整力度以其国内政治经济利益再平衡、复兴为前提时，中美战略关系的重组将空前广泛和深入。以美国为代表的发达国家是否还有意愿甚至有能力维护这样一种环境，并不十分确定。中国面对的不仅是美国及其同盟体系的再调整，也包括协调一批新的发展中力量。这种调整不仅是物质性力量，也渗透到观念和制度层面，后者的难度显然会更大。这或许也是上文提到的，在金融危机以后看待周边环境时，制度主义和建构主义显得比现实主义悲观一些的原因。

中国已经确立政治、经济、文化、社会、生态五位一体的新发展框架，预计在 2020 年左右实现全面建成小康社会的战略目标，这不仅意味着对周边环境的要求进一步提高，也要求中国以一种新的眼光看待自身的影响力。冷战结束以来，中国创造了一种发展型安全，即以发展界定安全，这种观念也逐步扩散到一大批发展中国家。塑造新的周边环境，朝着继续有利于推进中国力量发展的方向前进，仍然是我们不变的目标，但需要注意的是，这种力量的调整将面临更加不确定、更大范围的外部环境，甚至其他大国的国内环境。在这样一种复杂的系统中，仅仅关注单一因素是不行的，仅仅分析美国一个国家也是不够的。中国的政策取向需要更为平衡，既考虑到外部环境的影响，也深入分析中国自身变革给外部世界带来的重大冲击，而后者将是未来研究的一个重点。

第五节　结论

冷战结束 20 多年来，中国对周边安全环境的认识在不断深化。随着国力的增强以及利益的延伸，对周边安全环境的要求也在逐步提高。如果以 20 多年前的标准衡量，中国的周边安全环境可以说一直在持续改善之中，但是，如果以满足一个崛起国进一步壮大的需求来看，那么中国的周边安全环境远非乐观。

笔者尝试给出适合评估中国周边安全环境的分析框架与指标。进行安全环境的评估要解决好两个基本问题：第一，理论框架的适用性。国际关系中的理论本身具有很强的时代性和国家特性，冷战结束以来对安全的理解有了很大变化，进而导致对整体安全环境的认知也迅速变化。对中国而言，冷战结束以来的 20 多年，政府和学术界对安全环境的理解，已经从以军事安全为主演变为军事、政治、经济、舆论四位一体。因此，笔者构建了包括政治安全环境、经济安全环境、发展安全环境、舆论安全环境以及中国周边战略在内的分析框架，囊括了现实主义、自由制度主义和建构主义的学理判断。

第二，重要问题是如何结合数据加以运用。西方国际关系理论的诸多论点建立在其完备的数据库基础上，而其数据的定义、赋值以及各变量的权重根植于其特定的价值观。笔者利用世界银行数据库、清华大学当代国际关系研究院的"中外关系数据库"以及《人民日报》数据库，对各细分指标进行无量纲化处理。在最后各细分指数权重的处理上，设定并对比了三种场景下的中国周边安全环境指数。

根据笔者设定的分析框架和选取的指标，对 1992—2011 年周边安全环境的分析，总体而言，中国周边安全环境处于不断改善中。不过，依据现实主义、自由制度主义、建构主义对各指标进行权重区分后，1997—2008 年三种场景下的中国周边安全环境指数基本上一致，但自 2008 年以来中国周边安全环境指数产生了较大的分叉。从最近几年的影响因素来看，大国地区格局指数、军事安全环境指数以及舆论环境指数的重要性及正面影响显著上升，波动较大的影响因素是发展安全环境指数和中国领导人的判断，呈下落态势的是政治安全环境指数。

当然，本章始终存在一个重大挑战，即如何通过理论研究找出影响中国周边安全环境变革的因素。一方面，需要结合中国的特点进一步研究军事、政治、经济、舆论以及中国自身的周边战略等因素如何相互作用于中国的周边安全环境；另一方面，要用中国的数据结合中国的实践加以验证和推理。也许有的变量和因素并不如文献中所陈述得那么重要，也可能会发现新的更为重要的影响因子。从某种意义上说，中国周边安全环境评估是一项需要理论和实践紧密结合的工作，本章的分析仅是抛砖引玉而已。

第五章　中国的海洋战略

2012 年 4 月以来，因中菲黄岩岛事件而升温的南海问题又浮现于世人面前。黄岩岛事件起因于中国渔船与菲律宾军舰的对峙，菲方不仅侵犯中国的岛屿主权，也践踏了一个崛起大国的尊严。这一事件引发了中国社会激烈、严厉的争论，有人认为，中国不欺凌小国，但也不能让小国欺负大国。有人认为，美国重返亚洲导致中国海洋安全环境恶化。也有的人认为，中国外交需要转型和改革。这些围绕南海问题的讨论对思辨中国外交战略产生了持续的冲击。

2012 年的黄岩岛事件将和 1995 年的"美济礁事件"一样，构成中国维护海洋权益的关键性事件。不过，世人看得更清楚的是，黄岩岛事件将更凸显中国崛起的艰巨性、中国和周边互动的复杂性以及中国本身拥有的巨大影响力。与南海问题所具有的重要性相比，自 1991 年底中国权威国际问题研究刊物刊发有关南海问题的分析性文章以来，整个 90 年代中国国际问题研究界对南海的研究极为稀缺，远远落后于西方学术界，甚至日本。① 进入 21 世纪的第一个 10 年，对南海问题的研究也算不上厚重。但这一情形从 2009 年开始得到了显著改善，各类探讨南海问题的文章呈现出爆炸式增长。与学界、社会舆论相匹配的是，中国外交部发言人提及南海问题的频度在近两年里也持续走高。这两种发展态势可以从图 5 - 1 中观察到。

---

① 一位中国学者在评述日本国际问题专家浦野起央出版于 1997 年、长达 1200 多页的《南海诸岛国际纷争史》一书时认为："我国学者对南海诸岛的研究尚处于散兵游勇、单兵作战的地步，尚无学术著作闻世。与此同时，外国学者对南海诸岛的研究却走在我们前面。"参考植荣《南海问题研究的力作——日本大学教授浦野起央新著〈南海诸岛国际纷争史〉评介》，《国际政治研究》1998 年第 3 期。

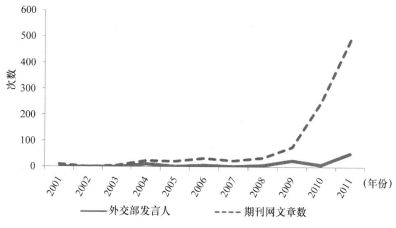

图 5 - 1 南海问题的频度（2001—2011 年）

说明：外交部发言人指的是历年来在答记者问中提到的南海问题次数，期刊网的文章数是以"南海问题"为主题搜索得到。

资料来源：外交部；中国知网。

由此带来的一个困惑是，文章数量的急剧上升并没有推动南海问题的最终解决。近十年来的各类研究必然增进了公众以及相关决策部门对南海问题的认识，但研究本身数量型增长似乎并没有为决策层提供多少直接的思路。那么，我们是否可以说存在一种结构性因素主导着南海问题的发展？即南海问题的发展态势并不受任何一方的控制，而是取决于不同力量的博弈。

本章试图从战略角度评估南海问题，剖析在南海问题上的战略目标与战略手段的匹配程度。作为国际战略研究的南海问题，当前的争论围绕着三大类议题展开：第一，由于中国 1996 年批准了 1982 年通过的《联合国海洋法公约》，也是当前诸多国际海洋制度的参与者，对国际社会而言，南海争端产生出的一个重大问题是，中国是否会遵守国际制度？第二，伴随着中国崛起、走向世界，以及美国增强在西太平洋上的海军力量，一个无法绕开的问题是中国海上力量是否最终将把美国驱逐出南海？第三，围绕着中国与周边国家关系的展开，最近一段时期以来，在南海问题上与中国摩擦严重的国家实际上主要是越南、菲律宾，尽管在力量对比上它们显著弱于中国，但中国缺乏在海洋安全上的威慑力，那么是否表明中国目前并无能力主导东亚秩序的调整？中国学者已有的南海问题文献或多或少都涉及上述三类问题。就大战略角度而言，中国在南海问题上要尽可能追求战略目标与手段的相互调适，目标和手段长期而言是合二为一的，解决南海问题手段的增多将改变我们对问题解决的预期，而目标的固定化又容易错失解决问题的时机，这两者的匹配程度需要不断调试。

第一节　作为国际战略研究议题的南海争端

南海问题从其历史渊源看，主要是岛屿主权归属问题，但其历史演进实际上与国家间权力对比密切相关。随着中国崛起态势日趋明朗，南海问题演变成一个复杂的多层次问题，并来越来越融入国际战略研究议程之中。

东亚海洋争议的历史根源至少可以追溯至第二次世界大战结束，美苏重新划分东亚势力范围。1943 年 12 月达成的中美英《开罗宣言》规定，日本在太平洋上夺得或占领的岛屿要归还给各国。南海问题初始时主要围绕领土的主权归属，基本属于国际法范畴，其历史根源是新中国继承了第二次世界大战对东亚领土重新分配后的权利，但中国并不属于主导太平洋势力的美国这一方。20 世纪 50 年代后期，为了配合金门炮击战略，中国于 1958 年 9 月公布了 12 海里领海，这一做法实际上已经具有战略的考量，落实在中美对抗的框架内。1971年中国恢复联合国席位后，迅即参加了当时发展中世界以海洋问题为突破口寻求扩大自身权利的斗争。与此同时，中国也不忘充分利用美苏争霸、美国从越南撤军以及美国会限制总统军权的有利战机，从南越政府手中收复了西沙群岛。进入 80 年代后期，又借用联合国教科文组织建海洋观测点的机会，于 1988 年通过海战收复南沙群岛中的 7个岛礁，坐实了实际控制。

目前看来，冷战时期中国与周边国家围绕南海问题的互动已经牵涉到战略性议题。但美苏争霸的两极格局对国家安全战略的研究具有非同一般的塑造力，进入战略研究议程的主要是传统安全，特别是军事安全研究。① 南海问题被淹没在大战略之下，在国际政治的学术研究中谈不上有多么重要。已故美国加州大学教授、一流的亚洲问题专家罗伯特·斯卡拉皮诺在 1990 年出版的《亚洲的未来》一书中指出："中美两国一度在东南亚问题上激烈争吵过，目前在这一地区几乎没有什么争议…… ［但］中国确对南中国海有领土要求，这可能会在今后带来问题。"② 在《亚洲的未来》这本 200 页的论文集中，只有这么一处提到南海问题。同样的情况也出现在中国学者那儿，在著名国际问题学者宦乡的文集中看不到对南海问题的论述，至多有关于国防建设与海军发展的一些设想。③

冷战的结束意味着美国及其同盟体系在中国沿海一线封锁的终结，撬动了本来不热门的南海问题升温。1991 年底，《世界经济与政治》杂志上刊登了第一篇从国际形势与政策角度论述南海问题的文章。该文指出，中国在有关南海历史地理方面的研究已经比较深入，资料扎实，但对外国的研究不够深入，有关国际法、海洋法的研究还需进一步加强。④ 同年，上海国际问题研究所季国兴研究员也指出，中国对南沙群岛的研究"总的来讲，不深不透……从国家长远利益和维护亚太和平与发展出发，研究解决南沙争端和整个东南亚海域争议至关重要"。⑤

1992 年中国公布领海及毗连区法，更重要的是 1982 年通过的《联合国海洋法公约》将于 1994 年底生效，中国加速了国际法视野中南海问题的相关研究，以更好地利用公约所赋予的权益。这一阶段，全国人大法律委员会委员、北京大学国际法学教授赵理海先后发表有关如何批准海洋法公约、南海诸岛的主权归属以及加入公约的利弊分析等文献。作为中国海洋学会副会长，赵理海对问题的理解、解释代

---

① 欧洲学者巴里·布赞和琳娜·汉森认为，国际安全研究受到五种力量的驱动，其中大国政治摆在第一位。参见［英］巴里·布赞、［丹麦］琳娜·汉森《国际安全研究的演化》，余潇枫译，浙江大学出版社 2011 年版。

② 罗伯特·A. 斯卡拉皮诺：《亚洲的未来》，俞源、顾德欣、曹光荣译，国际文化出版公司 1990 年版，第 83 页。

③ 宦乡：《宦乡文集》（上、下），世界知识出版社 1994 年版。

④ 陈宁：《南海主权纷争形式与我国的对策》，《世界经济与政治》1991 年第 11 期。

⑤ 季国兴：《关于东南亚海域的争议及其研究》，《东南亚研究》1991 年第 2 期。

表了当时中国国际法学界的共识。但从国际关系的角度看，签署公约
并不一定能解决在领土归属上有争议的南海问题，因为各行为体的利
益差别大、对海洋法的解释也不同。赵理海在 1995 年的论文中已经
充分阐述了南海问题的复杂性，"南海诸岛问题，不但关系到周边的
六国七方，而且涉及区域外的大国。世界上任何其他地方都找不到像
南海地区那样，中、美、俄、日等国都在不同程度上牵连其中。"①

　　行为体的增多带动了南海问题的战略性，各方必须根据国际、地
区形势以及国家战略目标的变化，调整南海政策和国家间互动方式。
南海争端本来主要发生在中越之间，但随着中越关系的正常化，以及
1995 年 7 月越南加入东盟，南海问题发生了两项重要的变革。第一，
1994 年底《联合国海洋法公约》获批，随后几年西太平洋地区的中
国、日本相继加入，而越南则更早一些。作为一项制度，公约对各方
行为具有一定的约束力，但也促发各国海洋意识的膨胀。第二，南海
争端的舞台逐渐发生了重心偏移，不仅多了东盟一方，焦点也逐渐向
着菲律宾移动。1992 年，在菲律宾国内民族主义的推动下，美军从
苏比克湾撤走。丧失美援、经济形势低迷迫使菲律宾军方寻求新的借
口来进行军事现代化计划。② 在此过程中，中菲在美济礁归属上于
1995 年 3 月发生了严重冲突。

　　美济礁事件对地区形势的影响间接地被第五次台海危机放大了。
1995 年 7 月至 1996 年 3 月的台海危机不仅波及了中美关系，也对菲
律宾与美国的关系产生了影响。菲律宾重新认识到美国军事存在的好
处，不仅可以维持东南亚的均势，也能获得美国的金钱支持。而美国
因台海危机也认为有必要加强与菲律宾的合作，毕竟菲律宾在地理上
十分靠近中国台湾地区，利于战斗机的起飞。台海危机之后，美国可
以进入菲律宾。稍后不久，两国签署了美军访问菲律宾的协议，经菲
律宾参议院批准，该协定于 2000 年 2 月开始生效。

　　加入《联合国海洋法公约》的决策对中国海洋权益意识起到了推

---

① 赵理海：《关于南海诸岛的若干法律问题》，《法制与社会发展》1995 年第 4 期。

② Renato Cruz De Castro, "Philippine Defense Policy in the 21st Century: Autonomous Defense or Back to the Alliance?" *Pacific Affairs*, Vol. 78, No. 3 , 2005, pp. 403 – 422.

动作用。中国政府不仅提出要加强边防海防建设，也郑重表示要维护国家领土完整和海洋权益。由此，中国军方多年来的呼吁有了实质性的进展。① 赵理海在论述中国批准加入该公约的意义时说，它"对提高我国作为海洋大国的地位，维护海洋权益，发展海洋事业都是极其重要和具有深远意义的"②。上述这段话包含了三个关键性的内容，即大国地位、海洋权益与经济发展，这些都是中国在崛起过程中需要解决的关键性课题，由此可以看到，包括南海问题在内的海洋是一个极为重要的国际战略议题。

但是，对中国国际问题研究者而言，整个90年代还处于大量引进西方国际关系理论的阶段，存在着中国问题与美国问题的错位。在具体问题领域，就如2008年的全球性金融危机一样，缺乏中国问题意识和学术概念的研究者，极容易陷入美国话语体系的圈套中，包括讨论的问题本身都是从美国进口的。从根本上说，南海问题是中国与周边因岛屿主权归属引发的问题，像美国这样生产国际关系理论的区域外国家，很难让学者有足够的动力和激励机制去生产适合中国需要的这类知识。比如，亨廷顿在1997年出版的《文明的冲突与世界秩序的重建》一书中就多处提到南海问题，并认为东亚地区尚未解决的领土争端将使东亚变得危险，尤其是中国很可能在南海直接付诸武力。③ 但这一论断是建立在对中国要建立地区霸权的判断之上的，内在的价值观不适合中国。

在缺乏足够的理论指引时，中国战略研究界对南海问题的认识只能依据问题的爆发程度逐步展开。在1999年论述中国国际战略的文献中，中国社会科学院刘靖华博士提出战略要建立在可行性和必然性基础上，而不能立足于对未来的恐惧、猜测和预期。他认为，在东亚地区和中国周边事件中中国要发挥建设性、具有平衡力的、不可或缺

---

① 刘华清将军1983年视察南海舰队时提出"安心南海，保卫南海，建设南海"，参见刘华清《刘华清军事文选》（上），解放军出版社2008年版，第231页。

② 赵理海：《〈联合国海洋法公约〉与我国海洋权益》，《中国科技论坛》1996年，第4页。

③ ［美］塞缪尔·亨廷顿：《文明的冲突与世界秩序的重建》，新华出版社2010年版，第206页。

的重要作用，其中提到了东亚金融危机、朝鲜半岛局势、印巴核竞赛、台湾问题，但没有提南海问题。① 以研究地缘政治见长的北京大学教授叶自成，在 2000 年论述大国外交的文献中认为："把参与东亚地区冲突的解决作为塑造中国大国外交战略形象的主要舞台，主要是要在朝鲜半岛和印巴紧张局势的缓和中起积极作用。"② 南海问题很少被列入中国外交战略研究的重大议题中。比较例外的可能是中国人民大学教授时殷弘，在 2000 年发表在《战略与管理》杂志上的一篇论文中指出，东亚是国际政治中最能体现安全两难困境的区域，而南海诸岛屿的争端将被大国用来"刻意增加中国在总的战略处境方面的困难"③。对于这一点，《2000 年中国的国防》白皮书就已经指明南海诸岛的主权权益被侵犯，域外国家试图介入，但国际问题研究界显然没有给予足够的重视。

迈入新世纪之后，战略研究中对周边和国际环境的认识再次加深、加大。在"9·11"事件、中国加入 WTO 等重大国际国内形势转变之际，中共十六大提出了"战略机遇期"的判断，类似于 20 世纪 80 年代时代性质的转变，这种大的战略性判断促使中国学术界对战略议题的研究更加深入、范围更加宽广。对南海问题的研究由此也进入了一个新阶段，正是从这个阶段开始研究界对大国如何影响南海争端走势加以密切关注。在过去 10 年里，特别是近几年里中国研究界在南海问题上花费诸多精力，形成了值得密切关注的三大战略性议题。

第二节　中国愿意遵守国际海洋制度吗

一个崛起的大国是否愿意遵守现有的国际制度，通常是衡量该国是否将改变现行国际秩序的一个重要指标。自改革开放以来，中国加

---

① 刘靖华：《中国国际战略：相关理论与现实思考》，《国际经济评论》1999 年第 3—4 期。

② 叶自成：《中国实行大国外交战略势在必行——关于中国外交战略的几点思考》，《世界经济与政治》2000 年第 1 期。

③ 时殷弘：《安全两难与东亚区域安全体制的必要》，《战略与管理》2000 年第 4 期。

入了几乎所有的国际制度，并成为诸多制度的维护者。在讨论中国是不是一个修正现有国际秩序的国家时，美国学者江忆恩的考察表明，中国良好地履行了各类职责，并无动力和意愿改变现有规则。[①]

那么，在南海问题上有关的国际制度是怎样演变的呢？1971年，在构建制度主义理论基石时，美国当代著名的两位学者罗伯特·基欧汉与约瑟夫·奈选择海洋和货币两大领域作为探究机制变迁的案例。20世纪60年代以来的海洋领域更加符合相互依赖的状况，即武力作用下降，问题领域内的横向联系增强。[②] 根据该书的描述，1972年，美国总统发表《20世纪70年代外交政策报告》将海洋列为"外交的新领域"。众所周知，这个阶段是美国衰落论的一个爆发期，美国面临着重大的权力挑战。在货币领域遭遇石油美元、欧洲美元市场的冲击，在海洋领域则主要受到发展中国家的挑战。直到美国作为霸权国家遭受挑战，才开始系统地对海洋制度的得失利弊进行分析，包括该制度发生变迁的动力机制。《权力与相互依赖》给出的分析是令人吃惊的，即作为海军霸权的美国自身播下了摧毁航海自由的机制。在很长一段时间里，航海自由意味着沿海国不能对公海拥有主权。但杜鲁门总统单方面建立渔业资源保护区之后，拉美国家也随之仿效。随着越来越多的发展中国家，包括很多内陆国家参与国际海洋法会议，扩大国家的管辖权已势在必行。由于海洋领域国际组织的存在，小国得以约束霸权国美国的力量。

中国在很长一段时间里一直批评海洋制度是殖民主义、霸权主义和帝国主义的产物，这种论调随着发展中国家的崛起而逐步增强。实际上，有的学者认为，中国1958年宣布12海里的主张对发展中国家要求发达国家废除传统3海里领海的惯例具有很大的推动作用。到20世纪70年代，中国也支持拉丁美洲国家200海里领海以及专属经济区的权利主张。当时的外长乔冠华在1974年10月举行的第29届联大上就强调，反对海洋霸权与建立新海洋法是发展中国家保卫国家主

---

① 江忆恩：《中国对国际秩序的态度》，《国际政治科学》2005年第2期。
② ［美］罗伯特·基欧汉、约瑟夫·奈：《权力与相互依赖》，门洪华译，北京大学出版社2012年版。

权和发展本国经济的重要内容。①

　　20 世纪 70 年代的中国获得了联合国合法席位，政治上已经有了平等的资格，但是在经济上却是起步阶段，与美国的经济联系在中断近 20 年后得以恢复。也就是说，20 世纪 70 年代的中国在国际政治上具有较高的国际地位，又因"三个世界"理论而拥有独具一格的国际战略，但在经济上实在是国际社会无足轻重的一员，对于海洋运输通道的利用和关注也很低。因此，中国对于海洋法的意义更多的是从国际斗争的角度加以理解的，站在第三世界国家的立场上捍卫发展中国家的国际利益。

　　尽管有人认为，1982 年中共十二大提出独立自主的外交政策之后，中国放弃了"三个世界"的理论。但目前看来，中国担忧和放弃的是夹在美苏两个霸主之间，要追求一种按照中国自身利益发展需要的对外战略。中国并没有放弃作为第三世界国家一员的身份定位，大体上中国外交还是遵循了第一代领导人于 1974 年提出的理论指导。毛泽东 1974 年 2 月会见赞比亚总统卡翁达时说的第一句话是"希望第三世界团结起来"②。1982 年也是《联合国海洋法公约》签署阶段，美国里根政府出于捍卫自身国家利益的考虑，特别是海洋开发技术转移等要求，没有同意签署该公约。而中国签署该公约的目的是政治性多于经济性考虑，这一点在当时显然是符合时代要求的。不过，中国尽管显示出一个强国的潜力，但还无法在海洋领域充分施展抱负。大体上中国的立场与 70 年代是一致的，伸张权利但对船只通行等做了限制。另一个重大变化是，中国不能再对一个没有美国参加的联合国海洋法制度进行霸权主义、帝国主义的抨击。

　　海洋法是一个体系庞大的制度系统，有时会产生难以平衡的内部矛盾，中国日渐认识到这一领域的复杂性。随着中国实力的增强，海洋开发能力的长足进展，中国面临的困境是能否改变以前对海洋法制度的承诺，修改当时做出的一些保留性意见。正如有论者在 80 年代

---

　　① Shao-Chuan Leng, "China and the International System," *World Affairs*, Vol. 138, No. 4, 1976, pp. 274 – 275.

　　② 《关于三个世界划分问题》,《毛泽东文集》（第 8 卷），人民出版社 1999 年版，第 441 页。

指出的，中国在海洋法谈判中总体上感兴趣的是扩大沿海国的利益，约束公海的航海自由。尽管中国觉察到自身将成为一个世界性大国，但在第三次联合国海洋法谈判中本质上站在沿海国一边。① 如果中国需要对某些条款做出调整，那么还算遵守国际制度？针对中国代表团1973 年7 月向联合国海底委员会提出的若干保留意见，赵理海教授在1995 年的论文中就指出："就目前而言，将《海洋公约》有关群岛的规定完全适用于南海诸岛是行不通的，根据《公约》第四部分，群岛制度的适用仅限于'群岛国'。"②

实际上，赵理海提出的许多问题如今都变得颇为棘手，他1995年在80 高龄写就的这篇文献最近被很多学者所引用。赵理海教授明确否定菲律宾沿东经118 度为领海基线的要求，认为"如果菲律宾从该基线测算其领海或专属经济区，必然将我黄岩岛及其附近海域划入，这是绝不容许的。"另外他也指出，如果按照《联合国海洋法公约》第121 条各拥有12 海里领海和200 海里专属经济区的划分，那么中国1958 年的领海声明就将覆盖南沙的整个海域。他强调，这一设想的前提是中国控制南沙绝大部分岛礁。对于"九段线"，赵理海认为："传统海疆线不但是指界定海域，而且也是界定岛屿归属，在该疆界线以内的所有岛礁及其附近海域都是中国领土的组成部分。传统海疆线是近几十年来我国一贯坚持的一条海上边界线，长期以来也一直为周边国家所承认……传统疆界线必须坚持不渝，该疆界线以内的领土主权必须维护，那里的海洋资源应当加速勘探和开发。"③ 赵理海教授对南海问题的解决总体上是不乐观的，由于南海诸岛多数不掌握在中国手中，而主权又是一个不可分割的商品，因此，南海诸岛问题只能是"旷日持久，悬而不决"。目前看来，南海问题的现状被不幸言中。

鉴于当前国际社会总体上已处于和平发展与全球化时代，中国如果要寻求解决南海问题，那么一个不得不涉及的问题就是中国在南海

---

① Michael Carr, "China and the Law of the Sea Convention," *The Australian Journal of Chinese Affairs*, No. 9, 1983, pp. 35 – 53.

② 赵理海：《关于南海诸岛的若干法律问题》，第57 页。

③ 同上书，第59、61 页。

问题上的主张是否符合现代国际法。厦门大学李金明教授多年前曾指出，南海问题已由历史主权的宣示，转向以国际法、《联合国海洋法公约》为依据，解决专属经济区与大陆架的划界问题。[①] 国际法学者进一步指出，涉及争议岛屿的海洋划界争端的和平解决，主要依靠缔结协议和提交国际司法机构裁决两种方式，当前主流的方式是缔结国际协议。在确定岛屿的划界效力时，要综合考虑当事国的主观意愿、岛屿的自然环境、岛屿的地理位置以及公平原则等因素。[②] 针对不少国际媒体屡屡用《联合国海洋法公约》指责中国主权主张的说法，学者特别强调并不能仅仅依据该公约来证明领土归属与否，因涉及领土争端的国际法依据颇多。[③] 关于这一点，曾担任第三届联合国海洋法会议主席，参与制定《联合国海洋法公约》的许通美教授近期撰文指出："公约并不包含如何决定国家对主权要求的任何新条文。这个问题得由习惯国际法来决定。"[④]

问题正是在于《联合国海洋法公约》和习惯国际法的不同。在1982年的这份公约之外，国际海洋制度领域还存在着规模庞大的，由习惯法构成的岛屿主权归属以及附近海域管辖权的判例。如何协调这些矛盾，各国的意见是不一致的。有关海洋的国际制度难以国内化，各国对海洋国际制度的不同解释是导致纷争的重要原因之一。即便中国学术界也存在对这类法律、规范的不同理解，比如在争议极大的"九段线"性质上，存在着可以说截然不同的观点。

最近十年来，认为"九段线"就是岛屿疆界线的说法渐渐获得较多认可，李金明教授的相关解释具有一定的代表性。在2010年发表的一篇论文中，李金明总结了关于"九段线"的"历史性水域""海上疆界线"以及"岛屿归属线"三种论述。[⑤] "历史性水域"的起源

---

① 李金明：《21世纪南海主权研究的新动向》，《南洋问题研究》2001年第1期。

② 罗国强：《多边路径在解决南海争端中的作用及其构建——兼评〈南海各方行为宣言〉》，《法学论坛》2010年第4期；罗国强、叶泉：《争议岛屿在海洋划界中的法律效力——兼析钓鱼岛作为争议岛屿的法律效力》，《当代法学》2011年第1期。

③ 张海文：《从国际法视角看南海争议问题》，《世界知识》2012年第4期。

④ 许通美：《南中国海的主权纷争》，叶琦保译，《联合早报》2011年9月5日。

⑤ 李金明：《南海断续线的法律地位：历史性水域、疆域线，抑或岛屿归属线？》，《南洋问题研究》2010年第4期。

是大陆继承了国民党政府 1947 年划定的这一条断续线，后来台湾当局于 1993 年在其《南海政策纲领》中明确说明了 U 形线是历史性水域，其地位不是内水，但相当于 1982 年《联合国海洋法公约》规定的群岛水域。但至 90 年代后期，台湾当局却放弃了断续线内水域属"历史性水域"的主张，结果反而成了东南亚国家攻击中国"把南海变成中国湖"的口实。之后，大陆学者逐渐提出"历史性权利"主张，不再"将九段线"内水域看作历史性水域。不过，越南不承认中国在南海拥有"历史性权利"。关于海上疆界线的说法，在很长一段时间内一直是中国的主流观点，包括赵理海教授也持这一看法。不过，李金明教授认为，这一观点与事实不符，因为实际上该线并没有起到疆界线的作用。李金明更赞赏将断续线看作"岛屿归属线"，即线内的南海诸岛主权属于中国。

假使我们承认"九段线"是岛屿归属线，接下来的问题是依据海洋从属陆地的原则，不同地理属性的岛礁拥有不同范围的领海基线、领海及专属经济区。而《联合国海洋法公约》在这方面的规定并不清晰，原因是各国的海岸在地理上不同，而各国测量技术的发展又不均衡，导致很多国家采用简单的直线基线法，并且尽可能地延长这一基线。为此，原国家海洋信息中心的李令华呼吁，国际社会要统一有关领海基点和基线的技术要求与标准，并建议中国在与周边海洋邻国划界时与国际接轨。[①]在 2008 年的文章中，李令华认为，国际实践越来越倾向于降低小岛在划界上的法律地位和相应效力，有的甚至可以不管岛屿归属而先划界。[②] 不过，由于对哪一类标准可以算作"国际社会"共识存在疑虑，中国迄今还难以按照一个明确的参考系对相关法律进行更改，特别是对"附近海域"做出清晰的描述。

尽管有人主张中国要像加入 WTO 制度那样遵从国际社会达成的协议，但与国际贸易领域的制度相比，海洋领域在制度类型、制度主导者以及制度有效性上都存在着巨大的差异。基欧汉在《权力与相互

---

① 李令华：《中国海洋划界与国际接轨的若干问题》，《中国海洋大学学报》2005 年第 1 期。

② 姜丽、李令华：《南海传统九段线与海洋划界问题》，《中国海洋大学学报》2008 年第 6 期。

依赖》一书中的论述已经说明海洋制度与货币制度是多么的不同。在这种情况下，拿其他领域的国家行为来规范中国或者别的国家是不现实的。比如，美国尽管是第二次世界大战后多个国际制度的主导者，也没有加入迄今已有 165 个国家批准的《联合国海洋法公约》。而中国在很长时间里将公约看作发展中世界建立新秩序的成果，倾向于以政治压倒经济利益的战略考量捍卫该制度。中国海外利益的发展必然会提高经济在海洋政治决策中的地位，如今似乎是到了真正根据中国自身的政治经济利益界定海洋权益的阶段，而国际海洋法制度的再修正也需要像中国这样兼具多种力量属性的国家介入。

在这方面的一个突出例子是，中国并不认可菲律宾等国利用海洋法公约来解决领土争端，因公约本身的规定并不涉及领土的归属问题。2013 年初，菲律宾开始准备进行国际仲裁，但中国于当年 8 月发表正式声明，表示不予接受。菲律宾试图在《联合国海洋法公约》框架下，选择海牙国际仲裁法庭，而不是国际法院处理中菲海上争端问题，其策略选择是避重就轻。2013 年在南宁召开的中国东盟博览会，菲律宾总统阿基诺没有参加。菲方解释说，是因为中国没有邀请。但根本原因是，菲方并不认为需要跟中国接触来缓解双边紧张局势。尽管中菲南海争端加剧，但双边旅游和贸易仍在增长。鉴于此，菲律宾大胆地推进其南海问题国际化策略，2014 年 3 月 30 日，菲律宾正式提交 4000 页诉状，要求就"有关中国侵犯菲律宾领土主权"问题进行国际仲裁。

菲律宾此举的实质是试图否定中国在南海问题上的"断续线"主张。南海断续线是 1947 年国民政府内政部划定，中华人民共和国成立后自然继承的。目前，国内外有关断续线性质存在很大争议，主要有疆界线、岛屿归属线、历史性水域和历史性权利四种论断。但目前的趋势是，国际社会越来越否定中国南海断续线，认为其缺乏法理依据。① 从国际方面看，法律学者进一步试图否定中国坚持最久的历史性权利说，他们认为，根据海牙国际法院 1986 年在处理布基纳法索

———————————

① 张洁：《对南海断续线的认知与中国的战略选择》，《国际政治研究》2014 年第 2 期。

与马里争端案中的说辞，"地图只是构成信息"，但不足以支持中国拥有领土的立论，关键是有效管理。① 对于菲律宾推至国际仲裁的行动，中国官方予以严厉批评。《人民日报》为此发表评论员文章，认为菲律宾此举是偷梁换柱，不先确立岛屿归属就划分专属经济区，企图将侵占岛礁行为合法化。② 更为重要的是，菲律宾提交国际仲裁的外交含义重于法律含义，试图恶意进行南海岛礁归属问题的多边化。2014 年 9 月下旬，阿基诺在会见德国总理默克尔时，希望德方支持菲律宾的主张。而德国也表示，德国支持仲裁方案。与此同时，我们也不应忽视，菲律宾 8 月底已经从美国购得两艘"汉密尔顿"级快艇，用于南海有争端区域的巡航。如果法律能解决菲律宾的问题，那么购买武器做什么呢？

国际社会呼吁利用国际仲裁的声音在增多。《哥伦比亚国际法》杂志执行主编克里斯托夫·莱恩博（Christopher Linebaugh）认为，鉴于南海的地理特征是半封闭海，沿海国家有义务根据《联合国海洋法公约》第 123 条进行多边开发合作。在他看来，中国坚持双边谈判解决将引发更多的冲突，因为进行双边谈判乃至于共同开发，都不可避免地会让其他相关方遭受损失，而且中国的策略选择更多的是一种拖延，以逐步提高对南海的控制权。莱恩博认为，尽管中国短期内不会依照公约选择多边谈判，但国际仲裁将施加极大的压力，这可能是唯一的选择。③

尽管美国等国希望菲律宾政府在南海问题上对抗中国，但是菲律宾政局变化却完全扭转了这种态势。2016 年 10 月，菲律宾总统杜特尔特访问中国，是对美国等国际舆论的一种打击。尤其是杜特尔特在北京演讲时提到与美国"分道扬镳"，让众多国家惊愕。美国立刻派

---

① Florian Dupuy and Pierre-Marie Dupuy, "A Legal Analysis of China's Historic Rights Claim in the South China Sea," *Am. J. Int'l L.*, Vol. 124, 2013, pp. 124 – 141.

② 《滥用国际法律程序的图谋不可能得逞——评菲律宾在南海问题上之妄诉》，《人民日报》2014 年 4 月 1 日第 6 版。

③ Christopher Linebaugh, "Joint Development in a Semi-Enclosed Sea: China's Duty to Co-operate in Developing the Natural Resources of the South China Sea," *Colum. J. Transnat'l L.*, Vol. 542, 2013 – 2014, pp. 542 – 568.

出高官到马尼拉劝诫杜特尔特，而日本则借杜特尔特出访东京之际劝说其维持美菲同盟。国际舆论认为，杜特尔特的华丽转身是国际关系史上少有的外交大转折。作为菲律宾富有经验的政治家，杜特尔特眼中的国家利益显然不同于前一任领导人。菲律宾人口超过 1 亿，列全球第 12 位，经济总量排名第 40 位。作为一个小国（严格来说也不算小），其外交政策一般都是在大国之间搞平衡，不希望任何一个国家干涉其内政。菲律宾想摆脱美国的控制，借助中国的影响力重塑菲律宾的外交政策。菲律宾的选择本身表明，中国的海洋政策符合其地区需要。特别是目前中国正着力推进的"丝绸之路"建设，将给地区内国家进一步提升经济增长和塑造有利外部环境创造机会。

随着中国的发展，中国对海洋的看法也不断发生着变化。例如，中国在坚持单边开发时，从来也没有放弃过多边合作开发。事实上，自 20 世纪 80 年代以来，中国就一直主张共同开发。针对菲律宾提出的仲裁案，也有中国学者主张中国应该参与国际仲裁程序，通过法律手段在海洋法公约框架内解决争端，而且菲律宾的主张并非无懈可击，在国际法框架内共同开发合作有利于解决岛屿归属问题。[①] 但核心问题是，在没有明确主权的前提下，海洋的资源开发具有很强的流动性，如何分配开发的成本与收益呢？这既涉及对主权原则的认识，也涉及对海洋的认识。如果海洋的主要功能是资源供给，正如蒂尔所强调的，资源是海洋的第一属性，那么争夺资源是战略选择的主要驱动力。但与此同时，也不能忘记海洋还有作为交通和交换媒介的属性、信息和思想传播的属性，以及作为疆域空间的属性。[②]

以大陆驱动海洋来看待海洋发展，很可能是一种前现代的思想。1904 年，英国地理学家麦金德在《历史的地理枢纽》一文中曾论述，随着俄国远东铁路部署完毕，哥伦布时代以来西方立足于海洋的优势将消失，地缘政治进入了一个陆权主导的新时代。20 世纪的地缘政

---

① Yu Mincai, "China's Responses to the Compulsory Arbitration on the South China Sea Dispute: Legal Effects and Policy Options," *Ocean Development & International Law*, Vol. 45, No. 1, 2014, pp. 1–16.

② 杰弗里·蒂尔：《21 世纪的海权指南》，师小芹译，上海人民出版社 2013 年版，第 31—41 页。

治发展在很大程度上是麦金德式的，苏联在欧亚大陆的崛起导致美国进行自我约束，在海洋的国际制度建设上屡屡破除英国建立的规则，对南美国家发起的 200 海里专属经济区活动做出让步。美国的自由制度主义学者在论述美国的海洋霸权能力和自由航行制度建设时，不无遗憾地强调，尽管美国是第一大海军强国，但"问题和渠道的多元化使美国难以界定和追求在航海自由上的'国家利益'"，此外，美国的航海自由领导权也遭受国内利益集团的约束。[①]

从这个意义上说，要从海洋看海洋，根据中国国家利益的发展阶段制定海洋战略。

第三节　即将到来的中美海上冲突？

在国际制度领域，以斯蒂芬·克拉斯纳为代表的现实主义者一贯强调权力界定制度，制度的诞生、演变及其约束力都需要权力加以保障。[②] 从某种程度上说，这一论断对国际海洋制度也是适用的。毕竟在英国霸权时代，公海航行自由得到普遍认可。但对 20 世纪后半期以来海洋领域的国际斗争而言，制度与权力的关系没有那么紧密。由于美国没有加入公约，中美之间在南海问题上的不同意见更多属于制度之外的冲突。也就是说，尽管美国游离于制度之外，但中美南海冲突不是制度之争，而是权力之争。

正是从这个角度出发，有一派中国学者在分析南海问题升温时将美国重返亚洲作为主要原因。比如，国防大学战略研究所前所长杨毅少将就认为："中美关系目前仍然是以竞争为主导的双边关系，南海问题之所以被如此炒作、如此放大，可以说是周边的一些国家为配合美国'重返'亚太精心策划的战略……南海问题的实质还是中美间的战略博弈。"[③] 2012 年 1 月《人民日报》的一则评论也强调："在

[①] 罗伯特·基欧汉、约瑟夫·奈：《权力与相互依赖》，门洪华译，北京大学出版社 2012 年版，第 146、151 页。

[②] Stephen D. Krasner, "Global Communications and National Power: Life on the Pareto Frontier," *World Politics*, Vol. 43, No. 3, 1991, pp. 336 – 366.

[③] 杨毅：《周边环境困局与安全政策悖论》，《世界知识》2012 年第 1 期。

南海问题上，不是中国在搞霸权，而是美国……美国肯定不会轻易放过对这一地区战略主导权的争夺。"①

在南海问题研究界，对区域外大国美国的关注至少从 21 世纪初就开始了。这些分析认为，美国从克林顿时期就已经开始改变其南海政策，将南海地区的冲突与中国威胁论挂钩，特别是 1995 年的"美济礁"事件促使美国分外关注南海问题。在 1999 年的东盟地区论坛（ARF）高官会议上，美国转变了"中立立场"，建议在 ARF 框架内推进建立南海工作小组。总体来看，21 世纪初的这一波研究还没有把美国因素当作南海争端的主导性因素。

正如前文所强调的，南海问题升温是多方行为体博弈的结果。随着美国进一步改变其南海立场，特别是 2010 年 7 月希拉里对美国在南海拥有航行自由等国家利益的宣告，彻底将美国多年的担忧和意图昭告天下。以航行自由这样的古老说辞介入南海争端，美国不仅反对南海争端方动用武力来改变现状，还否定中国在专属经济区内要求别国通报军舰通行的权利。从美国介入的意图来看，并非创造新的国际制度来约束中国，因中国在专属经济区内对外国军舰的无害通过立场是很明确的，国际法要求"和平利用"的规定也是明确的，美国无权挑战这一主张。② 美国将已经失去光环的航行自由套用到南海，其意不在自由而在权力。美国似乎将南海问题看作检验中国是否拥有权力、是否愿意显示权力以及如何使用权力的关键性议题。

现在，因南海问题暴露出来的中美西太平洋主导权竞争，被广泛认为构成中美战略竞争的主要内容之一。北京大学教授王缉思判断，中国外交存在着"十年一变"的阶段性，从 2009 年开始步入第七个阶段，"对外关系中传统安全的忧虑增加，军事安全特别是海上安全

---

① 丁刚：《逆南海大势而动者必自损》，《人民日报》（海外版）2012 年 1 月 16 日第 1 版。

② 管建强：《美国无权擅自在中国专属经济区从事"军事测量"——评"中美南海摩擦事件"》，《法学》2009 年第 4 期；宇敏友、雷筱璐：《评美国指责中国在南海的权利主张妨碍航行自由的无理性》，《江西社会科学》2011 年第 9 期。

的问题突出"①。不过，王缉思认为："美国确实给中国带来了一些战略和安全挑战，但将中国的大战略建立在美国是主要敌人这一看法的基础之上，既是行不通的，也是有风险的。"② 但美国人显然更乐意将战略形势估计得悲观一些。例如，美国海军学院教授彼得·达顿（Peter Dutton）认为，南海问题主要是主权、资源以及安全三大类问题。平衡沿海国和专属经济区以及其他司法水域权利的国际义务，目前主要体现在中美之间。其他国家对此兴趣也颇浓，因为结果将决定它的解释方向。他进一步指出，中国对军事活动的看法眼光不够远大，因为将来中国也会在别的海域面临类似美国今天的局面，以保卫自己的海外利益。③

实际上，中国学术界围绕海权问题发生过几次论战，近几年来，关于中国海权发展的研究性论文也出现在著名的国际学术刊物上，美国学者关于中国发展海权是出于民族主义还是保障安全等原因产生了争论，尽管中国因实力增长而发展海权是一个自然发生的过程，但对美国确实构成了威胁，夸大中国海上力量的论断早就出现在华盛顿的政策讨论中。④

随着中国经济持续增长，海外利益大范围拓展，确保原材料、贸易资本输出的海上通道安全成了中国大战略的应有之义。美国认为，中国是同时能在安全和经济上挑战美国的文明古国，具有极其悠久的战略传统。权势结构的变化导致中美之间战略摩擦的增加，南海问题自然也成为美国"重返亚洲"的重要抓手之一。

2010年6月，美国的南海政策发生了转折性的变化。国防部长罗

---

① 王缉思：《中国外交又到了一个转折点》，王缉思、唐士其：《多元化与同一性共存：三十年世界政治变迁（1979—2009）》，社会科学文献出版社2011年版，第91—99页。

② 王缉思：《中国大战略求索》，王缉思、唐士其：《多元化与同一性共存：三十年世界政治变迁（1979—2009）》，第120页。

③ Peter Dutton, "Three Disputes and Three Objectives: China and the South China Sea," *Naval War College Review*, Autumn 2011, Vol. 64, No. 4, pp. 42 – 67.

④ Robert S. Ross, "China's Naval Nationalism: Source, Prospects, and the U. S. Response," *International Security*, Vol. 34, No. 2, Fall 2009, pp. 46 – 81; Michael A. Glosny and Phillip C. Saunders, Robert S. Ross, "Correspondence: Debating China's Naval Nationalism," *International Security*, Vol. 35, No. 2, Fall 2010, pp. 161 – 175.

伯特·盖茨在新加坡举行的亚洲安全峰会上表示，南海是美国越来越关注的一个区域，如果中国以武力改变现状，那么代价是中国与美国和其他东南亚国家的关系遭到破坏。① 而在 20 世纪 90 年代中期，布热津斯基曾断言："直接反对中国或者卷入像南中国海争端这一类的问题是否符合美国的特殊利益尚不清楚。"② 但随着奥巴马政府宣布美国在该南海地区存在着国家利益，美国在财力衰减的态势下依然保证要增强在亚太的军事部署。新加坡学者认为，美国对南海的监视和军事实力存在是确保南海争端不会升级到战争的最后一招。③

美国政策的核心在于"航行自由"。美国与东盟国家不同，不是南海岛屿主权纷争的当事国，在南海的领土领海上并无直接利害关系，但美国是一个具有全球性利益的强国，如果中国在南海获得了压倒性的控制权，那么美国及其盟友对海洋安全的疑虑会增大。因此，对美国而言，介入南海问题，不是关心岛屿主权的归属，而是在南海有争议海域军用船舶的活动权问题。这是一个具有美国特色的问题，只有美国才拥有在所有海域自由航行的实力和意愿。而美国也是少数明确认可军舰"无害通过权"的沿海国之一，他国军舰通过美国领海时无需事先征得其许可或批准。由于美国在军事领域的压倒性优势和在亚太持续多年的军事同盟体系，随着美国介入南海问题，围绕南海的诸种争斗也逐渐带有中美海权竞争的内容，东亚海域上仿佛将呈现出周边多数国家围绕在美国周围抗争中国拓展海洋势力的局面。④

源于对中国崛起的担忧，美国传统基金会认为，美国在南海问题上的立场要像在"台湾问题"上那样，保持一种战略模糊，增加中

---

① Adam Entous, "U. S. Concerned over Impact of South China Sea Disputes", *Reuters*, June 5, 2010.

② ［美］兹比格纽·布热津斯基：《大棋局——美国的首要地位及其地缘战略》，中国国际问题研究所译，上海人民出版社 2007 年版，第 151 页。

③ Lee Lai To, "China, the USA and the South China Sea Conflicts," *Security Dialogue*, Vol. 34, No. 1, 2003, pp. 25 – 39.

④ 比如，在美国引起极大关注的一本书就探讨了中国海权发展的进程及其对美国的挑战。参考 Toshi Yoshihara and James R. Holmes, *Red Star Over the Pacific: China's Rise and the Challenge to U. S. Maritime Strategy*, Annapolis: Naval Institute Press, 2010.

国战略计算的复杂性和成本。① 而美国新安全中心则给出了更加详尽的分析，建议在力量基础上进行合作，不仅要显著增强美国在该地区的海军力量，也要构建安全伙伴关系网络，确保南海的和平与稳定仍然是美国外交和安全议程中的主导议题。②

当然，美国的难题在于它还不是海洋公约批准国，无法参与包括大陆架界限委员会和国际海底管理局等在内的由《联合国海洋法公约》所建立的组织，美国还不能完全介入海洋争端当中。③ 2012 年 6 月，在美国重要智库战略与国际问题研究中心（CSIS）举办的南海问题会议上，美国助理国务卿库特·坎贝尔（Kurt Campbell）表示，美国是否会在亚太地区维持较高的承诺，已经是一个非常重要的问题。美方注意到中国与东盟正在协商南海行为准则，支持外交解决方式，反对使用武力或者强制行为。同时与会的美国参议员约瑟夫·利伯曼（Joseph Lieberman）表示，仅仅几年前，华盛顿不会有人关注南海问题。10 年前，安全专家在谈论亚洲安全挑战时，主要关注朝鲜半岛和台湾问题，但现在则包括南海问题。美国两党，从国会到行政机构，全都意识到美国在南海存在着巨大的利益。对美国而言，南海争端的解决方式具有战略溢出效应，已经远超过南海本身的范围。④ 在此后几年里，主管亚太事务的助理国务卿拉塞尔也在不同场合重复了坎贝尔的讲话。

2014 年 2 月，美国负责东亚和太平洋事务的助理国务卿丹尼尔·拉塞尔（Daniel Russel）在众议院对外关系委员会上的证词标志着美国南海政策的巨大变化。⑤ 拉塞尔是负责美国"再平衡"政策的主管

---

① Walter Lohman, "South China Sea: Make the Chinese Guess," http://blog. heritage. org, April 21, 2011.

② Patrick M. Cronin, ed., *Cooperation from Strength: The United States, China and the South China Sea*, Center for a New American Security, January, 2012.

③ 付玉:《美国与〈联合国海洋法公约〉》,《太平洋学报》2010 年第 8 期。

④ CSIS, "The South China Sea and Asia Pacific in Transition: Exploring Options for Managing Disputes," Jun 27 – 28, 2012, http://csis. org/event/south – china – sea – and – asia – pacific – transition – exploring – options – managing – disputes.

⑤ M. Taylor Fravel, "U. S. Policy towards the Disputes in the South China Sea Since 1995," S. Rajaratnam School of International Studies, Policy Report, March 2014, p. 7.

官员，他在南海问题上强调了三点：第一，中国是唯一被提到的破坏地区稳定的力量；第二，南海断续线不符合国际法，不应该成为主权以及主权权利主张的基础；第三，美国支持菲律宾进行国际仲裁，并认为这是一个和平、非强制性解决争端的方法。至此，美国已经将中国视作南海不稳定的根源，但还没有将南海问题上升为中美关系的核心问题之一。

2014 年 7 月中旬，在 CSIS 举行的第四次南海问题年度会议上，美国负责东亚和太平洋事务的助理国务卿帮办迈克尔·福克斯（Michael Fuchs）提出，南海主权声索方应冻结在有争议岛礁填海造地、施工建设、设立据点等改变现状的行为。而且，针对中国提出的"域外国家"说，福克斯强调，美国一直是太平洋国家，在亚太地区发生的任何事件都会影响到美国的利益。① 8 月 10 日，美国国务卿约翰·克里（John Kerry）在东盟地区论坛上的演讲中，用了一半的篇幅谈论南海问题。克里表示，军事手段已经卷入南海争端中，贸易已经受损。但美国的南海政策并没有发生根本改变，在岛礁归属问题上仍不表明立场。不过，美国分外关注相关国家如何解决争端的行为，不允许任何一方使用强制手段。在演讲中，克里质疑中国的钻探行为。克里建议南海争端相关方冻结各类行动。② 稍后在夏威夷的演讲中，克里重复了类似的说辞。尽管美国口头上仍然说着中立，但实际上已经过分地卷入南海争端中，而中方则明确表示拒绝接受美方的这类建议。③

美国布鲁金斯学会曾在一份南海问题报告中建议，美国政府应加速推进参与公约的相关手续，国务院、国防部、参谋长联席会议都已

---

① Michael Fuchs, "Remarks at the Fourth Annual China Sea Conference," Center for Strategic and International Studies, July 11, 2014, http：//www. state. gov/p/eap/rls/rm/2014/07/229129. htm.

② John Kerry, "Opening Remarks at ASEAN Regional Forum," August 10, 2014, http：//www. state. gov/secretary/remarks/2014/08/230518. htm.

③ 王毅：《中国和东盟完全有能力维护好南海和平稳定》，新华网，2014 年 8 月 11 日，http：//news. xinhuanet. com/world/2014－08/11/c_ 1112012268. htm。

经首肯，问题在于参议院。① 政策立场偏右的国际战略问题中心（CSIS）在 7 月的一份南海问题报告中也提出，鉴于中国屡次批评美国没有参加公约，美国政府应该认真谋划如何加入公约来提高合法性。不过，报告也认为，奥巴马政府任期内美国不可能完成相关手续。② 美国国际法学者认为，越来越难以通过公约条款来约束其他国家，如果美国不设法成为公约成员国的话。而美国的主要困难是深海床底矿产采集部门阻碍美国参议院批准该法，美国政府应该设法克服利益集团的困扰。尤为重要的是，国际法学者相信美国参加公约后，会起到类似于用 WTO 约束中国崛起的效应。③

相信国际法能解决冲突的不在少数，对于国际关系研究者而言，很容易从国际关系的理想主义学派中找到身影。这种法律主义的思维尤其体现在北欧学者身上，赫尔辛基大学的一位政治学教授就认为，如果争端越来越囿于法律规范里，那么军事冲突就会越来越少，外部军事干涉和冲突升级的可能性也将下降。如果南海问题由律师来解决，军官就无需出场。而且由于律师的活动更加专业，也可进一步避免大众民族主义的干扰。④

不过，美国依然不缺乏从进攻性现实主义思路考虑南海问题的观点。传统基金会两位学者力排众议，认为美国根本就没有必要批准公约。其逻辑简单明了：第一，就算美国批准加入公约，中国也不会改变其进攻性行为。第二，美国在南海的航行自由不是靠公约保证的，而是靠强大的美国海军。⑤ 事实上，美国与中国的分歧，其核心正在于中国划定的专属经济区是否允许美国军事力量"无害通过"。传统

---

① Jeffrey Bader, Kenneth Lieberthal, and Michael McDevitt, "Keeping the South China Sea in Perspective," *The Foreign Policy Brief*, Brookings, August 2014.

② Gregory B. Poling, "Recent Trends in the South China Sea and U. S. Policy," A Report of the CSIS Sumitro Chair for Southeast Asia Studies, July 2014.

③ Michael J. Kelly, "United States Ratification of the Law of the Sea Convention: Securing Our Navigational Future While Managing China's Blue Water Ambitions," *Case Western Reserve Journal of International Law*, Vol. 4, 5 2012, pp. 461 –472.

④ Timo Kivimäki, "Can Legalism Avoid War in the South China Sea?" e-IR, Jan 8 2014, http://www.e-ir.info/2014/01/08/can-legalism-avoid-war-in-the-south-china-sea/.

⑤ Steven Groves and Dean Cheng, "A National Strategy for the South China Sea", Backgrounder, the Heritage Foundation, No. 2908, April 24, 2014.

基金会的这两位学者认为，短期内美国是无法加入公约的，美国最好等到南海问题彻底解决后再批准加入公约，也有可能美国永远都不会加入公约。为了阻止中国进一步在南海扩张势力，美国有必要改变目前的中立政策，进行积极的介入。从某种程度上说，2014 年 8 月中旬，美国国务卿克里在东盟地区论坛上的外交表述，以及稍后在夏威夷的演讲却提出了一些与之类似的内容，尽管口头上仍然说着中立，但实际上已经过分地卷入南海争端。①

克里用南海争端来指责中国的新型大国关系建设口惠而实不至。实际上，在美国政界屡屡出现用所谓自由主义的套路来维持霸权主义的说辞，南海问题的复杂化尽管与中国自身力量的发展有关，但美国在南海争端上屡屡出言混淆视听，同时提高对相关盟友和伙伴国支持的言论，加大了周边国家逞强的心理。从这个意义上说，美国用参加公约的呼声来降低自身参与南海事务的风险，但实质上并没有改变美国用一切手段维持其主导地位的意图。国际法对解决争端很有必要，但从学理上看，制度主义大行其道的时代还远未到来，现在至多处于防御性现实主义时代，力量的天平还是重于法律。从现实来看，美国在中东地区的作为，让人难以相信其对自由民主制度的承诺，美国在海洋领域的自由航行也是选择性的。最近，美国国防部副部长在对外关系委员会发表"新时代的新全球力量部署"的演讲中承认，冷战后美国最大的四大建设基地都在太平洋。2020 年，美国必定会兑现将 60% 的海空力量部署到太平洋的诺言。②

在某些非传统安全问题诸如海盗、疾病蔓延、生态环境等领域，美方也认识到需要中方的合作，不是单独哪一个国家就可以控制的，需要各方协力解决。如果中国海军进一步壮大实力，在某种程度上也

---

① 《美国介入南海争端 中国将面临巨大外交压力》，路透中文网，2014 年 8 月 8 日，http://cn.reuters.com/article/cntopgennews/idcnkbs0g804320140808。《美媒：克里称中美关系关乎亚太稳定》，新华网，2014 年 8 月 15 日，http://news.xinhuanet.com/world/2014-08/15/c_126875990.htm。

② "Deputy Secretary of Defense Work Delivers Remarks at the Council on Foreign Relations," September 30, 2014, http://www.defense.gov/transcripts/transcript.aspx? transcriptid=5509.

可以为海洋秩序的稳定提供保障。① 但真正的问题是，美国已不是金融危机前的美国，而中国更加不是 10 年前的中国。在实力对比发生变化的同时，中国虽然在全球范围内尚无能力挑战美国，但是为了塑造一个更有利于自身的周边安全环境，中国或许不得不挑战美国在东亚的安全秩序主导权。而南海不仅关乎主权，也是中国进入海洋时代实行大国崛起战略的试金石，以及中国海外利益拓展的战略基地。未来中美之间在西太平洋的摩擦将显著增多，当然，这不一定是中美面对面的冲突，而很可能以美国亚太盟友出面、美国在背后支持的形式展开。

自 2013 年底中国在东海设立防空识别区开始，美国对华政策就发生了较大的转变，尽管其航空界认可了中国的相关规定，但美国军事力量根本不承认，还于当天就派遣两架 B-52 飞机飞过中国划定的区域。回顾南海局势的发展，不能不提到 2009 年 3 月发生的美国"无瑕号"抵近侦察，明明是美国人侵犯了海洋法公约的规定，肆意进入他国专属经济区探测海底数据，但美国决策者和智库人士却偏执地认为，中国是少数坚持军事力量不能抵近侦察的国家之一，而美国抵近侦察获得数据是为了用于公益事业，为了国际航行安全，而中国出于自身利益的规定不符合《联合国海洋法公约》。实际上，海洋法公约规定了专属经济区内可以进行"无害的"自由通行，特别是可以进行科学考察，但对到底哪些活动可以纳入科学考察范围，公约在法律上并未做出严格定义。

2014 年 8 月底，在距离海南岛 220 公里的南海上空，发生了"'美军机抵近侦察'事件"②。美方指责中国飞行员不专业、近距离相向而行相当危险。但美国暴怒的实质是，中国力量增强已经阻碍到美国随意进出该区域，美国要动用更多的资源、冒更大的风险来实现原本的监测目标。从历史渊源看，美国感受最紧迫的威胁来自军事力量，冷战时期苏联的国力始终只有美国的 2/3 左右，但在军事力量上

---

① 杨震、周云亨：《论中美之间的海权矛盾》，《现代国际关系》2011 年第 2 期。

② 《国防部召开例行记者会：就美军飞机抵近侦察、国防和军队改革、学生军训等问题回答记者提问》，《人民日报》2014 年 8 月 29 日第 11 版。

苏联屡屡让美国有被压迫感。

美国决策者定然不希望出现一个经济上超过美国，进而在军事上接近美国的国家。有国际观察家承认，2017 年左右，中国在南海的军事力量很可能可以在南海施展霸权性影响，而美国则受到财政缩减的打击，其力量不增反减。[①] 力量倾斜将极大地影响美国的地区承诺，以及地区伙伴国对美国战略地位的认知。与军事力量的提升相比，更具突破性的是，2014 年 9 月中旬，中国海洋石油总公司宣布，"海洋石油 981"钻井平台在南海北部深水区测试获得高产油气流。尽管距离向大陆实质性供气还需要 4—5 年时间，但其意义不可低估。有学者认为，陵水 17 - 2 气田标志着中国正式具有了 1500 米水深以上深海油气开发能力，将改变南海油气开发格局，影响南海的地缘政治格局。[②] 2015 年 4 月以来，随着中国陆域吹填工程的大规模推进，美国选派媒体跟随军舰进入南沙群岛附近海域拍摄作业现场，5 月，美国海军濒海战斗舰"沃斯堡"号军舰在南沙群岛附近与我军相遇。

2015 年 7 月 21 日，在 CSIS 举行的第五次南海年度会议上，美国负责东亚和太平洋事务的助理国务卿丹尼尔·拉塞尔表示，中美关系在过去几年里，尽管在诸多领域，比如低碳、打击海盗、抗击埃博拉病毒、阿富汗问题上取得进展，但南海问题是个例外。尽管南海不是中美之间的直接议题，但鉴于南海对地区稳定的重要性，已经成为中美关系摩擦的来源。美国在南海问题上将不再保持中立。[③] 这是美国高官首次承认，南海问题是中美关系的议题之一。

从冷战结束后 20 年来美国南海政策演进的历史看，美国南海政策的变动取决于多种力量和利益的评估。按照美国官方的看法，美国在南海的利益排在第一位的是航行自由、飞越自由以及其他合法使用

---

① 美国陆军学院教授 Bernard Cole 2007 年做出这一预测，转引自 Toshi Yoshihara and James R. Holmes, "Can China Defend a ' Core Interest' in the South China Sea?" *The Washington Quarterly*, Vol. 34, No. 2, 2011, p. 53.

② 胡波：《"海洋石油 981"陵水油气发现的深远意义》，《中国海洋报》2014 年 9 月 23 日。

③ Daniel R. Russel, "Remarks at the Fifth Annual South China Sea Conference," July 21, 2015, http：//csis. org/files/attachments/150722_ Assistant_ Secretary_ State_ Daniel_ Russel_ Keynote_ Remarks. pdf.

海洋的自由，此后依次是盟友与安全承诺、帮助发展有效的地区制度、促进负责任的海洋环境实践、敦促中国以一种促进经济增长和地区稳定的方式和平崛起，最后是更为一般的目的，即将国际秩序建立在国际法以及和平解决争端的基础之上。显然，对照美国过去若干年在中东地区的作为，这最后一条很难让人信服。就算是第一条，其实也难以与美国多年来的实践相匹配。20 世纪 90 年代，美国著名的保守分子赫尔姆斯曾数度否决美国对联合国的拨款，而后者是美国一手创建的国际制度，也是当今世界国际法最具有代表性的支柱之一。

总体来看，按南海问题对美国的重要性排序，可以罗列其介入的原因如下：第一，美国全球战略调整的方向，已将东亚（包括南海）界定为越来越重要的区域，美国必须要有前沿军事存在。这意味着即使没有陆域吹填工程，美国也会创造机会、找到借口干涉中国在南海的行动。第二，亚洲区域内海洋问题导致中国与美国盟友体系的竞争态势加剧。美国盟友将始终以南海问题为风向标检测美国的安全承诺，并仍然鼓动美国积极介入，而美国为了捍卫全球霸主（领导力）地位，也不得不通过在干预南海问题上显示其权力。第三，海洋领域规范和重大事件变迁带来的机会。第四，菲律宾等盟友的吁求。在美国取得介入的"合法"借口之后，南海争端方本身的重要性是下降的。第五，美国国内政治的需要。

相比较而言，美国等国家在提到南海事关重要的海上航线等利益，其分量则小得多。美国在亚太地区的盟友，如日本、韩国，其石油、天然气以及煤炭的进口绝大部分的确经过南海，南海安全局势变化的确会影响其利益。但过去多年来的发展表明，南海争端本身没有因为哪一场地区性冲突而妨碍其他国家资源能源的进出口。美国方面认为，南海也是美国贸易航线的必经之地，据美国对外关系委员会估算，每年全球大约有 5.3 万亿美元的贸易经过南海（占全球贸易额的 30%），这些国际贸易中大约有 1.2 万亿美元的最终目的地是美国。但从实际公布的贸易航线走向来看，在争议区内甚至附近的都不多。而且，就算南海事关重要的贸易航线，但就战略意义而言，要控制和防卫 350 万平方公里的南海，其难度远大于控制马六甲海峡。

美国是头号军事强国，国内的军事利益集团在干预南海问题上与美国捍卫全球地位的国家利益是高度一致的。事实上，美国介入南海争端的主要抓手仍然是军事援助，体现最明显的当是美国与菲律宾关系的显著升温，但美国与越南关系的改善也有此含义。2010 年 9 月，在越南河内举行东盟地区论坛时，美国海军战舰造访越南凸显美越军事关系的重大转变。2012 年 6 月，美国国防部长莱昂·帕内塔在出席香格里拉会议后，顺访越南，成为越战结束以来首位访问金兰湾的美国防长。对越南而言，美国的军售将有助于弥补、翻新从越战所留下的武器，特别是购买防空导弹、海岸雷达和海上巡逻机。对美国而言，希望重新获得金兰湾的停靠权，提升再平衡战略的可信度和威慑力。

除了强大的军事力量，美国也对区域性国际制度和全球性国际制度有着很强的影响力。在 2010 年前国务卿希拉里在东盟地区论坛上首次表态南海事关美国国家利益后，每年 7 月举行的东盟地区论坛就成为美国与亚太盟友磋商南海问题，对南海问题进行政策表态的最重要场所。此外，美国也不放弃在东亚峰会、亚太经合组织，甚至 G20 等多边场所就南海问题宣扬其理念的机会。

同样，美国在塑造国际舆论方面也拥有强大的实力。进入 2015 年后，美国开始密切关注中国的陆域吹填行动。战略与国际问题研究中心为此还开设了网站“亚洲海上透明度倡议”（Asia Maritime Transparency Initiative，AMTI），通过卫星拍摄中国在南沙群岛的建设进展。[①] 由于美国对全球媒体的巨大影响力，各大主要媒体都使用 CSIS 网站公布的图片，跟进相关报道。应该说，CSIS 的这一举措使智库的全球影响力借助于南海争端而进一步提升，智库影响力也有助于提高美国政策表态的可信度。同时，美国通过舆论战可以消耗中国的外交资源，增加中国进行软实力外交的成本。

美国动员盟友，特别是日本插手南海事务。远在第二次世界大战期间，日本曾一度占领南海岛礁，冷战开始后美国逐步在西太平洋划定第一岛链，日本是重要组成部分。在很长时间内，美国亚太安全政策调整的一个标志是日本联盟的变革。在南海问题上，除了当事国菲

---

① 可参考其网站 http：//amti. csis. org/category/south-china-sea/。

律宾之外，美国能够动员的盟友力量，主要还是日本。2012年4月中旬，日本自卫队首次参加了在南海的美菲军演，还计划使用美国海军陆战队在菲律宾的设施，实际上已经构成了多方参与南海问题的事态。随着日本通过安保体制新法案，日本军事安全政策已经从过去侧重于北方领土转向重视西南方位，而且从过去完全辅助美国正逐步走向配合、支援美国在地区乃至全球的军事行动。

从未来一个时期来看，美方在南海还会继续强化其存在感，在重大的国际会议上仍会用国际法来压制中国的主张，并且在军事上会进行巡航常态化，并牵引日本、澳大利亚等区域外国家介入。美国利用其强大的研究力量和舆论传播能力，掌握对国际海洋规则的解释权，并同时宣扬"中国海洋威胁论"。

与此同时，我们也要看到，美国长期介入也有难题。第一，美国国防开支占GDP的比重持续下跌。2010年，美军军事支出占美国GDP的5%，2017年降至3.1%。这带来两个难题：美军在美国国内政治中的地位下降，美军与政府的矛盾会加深。此外，由于要调动盟国的军事资源，美军不得不与盟友交换情报来获取支持，随着信息情报的过量交换，这显然会增加美军在该地区执行军务的风险。第二，美国在军事干预和地区稳定之间搞平衡越来越难，特别是难以获得中国支持美国在该地区内的领导地位。如果没有中国的支持，美国稳定地区形势的战略目标很可能将耗费更大的成本。而且，美国近些年来的对外军事干预少有成功，因此其力度更多地停留在宣示性质而不是要提升到可以摧毁目标的地步。第三，美国还不是《联合国海洋法公约》签署国，在今后一个时期里参议院也难以批准该协定。因此，美国利用国际法责难中国的说辞经不住推敲，其使用效力是边际效应递减的。美国拿国际上缺乏法律地位的所谓低潮水位下的岛礁无领海来掩盖其战略目的，今后也将越来越难。因为，什么样的岛礁拥有多大的海域面积主权权利，这本身在国际法上是很有争议的，而不是像许多媒体报道的那样已经是一个准则。

第四节　中国正在主导周边秩序的调整吗

20世纪90年代早期的分析认为，源于对和平稳定环境的追求，中国决策者保持着相对温和的南海政策。① 21 世纪初，中国学者比较乐观地看待中国政策的积极效应，认为中国的南海政策在"稳定周边"方面还比较成功，其特点是以牺牲局部利益、换取长远的全局利益。② 不过，对政策能否继续有效维护中国的国家利益存有较大疑惑，因为这一政策没有改变中国南海主权及主权权利受侵犯日益严峻的局面。

此阶段关于南海争端的分析中，除了美国因素之外，中国学者中也有一派将原因归于中国自身政策的失误。中国人民大学教授金灿荣认为："总体而言，中国的政策主张和外交实践效果不彰，南海问题不是趋于解决而是逐步升级。"③ 清华大学教授阎学通则认为，南海问题反映出中国"不结盟""韬光养晦"的外交理念已经过时，中国只有改变外交原则才能解决南海问题。④ 针对中国政府一贯强调的"搁置争议、共同开发"政策，中国学者也认为其效用越来越低。⑤

尽管都在找中国的原因，但中外学者的出发点是不同的，国外学者强调的是中国过分作为引发了形势动荡。国外学者对中国南海政策的评估，几乎是一边倒地认为中国"过度自信"⑥。中国试图通过增强自己宣示主权的权力来维护和平，但结果却是周边国家都认为中国的这种行为引发了不稳定。⑦ 伦敦的国际战略研究所在评估南海局势时，一方面说中国不愿意跟美国对抗，不愿意因南海问题而影响中国与整个东南亚的关系，但在分析过程中，却相当武断地认为，中国的

---

① Samuel S. G. Wu and Bruce Buno de Mesquita, "Assessing the Dispute in the South China Sea: A Model of China's Security Decision Making," *International Studies Quarterly*, 1994, Vol. 38, pp. 379 – 403.

② 岳德明：《中国南海政策刍议》，《战略与管理》2002 年第 3 期。

③ 金灿荣：《中国破解南海困局需要"一心二用"》，《小康》2011 年第 11 期。

④ 阎学通：《从南海问题说到中国外交调整》，《世界知识》2012 年第 1 期。

⑤ 邵建平、李晨阳：《东盟国家处理海域争端的方式及其对解决南海主权争端的启示》，《当代亚太》2010 年第 4 期。

⑥ Carlyle A. Thayer, "China's New Wave of Aggressive Assertiveness in the South China Sea," Paper to Conference on Maritime Security in the South China Sea, Sponsored by the Center for Strategic and International Studies, Washington, D. C., June 20 – 21, 2011.

⑦ M. Taylor Fravel, "China's Strategy in the South China Sea," *Contemporary Southeast Asia*, Vol. 33, No. 3, 2011, pp. 292 – 319.

军事崛起是地区内军备竞赛的一个重要推动因素。[①] 但是，即便根据西方人非常认可的斯德哥尔摩研究所的数据，也不能轻易得出这一结论。在亚太地区的较大经济体中，中国军费占 GDP 的比重只是略高于日本、印度尼西亚和哈萨克斯坦，而远比美国、俄罗斯、印度和韩国低，也远低于新加坡。

西方学者多年来一直将中国当成改变周边秩序的重要行为体，而中国学者只是近年来才意识到中国崛起本身是周边安全环境变化的一个推动因素。中国社会科学院国际学部主任张蕴岭在 2003 年指出："中国是自身所处综合环境的一个有机组成部分。"[②] 绝大部分中国学者都认为，中国崛起首先要在东亚地区崛起，这将显著改变现有的地区秩序，当然也包括海洋秩序。随着中国超过日本成为亚洲地区经济总量最大的经济体，中国对地区局势的影响已经不仅仅是经济层面的。客观上，对周边国家的心理冲击也很大，周边国家在观察中国施展权力时也会更加细致、敏感，反而是作为大国的中国却不容易察觉对方的这类心理感受。

因此，一个关键性问题是，尽管中国的地区战略目标没有变化，但战略环境变了，更重要的是中国的战略手段增多、增强了。从 20世纪 90 年代初中国明确周边战略之后，建设安定、良好的周边环境一直是中国外交中压倒性的战略目标。90 年代后期，中国领导人在驳斥"中国威胁论"时，一个重要的证据是中国的军力是防御性的，不会对邻国构成威胁，特别是"中国到现在连一艘航空母舰都没有"[③]。显然，近年来中国军力获得了长足进展。2008 年 12 月，中国海军护航编队首次进入印度洋的亚丁湾，中国国防部也在记者招待会上正式宣布将自行建造中型航空母舰。

南海问题的紧张打破了国际政治中的一些规律性结论，出现了一些新的悖论，比如大国发展军事力量威慑小国的说法似乎不成立。10

---

① The International Institute for Strategic Studies, *Strategic Survey 2011* : *The Annual Review of World Affairs*, Oxon, New York：Routledge, 2011, p. 137.

② 张蕴岭：《如何认识中国在亚太地区所面临的环境》，张蕴岭主编：《未来 10—15年中国在亚太地区面临的国际环境》，中国社会科学出版社 2003 年版，第 36 页。

③ 《李鹏总理就国内与地区问题答问》，《人民日报》1997 年 8 月 23 日第 3 版。

多年来，中国与越南、菲律宾的实力差距进一步拉大，但周边国家并没有因中国的强大而降低在南海的调门。在东亚社会，各国都关注主权问题，妥协的可能性较低，这是矛盾不断的一个阶段性根源。但与此同时我们也发现，发展中国家尽管是海洋新秩序的获益者，但实质性获益的却仍然是拥有先进技术开发能力的强国及其跨国公司。南海对越南、菲律宾的经济增长具有相当重要的意义，但两国在开发南海中获得的利益也不得不被区域外力量所瓜分。中国的发展经验本来是可以为两国提供足够参考的，但显然两国对中国重塑周边秩序的安全担忧降低了其对经济利益的考量。

另外一个悖论是，中国尽管增强了实力和手段，但中国南海政策的效应却越来越低，越来越难以满足国内社会对大国尊严的要求。中国人民大学教授庞中英给出的一个解释是，中国被东盟多边机构束缚住了。中国加入《南海各方行为宣言》承诺不使用武力解决问题，被"解除"了武装，这是东盟国家的外交胜利。① 或许正是出于对这一点的担忧，新加坡学者郑永年提出中国有必要实行"多边主义架构下的双边主义"，在中国—东盟框架内通过双边方式管控南海问题。② 与此形成对比的是，在同样涉及领土主权等核心利益的台湾问题上，中国绝不承诺放弃使用武力。从这个角度上讲，中国还谈不上主导新一轮周边秩序的调整。有的学者甚至提出："短期内，东亚秩序似乎正在按照美国模式重组。"③

与中国改革迈入新的发展历程一样，中国外交也处在一个跨越的阶段。外交部长助理乐玉成在 2010 年底的一份报告中强调，中国外交面临的难题和挑战越来越多，日渐进入"深水区"，比如出现了关于中国外交"软""硬"截然不同的评价。④ 显然，在一个更加不确定性的世界中更需要战略谋划。与计划不同，所谓战略就是要在一个不确定的环境中谋求利益，不仅要考虑长远全局利益，也要考虑对手

---

① 庞中英：《东盟的外交陷阱》，《东方早报》2012 年 5 月 16 日第 14 版。
② 郑永年：《中国国际命运》，浙江人民出版社 2011 年版，第 121—127 页。
③ 俞正樑：《东亚秩序重组的特点及其挑战》，《国际展望》2012 年第 1 期。
④ 乐玉成：《对国际形势和中国外交的一些看法与思考》，《外交评论》2010 年第 6 期。

的策略。

由于众多大国的介入，南海问题显著地成为国际安全研究中的重大议题。与台湾问题一样，南海岛屿涉及中国的核心利益，这类利益不是因中国成长为世界大国、要承担所谓负责任角色而谋求的，南海问题是中国自己的问题，是被战略利益牵涉在内的议题，它不得不成为中国人必须加以深入研究的中国问题。正如北京大学教授查道炯所言："唯有处理好中国所独有的挑战，才有可能使中国的外交走向稳定。"①

对国内政治而言，在南海问题上有多种声音：一方面是国际舆论和国内舆论在认识海洋秩序上有差异，但从深层次考虑，南海问题的复杂化也源于国内和国际研判上中国运用实力方面所存在的差异。在海洋问题和秩序构建上，中国是后来者，大多数南海周边国家也是秩序的接受者，多数周边国家决策者倾向于认为美国的崛起模式比较有利，特别是美国在第二次世界大战后利用多边主义制度进行权力约束的历史经验，让周边国家觉得大国只有遵循美国模式才能维护共同利益。

从权力格局变化看，美国精英自然希望霸权永久，至少不希望在西太平洋出现一个挑战美国主导权的国家。美国政治家认为，中国在南海的维权削弱了美国对同盟的承诺，阻碍了美国海权的发挥，在此问题上的筹码远远超过非海洋国家的认知，轻易不会与中国做出大交易。美国通过维持海洋霸权，坚持了全球军事强国地位，进而支撑了美元体制，这就是美国的根本利益所在。如果有朝一日，南海主导权的归属已经无涉霸权之争，那么美国在与不在，南海的稳定都是可期待的。就此看来，维持南海局势的稳定，技术性因素（包括开发性技术、军事技术，也包括规则解释权）的权重在上升，但更重要的是相关方对长期利益的考量，如果认为未来的冲突不可避免，那么很可能主导性思维模式是谁先动手谁占优。为了维持南海局势的稳定，要在"多赢"上下功夫。

随着越来越多的学者介入南海问题的研究，中国对南海问题的认

---

① 查道炯：《中国外交的结构性掣肘》，《东方早报》2011 年 9 月 7 日第 22 版。

识更加深入和广阔，当然也带来了新的问题。南海问题研究在数量上有了巨大增长，也在形成被接受的议题，但与解决问题的迫切性需求相比，还没有产生适应环境变革的知识框架，尤其是对解决南海问题的成本及收益的分析不够全面。在这种情况下，构建南海的战略评估框架是有必要的，以对战略目标、战略环境及战略资源进行持续分析和评判。前文所述国际制度、中美海上冲突以及中国周边秩序大体上也是在这种思路下对南海大战略研究的梳理。

在大战略研究中，首要的一条原则是手段服从目标。但我们也不可忘记，做出这一论断的大前提是战略目标清晰，可以独立掌控。但在中国国力迅速增长、所谓国际格局"东升西降"的大时代，战略目标本身也是变化的。长期以来，我们一度以中国维护南海的军事手段、经济资源不足为由，追求在既定战略目标下推进实力增长。现在，解决南海问题的物质实力增长了，但却发现处于一种不能动用武力解决的尴尬境地。从这个意义上说，崛起国在配置战略手段和战略目标时，要从根本上塑造一种手段和目标可以互换的战略文化。类似于十七八世纪欧洲重商主义崛起阶段的对外政策，权力和财富是互为手段和目的的。尽管从短期来看，权力可以作为追求财富的手段，财富可以用作增进权力的手段，但两者从长期而言是不矛盾的，是合而为一的。

在南海问题上，我们要寻求一种目标与手段相互调适的大战略。维护国家领土主权完整是国家利益，岛屿主权与海洋划界显然也是中国国家利益的一部分，同样，增进中国的实力、提高中国人民的生活水平也是国家利益。在南海维护主权的战略目标下，中国力量的增长是战略手段。反过来，在确保中国经济增长的目标下，周边安全环境的稳定是战略手段。因此，战略目标与战略手段是可以互相调整的。中国实力的增长已经极大地改变了战略力量，在外界看来，中国已经大大提高了解决南海问题的战略手段。那么，中国需要更新战略目标，让目标和手段更加相互匹配。

第六章 中国—东盟关系中的南海问题

南海问题对中国—东盟关系造成巨大冲击。一些人认为，中国变得越来越强势，弱小的东盟不仅没有办法与中国抗衡，而且还面临着瓦解的风险，为此不得不引入区域外强者来制衡中国的行为。[①] 也有观点认为，中国对东盟采取了分而治之的策略，通过搞定东盟内的某个成员国，让东盟无法达成共识，降低中国在南海问题上的压力。中国的这种做法既削弱了中国的威望，也损害了中国—东盟关系。[②] 还有人认为，如果南海问题无法得到有效解决，东盟很难支持中国提出的"一带一路"建设。有的甚至认为，中国最终将在东南亚地区恢复传统的"朝贡秩序"，因而根本不会重视东盟方式。[③] 总体来看，这些观点都是从东盟视角出发评估中国行为以及双边关系的未来发展方向，基本倾向都较悲观。

如果从中国视角出发看待中国—东盟关系以及南海问题，那么场景很可能是不同的。比如，多年来中国非常重视并不断强调东盟在地区合作中的中心地位，解决南海问题的"双轨思路"将东盟定位在"维持和平稳定"的一方，而且也突出强调了中国—东盟关系是中国周边外交的优先方向。显然，在中国—东盟关系发展上，与国际舆论

[①] J Berkshire Miller, "Beijing Banks on Fractured ASEAN", Al Jazeera English, August 4th, 2016.

[②] Dipanjan Roy Chaudhury, "China Should Accept PCA Ruling on South China Sea: Expert," *The Economic Times*, August 8th, 2016; Simon Roughneen, "Reinventing ASEAN," Nikkei Report, September 5th, 2016. 认为东盟没有被完全分而治之的观点可参考 Elina Noor, "ASEAN not So Divided on the South China Sea," *East Asia Forum*, 17th August, 2016.

[③] Dana R. Dilion, "Countering Beijing in the South China Sea," *Policy Review*, June & July 2011, pp. 51 – 67.

众多的批评相比，中国看上去颇具自信。在所有大国中，中国是最为重视东盟的一个。2012 年 9 月，时任国家副主席的习近平在出席第九届中国—东盟商务与投资峰会时指出："中国—东盟关系的持续发展表明，中国周边外交切实做到了与邻为善、以邻为伴。在东盟的对话伙伴中，中国是最早同东盟建立战略伙伴关系、最早开启同东盟建设自贸区进程的国家。现在中国和东盟国家领导人就像走亲戚一样常来常往，中国领导人几乎每年都访问东盟国家。"① 为什么中国在不承认多边解决南海问题的同时，又那么重视作为国家间组织的东盟呢？国际舆论普遍认为，中国阻止东盟发表有关南海的声明又伤害了东盟的地位。那么，实际情形到底如何？中国重视东盟在南海问题上扮演关键角色出于何种缘由？中国作为一个大国，为什么愿意与东盟周旋呢？

　　笔者认为，在理解中国—东盟关系中的南海问题时，仅从现实主义、自由主义、建构主义或者社会进化论去解释都是不完善的。尽管这些理论视角有助于我们理解中国—东盟关系，但理论本身都有其擅长的特定问题领域，从一个问题领域转入另外一个，理论有可能丧失解释力，而南海问题有一定的特殊性，我们有必要重视其他一些概念和逻辑关系。从中国的角度来看，无论是南海问题还是中国—东盟关系，都服从于构建和平发展的外部大环境这一战略需求。中国在努力构建一种新的国际形象，即不以势压人，不让周边国家惧怕中国强大的力量。东盟的力量也在不断增长，规避域外势力干预的能力和意愿也在加强。东盟在稳定南海局势上扮演着关键角色，这种角色之所以被中国认可，更重要的考虑可能在于东盟是一个国际关系的熔炉。不仅各种理论在东盟都能找到现实依托，而且在发展阶段上，东盟与中国契合度极高，两者的利益趋同和观念趋同远大于其他一组双边关系。一个崛起的中国如果要确保和平稳定的外部环境，就需要这样一个实验场地来检测到底什么样的新型关系适用于和平发展的战略目标。从中国崛起本身来讲，很难用一种单一的大理论来概括中国与周

---

　　① 习近平：《携手推进深度合作、共同实现持续发展——在第九届中国—东盟商务与投资峰会暨 2012 中国—东盟自贸区论坛开幕式上的致辞》，《人民日报》2012 年 9 月 22 日第 3 版。

边的关系，这也是中国学术界多年来提出要考虑中国特色的原因，从一定程度上讲中国与东盟关系的发展也有测试理论的考虑。同时，在海洋问题上，中国需要与东盟维持一种有效的命运共同体意识，这种意识对于破解西方"以海制陆"的霸权扩张具有历史、现实意义。

第一节　理解南海问题中的东盟需要新的视角

本节侧重于分析东盟作为一个整体表达南海政策时的相关言论，主要的问题是中国为什么高度重视东盟这个区域组织在南海问题上所扮演的角色。那么谁能代表东盟这样一个组织来说话？① 学术界的一般看法是，东盟秘书长是代理人物，有一定的发言权，但还不能等同于区域组织的意见。有两种处理手法：一种是东盟外长会议的声明和宣言，因为依据国际法，一国外长可以缔结条约。另一种是东盟首脑会议或"东盟＋N"首脑会议的声明和宣言，成员国首脑经过讨论之后形成的意见自然代表了作为一个区域组织的立场。一个国际或地区组织的对外关系及其政策，一般与其成员国不会完全相同。比如，中国学界在讨论中国与联合国的关系时，很少会将中美关系、中法关系及中俄关系等纳入进来，而是相对独立地讨论中国与作为一个组织的联合国的关系。在中国高等院校的专业设置上，国际关系学习者也不会混淆国际组织与双边关系的不同研究方向。不过，在论述中国与东盟关系时，学界的普遍现象是很少区分作为一个松散组织的东盟与东盟成员国的关系。很多文章在讨论中国与东盟关系时，大部分篇幅往往是在分析中国与东盟成员国的关系。即便是在国际学术界，这也是一个很普遍的现象。而中国政府的一些文件有时候也不区分东盟与东盟成员国，很多时候的表述是东盟国家，这与国际社会通常直接称东盟有所不同。当然，我们可以说因为东盟是一个松散的地区组织，甚至也可以说东盟并不是一个"盟"，而是一个"协会"。

---

① 有专家也指出这一点。尽管本节已经强调东盟某一些成员国的意见显然不同于东盟整体，但有时候的确也难以区分东盟成员国一致表述时究竟在多大程度上代表所有各方。在南海问题上，也有少数国家利用"东盟方式"达不成宣言的例子。有的时候，成员国一致的声音也可以是指某一国的意见，比如具有特殊地位的东盟轮值主席国。

自 1967 年东盟成立以来，追求一种共同的身份和组织独立性一直是其目标。冷战结束后，在中国外交布局中，中国与东盟的关系也取得了显著进展。随着 2007 年底《东盟宪章》的出台（2008 年底生效），东盟的一体化程度比以往有所加深。新加坡许通美大使在该宪章生效一周年之际曾评论说，关于东盟是个纸老虎的说法该调整了，东盟下一步的任务是加快制定争端解决机制。[①] 也有中国学者认为，《东盟宪章》的制定本身就是以法律形式对"东盟方式"进行变革的重要尝试，在一定程度上使东盟具备了国际法人地位。但与此同时，《东盟宪章》的约束力还有限，传统的"东盟方式"仍然起主导作用，东盟并没有实现从国家间组织到超国家组织的转变。[②] 从国际法角度来说，该宪章通过之后，东盟的国际法人地位仍无法与联合国、欧盟相提并论。有学者认为，在经济合作与核武器领域，东盟作为整体的代表性要强于人权领域。对东盟的一个恰当理解是"某种常设外交会议"，但这种国际法上的严格定义也不是不承认国际关系学者对东盟更为宽泛一些的认识，即东盟可以被当作一个"机构"[③]。总的来看，在《东盟宪章》通过以后，东盟自身以及外部对东盟的相关看法发生了显著改变，例如有学者认为，《东盟宪章》的存在为印度尼西亚介入 2011 年泰国—柬埔寨冲突提供了合法性。[④] 东盟在 2015 年底宣布建成了三个共同体，在追求一体化的道路上还在继续前进。中国支持东盟共同体建设，中国的确有一个可以称之为东盟政策的分支领域存在。因此，中国—东盟这样一种关系有自己的特性，应该不同于中国与东盟各成员国的双边关系。

---

① Tommy Koh, "ASEAN Charter at One: A Thriving Tiger Pup," Think Tank, 9 Dec, 2009. http://lkyspp. nus. edu. sg/ips/wp - content/uploads/sites/2/2013/04/pa _ tk _ think - tank_ Asean - Charter - at - one - A - thriving - tiger - pup_ 0912091. pdf.

② 谢碧霞、张祖兴：《从〈东盟宪章〉看"东盟方式"的变革与延续》，《外交评论》2008 年第 4 期。

③ Simon Chesterman, "Does ASEAN Exist? The Association of Southeast Asian Nations as An International Legal Perspon," Vol. 12, 2008, *Singapore Year Book of International Law and Contributors*, pp. 199 – 211.

④ Walter Woon, "Dispute Settlement in ASEAN," *Korean Journal of International and Comparative Law*, Vol. 1, 2013, pp. 92 – 104.

　　在国际关系学术界讨论中国与东盟关系时，存在着多种理论视角，可以说，目前存在的几大理论都能在东盟的内部行为和对外行为中找到立足点。① 不过，这些理论视角大多数是站在东盟国家立场上进行的考虑，即以东盟为中心的分析，考虑和比较的内容主要是这些理论能否解释东盟成员国的行为。在若干延伸点上，这些理论也可以被用于分析中国的行为。但是，正如后文所强调的，尽管这些理论的立足点或所倚重的特定问题领域在中国与东盟关系中也能找到，但这些视角对于新出现的南海问题则缺乏足够的解释力。

　　对于现实主义来说，东盟非常虚弱，只是一个松散的地区组合，所谓制度和规范只不过是个"干预变量"而已，国际组织归根到底是服务于霸权国家的工具。在理解东盟行为上，现实主义强调的不干预和非约束性共识只停留在口头上，实际上挑起争端和解决争端的仍然是力量在起作用。现实主义认为，规范是强国制定并实施的，东南亚地区的稳定依赖于大国间的军事实力分配，而不是东盟的地区安排，因此东南亚地区的稳定在于大国之间的战略平衡，尤其是泰国与柬埔寨的领土冲突、南海问题等显示出东盟安全共同体的虚幻性。② 但现实主义也有一些问题，例如东盟一直强调不想在中国与美国之间选边站。有的学者甚至认为，东盟的策略不能简单概括为制衡或者追随，而是"在对冲基础上的顺应"。顺应是一种社会化进程，对冲与制衡的最大区别在于，前者主张弱小一方的自主性。而且，为了让大国相信小国的政策可信度，小国在执行对冲战略时保持着高度的机动性。③

---

　　① Yi-hung Chiou, "Unraveling the Logic of ASEAN's Decision-Making: Theoretical Analysis and Case Examination," *Asian Politics & Policy*, Vol. 2, No. 3, 2010, pp. 371 – 393; Gerald Chan, "China Eyes ASEAN: Evolving Multilateralism," *Journal of Asian Security and International Affairs*, Vol. 2, No. 1, 2015, pp. 75 – 91; Laura Southgate and Nicholas Khoo, "Enter the Vanguard State: Reinterpreting ASEAN's Response to the South China Sea Issue," *Journal of Asian Security and International Affairs*, Vol. 3, No. 2, 2016, pp. 221 – 244.

　　② David Martin Jones and Nicole Jenne, "Weak State's Regionalism: ASEAN and the Limits of Security Cooperation in Pacific Asia," *International Relations of the Asia-Pacific*, 2015, pp. 1 – 32.

　　③ Aileen S. P. Baviera, "China-ASEAN Conflict and Cooperation in the South China Sea: Managing Power Asymmetry," in Fermin R. De Leon Jr. and Ernesto R. Aradanas, eds., *The Study of National Security at Fifty: Re-awakenings*, National Defense College of the Philippines, 2013, pp. 202 – 225.

从中国立场看，现实主义的有些观点在理解中国行为时的确具有一定的合理性。菲律宾学者提出一个颇具现实主义解释力的说法，即中国之所以重视东盟，是因为惧怕东盟的某些成员国，如菲律宾邀请美国来制衡中国，因此以迂回曲折的手法加强与东盟的关系，让东盟约束其成员国。他的一个证据是20世纪90年代末，在菲律宾面对中国压力而转向美国时，中国加速了和东盟之间就南海行为准则的谈判进程。① 而更多流行的观点则认为，随着中国权势的增强，中国越来越不愿意平等对待东盟，而是分而治之。但中国似乎并没有这么看轻东盟，至少在官方的政策表述中一直承认东盟的中心地位。中国学界对东盟的作用有不同的理解。张蕴岭认为："中国支持东盟的团结，因为一个联合的东南亚对中国有利，支持东盟在地区和国际事务中发挥更大的作用，因为东盟的对话与合作理念与中国的合作共赢思想相通。"②

新自由主义认为，作为一种逐渐演变的多边制度，东盟加速了东南亚国家的合作，并提高了承诺的可信度。东盟有能力使用多种多边框架，如东盟地区论坛和东亚共同体以及和平的规范性协定，与区域外大国一起确保地区和平与稳定。在一定程度上，正是东盟发挥了这种功能，中国才认可东盟在稳定南海局势上的作用。但自由主义更为强调的是国际法等制度性的约束作用。如果从制度主义出发，那么中国理所应当利用多边主义的东盟来强化自身的话语权，但中国却是在双边层面加强和东盟的关系，而不是在诸如东盟地区论坛、东亚峰会上讨论南海问题。也有学者建议，中国应该创造性地在东盟这个多边框架里探索双边解决争端的可能性。③

建构主义将目光转向身份认同，认为东盟是一个安全共同体，东盟的实践加速了成员国的社会化进程，促进了身份认同。建构主义的观点强调身份和社会化的互动进程，认为国家间关系并不完全是先天

---

① Renato Cruz De Castro, "Facing Up to China's Realpolitik Approach in the South China Sea Dispute: The Case of the 2012 Scarborough Shoal Stand-off and Its Aftermath," *Journal of Asian Security and International Affairs*, Vol. 3, No. 2, 2016, p. 9.

② 张蕴岭:《中国—东盟对话25年:讲信修睦，合作共赢》，《世界知识》2016年第14期。

③ 张洁、朱滨:《中国—东盟关系中的南海因素》，《当代世界》2013年第8期。

给定和静态的，国家之间通过调整互动模式也形成了比较良好的关系。东盟维持地区和平的效率在于将大国社会化，认同东盟提出的一些理念。当然，也有学者不断强调东盟的冲突管理机制还是发挥了作用，至少中国答应要与东盟国家签订南海行为准则。① 从东盟解决南海争端的记录来看，许通美、阿查亚认为，东盟在协调和解决成员国之间的纷争与冲突中起了较大作用。应该说，建构主义在理解中国对东盟的政策上也有一定的解释力，有学者对 1992—2008 年《人民日报》（海外版）报道中对中国东盟关系的身份定位进行分析表明，中国官方对东盟有多种身份定位，主要包括朋友、对话者、合作者及组织机构等。其中，将东盟作为朋友身份的占比为 32.4%，如加上对话者和合作者的占比，前三类所占比重达到 65.2%，而将之作为一个组织机构来看待的大概占到各类身份定位中的 14.1%。② 也就是说，中国对东盟的认同总体上是非常积极的。近年来，中国接受了"东盟方式"，并进一步发展到提倡"亚洲方式"。③ 中国也使用了东盟提出的互联互通概念，并将其引入中国提出的"一带一路"倡议中。④ 但显然，在南海问题领域，东盟并没有在互动中让中国接受一些成员国努力推广的多边主义概念，而且中国所接受的 1982 年《联合国海洋法公约》等国际法理念也不是东盟给予的，在南海问题上超出权力范畴的一些观念，比如和平共处五项原则所包含的内容，在新中国外交历史上并不鲜见。

南海问题带来的不仅是政策挑战，也有理论挑战，特别是东盟弱

---

① Bama Andika Putra, "China's Assertiveness in the South China Sea: Have ASEAN's Endavors in Establishing Regional Order Truly Failed?" *Journal of Politics and Law*, Vol. 8, No. 4, 2015, pp. 178 – 184.

② 尤泽顺：《话语、身份构建与中国东盟关系：〈人民日报〉新闻标题分析》，《东南学术》2011 年第 5 期。

③ 2015 年 3 月，习近平主席在亚洲博鳌论坛上提出"亚洲国家在推进区域合作实践中逐步形成了相互尊重、协商一致、照顾各方舒适度的亚洲方式。这些都为正确处理国家关系、推动建立新型国际关系作出了历史性贡献"。习近平：《迈向命运共同体 开创亚洲新未来》，《人民日报》2015 年 3 月 29 日第 3 版。

④ 苏长和：《中国东盟合作需要有共同的知识基础》，2016 年 6 月 3 日在印度尼西亚三宝垄举行的中国东盟对话关系 25 周年会议上的发言，http://asean.chinamission.org.cn/chn/wjzs/t1370278.htm。

化后对建构主义的挑战。尽管建构主义者还在不断论证东盟仍然有作用，如阿米塔·阿查亚就主张"有关东盟边缘化的预测已被证明是夸大的"①。但从更广泛的舆论来看，建构主义论点越来越失去了市场。更多学者认为，随着中国崛起后在南海问题上采取强硬政策，建构主义主张的小国通过地区合作成为社会化大国的努力已经失败，在大国激烈的地缘政治竞争中，东盟的地位无足轻重。尤其在 2016 年 7 月南海仲裁出台后，哈佛大学教授格莱汉姆·埃里森（Graham Allison）认为："大国不会承认这些法庭的仲裁，除非他们认为某些特定案例也符合其利益。"② 就连王赓武也提醒新加坡政府，需要对中国的意图、美国的解决方案、东盟以及新加坡在该地区的位置进行现实主义式的评估，因为只有这样才能为该地区未来的地缘政治变革做好准备。③

对于国际关系学者而言，上述理论的基本论点并不陌生。相关研究进展多数是在某一个理论上进一步发挥，特别是依赖某些问题领域来修正和发展这些大理论的解释力。而南海问题的爆发和凸显则主要是 2009 年以后的事情，也就是说，在上述几个国际关系大理论成形的时候，南海问题并不是理论建构的对象。对理论进行批评不是本节的目的，本节强调的是要借助理论增强理解复杂性事物的能力。在上述三大理论之后，社会进化论也被用于理解中国与东盟关系的发展。④社会进化论的一个突出贡献是将大理论按时代发展阶段来定位。在解释中国与东盟关系，特别是理解中国热切接近东盟、为密切参与东盟而推出一系列活动时，社会进化论的核心概念是学习曲线，即中国参与东盟的多边主义而获得了现代国家体系知识，融入了现代国际体系，其标志是越来越多的国际条约，这与"朝贡秩序"下的对外关

---

① Amitav Acharya, "ASEAN Can Survive Great-Power Rivalry in Asia," *East Asia Forum*, October 7, 2015.

② Graham Allison, "Of Course China, Like All Great Powers, Will Ignore an International Legal Verdict," *The Diplomat*, July 11, 2016.

③ Wang Gungwu, "Singapore's 'Chinese Dilemma' as China Rise," *The Strait Times*, June 1, 2015.

④ Gerald Chan, "China Eyes ASEAN: Evolving Multilateralism," *Journal of Asian Security and International Affairs*, Vol. 2, No. 1, 2015, pp. 75 – 91.

系十分不同。不过，社会进化论者也承认，尽管 20 世纪 90 年代以来，中国越来越认可东盟的多边主义立场，但南海问题却是难以解释的。在未来一段时期里，中国与东盟若干成员国的冲突、地区的分裂以及美国的再平衡活动仍将持续。[①]

显然，这些大理论很难完全解释南海问题上中国与东盟关系的韧性。在国际舆论普遍认为中国政府使用分而治之策略瓦解东盟时，中国政府却更为重视构建与东盟的双边关系，特别是在南海问题上提出"双轨思路"，重视东盟在稳定南海局势方面的作用。显然，简单按照结构现实主义的思路是解释不了这一现象的，大国往往并不用重视小国，而由小国组成的松散联盟也更缺乏制约性。从菲律宾在南海问题上的表现来看，东盟并不具有约束成员国的能力。中国政府也看到了在美国等国家的支持下菲律宾在南海问题上不断挑衅的行为，特别是 2013 年 1 月发起仲裁，而海牙临时仲裁庭于 2016 年 7 月 12 日的裁决，也让中国人明白了国际法的虚伪性，国际制度并不是那么客观、公正的。那么问题在于，为什么在南海问题上，中国政府这么重视东盟这个组织呢？我们可能需要一些新的视角，真正从中国的立场出发，去理解在中国—东盟（地区组织）关系中的南海问题。本节认为，中国将和平发展与构建良好的周边环境作为战略目标，在南海问题上看到了东盟独特的作用。东盟是全球极少的兼有海上国家和陆上国家的地区组织，对于中国这样一个海陆兼备的国家保障海上权益的意义非凡。东盟多年来在维护东南亚和平稳定中扮演了积极的角色，这与中国的战略目标高度契合。作为一个整体，东盟在世界政治经济中并不是一个可以忽略的角色，特别是由于其共同体建设的迈进，对地区政治经济发展会产生重大的影响。中国之所以将东盟作为南海问题的一方，正是基于上述考虑。仅仅从已有的视角去理解中国的行为，显然不足以涵盖上述三个方面的考虑。

---

① Gerald Chan, "China Eyes ASEAN: Evolving Multilateralism," *Journal of Asian Security and International Affairs*, Vol. 2, No. 1, 2015, p. 88.

第二节　中国—东盟双边关系中的南海问题

一般认为，中国与东盟的双边对话从 1991 年正式开始，中国也派员参加过东盟发起的有关南海问题的讨论。不过，在 20 世纪 90 年代早期，东盟并不认为南海问题是个严重的地区安全问题。例如，有学者认为，20 世纪 90 年代以前，东南亚国家在看待南海问题时，主要将其看作中越两个社会主义国家之间因为意识形态分歧和历史原因而造成的冲突。90 年代中期以前，除了中国和越南之间持久存在的冲突之外，其他东南亚国家并没有怎么关注南海问题。① 这种局面随着 1992 年中国出台"领海法"之后发生了改变，东盟外长在菲律宾的推动下，发布了马尼拉南海问题宣言，宣言呼吁各方保持克制，用和平手段解决主权和司法问题。② 当时还不是东盟成员的越南对此也表示支持，而中国政府仅表示这个宣言是个"有益的因素"③。1995 年 7 月，钱其琛在参加东盟外长会议时指出："维护本地区的和平稳定，促进各国经济繁荣与合作，这是中国与东盟国家的共同利益和目标，是双方最根本的共同点"，而在南海问题上，钱其琛强调"'搁置争议、共同开发'主张是目前处理南沙争议最现实可行的途径"④。1996 年，中国批准通过了《联合国海洋法公约》。从一定意义上说，《联合国海洋法公约》的通过，加速了相关国家之间的海洋权益界定与争夺。可见，国际问题领域的制度建设有时候也不一定会促成各国的合作，特别是当这类制度建设难以平衡各国的发展需求时。

---

① Aileen S. P. Baviera, "China-ASEAN Conflict and Cooperation in the South China Sea: Managing Power Asymmetry," The Study of National Security at Fifty: Re-awakenings, pp. 202 – 225.

② 签署方包括文莱、印度尼西亚、马来西亚、菲律宾和新加坡。共有 5 个条款，尽管很简单，但却在多处暗示了允许关注南海问题的国家发挥作用。1992 ASEAN Declaration on the South China Sea, adopted by the Foreign Ministers at the 25th ASEAN Ministerial Meeting in Manila, Philippines, 22 July, 1992, http://www. aseansec. org/1196. htm.

③ Aileen S. P. Baviera, "China-ASEAN Conflict and Cooperation in the South China Sea: Managing Power Asymmetry," p. 204.

④ 丁宝忠、王星桥：《钱其琛与东盟外长对话时指出中国同东盟各国永远是好朋友》，《人民日报》1995 年 7 月 31 日第 1 版。

2002 年，中国和东盟各国签署了《南海各方行为宣言》。从当时对该宣言的评价来看，学者们已经认识到中国的南海政策发生了转变，即从双边处理南海争端，有了将东盟作为一个整体来稳定局势的用意。[①] 在后续的讨论中，这一宣言被定为"里程碑式"的变革。从 2002 年以后的历史来看，在签署这一宣言之后，中国以及东盟成员国都没有完全达成"共识"，而是按照各自对条文的理解行事。对这类现象的普遍解释是，东亚国家在完全解决争议之前，一般都遵循非正式制度，即通过静悄悄的外交来达成妥协。由于是静悄悄的外交，当遭遇国内政治阻力时，一些国家的领导人很可能会否认这种默契，转而为了解决其他更紧迫的内政外交问题，往往导致双边关系恶化。中国—东盟双方在一些重要的会议上对南海问题发表过联合声明，但这些声明仅是双方的共同立场。如表 6-1 所示，从双方的共同立场来看，2002 年是一个节点，因为通过了《南海各方行为宣言》；2011 年是另一个节点，通过了《南海各方行为宣言指针》；2013 年是又一个节点，一方面将宣言界定为"里程碑式文件"，又启动了"南海行为准则"磋商。到 2016 年，中国—东盟双方已经在宣言基础上，进一步形成了有关紧急事件热线以及适用海上意外相遇规则两个文件。

表 6-1 **中国—东盟关系重要文件中对南海问题的表述**

时间	会议名称（文件）	有关南海问题的表述
1997 年 12 月 16 日	中华人民共和国与东盟国家首脑会晤联合声明——面向 21 世纪的中国—东盟合作	他们认为，维护本地区的和平与稳定符合所有各方的利益。他们承诺通过和平的方式解决彼此之间的分歧或争端，不诉诸武力或以武力相威胁。有关各方同意根据公认的国际法，包括 1982 年《联合国海洋法公约》，通过友好协商和谈判解决南海争议。在继续寻求解决办法的同时，他们同意探讨在有关地区合作的途径。为促进本地区的和平与稳定，增进相互信任，有关各方同意继续自我克制，并以冷静和建设性的方式处理有关分歧。他们还同意，不让现有的分歧阻碍友好合作关系的发展。

---

① Leszek Buszynski, "ASEAN, the Declaration on Conduct, and the South China Sea," *Contemporary Southeast Asia*, Vol. 25, No. 3（December 2003）, pp. 343 - 362.

续表

时间	会议名称（文件）	有关南海问题的表述
2003 年 10 月 10 日	中华人民共和国与东盟国家领导人联合宣言——面向和平与繁荣的战略伙伴关系	加快落实《非传统安全领域合作联合宣言》，积极拓展和深化相关合作。适时举行中国与东盟有关安全的对话，以增进相互了解，促进本地区的和平与安全。落实《南海各方行为宣言》，讨论并规划后续行动的具体方式、领域和项目。
2006 年 10 月 30 日	纪念中国—东盟建立对话关系 15 周年	我们承诺有效地落实《南海各方行为宣言》，在共识的基础上，为最终达成南海行为准则做出努力。这将促进本地区的和平与稳定。
2011 年 11 月 18 日	第 14 次中国—东盟领导人会议并纪念中国—东盟对话关系 20 周年	认识到落实 2002 年签署的《南海各方行为宣言》取得的进展，包括近期通过落实《南海各方行为宣言》指针。我们坚定致力于充分、有效落实《南海各方行为宣言》，并朝着在协商一致基础上最终制定南海行为准则而努力，从而进一步为本地区和平、安全、稳定与合作做出贡献。
2013 年 10 月 10 日	纪念中国—东盟建立战略伙伴关系 10 周年联合声明	进一步重申《南海各方行为宣言》是一份里程碑式的文件，体现了东盟成员国和中国的共同承诺，即促进和平、稳定与互信，以及根据公认的国际法原则，包括《联合国海洋法公约》，和平解决南海争议。 欢迎以下方面取得的进展：落实 2002 年签署的《南海各方行为宣言》，中国和东盟于 2012 年发表《纪念〈南海各方行为宣言〉签署 10 周年联合声明》，2011 年达成落实《南海各方行为宣言》后续指针，以及启动"南海行为准则"磋商。 我们强调共同维护南海和平稳定，确保海上安全，维护航行自由，根据包括 1982 年《联合国海洋法公约》在内的国际法和平解决争议，加强海上合作，遵守《南海各方行为宣言》（DOC）和《纪念〈南海各方行为宣言〉签署 10 周年联合声明》中所述原则。我们重申我们的承诺和坚定决心，将全面有效落实《宣言》。鉴于此，我们将在协商一致的基础上，朝着达成"南海行为准则"（COC）而努力。 我们欢迎 2013 年 9 月 14 日至 15 日在中国苏州举行落实《宣言》第六次高官会和第九次联合工作组会取得的积极成果，包括加强海上务实合作以及就"准则"举行磋商。我们期待建立联系热线，以迅速应对海上局势，包括搜救遇难人员和船只。我们同意促进和建立信任，鼓励有关各方预防海上突发事件。我们将继续加强落实《宣言》，保持定期磋商，朝着《宣言》所确定的达成"准则"的目标而努力，以加强互信，维护地区和平、稳定和繁荣。

续表

时间	会议名称（文件）	有关南海问题的表述
2016 年 9 月 7 日	第 19 次中国—东盟领导人会议暨中国—东盟建立对话关系 25 周年纪念峰会	我们欢迎《中国和东盟国家外交部长关于全面有效落实〈南海各方行为宣言〉的联合声明》于 2016 年 7 月 25 日在老挝万象通过。我们重申尊重并承诺，包括 1982 年《联合国海洋法公约》在内的公认的国际法原则所规定的在南海的航行及飞越自由；承诺根据公认的国际法原则，包括 1982 年《联合国海洋法公约》，由直接相关的主权国家通过友好磋商和谈判，以和平方式解决它们的领土和管辖权争议，而不诉诸武力或以武力相威胁。我们承诺保持自我克制，不采取使争议复杂化、扩大化和影响和平与稳定的行动。 我们承诺全面有效完整落实《南海各方行为宣言》，并在协商一致的基础上实质性推动早日达成"南海行为准则"。我们也欢迎形成《中国与东盟国家应对海上紧急事态外交高官热线平台指导方针》，并通过《中国与东盟国家关于在南海适用〈海上意外相遇规则〉的联合声明》。

资料来源：根据中华人民共和国外交部网站相关内容整理。

但从中方对南海问题的官方表述来看，中国—东盟真正在双边层面上深入讨论这个议题是从 2011 年开始的。这与东盟在 20 世纪 90 年代就通过了东盟层面的宣言，并将中国作为另一方是不同的。一方面，东盟对中国仅仅将其视作协调立场、表达意见的平台并不满意。2009 年 11 月，第一任中国驻东盟大使薛捍勤曾在新加坡表示："南海问题并不是作为一个组织的东盟与中国之间的问题……东盟可以在促进相关方互信方面发挥有价值的加速器作用，但本身并非争端的一方。"对于这种观点，东盟前秘书长鲁道夫·C. 塞韦里诺（Rodolfo C. Severino，1998—2002 年在任）认为有失偏颇。① 将 2011 年作为一个重要的转折点，主要基于一个基本事实，即此前中国领导人在中国—东盟领导人会议上发表讲话时，没有提及南海问题。2010 年 10 月，在越南举行的第 13 次中国—东盟领导人会议上，第八次参加这

---

① Rodolfo C. Severino, "ASEAN and the South China Sea," *Security Challenges*, Vol. 6, No. 2（Winter 2010）, pp. 45 – 46.

类会议的温家宝总理在讲话中并没有谈到南海问题。也就是说，南海问题真正成为中国—东盟双边关系中的问题是从 2011 年开始的。2011 年 11 月，温家宝在出席第 14 次中国—东盟领导人会议时提到："本地区有关国家在南海存在的争议，是多年积累下来的问题，应由直接有关的主权国家通过友好协商和谈判予以解决。"① 中国领导人之所以选择在这个时间点谈及南海问题，是因为 2011 年 7 月中国与东盟国家就落实《南海各方行为宣言》后续行动指针达成一致。

2013 年 9 月，习近平主席在印尼国会演讲时提出了 "21 世纪海上丝绸之路" 倡议，强调与东盟各个国家展开合作，在展望未来时指出，"今年是中国和东盟建立战略伙伴关系 10 周年，中国和东盟关系正站在新的历史起点上"，并且表达了对作为一个整体的东盟的期望，"中国将一如既往支持东盟发展壮大，支持东盟共同体建设，支持东盟在区域合作中发挥主导作用"②。这可能是近年来中国政府对东盟最为清晰的表态。而对于越来越热的南海问题，习近平在演讲中表明了与个别国家以 "平等对话和友好协商" 的方式分别进行处理的姿态。中方的立场始终如一，中国与东盟之间并不存在南海问题，而是与东盟的个别成员国有纷争。东盟作为一个国际组织有其自身的利益，与成员国并不一致，但也不是说完全不一致，特别是在维护地区稳定上。

2013 年 10 月，李克强总理出席第 16 次中国—东盟（10 + 1）领导人会议（也是李总理第一次出席这个会议）时指出，中国 "一如既往支持东盟在东亚合作中的主导地位"。这一表述与习近平主席的表述略有差异。在总理看来，东盟的主导地位是已经取得的，而习近平主席的表述则可以解读为一种期望。李总理用两个段落谈到了南海问题，这也是第一次中国最高领导人以如此显著的篇幅谈到这个问题。李克强指出："南海形势总体是稳定的，南海存在的一些分歧不会也不应当影响中国与东盟关系大局。南海争议应由直接当事方通过

---

① 《温家宝在第十四次中国—东盟领导人会议暨中国—东盟建立对话关系 20 周年纪念峰会上的讲话》，《人民日报》2011 年 11 月 19 日第 2 版。

② 习近平：《携手建设中国—东盟命运共同体——在印度尼西亚国会的演讲》，《人民日报》2013 年 10 月 4 日第 2 版。

协商和谈判解决……《南海各方行为宣言》是中国与东盟国家达成的重要政治共识，是南海和平稳定的基石。"①

那么什么是大局呢？其实，李克强总理也有提到："最重要的是我们共同维护了地区和平与稳定。没有安全的环境，经济繁荣就难以维系；没有相互的信任，互利合作也难以深化。"② 在一定程度上，中国将改革开放以来国内领域的发展经验拓展到了国际领域，这是中国政府的一种国际政治理念。从东南亚的历史来看，真正影响地区和平与稳定的事件，首推20世纪六七十年代的越南战争，然后是90年代后期的金融危机。由于在东亚金融危机中发挥了关键作用，中国赢得了东南亚国家的赞誉。2015年11月，李克强在第18次中国—东盟领导人会议上的讲话中进一步明确了这种意识："中方始终将东盟作为周边外交优先方向，坚定支持东盟一体化，支持东盟共同体建设，支持东盟在区域合作中的中心地位。"③ 在这次讲话中，有关南海问题的内容几乎占1/6的篇幅，这是前所未有的。而东盟作为"优先方向"则是首次表述，从一定意义上说，中国试图以此向周边国家显示着重致力于和平发展与周边外交的决心，这种示范效应对于小国是有吸引力的。

第三节 海洋法领域以陆制海与以海制陆

从钱其琛副总理接触东盟开始，中国政府对东盟始终有十分清晰的看法，即有效"维护地区稳定大局"。问题在于，需要进一步讨论中国为什么认为东盟在南海问题上能发挥稳定地区大局的作用？这可能需要回顾海洋争端以及海洋秩序形成的历史，重新认识权力、制度在构建海洋秩序和东亚地区稳定中的作用。

海洋的主权归属争端，其实并不是一个简单的法律问题，有必要

---

① 李克强：《在第十六次中国—东盟（10＋1）领导人会议上的讲话》，《人民日报》2013年10月10日第2版。

② 同上。

③ 李克强：《在第十九次中国—东盟（10＋1）领导人会议暨中国—东盟建立对话关系二十五周年纪念峰会上的讲话》，《人民日报》2016年9月8日第3版。

对国际海洋法和大国权力的关系做出更深层次的分析。回顾西方霸权竞争的历史就能发现，这个问题是典型的国际秩序的重要组成内容。如果海洋主导权的竞争是大国权力竞争的一部分，法律只是这种权力斗争的组成部分，那么对美国强势介入就能做出更为准确的判断，也能对海洋法变化的权力支撑有更为深入的认识，抛弃一些不切实际的幻想。更重要的是，在国际法的起源上，也有两种基本范式，即主权的法律体系与海洋的法律体系。中美双方代表了不同体系，中国的意见主要是现实主义的，即以陆制海，而美国的则是自由主义的，以海制陆。[①] 当前围绕国际法是否有效、中国是否遵循国际法的讨论，很多都忽视了这一点。尤其需要注意的是，海洋究竟应开放还是封闭，恰恰是 17 世纪霸权国荷兰与崛起国英国当年争论的内容。因此，海洋并非一开始就是开放的，而是取决于国家之间的权力博弈。

在现代大多数人的记忆中，郑和下西洋代表着中国海权发展的顶峰。从 1405 年到 1433 年，郑和率领舰队七次出海，最远到达非洲东海岸，南海是必经之地。但从中国的意图来看，贸易是重要内容，但贸易的内容并不是当时的生活必需品，特别是郑和船队不是去和周边邻国争夺稀缺资源，因而贸易在有关秩序的变迁中难以成为核心问题，只是一种象征。结果，郑和下西洋所推动的朝贡贸易，没能帮助明朝构建形成一种海洋秩序，并没有像后来欧洲人那样分割海洋的通行权限。原因其实也十分简单，中国没有碰到竞争对手，郑和一路西行基本上是畅通无阻的，而且还扩展了朝贡秩序。《明实录》卷七一记载，郑和第一次下西洋归国后，推动了邻国的朝贡，其中"苏门答腊、古里、满剌加、小葛兰、阿鲁等国王遣使者比者牙、满黑的等来朝贡方物"。特别是第七次下西洋的一个主要目的是让更多边远地区的国家来朝贡，《明史·郑和传》说："诸番国远者犹未朝贡。"[②] 朝贡贸易的重心其实并不是途经海洋的贸易，而是通过贸易这种形式向世界宣示中国是天下秩序的中心。用今天的话来说，相比于开发海洋

---

① Ryan Mitchell, "An International Commission of Inquiry for the South China Sea? Defining the Law of Sovereignty to Determine the Chance for Peace."

② 冯承钧：《中国南洋交通史》，上海古籍出版社 2012 年版，第 61—62、66 页。

和投入资源建设海上力量，明政府更为重视陆权，其政权的稳定、国家安全和威望也更受制于陆地空间的发展。

但是西方人来到东亚之后，将原本向中国朝贡的国家拉入了它们的贸易势力范围。为了争夺亚洲香料贸易，荷兰于 1602 年成立了东印度公司，迅速取代葡萄牙成为南海航线的主人，"将爪哇、苏门答腊、摩鹿加群岛、马六甲以及锡兰划入自己的势力范围之中"①。在此过程中，影响日后海洋秩序的主张也通过荷兰的学者带给了世界。1609 年，格劳秀斯（Grotius）提出了《海洋自由论》，这一主张主要是反对葡萄牙、西班牙对海洋的垄断，认为荷兰有天赋权利到西太平洋进行自由贸易。格劳秀斯曾代表荷兰数次出使英国，他关于荷兰拥有北海海域捕鱼权的辩论一度让英国国王詹姆士一世恼怒。正是为了应付格劳秀斯，詹姆士一世发现了约翰·塞尔登（John Selden）。詹姆士一世要求塞尔登论证荷兰人必须要为在北海捕捞鲱鱼而向英国付费，为了反驳格劳秀斯的自由海洋论，塞尔登创作了《海洋封闭论》，其副标题是"论海洋的控制权与所有权"。该书于 1635 年完成，不过，其英文版直到 1652 年才出现。在这部书中，塞尔登提出了两个命题：第一，海洋并不是公共所有，其性质类似于土地私有；第二，英国应该成为环绕本国海洋的主人。在一定程度上而言，塞尔登与格劳秀斯都是各为其主，其主张都融入了现代国际法，同时坚持海洋自由和对海洋实施管理。② 但在当时，不管是封闭性的海洋还是自由海洋的主张，其目的都是维护当时本国的利益。随着国家利益的发展，关于海洋的观点也是变化的，英国成为霸主之后就继承了荷兰的主张。

从这个意义上说，西方世界以海权为主要抓手经略亚洲，重组原本建立在中国"朝贡秩序"基础上的亚洲秩序。即便到现在，"以陆制海"与"以海制陆"仍是两种显著的观点。第二次世界大战以后的历史主要体现了后者的主张，美国通过海战取得对日作战胜利，中

---

① ［日］宫崎正胜：《航海图的世界史——海上道路改变历史》，朱悦玮译，中信出版社 2014 年版，第 199 页。

② ［加］卜正明：《塞尔登的中国地图：重返东方航海大时代》，刘丽洁译，中信出版社 2015 年版，第 30—42 页。

国的战略地位有所下降，而海洋权益重新浮出水面，成为美国的关注点。美国学者认为，自开罗会议和德黑兰会议批准在太平洋的作战攻势后，"中国降格成了次要的角色。对日战争越来越依赖于海军战略"①。1951年4月19日，主导对日作战的麦克阿瑟在告别演说中指出："太平洋是个令任何强国都虎视眈眈谋求发展和扩张领土的地方……我们的战略前沿已经拓展至所拥有的整个太平洋，只要我们能够维护住它，太平洋便能成为巨大的护城河。它充当的是美国全境乃至整个太平洋自由领土的盾牌。我们通过盟友控制着从阿留申群岛到马里亚纳群岛的沿亚洲边沿分布的岛链（chain of islands or island chain）。经由这些岛链，我们能支配从海参崴到新加坡亚洲港口的海洋和空中力量，而有了海洋上的和空中的力量——如我所说的——从海参崴到新加坡——可以抵御太平洋上不友好的行为。"②1951年9月8日签署的《旧金山对日和约》规定："日本放弃对南威岛及西沙群岛之一切权利、权利根据与要求。"③在和约签署当日，美国国务卿迪安·艾奇逊即照会日本外务相吉田茂，要求日本为美国在朝鲜战争中的行动提供便利和支持。

在广为传播的"第一岛链"构想中，南海起初并没有被包括在内。1951年8月30日，《美菲共同防御条约》在华盛顿签署，条约规定了对菲律宾的攻击包括菲律宾管辖之下的太平洋岛屿与领土。而根据1898年12月10日在巴黎签署的《美国和西班牙和平条约》，菲律宾领土最西段是格林尼治东京118度。在朝鲜战争爆发前夕，美国国务卿艾奇逊划了一条"艾奇逊线"，当时不包括中国台湾和韩国，但是三个有争议的海洋岛屿都落入"艾奇逊线"内。④美国为了对抗共产主义势力，牢牢掌控日本，让日本与苏联、韩国、中国都存在领

① ［美］乔治·贝尔：《美国海权百年》，吴征宇译，人民出版社2014年版，第275页。

② General Douglas MacArthur Farewell Address to Congress, delivered 19 April, 1951, http：//www. americanrhetoric. com/speeches/douglasmacarthurfarewelladdress. htm.

③《国际条约集（1950—1952）》，世界知识出版社1959年版，第335页。

④ Kimie Hara, "50 years from San Francisco：Re-examining the Peace Treaty and Japan's Territorial Problems," *Pacific Affair*, Fall 2001, p. 373.

土争端，在两个秩序之间打入"楔子"。在整个冷战时期，受制于美苏两大集团的对抗，亚洲海域基本上是平静的。

南海再度成为美国对外战略的重心之一，则是在 20 世纪 90 年代中期美日同盟再定义之际。1995 年，中菲之间发生了美济礁事件，加之第二次台海危机，美方对南海岛礁开始重视，调整其南海政策。近年来，美国的介入还在不断扩大。第一岛链各岛礁的价值，从地缘政治来看，从东北亚往东南亚是逐步下降的，而从经济来看，东南亚的岛屿及所在的通道位置则比东北亚海域重要得多。2010 年，时任国务卿希拉里·克林顿在越南参加东盟峰会时表态说，南海事关美国国家利益。当时美国舆论首先透露中国政府认为南海是中国的"核心利益"，引起了地区国家的极大关注。根据《胡锦涛文选》披露，2009 年 7 月，在第 11 次驻外使节会议上，胡锦涛指出："要正确把握维权和维稳的关系，稳妥处理我国同周边国家海洋权益、领土、跨界河流争端，既对有关国家侵害我国权益的行为进行坚决斗争，捍卫我国核心利益，又注意有理有利有节，维护我国周边稳定大局。"①

在仲裁案裁决前后，南海争端所涉及的国际法含义得到进一步彰显。但国内舆论认为，所谓国际法的仲裁很容易被操纵，出现不公正的结果。美国霸权对国际法律的消极影响也清晰显现出来，这有可能进一步激发中国人对国际规则和法治发展前景的论辩。以美日等国为代表的域外舆论则要求当事方遵守此次裁决结果，并将中国政府是否遵从此次裁决，延展至中国是否遵守国际秩序的一个标志性事件。2016 年 7 月 12 日，历经 3 年零 6 个月的外交斗争，海牙临时国际仲裁庭仍然就菲律宾单边提交的仲裁申诉做出明显不利于中国主张的裁决，国内国际舆论普遍认为，南海争端已经远远超出中菲关系，构成日益主导国际秩序走势的中美大国竞争关系的内容。南海问题之所以被上升到这一层次，除了途经南海海域的海洋通道涉及美国亚太盟友的利益，关系到美国霸权的威望和安全承诺之外，还因为南海地区是海上力量和陆上力量博弈的焦点所在。从地缘政治角度分析，东南亚这一区域是一个破碎地带，缺乏有效的中央权力，很容易被外部势力

---

① 胡锦涛：《胡锦涛文选》（第 3 卷），人民出版社 2016 年版，第 240 页。

渗透。陆上东南亚和海上东南亚的交锋也多次出现，东盟作为一个区域组织在这方面可以有效地协调这两种力量的博弈。对于中国来说，目前仍然是陆权的效力远大于海权的效力。在这种局势下，东盟发挥协调作用的价值是明显的。

第四节　重新认识中国—东盟在稳定 地区大局中的作用

在一定程度上而言，正是大国竞争的加剧，让中国愈来愈迫切地认识到东盟的战略地位。一个日渐崛起的东盟对于维护地区和平稳定将发挥积极作用。2009 年 7 月，在第 11 次驻外使节会议上，胡锦涛强调要"深化中国—东盟战略伙伴关系，积极促进东亚区域合作"①。在最近几年里，中国在认识东盟的力量方面也有变化。在一定程度上，讨论中国—东盟关系的一个大前提是承认东盟崛起。②

在讨论东盟的行为时，学界普遍认为，东盟实施了大国平衡战略。在一定程度上，中国的东盟政策也存在这种平衡的努力。从这个角度出发思考相关问题，可以发现，与东盟某些成员国拉域外国家平衡中国不同，中国重视东盟也有平衡地区外力量干预的考虑。"双轨思路"实际上就蕴含着这种理念。东盟的大国平衡策略如果成功，那么在理论上东盟与各大国的 GDP 差距应该呈现出缩小的态势。从东盟相对于各大国经济总量的比例来看，呈现出不同的发展趋势。③ 考虑到缅甸的 GDP 数据是从 1998 年开始的，实际上之前的东盟整体经

---

① 胡锦涛：《胡锦涛文选》（第 3 卷），人民出版社 2016 年版，第 241 页。

② 王玉主：《东盟崛起背景下的中国东盟关系——自我认知变化与对外战略调整》，《南洋问题研究》2016 年第 2 期；Asian Development Bank and Asian Development Bank Institute, *ASEAN, PRC, and India: The Great Transformation*, Asian Development Bank Institute, 2014.

③ 有专家指出，东盟的经济实力不等于东盟各国的经济数据相加。笔者在考虑这一问题时，沿用的是通常的做法，即整体等于部分之和。比如，中国海关总署在统计中国与东盟贸易时，基本上就是各成员国数值的相加。在后文的军事部分，这一差距可能更明显，毕竟东盟没有统一的武装力量，不是北约。但也有一些机构，如伦敦战略研究所，提出了东南亚陷入军备竞赛说，其处理手法也是简单加总。

济实力要比图 6-1 中统计得还要强一些。图 6-1 表明，东盟与诸大国的经济实力差距不仅有国别差异，也有阶段的不同。从阶段上看，1997 年东亚金融危机以前，除印度外，各国大体上比较稳定。而从 20 世纪 90 年代中后期开始，东盟与中、美、日印四个大国的经济总量对比出现了三种态势。第一，东盟相对于印度的经济总量差距基本维持稳定。1998 年，东盟经济总量是印度的 117%，到 2015 年则维持在 111%，即便到 2020 年，双方差距大体上变化不大。第二，则是相对于日本和美国的经济总量差距在缩小。1998 年，东盟相对于美日的经济总量比例分别是 5.5% 和 12.8%，2015 年则分别上升至 13.5% 和 59%。第三，相对于中国的经济总量差距在扩大。这种差距在 90 年代中后期以后表现得特别明显，东盟相对于中国的经济总量从 1998 年的 48.8% 下降至 2015 年的 21.3%。如果说，大国平衡战略在经济上表现为实力差距的相对缩小，那么东盟作为一个整体对美日的平衡力上升了，但对于中国实际上是下降了。因此，很难笼统地讲东盟继续坚持大国平衡战略的有效性，要看其针对哪一个大国而言。

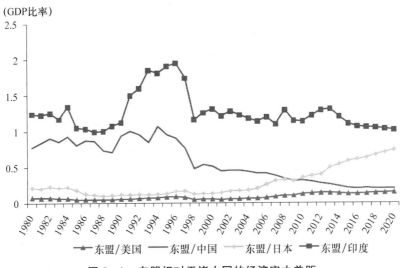

图 6-1　东盟相对于诸大国的经济实力差距

资料来源：IMF.

在军费开支领域，与经济领域的力量平衡变化趋势基本一致，但也略有不同。与经济领域相对美国差距缩小不同，在军费开支领域东盟与美国的力量对比基本维持在 4% 左右。而最显著的变化发生在与中国、日本的力量对比上。1993 年，东盟军费开支是中国的 130%，此后稳步下滑至 2015 年的 17.9%。而东盟占日本军费开支的比重基本呈上升态势，尤其是新世纪以来，从 2000 年的 23.1% 上升至 2015 年的 94%。因此，东盟作为一个整体力量，在加强内部力量整合和增强内部力量方面有一定的作用，但这个效用主要是针对日本而言的。对其他主要国家，如美国、印度，则变化不大。如果以中国为平衡对象，那么这种努力几乎是无效的。

在东盟的对外战略选择中，从中国—东盟双边关系来看，现实主义的内部制衡并非东盟的策略选择。无论东盟怎么作为，在过去 20 年里，中国—东盟的实力差距在不断拉大。当然，在一定程度上也可以说明，东盟实施了现实主义的经典策略——硬制衡，即引入外部力量来牵制中国。这个可能是一般意义上的大国平衡战略，但问题在于，其他国家为什么呼应东盟，并参与到东盟制衡中国的行为中？这实际上不是东盟所能决定的，而是取决于美国和日本等域外国家对亚太地区形势的判断。也正是在这个意义上，中国有理由更为重视东盟，在实力地位显著扩大时，中国应该争取东盟减少外界干预的机会，如果分化东盟，等于是给外界创造了机会。

冷战结束以来，力量对比不断扩大是中国—东盟关系中的一个突出特点。如果说 20 世纪 90 年代中国重视东盟是出于学习多边主义，那么随着中国超过日本成为地区内最大国家，中国还如此重视东盟，则要比多边主义更进一步了。多边主义是在 1997 年中共十五大之后成为中国外交布局中一个支柱的，但其排序是第四位，到目前为止也没有发生根本变化。而中国外交领域近几年来更为深远的变化是在周边。中国开始秉持"亲、诚、惠、容"理念，提出让周边国家免费搭车等，这既是中国传统文化在对外关系领域的一种映射，在中国变得强大时，通过文化手段更能实现战略目标，但同时也是战略平衡的需要，因为美日等国对中国在海洋上的权益拓展越来越担心。

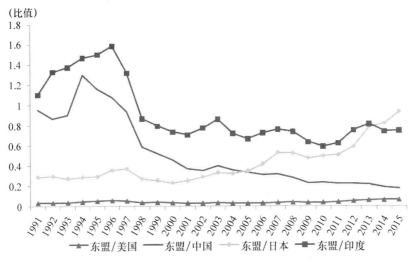

图 6 - 2　东盟相对于诸大国的军费开支比例

资料来源：SIPRI.

　　中共十八大以来，中方强调在中国东盟框架里应对南海争端，其典型结晶是"双轨思路"。2014 年 8 月 9 日，中国外长王毅在中国—东盟外长会后，表示赞成文莱此前提出的"双轨思路"，即由直接当事国通过协商谈判解决争议，并由中国和东盟共同维护南海和平稳定。① 2015 年 5 月 31 日，中国外交部发言人明确表示："美国不是南海问题当事国，南海问题不是也不应该成为中美之间的问题。"② 显然，中方并不希望南海成为中美之间的问题。2016 年 2 月 22 日，外交部发言人在王毅外长出访美国前夕表示："美国不是南海问题当事国，南海问题不是也不应该是中美之间的问题。"③ 25 日，王毅在美国战略与国际问题中心演讲时仍然希望"域外国家能够支持有关争议

① 王毅：《以"双轨思路"处理南海问题》，新华网，2014 年 8 月 9 日，http：//news. xinhuanet. com/world/2014 - 08/09/c_ 1112007229. htm。
② 《外交部关于南海问题六点回应》，人民网，2015 年 5 月 31 日，http：//politics. people. com. cn/n/2015/0531/c70731 - 27081151. html。
③ 《外交部：南海问题不是也不应该是中美之间的问题》，人民网，2016 年 2 月 22 日，http：//world. people. com. cn/n1/2016/0222/c1002 - 28140743. html。

通过直接谈判来解决，支持中国和东盟一起维护南海地区的和平与稳定"①。

但近期这种坚持将美国排除在外的政策略有转变。在王毅外长出访美国之后，中方似乎认识到很难将美国排除在外，其态度从彻底排除美国逐步转变为呼吁美方发挥积极作用。例如，仲裁案宣布之前的7月5日，北京大学国际战略研究院名誉院长戴秉国在美国强调，不能以南海问题"定义中美关系"，而必须将它"放在两国关系中的合理位置"②。6日，全国人大外事委员会主任委员、中国社会科学院国家全球战略智库首席专家傅莹在英国表示："美国更多试图从地缘战略的角度看待和处理与中国在南海的分歧……中美都需要南海和平和保持航行自由，应该也需要逐步走向合作。"③

中美双方对南海问题的性质及其重要性存在显著的认知差异，但在经过南海仲裁案后，或许双方也有可能重新认识南海的历史及其战略含义。尽管中方并不希望南海问题被放大为一个战略问题，但南海问题有可能在今后一个时期成为影响中国战略走势的核心问题和全局问题，因而令外界更加慎重地看待中国在南海的国家利益。尤其需要注意的是，中国人越来越理解南海问题其实是一个权力和法律交织的典型问题，它涉及国际秩序的变迁，因而必然会引起各方重视，尤其是霸权国的全方位应对。进一步来说，如果是一个权力问题，那么就不能只是通过强调历史来加强和支撑中方的权利主张。尽管中国历史本身就是中国政权合法性和中国大一统的来源之一，但西方国际体系变迁的最大动力并不是大一统的历史，而是基于经济增长以及运用国际制度的权力。无论是在实现经济增长，还是通过创建制度以维护地区和平方面，东盟的力量是发挥了效力的。在今后一个时期里，继续

---

① 《发展中的中国和中国外交——王毅在美国战略与国际问题研究中心的演讲》，外交部网站，2016 年 2 月 26 日，http://www.fmprc.gov.cn/web/ziliao_674904/zyjh_674906/t1343410.shtml

② 《戴秉国同志在中美智库南海问题对话会上的讲话》，外交部网站，2016 年 7 月 5 日，http://www.fmprc.gov.cn/web/zyxw/t1377746.shtml。

③ 《傅莹在英谈"失序与秩序再构建"涉南海问题》，中国网，2016 年 7 月 6 日，http://www.china.com.cn/news/txt/2016-07/07/content_38825908.htm。

加强与东盟沟通，重视东盟作为一个制度能发挥的协调和平衡作用，显然也是中国学习如何作为强国的应有之义。

从未来发展态势看，中国有必要通过"21世纪海上丝绸之路"建设，扎实推进与东南亚各国的合作。总体而言，中国试图建立一种以共同发展为核心的新型海洋秩序，而不是重复历史上大国所追求的权力控制下的海洋制度建设。在这一进程中，东盟作为一个整体的确可以扮演一个平衡者的角色，即展现出推动共同体建设稳步迈进的能力和意愿。

自1991年中国—东盟建立对话关系以来，双方关系的发展是全方位的，可以说不断引领着中国周边外交的方向。尽管南海问题给中国—东盟关系的发展造成了一些困难，但这种困难在很大程度上也源自对中国行为的误解。特别是，持现实主义立场的众多分析者很愿意强调中国的大国意愿，指责其凭借实力压迫东盟相关国家屈服。因此，对于中国学者而言，很有必要深入理解中国重视东盟关系的原因，站在中国的角度，思考中国与作为地区组织的东盟这一框架中的南海问题。塑造一个良好的周边环境是中国的一项大战略，无论是南海问题还是中国与东盟的关系都受到这种战略的支配。尽管国际舆论倾向于夸大中国在南海问题上的强势行为，但事实上中国不断突出东盟在地区合作中的主导作用，并坚持要和东盟合作来稳定南海的地区局势，而不只是和某些东盟成员国进行双边谈判。也就是说，东盟自身通过一体化合作与共同体建设，已经成为一支举足轻重的力量。中国充分认识和重视这支力量，中国政府的诸多文件都公开表明了这一点，国际舆论对此视而不见显然是不客观的。

从历史到现实，中国的发展历程都表明需要稳定的周边环境，如"朝贡秩序"瓦解之后周边地带的破碎，这进一步加速了帝国主义者对中国领土的切割。这种历史记忆使中国在考虑周边安全时，倾向于认为一个稳固和整体性的周边环境更有利于中国。但中国不断强化周边的稳定和东盟的作用，也与20多年来中国与东盟关系的改善和发展有密切关系。中国通过参与东盟发起的多边、双边活动学习到更多参与多边舞台的知识，这既可以由社会进化的学习曲线效应来解释，也可以通过互动进程等建构主义术语来描述，但本质上这些行为是中国实施大战略所致。中国要成长为一个海陆兼备的全球性大国，今后一个时期要大大增强对海洋事务的认识，那么东盟无疑是一个很好的互动对象。事实上，中国在与东盟的沟通过程中，学会了发展战略对接、互联互通等现在通行的合作内容。

在南海问题这样一个涉及主权纷争的议题上，中国与东盟的若干成员国有长久的纠纷，而且随着国际海洋法的推进和相关国家国内经济社会的发展，这种矛盾在加深，地区稳定局势有被打破的可能性。在这种背景下，东盟过去多年来通过协商解决地区纷争的作用显得尤为重要，中国也认可东盟在这方面所发挥的作用，因而支持东盟参与到稳定南海局势上来。从这个意义上说，中国并不想分化东盟。一旦弱化东盟在南海问题上的协调能力，那么中国就势必要花费更大的精力去进行外交斡旋，甚至有时候还缺乏沟通的渠道和应有的舆论压力。因此，尽管东盟依然不能管住其成员国的言行，但是在南海问题上东盟的表态确实对国内和地区局势有很大的影响，这种影响力源于东盟多年来在经济合作、反恐以及解决地区争端问题上积累起来的声望。

维护海洋权益是近年来中国政府推进的一项国策，但中国发展海军力量和加强海外利益拓展的努力在国际上引来了质疑。回顾海洋发展的历史，无论是封闭还是开放，主要是国家间权力斗争的结果。美国所坚持的海洋自由论源于其国家发展的经验和霸权地位，中国坚持以陆制海则是基于东亚的历史与传统。在漫长的东亚古代历史上，从来没有一个海上国家攻占过大陆国家，但这种传统和基本的东亚政治经验在近代被打破、打碎了。东亚多数国家对此都有深刻的记忆，因而在对待主权、海权等的态度上与西方有着显著不同的看法。冷战时期，东南亚被分为陆上东南亚和海上东南亚，多次发生严重冲突，也影响到中国的国家安全和发展。以海制陆是美国在冷战时代的基本战略，奥巴马政权时期推行的"亚太再平衡"战略本质上也是这一历史传承的体现，而以陆制海能破除美国在该地区构建的岛链等冷战遗产，进一步深化地区合作。目前，中国正推进"一带一路"建设，这是一种典型的海陆兼备的发展合作倡议，而海陆交接的东盟，无论在地缘经济还是地缘政治上都有其显著的地位，在诸大国中也就中国具有这种优势。

另外容易被忽视的一点是，东盟自身是一个不断发展壮大的力量。东盟崛起，将和中国、印度等一起改变亚洲的地缘政治面貌，因而中国将发展与东盟的紧密关系视作未来改变亚洲局势的重要方面，有着超越南海问题的考量。从东盟与诸大国的力量对比来看，东盟整体上与日本的实力差距缩小是最明显的，但与中国的实力差距在扩大，这可能也是中国重视东盟在南海发挥稳定作用的原因之一。

第七章　美国的雁形安全模式

2010年，美国提出了"重返亚洲"的战略；与此同时，中国的经济规模成为亚洲第一、世界第二。① 这两者并存显然并不是偶然的巧合，中国学者意识到这将极大影响中国的周边安全环境。那么，美国的亚太战略会出现什么新变化和特征？中国还能像21世纪的第一个10年那样具有稳步拓展的机遇吗？中国应该如何理解并塑造周边安全环境？本章试图从战略角度，对美国的亚太战略进行新的解读，并以此为基础对中国周边外交的战略性选择做出初步的分析。② 笔者认为，美国的亚太战略进入了第三个阶段③，即更具有动态性和网络化的雁形模式。在这种模式中，美国与中国的地区影响力将呈现出面对面的交锋，美国亚太战略的制定将以对中国的关系为基础。为此，中国周边外交的模式和可供选择的工具都要进行革新。笔者主张以地区为中心，以动态的方式构建中国地区战略应对美国亚太战略的转型

---

① 按照市场汇率计算，2010年中国的GDP值是日本的106.5%，参见张宇燕《政治算术》，《世界经济与政治》2011年第1期。

② 很多研究者注意到，冷战后，美国已成为影响中国周边安全环境最主要的外部因素。其中，大部分观点是由现实主义主导的，它们认为，美国逐步构建了不利于中国的"满月形遏制圈"。参考高子川《中国周边安全环境基本态势解析》，《当代亚太》2004年第1期；王子昌《美国因素对中国周边安全环境的影响》，《当代世界》2005年第4期；李向阳《2010—2011年亚太形势回顾与展望》，李向阳主编：《亚太地区发展报告（2011）：亚洲与中国经济模式调整》，社会科学文献出版社2011年版，第10—12页。在判断美国是最大的外部因素时，相关学者也承认，美国可以发挥积极的作用，主要原因是中美拥有共同的战略利益，包括稳定地区局势和压制日本。参考罗会钧《当前中国周边安全环境中的美国因素及其对策》，《文史博览（理论）》2008年第8期。

③ 前两个阶段是"轴辐"（Hub-and-Spokes）模式和"扇形"模式，具体见下文的论述。

和中国周边环境的新变化。

第一节 美国亚太安全战略的模式与争论

从冷战开始到 21 世纪初期，美国亚太安全战略大致经历了"轴毂"（Hub-and-Spokes）模式和"扇形"模式这两个阶段，并各自具有明确的形式。需要强调指出的是，美国亚太安全战略的模式并非是替代性关系，而是逐步累积的，后者的形成是在前者的基础上拓展而来的。战略与政策的继承性大于变革性，这是美国国际战略的一个突出特点。

第一个阶段是冷战时期的"轴毂"模式。在"冷战"时期，中外学术界对于美国以双边同盟为主的亚太安全战略存在极大的共识。这一模式的特点是，美国以双边方式组建军事同盟，美国是中心，同盟之间缺少深入的互动。该模式的缘起是第二次世界大战后亚太局势的变化，新中国成立和朝鲜战争的爆发，改写了远东的地区安全局势。1951 年，美国先后与菲律宾、日本、韩国、澳大利亚以及新西兰组成了双边军事同盟。美国国务卿杜勒斯在同澳大利亚外长和新西兰外长的会晤中，用"轴毂"（Spokes on a Wheel）这个比喻向他们阐述美国的亚太安全战略构建。此后，有关"轴毂模式"的论断逐渐传播开来。美国之所以在欧亚大陆构造不同的地区安全模式，是因为美国在亚洲还试图约束亚洲盟友，不让它们成为进攻性的国家，以免把美国拖入不必要的冲突或者战争中。在当时的美国决策者看来，约束亚洲盟友的最好方式是通过双边形式。①

第二个阶段是冷战后至今的"扇形"模式，在"轴毂"模式的基础上增加了多边经济合作。这一模式的提出者是老布什政府时期的国务卿詹姆斯·贝克（James A. Baker Ⅲ）。1991 年，贝克把美国在亚太地区的联盟体系比喻为一把展开的扇面。他说："这把扇面的基地在北美，向西辐射。它的骨干是美日联盟与合作。向北一条射线是与大韩民国的联盟。向南，另一条射线延伸到东盟国家。再向南，一

---

① Victor Cha, "Powerplay: The Origins of the American Alliance System in Asia," *International Security*, Vol. 34, No. 3, 2009, pp. 158 – 196.

条射线伸展到澳大利亚……把这些射线连接到一起的纤维组织是以亚太经济合作形式展现的共同经济利益。"[①] 在这个战略中，美国首次增加了多边合作，将多边安全对话作为加强联盟体系的一个补充提高了美国的灵活性。

在克林顿政府期间，由于美国强调经济第一，美国亚太安全战略的安排中出现了军事和经济双管齐下的局面。在此阶段，中国并非美国亚太安全战略升级的首要因素。支持这一论点的依据是，美国亚太政策的变革主要针对日本当时提出的"雁阵战略"（Flying Geese Strategy），美国并不希望建立由日本主导的"东亚经济圈"，转而积极支持亚太经合组织的建立和发展。[②] 现今的奥巴马政府也强调多边主义，在某种程度上是克林顿政府时期用多边主义对付崛起中的日本的翻版，美国试图获得地区秩序建构的领导权。[③] 不过，与日本应对霸权国约束的结果不同，中国参与多边主义无需承担当年日本作为美国盟友所需的义务和责任。

在小布什政府时期，美国亚太战略出现了两个方面的变化：第一，出于全球性反恐战争的需要，对华关系在其亚太安全战略中的地位稳步上升。2005 年，副国务卿罗伯特·佐利克（Robert B. Zoellick）认为，美国希望中国成为"负责任的利益攸关者"。2006 年，中美双方开始了经济战略对话。然而，从小布什政府的第二任期开始，"9·11"事件在美国亚太战略中作为干预变量的作用逐渐下降，遏制区域内新兴势力的传统思想回归美国战略决策界。对中国崛起的关注成为美国制定亚太战略的重要考虑，甚至是首要因素。大卫·兰普顿（David M. Lampton）认为，美国对华关注的范式已经从"虚弱的中

---

① 对这一模式的具体阐述可参考 James A. Baker III，"America in Asia：Emerging Architecture for A Pacific Community，"*Foreign Affairs*，Vol. 70，No. 5，1991/1992，pp. 1 – 18，引文见第 4—5 页，译文转引自赵阶琦《中、美、日安全关系与亚太安全合作机制》，张蕴岭主编：《转变中的中、美、日关系》，中国社会科学出版社 1997 年版，第 239 页。

② 李长久：《世界与地区新格局中的中、美、日关系》，张蕴岭主编：《转变中的中、美、日关系》，第 82—83 页。

③ 芝加哥大学教授约翰·米尔斯海默（John J. Mearsheimer）认为，奥巴马政府仍然延续了克林顿政府时期的自由帝国主义政策，并试图回到克林顿时期的大战略。参考 John J. Mearsheimer，"Imperial by Design，"*The National Interest*，No. 111，2011，p. 30.

国"转向"强大的中国"①。小布什政府极大地拓展了对话议题，试图塑造中国的政策选择。正是在这个基础上，有学者建议美国奥巴马新政府应该继续维持布什时期的对华政策。②

第二，美国亚太战略的安全安排越来越受到批评，美国学界认为，这一模式需要进一步的革新。其原因在于，全球化和地区主义的进展（特别是安全领域地区合作、对话机制的扩展）导致双边关系的重要性下降，美国不能通过"轴辐"模型来治理亚洲秩序。③ 进一步而言，地区作为美国帝国体系的一个重要组成部分，已经不是冷战时期单向度从美国辐射至双边同盟，而是呈现出复杂的互动关系。④实际上，早在2001年，美军太平洋司令部前司令丹尼斯·布莱尔（Dennis C. Blair）就建议美国需要转变传统的"轴辐"模式，以网络化的方式重建亚太安全秩序，主要的原因是像中国、俄罗斯、印度等"不满意的大国"将改变地区安全。⑤

自冷战结束20年来，主导美国对外政策的核心战略是如何支配全球，⑥ 但是实现这一战略的成本巨大。为了在美国呈衰落态势时还能有效维护国家利益，美国学者建议奥巴马政府回到美国在历史上绝大多数时期所采用的离岸平衡战略的道路上来。该战略认为，美国实际上不可能阻止大国的崛起，不管是联盟内部的大国（或集团）还是联盟之外的新型势力，采取离岸平衡既可以减轻美国的负担，又可以增强大国之

---

① David M. Lampton, "Paradigm Lost: The Demise of 'Weak China'," *National Interest*, No. 81, 2005, pp. 73 – 80.

② Thomas J. Christensen, "Shaping the Choices of A Rising China: Recent Lessons for the Obama Administration," *The Washington Quarterly*, Vol. 32, No. 3, 2009, pp. 89 – 104.

③ 沈大伟：《中国、美国与正在演变中的亚洲秩序》，《外交学院学报》2004 年第 12期；G. John Ikenberry, "American Hegemony and East Asian Order," *Australian Journal of International Affairs*, Vol. 58, No. 3, 2004, p. 353；尤素福·瓦南迪：《美国与东亚大国的关系：东南亚的视角》，《美国研究》2006 年第 1 期。

④ Peter J. Katzenstein, *A World of Regions: Asia and Europe in the American Imperium*, Ithaca: Cornell University Press, 2005.

⑤ Dennis C. Blair and John T. Hanley Jr., "From Wheels to Webs: Reconstructing Asia-Pacific Security Arrangements," *The Washington Quarterly*, Vol. 24, No. 1, 2001, pp. 7 – 17.

⑥ 影响美国对外关系主要有四种大战略思想：孤立主义、离岸平衡、选择性参与以及支配全球。

间的合作。① 离岸平衡战略认为，欧洲、东北亚和中东是美国全球战略
中的三个关键性地区，美国应该确保这三个地区内不出现任何支配性力
量。当上述三个关键地区出现区域内霸主的崛起时，首先考虑利用地区
内力量进行制衡，最后才考虑由美国出场收拾残局。例如，在东北亚地
区，由于区域内力量无法制衡中国，美国应该扮演主要角色。而在这三
个关键地区之外，只使用经济和外交手段。②

关于奥巴马政府的外交政策与小布什政府时期的异同，中外学术界
的观点并不一致。对此存在争论的一个主要原因是，美国全球战略与亚
太战略不一致，美国的东亚战略并不服从于美国的全球战略。美国部分
学者认为，奥巴马政府明确反对小布什政府的外交政策，其原因不仅在
于党派的纷争和管理风格的差异，而且在于美国权势的下降。小布什选
择的是民主、军事力量、市场化和保守的美国领导力，而奥巴马恰好与
之针锋相对，强调的是稳定、裁军、规制与积极的全球外交。③

但在美国的亚洲政策上，更多的学者则认为，其延续性强于变革
性。小布什政府寻求的是"建设性、公正与合作性"关系，而奥巴
马政府倡导的是"积极的、合作的与全面的"关系。美国的目标仍
然是确保美国的战略优势，最终阻止中国超过美国对该地区的影响。
它们唯一不同的是，奥巴马政府取消了单边主义。④ 国防部长罗伯
特·盖茨在2010年6月参加新加坡香格里拉会谈时认为，奥巴马政
府的亚洲政策还在演进之中，但不管有何新倡议或者发生何种重点的
变化，强化美国对亚洲的参与以及联系是不会改变的，美国将继续深
化盟友和伙伴关系。⑤

---

① Christopher Layne, "Offshore Balancing Revisited," *The Washington Quarterly*, Vol. 25, No. 2, 2002, pp. 233 – 248.

② John J. Mearsheimer, "Imperial by Design," *The National Interest*, Jan. /Feb. 2011, p. 816 – 34.

③ Henry R. Nau, "Obama's Foreign Policy," *Policy Review*, No. 160, April 1, 2010, http://www. hoover. org/publications/policy – review/article/5287.

④ Mayang A. Rahawestri, "Obama's Foreign Policy in Asia: More Continuity than Change," *Security Challenges*, Vol. 6, No. 1, 2010, pp. 109 – 120.

⑤ "International Institute For Strategic Studies (Shangri-La—Asia Security)," Remarks as Delivered by Secretary of Defense Robert M. Gates, Shangri-La Hotel, Singapore, Saturday, June 5, 2010, http://www. defense. gov/speeches/speech. aspx? speechid = 1483.

美国在亚太地区存在的最大理由是，继续维持与亚太地区超乎寻常的经济联系。[①] 从中长期来看，随着中国持续的经济增长以及"金砖五国"等新兴市场力量的兴起，亚洲对美国的重要性还将上升。亚洲经济力量的上升，特别是中国在 2010 年取代日本成为亚洲经济"老大"的地位之后，亚洲与美国的关系正进入新的阶段。比如，关于全球再平衡的讨论，尽管"脱钩论"的说法不那么实际，但美国市场对维持中国经济增长的重要性以及可行性却下降了。这一点对于判断美国亚太战略的真正走向至关重要。

另外一个需要指出的是，全球化降低了美国盟友对美国的依赖性。[②] 随着亚洲国家在经济上越来越趋向于降低对美国市场的依赖，美国也越来越难以通过调整国际经济关系来增强国际竞争力。例如，美国很难像 1985 年通过"广场协议"那样来改变日美经济关系，从而提升美国产业的出口能力。美国赤字增多表明，市场力量要大于政府的调节能力。在军事安全上，尽管美国比冷战时期更为强大，但在经济上其盟友却越来越少地依赖美国。也就是说，美国的安全力量并没有有效地转化为经济能力，美国将不再像冷战时期那样能通过压迫盟友调整其经济权力。这对目前处于经济困境中的美国来说尤其如此，因此，奥巴马政府第一年的主要议题就是，尽可能联合国际力量积极应对国际金融危机，以柔软的身段降低各国对美国的反感。

---

① 美国太平洋司令部前司令蒂莫西·J. 基廷（Timothy J. Keating）曾给出一组令人印象十分深刻的数据：在亚洲和美国之间的水路上有 2000 万个集装箱，而欧洲和美国之间仅有 1500 万个。此外，世界船运地位已经大规模转移到亚太西海岸，全球 80% 的制造能力位于中国、韩国和日本，仅仅在 40 年前欧洲还占有一半以上的份额。全球 20 个大型港口中，中国占了 9 个。通过马六甲海峡的原油占到东亚地区国家消费的 95% 左右。参见 Timothy J. Keating, Remarks at the IFPA – Fletcher National Security Conference on Maritime Strategy, http: //www. pacom. mil/web/site_ pages/commander/Keating% 20Speech% 202007 – 2. shtml。此外，在美国的前 15 大贸易伙伴中，有 6 个位于东亚，在前 20 个美国财政部债券的拥有者中，有 8 个在亚洲。其中，中国、日本、中国香港、中国台湾地区位列前十位。参见 U. S. Senate, Council of Foreign Relations, *Principles of U. S. Engagement in Asia*, Hearing Before the Subcommittee on East Asian and Pacific Affairs of the Committee on Foreign Relations, Senate, One Hundred Eleventh Congress, second session, January 21, 2010, p. 2.

② Michael Mastanduno, "System Maker and Privilege Taker: U. S. Power and the International Political Economy," *World Politics*, Vol. 61, No. 1, 2009, pp. 121 – 154.

第二节　雁形安全模式

中国崛起是 21 世纪前半期亚洲地缘政治经济的大事件，对国际战略研究自然也产生了深远影响。对美国战略家和决策者来说，如何判断和把握中国崛起，使之不冲击以美国为首的既有国际秩序是头等大事。[①] 就美国而言，从来还没出现过有哪一个国家具有在经济和军事上都成为其对手的潜力。在冷战时期，经济上的对手是盟国，安全上的对手是苏联。但是，随着中国、印度的崛起，上述政经分离的战略需要革新。[②] 同样，对中国的战略学者和决策者而言，鉴于美国政治经济权势的影响力及其在亚洲的历史基础，如何准确研判美国的亚太战略，也同样至关重要。

如果从中国的角度而不是从美国的角度来看待奥巴马政府的亚洲战略，[③] 我们可以明显感觉到中国本身就成了美国制定亚太战略的首要因素，这与此前美国对华关系处于美国亚太战略之下不可同日而语。[④] 实际上，"中国因素"正成为一个单独的变量冲击着周边国家，美国对华战略很有可能居美国亚太战略之上。结合中国因素来看待美

---

① 2011 年 1 月 14 日，美国国防部长罗伯特·盖茨在日本东京的庆应大学演讲时提到，尽管他不同意美国某些人说中国是威胁这一论断，但他再次强调，对美国和邻国来说，中国如何使用权力依然是个困惑（http：//www. defense. gov/speeches/speech. aspx？speechid = 1529）。

② G. John Ikenberry and Anne-Marie Slaughter, Co-Directors, *Forging A World of Liberty Under Law*：*U. S. National Security in the 21*ˢᵗ *Century*，*Final Paper of the Princeton Project on National Security*，The Woodrew Wilson School of Public and International Affairs，Princeton University，September 27，2006. 参与写作《普林斯顿项目》报告的专家将近 400 位，历时两年完成，期间曾得到美国前国务卿基辛格、布热津斯基以及奥尔布赖特的指导。报告组织者的意图是写一份类似于乔治·凯南关于美国冷战政策的规划。该报告认为，美国战略的基本目的是保护美国人民和美国人的生活方式。参与该项目的数人曾在奥巴马政府里任职，比如库特·坎贝尔（Kurt Campbell）、安尼一玛丽·斯劳特（Anne-Marie Slaughter）等人。

③ 比如有中国学者认为，应对美国"重返亚洲"，无论是选择对抗还是选择合作，都应当从中国的实际出发。参考黄仁伟《关于美国战略研究的若干思考》，《现代国际关系》2010 年第 7 期。

④ 有学者认为，美国亚太安全战略受到美国国家安全战略、亚太地区秩序观以及对华战略三个因素的影响，但并未指出到底哪一个层次的因素更重要一些。参考吴心伯《论美国亚太安全战略的走向》，《复旦学报》（社会科学版）2005 年第 2 期。

国亚洲的盟友及重要伙伴，美国同盟体系内部的层次性特点比较突出。

关于美国亚洲安全体系的层次性研究，美国、日本以及部分中国学者最近已经对此有所涉及。美国兰德公司 2008 年的一份报告把在亚太地区与美国关系十分紧密的国家分成了三组：澳大利亚、日本和新加坡属于第一组，菲律宾和泰国属于第二组，第三组是韩国。① 日本学者在 2009 年也提出了亚太安全的三层次架构：第一层次主要是同盟和基于同盟之间的安全合作，第二层次主要是功能性合作，第三层次主要是一些地区性安全结构。② 中国学者的此类分析则出现得更早，基本也分为三个层次：美国与盟国的双向关系、盟国间的合作以及多边安全机制等。③ 王义桅把美国奥巴马政府的亚太新秩序概括为伞形结构，"美国的新亚太秩序是一种伞形结构：美国位于伞尖，美日同盟是伞柄，美韩、美澳、美新、美印、美中为伞骨，基于共同战略、共同价值和共同利益的三环机制为伞边、经济贸易投资网为伞布，遮挡传统与非传统安全威胁。"④

与上述视角和判断不同的是，本章旨在突出中国的地位，即不从美国中心角度出发把中国概括为美国战略体系的一部分，而是以中国为中心，审视中国的周边安全环境。笔者认为，美国对华关系并不处

---

① Evan S. Medeiros etc. , *Pacific Currents：The Responses of U. S. Allies and Security Partners in East Asia to China's Rise*，Pittsburgh：RAND Corporation，2008. 从全球角度论述美国同盟关系的文献可参考 Kurt M. Campbell，"The End of Alliances? Not So Fast，" *The Washington Quarterly*，Vol. 27，No. 2，2004，pp. 151 – 163. 该文献从与美国关系的亲疏角度，把美国的盟友分成三组：其一，美国负有防卫义务的核心家族，包括北约、日本、韩国、菲律宾和澳大利亚；其二，扩展的成员家庭，包括新加坡、泰国等；其三，没有正式安全安排或者常规互动的朋友。但在"9·11"事件后，又出现了新的改变，除第一类没有发生变化外，还出现了像印度这样的新朋友；更重要的是出现了侧翼（flings）国家。其中，中国的发展最引人瞩目。

② 神保谦等：《亚洲太平洋的地区安全保障架构——地区安全保障的多层构造》（原文为日文［アジア太平洋の地域安全保障アーキテクチャ—地域安全保障の重層の構造]），东京财团政策研究 2010 年 8 月，http：//www. tokyofoundation. org。

③ 杨光海：《美国的东亚同盟体系：态势、趋向及意图》，《国际论坛》2002 年第 4 期；杨文静：《美国亚太同盟体系的调整及其走向》，《现代国际关系》2003 年第 8 期。

④ 王义桅：《美国亚太秩序观的新变化及其面临的挑战》，《国际观察》2009 年第 3 期。

于美国亚太战略之下，而是美国亚太战略的制定以对华关系为目标，挟亚太以制衡中国是美国战略的手段。美国国务卿希拉里·克林顿在2011年初的演讲中指出，美国"将我们与中国的关系牢固地置于一个更广泛的区域框架中，因为这与亚太地区的安全同盟、经济网络和社会联系网密不可分"①。把美国亚太战略变迁和美中关系作为对等，强调其对中国周边外交的影响是本章思考的重心。② 基于此目的，我们将奥巴马政府的亚太安全新战略命名为"雁形安全模式"③。

笔者认为，自奥巴马政府上台之后，美国亚太战略历史性地进入了第三个阶段。在美国的带领下，亚洲的地区安全秩序正在形成一种以美国为领头雁的"雁形"模式（Flying Geese' Model）。在这种模式中，第二梯队是美日、美韩同盟。尤其是美日同盟被置于首要位置，是美国在亚太地区接触的"基石"，而美、日、韩三边存在着形成军事同盟的迹象。"雁形安全模式"的第三梯队是美国与澳大利亚、菲律宾和泰国等盟国的关系（可参考表7-1的内容）。④ 第四梯队是美国与越南、印度尼西亚、印度的关系。第四梯队的显著特点是以地区为平台呈现出网络化发展趋势，这也是美国塑造亚洲地区秩序的最广阔依托。

---

① Hillary Rodham Clinton, "Inaugural Richard C. Holbrooke Lecture on a Broad Vision of U. S. -China Relations in the 21st Century," http: //www. state. gov/secretary/rm/2011/01/154653. htm.

② 中国学者苏浩曾用哑铃模式来描述亚洲太平洋地区所存在的三种类型的安全合作模式，即与中国存有极大关联的大陆安全架构、东盟方式以及美国统领的同盟体系。这一分析突出了中国的独立性。参见苏浩《从哑铃到橄榄：亚太合作安全模式研究》，世界知识出版社2003年版，特别其第151—162页的内容。

③ "雁形模式"本来是用来描述日本经济发展战略的一种论断。有关其理论发展，参见 Kiyoshi Kojima, "A Macroeconomic Approach to Foreign Direct Investment," *Hitotsubashi Journal of Economics*, 1973, pp. 1 - 21; Kiyoshi Kojima, *Direct Foreign Investment: A Japanese Model of Multinational Business Operations*, London: Croom Helem, 1978; Kiyoshi Kojima, "The 'Flying Geese' Model of Asian Economic Development: Origin, Theoretical Extensions, and Regional Policy Implications," *Journal of Asian Economics*, Vol. 11, Issue 4, 2000, p. 385.

④ 关于本章对美国与其军事同盟的分层次排序，与美国著名的国际战略学家罗伯特·阿特关于美国的核心安全承诺（即联盟关系）的划分不谋而合，他认为，美国在东亚的核心安全承诺是美日同盟、美韩同盟，非核心安全承诺有美澳联盟、美菲联盟以及"美台准联盟"。参见［美］罗伯特·阿特《美国大战略》，郭树勇译，北京大学出版社2006年版，第173—174页。

表 7 - 1   美国在东亚盟国的驻军数量

国家	1986—1990 年年均	1991—1995 年年均	1996—2000 年年均	2005 年
日本	48 804	44 235	41 016	35 571
韩国	43 823	36 689	36 314	30 983
澳大利亚	726	442	296	196
泰国	165	105	228	114
菲律宾	15 547	2 020	73	55

资料来源：Tim Kane，"U. S. Global Deployments," http//：www. heritage. com.

与"轴毂"模式、"扇形"模式相比，该模式突出了如下几点：其一，日本的地位相对下降；其二，韩国对中国周边安全的影响力要大于澳大利亚；其三，第四梯队体现出来的地区主义权重上升，各国之间的多层联系突出；其四，模型具有动态性。具体来说，第一，日本在美国亚太安全战略中地位相对下降。与美国亚太战略的第二阶段相比，加上近年来日本经济实力的下降，日本的战略意义也在下降。在希拉里·克林顿若干次重要的外交演讲中都体现出美国重视日本这位盟友的一贯姿态，突出强调日美关系是美国对外政策的基石、亚太地区和平与安全的基石。不过需要注意的是，希拉里的外交辞令背后是这样一种前提，即美国、日本是世界第一大、第二大经济体。[1] 但是中国于 2010 年 8 月国内生产总值（GDP）总额超过日本之后，这种前提已经不存在。希拉里在 2010 年 9 月和 10 月有关美国对外政策以及亚洲政策的两次重要演讲给全球舆论的印象是：中国具有独特的全球影响力，而日本的地位呈下降态势，在某种程度上只能与印度旗鼓相当。[2]

第二，鉴于东北亚安全形势是中国安全环境中的最薄弱环节这一判

---

[1] 希拉里·克林顿于 2009 年 2 月 17 日与日本外相中曾根弘文（Hirofumi Nakasone 的会谈以及 2010 年 1 月 12 日在夏威夷会见日本外相冈田克也（Katsuya Okada）时都提到这一点。

[2] 希拉里于 2010 年 9 月 8 日在华盛顿对外关系委员会题为"美国对外政策"的演讲中仅 3 次提到日本，4 次提到印度、巴西，而提到中国的次数达到 10 次。10 月 28 日在檀香山发表的题为"美国参与亚洲"的演讲中，中国出现了 12 次，韩国 9 次，日本、印度各出现了 7 次。

断，韩国在美国同盟体系中的地位要高于澳大利亚。笔者认为，美国奥巴马政府的亚太战略突出了韩国的地位，而澳大利亚的地位大致上相当于泰国、菲律宾等正式盟友。这一判断与1996年美国国防部长威廉·佩里（William Perry）的论断——日本和澳大利亚分别为美国亚太同盟的北南支柱——不可同日而语。正如有学者指出的，美国亚太政策调整之所以增加中国的压力，是因为"中美两国为了维系地区稳定与和平，不得不动用大量的财力与物力来控制突发事件，避免危机升级。不论是朝核问题，还是东北亚地区的岛屿和领海纷争，一旦这些问题升级，就必然会把中美两国牵扯其中"[1]。澳大利亚与中国并不直接接壤，它对中国周边外交的影响无法和直接接壤的韩国相比。如果引入历史视角，澳大利亚对中国周边安全的影响则更少一些。当前，在南北关系成为影响朝鲜半岛和平稳定与否首要因素的态势下，韩国的地位相当重要。中国确保东北亚的安全，韩国是突破口。

此外，近期美、日、韩的动向表明，形成三边军事联盟的倾向正在增强。[2] 虽然这种局势并不一定针对中国，但任何在东北亚地区形成军事集团的趋势对中国而言都是威胁。长期以来，美日同盟的重要性就超过美韩同盟，美日、美韩同盟的关系类似于欧洲的美英、美德关系。[3] 需要注意的是，与日本不同，韩国曾经三次派出军队协助美国实施海外军事行动，包括参加越南战争、海湾战争以及2003年的

---

① 滕建群：《论中美关系中的第三方因素》，《国际问题研究》2011年第1期。

② 比如，有论点认为，"在美国的撮合下，日韩军事合作谈判是否会将东北亚军事格局导向一个多边军事同盟已引起本地区国家的关注"。参考王鸣鸣《美国全力推行"重返亚洲"战略》，《人民日报》2011年1月16日第23版。此外，人民网国际频道2011年1月4日报道，日本外务省要求韩国媒体更正对日本外相前原诚司的错误解读。前原诚司认为，"2011年需要重视的课题之一，是在安全保障领域营造日韩两国进行深入对话的环境"，而韩国媒体认为，这番话是"希望与韩国在安全保障领域结成同盟关系"。参考《日本外务省称韩媒误报日外相"期待日韩同盟"》，http://world.people.com.cn/GB/13644050.html。美国的一家智库在2010年底的一份研究报告中也呼吁建立美、日、韩军事协作，一方面是应对朝鲜，另一方面更重要的目的是遏制中国的崛起。参考 Abraham M. Denmark and Zachary M. Hosford, "Securing South Korea: A Strategic Alliance for the 21st Century," Center for A New American Security, December 2010, http// : www. cnas. org.

③ 石源华、汪伟民：《美日、美韩同盟比较研究——兼论美日韩安全互动与东北亚安全》，《国际观察》2006年第1期。

伊拉克战争，特别是在伊拉克战争中，韩国派兵规模上仅次于美国和英国。韩国承担驻韩美军的费用约占韩国 GDP 的 0.08%，而日本为驻日美军所承担的费用占日本 GDP 的 0.05%。[①] 自 2003 年 8 月启动"六方会谈"以来，韩国在东北亚安全环境中的地位已经上升。况且，在奥巴马政府上台以后，美、日、韩"铁三角"三边合作有了更多实质性进展。[②] 以中国为中心考虑，特别是考虑到近几年来东北亚局势的发展及其对中国的巨大安全影响，可以说，美韩同盟在东北亚地区安全中的地位正迅速上升。如果美、日、韩三方的军事协作进一步增强，那么美韩同盟就基本上处于与美日同盟对等的地位。按照格雷汉姆·阿利森（Graham Allison）在 20 世纪 70 年代的一项观察，军事力量的增加会影响美国使用武力的决策。[③] 美国频繁在东亚显示其武力存在，对中国而言威胁是现实存在的。

　　第三，奥巴马政府的亚太战略超出克林顿时期的范围，更加重视多边主义，地区内同盟和伙伴国家间的联系也日益密切（参考表 7 - 2）。正如有学者指出的，奥巴马政府此次亚太战略调整的特点是强调制度霸权建设，双边同盟出现了网络化趋势，周边安全环境的内涵已经从军事安全延伸至非传统安全领域。[④] 美国国务卿希拉里在数次重要演讲中均指出，东盟作为地区内自创的多边制度是地区安全的支点，美国将大力加强与该机构的联系。"雁形模式"的第四梯队之所以重要，是因为这些国家将越来越呈现出崛起的状态，特别是印度尼西亚和印度这样的非中华文明圈的国家崛起。正如政治学家塞缪尔·亨廷顿（Samuel Huntington）预测的，印度尼西亚认为它是一个独立的海上帝国，而越南的历史是抵抗中华帝国权威的历史。这意味着印度尼西亚和越南，连同印度有可能比日本更能抗衡中国，将抵挡中国

---

　　① Frances Rosenbluth, Jun Saito, and Annalisa Zinn, "America's Policy toward East Asia: How It Looks from Japan," *Asian Survey*, Vol. 47, No. 4, 2010, pp. 586 – 7.

　　② 孙茹：《美日韩重整"铁三角"》，《世界知识》2009 年第 15 期。

　　③ Graham T. Allison, "Military Capabilities and American Foreign Policy," *Annals of the A-merican Academy of Political and Social Science*, Vol. 406, The Military and American Society, 1973, pp. 17 – 37.

　　④ 郑迎平：《美国亚太安全战略新优势及对中国周边安全的影响》，《太平洋学报》2004 年第 2 期。

作为中心的亚洲秩序。① 从这个角度来分析，我们就很容易理解奥巴马政府为何强调印度尼西亚和越南的地位了。同盟体系对美国依然很重要，但就将来而言，美国所看重的伙伴关系是能成为平衡中国的力量，特别是印度和印度尼西亚，这是不属于中国文化圈的两个拥有独特影响力的国家。

表 7-2　　　　　　　　　　**美国在亚洲三边关系的进展**

	建立时间	建立标志	主要内容
美、日、澳	2006 年 3 月	首次外长级安全对话	强调民主与发达国家身份，鼓励印度作为全球性伙伴参与，三方加强信息交流和战略评估，构建伙伴关系网络
美、日、印	2007 年 4 月	三国军事演习	
美、日、韩	2010 年 12 月	三国外长对话	强调作为世界上主要经济体的身份，价值共享以及双边同盟关系，构建多边合作来应对朝鲜局势，增强三方在经济、政治与安全议题上的合作，并应对全球危机

资料来源：作者整理。

印度力量的崛起或许也反映在印度学者对亚洲地区秩序的新期望中。印度战略学者布拉马·切拉尼（Braham Chellaney）认为，中美双方对亚洲地区秩序的理解存在显著的差异，中国寻求一个多极世界、单极亚洲的格局，而美国需要的是一个单极世界、多极亚洲，印度和日本追求的是一个多极的世界与多极的亚洲。② 如果印度力量的崛起保持目前的速度，那么过去 100 多年的亚洲地缘竞争中心很可能将向西偏移，从中日两强之争过渡到中国、日本、印度的三国之争。从这个意义上说，美国正在考虑的安全地区化问题也可能是中国下一个阶段所面临的问题。

---

① Samuel Huntington, *The Clash of Civilizations and the Remaking of World Order*, London: Simon and Schuster, 2002, pp. 218–238, 244; 转引自 Daniel Twining, "America's Grand Design in Asia," *The Washington Quarterly*, Vol. 30, No. 3, Summer 2007, p. 84.

② Brahma Chellaney, "Asia's Chaning Power Dynamics," Jan. 4, 2010, http://www.project-syndicate. org/commentary/chellaney4/English.

美国"雁形安全模式"反映出东亚地区存在着"三个世界，五种安全"的环境。[①] 亚洲地区有民主国家、发展中国家和转型国家，这些国家面临的问题、所处的发展阶段以及战略目标不尽相同，对国家安全的需求也呈现出差异性。通常，民主国家把安全视为外部因素，而转型国家和发展中国家还面临着政局不稳、制度不成熟以及民族国家建制不完善等内部风险。美国亚太战略"雁形模式"的出现，尽管其最大的目标是制衡中国，也可以说是为了适应地区内多种安全需求的现实。换句话说，美国通过对地区安全秩序的重构达到两个方面的目的：一方面制衡中国，另一方面增强美国的存在感。

总体来看，美国亚太秩序的"雁形模式"具有多层架构和动态性是其突出的特点。美国亚太战略出现"雁形"变化，大致上符合大西洋两岸国际政治的一个规律，即弱小一方偏向于通过多边方式影响强大的一方，但大国通过多边主义控制小国并无多大的效应和效率，更愿意用双边方式实现意图。[②] 美国权势在东亚地区的衰落是美国在该地区重拾多边主义的一项重要原因。从根本上讲，美国亚太战略的调整反映了亚洲历史上从未有过的地区内数个大国崛起的趋势。数个大国同时崛起，从理论上讲存在着区域内大国协调的可能性，几个大国联合起来就能够提供公共物品，而未必需要区域外力量。[③] 那么，美国在东亚地区采用所谓"对冲"或者"两面下注"的策略将受到挑战，区域内大国可能并不希望美国的深度介入。

第三节　中国周边外交的战略选择

在经济领域，中国从 20 世纪 90 年代中期开始逐步超越日本所构

---

① 朱锋：《国际关系理论与东亚安全》，中国人民大学出版社 2007 年版，第 20—28 页。

② Robert Kagan, "Power and Weakness," *Policy Review*, Vol. 113 (June and July, 2002), pp. 3 – 28.

③ 这方面的论述可参考 Charles P. Kindleberger, "Dominance and Leadership in the International Economy: Exploitation, Public Goods, and Free Rides," *International Studies Quarterly*, Vol. 25, No. 2, 1981, pp. 242 – 254.

造的东亚雁形分工秩序。从经验来看，融入地区经济分工秩序是主导战略，但策略上是沿海地区先行与拥有比较优势的产业先行，具体而言是由南而北的开放序列以及从纺织业、家电业到电子产业的升级。有学者认为，从 20 世纪 90 年代初期开始东亚已经在电子产业上形成了多中心布局，日本以往在东亚主导某一产业发展的局面已被打破。[①]由于缺乏支持进一步开放国门的战略能力和意愿，日本并没能像历史上的英美那样成长为世界强国。2001 年加入世界贸易组织（WTO），中国在世界经济中的地位迅速上升。按市场汇率计算，中国 GDP 总量在 2007 年超过德国，在 2010 年超过日本；目前大致为美国的40%，如果按购买力平价计算则为美国的 69%。[②]

　　中国能否仿效在经济领域超越日本主导的雁形分工秩序，在周边安全环境的塑造过程中超越美国主导的雁形安全模式呢？与经济上超越"雁形"分工秩序时需要明了各国的比较优势一样，我们必须深入了解安全领域中国周边国家的位置。前文已经指出，美国"雁形安全模式"的出现也是因为美国认识到在亚太地区存在着多种威胁，包括传统地缘政治意义上的大国崛起以及非传统安全意义上的跨国性问题。客观地说，这些问题并非都因为美国介入才出现，其根本原因是在一个部分全球化的世界中，中国周边国家处于不同的发展阶段和由不同的安全需求所致。

　　2010 年，中国周边安全环境复杂化，除了美国以"雁形"方式重返亚洲，亚洲国家各自的安全需求不同之外，中国本身的变革也是一项重要的因素。尽管从大的方面来看，中国的周边政策尤其是和平发展的国际战略并没有发生多大改变，但中国对自己的利益诉求增多了，渐渐从地区参与跃升到塑造地区环境。[③] 也就是说，中国地区战略的主动性和影响力要大于其国际战略对周边局势的影响。那么，我

---

　　① Michell Bernard and John Ravenhill, "Beyond Product Cycles and Flying Geese: Regionalization, Hierarchy, and the Industrialization of East Asia," *World Politics*, Vol. 47, No. 2, 1995, pp. 171 - 209.

　　② 参见张宇燕《政治算术》，《世界经济与政治》2011 年第 1 期。

　　③ 张蕴岭：《新形势下中国与东南亚的关系》，《中国东南亚研究会通讯》2010 年第 2 期。

们至少可以为中国周边外交的战略性选择提供两点标准：第一，动态的过程①；第二，中国本身是周边环境的一部分。②

从上述两项标准来看，在关于中国周边外交的战略性选择方面，有如下几种判断；

第一是体系层面的应对之道，即构建中、美、日三角关系的"协调性框架"。在最近几年里，中国、日本、美国这三个当代最大的经济体之间的贸易关系已经发生转变。③ 2004 年，中美贸易超过中日贸易，这是一个非常重要的转折点，2006 年，中国成为日本的第一大贸易伙伴。新中国第一次在贸易上与美国形成了迎面相撞的强强局面，国际贸易的战略缓冲地带正在消失。在日本舆论界，也不乏日本更加依赖东亚，而东亚却不再依赖日本的声音。④ 作为这种经济格局的反映，中美、中日之间的战略对话已经举行过多轮。从国际经济秩序的角度考虑，中国必须重新协调国际化的国内利益，充分挖掘与头号强国的共同利益。

第二是以中国为主导的东亚合作。有学者认为，近年来东亚地区的国际关系开始呈现出一种"五角星格局"：俄、美、日、印、东盟

①　中国学者张小明认为，"中国的周边安全环境不可能是一成不变的，而是一种动态现象"。此外，他并未将美国因素列为影响周边安全环境的中长期因素，原因在于美国因素已经是一个不用多说的事实，该文明显转向了将"中国周边"作为独立叙述和分析对象，突出了思考中国周边安全环境时的中国中心地位。参考张小明《影响未来中国周边安全环境的因素》，《当代世界》2010 年第 6 期。

②　尽管这似乎是个不言自明的事实，但从学理上进行分析则比较晚。"中国是构成自身所处综合环境的一个有机组成部分。"参见张蕴岭《如何认识中国在亚太地区所面临的环境》，张蕴岭主编：《未来 10—15 年中国在亚太地区面临的国际环境》，中国社会科学出版社 2003 年版，第 36 页。

③　描述这种关系转变的一个新概念是哈佛教授尼尔·弗格森（Niall Ferguson）于 2007 年前后提出的"中美国（Chimerica）"，参见 Niall Ferguson and Moritz Schularick，"'Chimerica' and Global Asset Markets，"*International Finance*，Vol. 10，No. 3，2007，pp. 215 – 239. 但由于金融危机的影响，弗格森本人也否认了这个概念，参见 Niall Ferguson and Moritz Schularick，"The End of Chimerica，"*Harvard Business School Working Paper* 10 – 037，Nov. ，2009，http: //www. hbs. edu/research/pdf/10 – 037. pdf.

④　例如，日本《外交论坛》月刊 2010 年 1 月号刊登大和综合研究所常务理事原田泰的一篇文章，题为"日本经济夹在美国与中国之间该如何定位？"http: //www. cetin. net. cn/cetin2/servlet/cetin/action/HtmlDocumentAction？baseid = 1&docno = 408700。

各占据五角星中的一角，中国位居五角的中心。① 以中国为中心思考周边地区，或者说中国本身塑造周边地区能力的增强，源于"在21世纪，中国是亚太地区的中心国、桥梁国、联系国"这样的判断，"无论是俄罗斯、日本、印度，都不能取代中国的地位，甚至美国也不能取代中国的地位"②。陈东晓认为："当前亚太秩序正经历的二战后第三次重建就主要围绕着中国而展开，中国的战略和政策将成为影响该地区秩序建设的关键因素之一。"③ 这一判断延续了东亚地区作为中国战略展开的核心地带的解读，并且日益体现出东亚的未来取决于中国的战略走向这种自信。对中国而言，应以开放的地区主义的态度扩大公共物品的提供。④

中国中心的战略是一种大战略，主要以主权、发展和安全三种利益为导向，是一种兼顾与平衡内外的战略设计。正如中国学者王缉思所指出的，一项深思熟虑的大战略必然突出中国国内的优先性。正在显现出的四种特征意味着将产生一种新的大战略，这些特征包括：（1）中国政府的安全观融合了经济、非传统安全、传统安全和政治利益的综合考虑；（2）中国对外政策将更少国家导向，而是越来越呈现出多边和问题领域导向；（3）中国经济发展的模式革新正在改变战略思想，更加注重社会内涵；（4）随着中国越来越注重软实力，其价值观将越来越具有全球性。就亚洲而言，它毫无疑问是中国的地缘战略中心，未来中国将更加向西发展，以利用欧洲的优势。⑤ 也就是说，中国下一阶段的亚洲地区战略设计应该更加重视中国西部。

破解美国有针对性的"雁形模式"，是对各梯队国家安全需求的划分。而这些国家与中国临近省份在经济发展水平上有相似性，安全

---

① 李文：《东亚呈现"五角星格局"》，《环球时报》2010年11月17日。

② 朱听昌：《论中国在亚太地区的区域中心地位》，《世界经济与政治论坛》2010年第1期。

③ 陈东晓：《当前国际局势特点及中国外部环境的新挑战》，《国际展望》2011年第1期。

④ 门洪华：《中国东亚战略的展开》，《当代亚太》2009年第1期。

⑤ Wang Jisi, "China's Search for A Grand Strategy: A Rising Great Power Finds Its Way," *Foreign Affairs*, Vol. 90, No. 2, 2011, pp. 68–79.

需求方面类似。因此，中国以沿边的经济发展区域作为安全合作单位，与邻近国家在安全需求方面进行合作，从而逐步超越美国亚太安全战略的"雁形模式"。按照世界银行 2009 年的标准，人均国民总收入低于 995 美元的国家属于低收入国家，996—3945 美元的属于中等偏低收入国家，3946—12105 美元属于中等偏高收入国家，12196 美元以上的属于高收入国家。① 依此标准，中国东北地区、东部沿海、东南沿海都属于中等偏高收入省份，而西南和西北地区属于中等偏低收入省区。在与中国相邻的周边国家和地区里，东北亚地区属于中等收入偏高或者高收入地区，中国的西南和西北相邻地区基本属于偏低收入和中等偏低收入水平（见表 7-3）。

  中国在周边地区安全的需求上既有美国的特征（威胁来源于国土之外），也有发展中国家的特征（影响安全的因素来自内部）。更加突出的是，中国将从一个典型的发展中国家向中等发达国家迈进，特别是东部沿海地区已经迈进中等发达国家行列，安全需求的升级非常明显。目前来看，多种安全需求以经济发展区域为中心同时存在于一个整体的中国：（1）东北部，存在着传统安全威胁、非法移民与跨境民族等问题；（2）东部沿海是中国经济最发达的区域，也是国际化程度最高的区域，存在着领海争端、资源能源通道与进出口通道的安全等问题；（3）西南部，领海领土争端、水资源、非法移民、毒品与跨境民族；（4）西部，国土广袤但经济发展程度低，存在着跨境民族、能源通道与三股势力等非传统安全问题（如表 7-4 所示）。把中国作为一个整体来考虑周边安全环境时，与中国接壤的东部与西部、北部与南部的差异过于绝对，但是如果以地区为中心，那么从东北亚到中亚、从北部到东南亚，安全环境的变革实际上是一个绵延的过程，存在着若干个等级制类型的地区安全环境。东北亚发生的局势变更既可以通过中国国土之外的力量影响东南亚、西亚、中亚，也可以经过中国内部的传递性直接影响到这些地区。

---

① http://data.worldbank.org/about/country-classifications.

表 7 - 3　　　　2009 年中国沿边、沿海省份与周边接壤国家
地区人均 GDP 比较　　　　　　（美元）

中国各地区	人均 GDP	周边相邻国家地区	人均 GDP
东北地区	4 559	俄罗斯	8 684
		朝鲜	–
东部沿海	9 055	韩国	17 078
		日本	39 734
东南沿海	5490	马来西亚	7 030
		菲律宾	1 752
		印度尼西亚	2 349
西南地区	2383	越南	1 032
		柬埔寨	667
		老挝	940
		缅甸	–
西北地区	2579	尼泊尔	427
		印度	1 134
		巴基斯坦	955
		阿富汗	405
		塔吉克斯坦	716
		吉尔吉斯斯坦	860
		哈萨克斯坦	7 257

　　说明：东北地区包括内蒙古、黑龙江、吉林、辽宁；东部沿海地区包括北京、天津、山东、江苏、上海、浙江；东南沿海地区包括福建、广东；西南地区包括广西、海南、云南；西北地区包括西藏、新疆。《中国统计年鉴 2010》中列出国民总收入的总量数据，但是没有分省数据，因此，本表中各省数据由人均 GDP 来替代。

　　资料来源：根据《中国统计年鉴 2010》（中国统计出版社 2010 年版）中的数据计算所得。周边国家数据来自世界银行，http：//data. worldbank. org/indicator/NY. GDP. PCAP. CD。

表 7 - 4   中国从东向西的安全需求

经济发展区域	安全需求
东北部	传统安全、非法移民与跨境民族
东部沿海	领海争端、资源能源通道、进出口通道
西南部	领海领土争端、水资源、非法移民、毒品与跨境民族
西部	三股势力、跨境民族与能源通道

资料来源：作者整理制作。

地区成为安全领域"统筹国内国际两个大局"的桥梁。从经济而非政治竞争的角度看，地区型国家的概念从 20 世纪 90 年代初期开始流行于国际商业领域，其主要内涵是，全球化的内核是以某些地区为中心的经济交流，而非整个民族国家边界的消失。[1] 中国改革开放早期的动力之一也是因为中国自 1958 年以来一直存在着以区域"块块"原则为基础的多层次、多地区的层级制组织结构，这种"M"形结构显著不同于苏联东欧的"U"形结构。[2] 地方竞争以及地方的活力成为理解中国经济持续增长的最重要因素，地方分权或者说县域竞争成了中国经济制度的重要特色。[3] 受此启发，中国外交研究界的一个新动向是分析外交事务上的分权问题，有学者认为，地方外交以非正式制度的形式日渐推动区域和次区域合作的进展，形成了一种"枝强干壮"的局面，这种多中心的治理结构更符合亚洲安全与合作的需求。[4]

正是在此基础上，以多个地区为中心的周边外交将是未来的一项战略性选择。在近代史上，中国存在着以陆上为重心还是以海上为重

---

[1] Kenichi Ohmae, "The Rise of the Region State," *Foreign Affairs*, Vol. 72, No. 2, 1993, pp. 78 - 87.

[2] 钱颖一、许成钢：《中国的经济改革为什么与众不同——M 形的层级制和非国有部门的进入与扩张》，《经济社会体制比较》1993 年第 1 期。

[3] 张五常：《中国的经济制度》，中信出版社 2009 年版。更系统的内容参考张军、周黎安《为增长而竞争：中国增长的政治经济学》，世纪出版集团 2008 年版。

[4] 苏长和：《中国地方政府与次区域合作：动力、行为及机制》，《世界经济与政治》2010 年第 5 期。

心的战略论辩。随着增进一国国力的资源多元化以及安全威胁的泛化，这种划分将逐渐失去依靠。判断究竟是海上重要还是陆上重要，要看战略性资源的通道、安全威胁的等级以及替代性方案的可能性。此外，有论者指出，中国的地理位置和所处的地缘政治环境基本上决定了中国需要采取一种合作性参与战略。① 因此，从地区层次和问题领域来审视各个地区的安全等级秩序会更加有效。总体而言，中国的目标应该是塑造一个更加均衡的地区秩序，这个秩序既能容纳美国的利益，也能扩展中国的利益，同时确保周边国家从中国的崛起中获得越来越多的利益。

美国奥巴马政府的亚太战略是自冷战以来的第三次地区战略调整。从亚太战略的延续性来看，美国亚太战略逐步升级和扩展，从传统安全领域拓展至非传统安全领域，每一次战略的调整都站在前一次战略的基础上。从变革性来看，与"轴辐"模式以苏联为主要对手、"扇形模式"以日本为主要对手不同，此次"雁形模式"的展开是以中国为对象的。可以说，美国亚太战略的制定已经以对华关系为参考系，未来将越来越处于对华关系之下。与"轴辐模式""扇形模式"相比，"雁形模式"突出了如下几点：（1）日本的地位相对下降；（2）韩国对中国周边安全的影响力要大于澳大利亚；（3）地区主义权重上升，各国之间的多层联系突出；（4）模型的动态性体现出亚洲安全需求的阶段性发展。

美国雁形安全模式的形成一方面是出于应对中国的考虑，另一方面是为了适应该地区存在的多种安全需求。中国是世界上周边邻国最多的国家，而周边国家和地区的发展呈现出文明和发展的多样性，从东北亚地区往东南亚再到西亚呈现出一个序列特征，东北亚地区发展水平较高。随着中国成长为亚洲最大的经济体，中国对周边地区秩序的需求将从一个中等偏低收入向中等偏高收入国家的需求转变，甚至发展到完全是一个高收入国家的安全需求特征。从这个角度讲，美国亚太战略的转型对中国设计周边新战略具有相当重要的启发意义。中

① 潘忠岐：《地缘学的发展与中国的地缘战略——一种分析框架》，《国际政治研究》2008 年第 2 期。

国不仅可以从沿边、沿海的角度考虑周边安全环境的变革，也需要以次区域为中心拓展国内国际互动的能力。我们的分析表明，中国东北部、东部沿海、东南部沿海地区与东北亚融合度更高，而西南、西北部由于人均 GDP 较低，其安全需求与其相邻地区的关联性更高。

第八章　美国体系的转型

国际秩序问题历来都是国际政治研究的核心问题之一，因历史上国际秩序的生成往往与大的体系性战争相关联。美国学者约翰·伊肯伯里（John Ikenberry）提出了"大战胜利之后"的命题，即"建立国际秩序的重要关头往往出现在重大战争之后，战胜国着手重建战后秩序"①。自近代以来，在历次秩序调整中，中国基本上属于被动的接受者，无论是鸦片战争之后条约体系向全球扩张，还是第一、二次世界大战之间的秩序转型，甚至第二次世界大战后的冷战秩序。目前，可能是中国主动参与、部分改造旧国际秩序最真实的一次，人们不得不认真探讨国际秩序转型中中国可能获得的机会，以及因此而应该具备的国际视野。

最近这次可能的国际秩序转型，并不是中国主动发动的，而是直接肇始于 2008 年的全球金融危机。美国经济学家在总结历次大型金融危机后发现，这次金融危机与历史上的危机并无多大区别，比如都存在着全球层面的杠杠效应，危机前住房价格都迅速上升，银行体系阵痛导致危机加速发展，等等。② 但是，正如从 19 世纪后期以来的大危机一样，各国对危机的反应是不同的。③ 大危机正如体系性战争一样，都会对国际体系造成巨大冲击，对国家之间互动的规范和制度造

① ［美］约翰·伊肯伯里：《大战胜利之后：制度、战略约束与战后秩序重建》，门洪华译，北京大学出版社 2008 年版，第 7 页。

② Gary Gorton and Andrew Metrick, "Getting Up to Speed on the Financial Crisis: A One-Weekend-Reader's Guide," *Journal of Economic Literature*, Vol. 50, No. 1, 2012, pp. 128 – 150.

③ 对这一命题的经典论述参见 Peter Gourevitch, *Politics in Hard Times: Comparative Responses to International Economic Crises*, Ithaca, NY: Cornell University Press, 1986.

成不同程度的影响，这种外部环境的变化几乎对所有国家都构成巨大挑战。在尘埃落定之前，体系中的主要大国如何应对处于变革中的国际秩序，如何构思应对新国际秩序的政策和行动，本身构成了大战略研究的主要内容之一。

寻求理解中国与国际秩序的关系，适当的一个分析角度是政治经济学。中国崛起首先是以经济的大规模、高速度、持续崛起为前提的，其次是西方关于经济实力终将转化为战略力量的逻辑引发了对稳定性的担忧。中国崛起是在美国体系这一背景下的崛起，同时中国崛起又对这一背景构成挑战。如何认识和对待美国体系，同时重视对中国自身的政策调整和战略空间的研讨，关系到崛起中的中国与国际体系间的稳定关系是否能够维持。

第一节　美国是一个体系

将美国作为中国战略决策的主要研究对象有历史渊源和极大的合理性，毕竟，美国有着最为强大的经济和军事力量，而且持续了几十年。加强对美国的认识和研究仍然是中国战略研究的核心课题。但问题在于，绝大多数分析都将美国看作一个单一的国家，而不是一个复杂的系统。一方面，分析安全问题时容易忽视美国战略能力的跨国别构成，单纯以美国的军事力量计算美国体系的战争能力，但处于美国体系中的盟国不能被简单地当作互不关联、独立自主的行为体；另一方面，对于美国体系中经济制度的约束力和规则制订能力缺乏深入理解，也没有掌控这种经济力产生与资源控制、技术升级以及知识产权保护等霸权性能力的关联性。

改革开放后，中国对美国体系的认识有所深化，但仍然过于重视美国而忽视追随美国的其他国家，过于重视美国体系的政治安全因素，而忽视政治与经济的相互关联性。直至 20 世纪 90 年代初，在关于世界新秩序的探讨中，中国仍然忽略了美国体系如何运转这一重大课题，而当时西方学术界关于美国体系如何产生并得以维护的论述已

经相当深入了。① 在实践中，只有通过参与美国体系并与其发生直接
的经济政治触碰，中国才能深入体会美国体系的厚实基础。随着中国
在 1992 年确立走社会主义市场经济道路，加大经济开放力度，加入
东亚生产体系当中，特别是伴随着恢复加入关贸总协定（GATT）的
努力产生了很强的学习效应，中国对美国体系的认识增强了。

中国应该如何认识当前的美国体系？美国战略家布热津斯基在
《大棋局》一书中提出，美国是一个基于国内经验、等级不森严的
"新型的霸权"，"美国在全球至高无上的地位，是由一个的确覆盖全
球的同盟和联盟所组成的精细体系支撑的"②。布热津斯基的此种论
述，很重要的一个参考点是苏联集团。苏联有卫星国，美国有同盟
国；苏联有社会主义经济，美国有自由市场经济。美国的做法是增强
自身的经济实力，提高自由世界其他国家的经济实力，以及建立自由
世界国与国之间的凝聚力，这三个环节缺一不可，也都强于苏联
集团。

进入 21 世纪之后，不仅美国学者对美国体系的分析日渐深入，
中国也从冷战史入手分析美国体系的特性。美国康奈尔大学教授彼
得·卡赞斯坦认为，美国既是国际关系中的一个行为体，也是美国帝
国体系的一部分。美国体系的特点是既有领土权力与非领土权力的较
量，也有正式和非正式的制度关联。特别重要的是，卡赞斯坦还认
为，美国帝国体系塑造着东亚地区，中国与美国帝国体系已经密不可
分，但帝国体系同时也被体系内的行为体所改变。③ 也就是说，美国
体系本身是处于不断变化中的，对此北京大学张小明教授也认为，东
亚体系是由美国塑造的，但冷战后东亚地区多边主义的发展，也将重

---

① 例如，美国学者 G. 约翰·伊肯伯里 1991 年发表在《国际组织》上的论文《一个
恢复的世界经济：专家共识与英美战后安排》以及 1992 年的论文《布雷顿森林体系的政治
起源》等文章直到 2005 年才被翻译成中文出版，参考［美］朱迪斯·戈尔茨坦、罗伯特·
O. 基欧汉主编《观念与外交政策：信念、制度与政治变迁》，刘东国、于军译，北京大学
出版社 2005 年版，第 59—86 页。

② ［美］兹比格纽·布热津斯基：《大棋局：美国的首要地位及其地缘战略》，中国国
际问题研究所译，上海人民出版社 2007 年版，第 23 页。

③ ［美］彼得·卡赞斯坦：《美国帝国体系中的中国与日本》，《世界经济与政治》
2006 年第 7 期。

塑美国体系。[1] 中国学者崔丕的研究表明，美国在战后塑造欧洲、亚太的集体安全保障体系时，对老霸权国英国还是倚重的，美国并不是·完全撤开国际体系中的守成国而另立新章。[2]

这些分析表明，美国体系处在不断变化中，中国有影响美国体系的空间和机会。但近年来我们感触更多的是美国体系对中国的遏制，而不是中国对美国体系的塑造。原因可能在于，我们过于强调中美关系中的安全侧面，相对忽视了中美关系中的经济和规范侧面。以卡赞斯坦的论述为代表，美国体系的特点除了多边制度这一超越于民族国家领土范畴的内容之外，还有跨国公司这一非领土权力。在正式的制度上，美国体系与布雷顿森林体系是密切相关的，既包括联合国系统的国际组织，也包括诸如经合组织（OECD）、八国集团（G8）等，非正式制度则有自由民主价值观、开放市场与法治等规范。美国体系带来的安全压力之所以持续和难以逆转，其根基是渗透进社会生活的经济利益和规范能力。除了美国的领土性权力之外，实际上其他部分的可渗透性都很强。

以最令中国感受到遏制的美国强化东亚军事存在的事件来看，无论是对美国，还是对那些接受美国军事存在的国家来说，除了直接的防务考虑外，还有很大程度上的经济和规范考虑，因此也不是不可以渗透。有分析指出，美国军事基地在经济方面发挥了三种作用：首先，美国基地提供安全，使得该国不用担心外部力量的干涉，而稳定的国内环境可以促进发展；其次，该国可以利用有限的资源发展经济而不是花费在防务上；最后，美国基地刺激了当地经济发展、给当地提供了工作。[3] 澳大利亚前外长亚历桑德·唐纳（Alexander Downer）2007 年 5 月 11 日在一次公开演讲中列举了与美国结盟能够提供的好处：获得在地区内额外的权重和影响力；获得情报；获得军事系统和

---

① 张小明：《美国与东亚国际体系的变迁》，《国际政治研究》2007 年第 2 期。

② 崔丕：《美国亚洲太平洋集体安全保障体系的形成与英国》，《冷战国际史研究》2004 年第 1 期。

③ James Meernik, "U. S. Foreign Policy and Regime Instability," Carlisle：Strategic Studies Institute, 2008, http：//www. strategicstudiesinstitute. army. mil/pubs/display. cfm? pubID = 845.

技术；增强训练以参与军事行动，减少军费开支；进入全球最大的市场。①2011 年 11 月 2 日，在纪念中澳建交 40 周年会议上，澳大利亚前外长陆克文指出，美澳同盟还在，美国在亚洲的存在仍然很重要，特别是基本的、普世的规范并没有因为全球经济和金融危机而消失。②

如果美国市场继续是其盟友的主要出口市场，美国体系就仍然会被认为是最能促进经济增长的框架，它就仍然会继续保持活力。按照清华大学阎学通教授的分析，一个国际体系由国际行为体、国际格局和国际规范三个要素构成，体系的转变至少要有两个要素发生变化。③按照这个标准和澳大利亚人的判断，我们仍然生活在美国体系中。但 2008 年金融危机以来的历史进程表明，这个体系已经呈现出疏松化。

在亚洲历史上，这种松动并非首次。尽管美国主导亚洲地区秩序，但也有一段时期出现了日本争夺地区主导权的势头。不过，后期历史表明，日本争夺亚洲的领导者地位，则是一种权力的"假性"转移。这里指的是 20 世纪 60 年代日本经济崛起后提出的"亚太时代"（Asia-Pacific Age）的构思。从 60 年代末起到 90 年代初，日本向东亚国家推销其"雁形"发展模式，认为日本以直接投资带动东道国出口增长的模式比美国模式更能促进经济发展。对于日本的这一说法，最初西方学术界并未予以足够的重视。但随着日本显示出主导地区一体化进程的领导欲望时，美国开始敲打日本。1991 年，美国国务卿贝克在《外交》上刊文指出，正是美国参与亚太地区事务，构筑了从北美到太平洋的扇形地区架构，防止苏联势力进入太平洋地区，才保障了该地区的发展。贝克认为，美国领导的亚太经合组织

① Alexander Downer, Australian Diplomacy—from Plimsoll to the Present, The Inaugural Sir James Plimsoll Memorial Lecture on Australian Diplomacy, 11 May 2007, Hobart, http：//www. foreignminister. gov. au/speeches/2007/070511_ plimsoll. html.

② Kevin Rudd, 40 Years: The Australia-China Relationship, Australia-China Forum, Parliament House, Canberra, 2 November 2011, http：//www. foreignminister. gov. au/speeches/2011/kr_ sp_ 111102a. html.

③ 阎学通：《权力中心转移与国际体系转变》，《当代亚太》2012 年第 6 期。

（*APEC*）引领看发展方向。① 1994 年，美国《外交》季刊刊登了后来获得诺贝尔经济学奖的经济学家克鲁格曼的文章《亚洲奇迹的迷思》。克鲁格曼认为，东亚的经济发展是与美国不同的，并不值得称道，只是纯粹的要素投入而已，而不是创新性发展。② 美国并不赞同日本模式，也不承认日本的领导力。

自 20 世纪 60 年代后期起至 90 年代末的美日竞争，对于我们理解当前亚洲领导力转移颇具启发意义。第一，日本成为资本主义世界的第二大经济体后才开始构思地区经济一体化，尽管是在美国体系中酝酿的，但一开始并未获得美国体系的重视。第二，经济实力的增长会改变美国体系对一个地区的看法，如果美国不能使得该地区的收益增强美国体系的实力，美国倾向于削弱它。这也是冷战结束后美国公开抵制日本主导的地区一体化的根本原因。第三，没有政治影响力作为支撑的地区经济增长很容易招致弱化。日本曾长期作为东亚经济发展的领导者，关键在于日本通过美国体系获得了"假性领导力"，即获得了美国的支持以扩大"自由世界"的势力。但随着美国体系安全压力的降低，美国对一个在高技术领域持续发展的日本经济产生了极大的疑虑，由于日本本身并没有通过经济扩散而获得地区的"实质性领导力"，日本在遭遇美国压制时很难获得地区的支持。

在"假性领导力"向"实质性领导力"转移中，需要某种历史性机遇和自身的战略谋划能力。这种历史性机遇在过去表现为世界大战，即大规模的集团间（而不仅是两个国家间）战争重组了政治经济体系，改变了竞争规则和治理规范。而战略谋划意味着对历史性机遇的把握能力，即本国是否做好了抓住历史性机遇重组政治经济体系的准备。由此看来，日本利用了冷战机遇，但却没能利用好冷战后机遇。日本尽管从 80 年代开始具有做政治大国的准备，但这种准备却因为冷战结束后缺乏与美国周旋的战略空间而夭折。

---

① James A. Baker III, "America in Asia: Emerging Architecture for a Pacific Community," *Foreign Affairs*, Vol. 70, No. 5, 1991, pp. 1 – 18.

② Paul Krguman, "The Myth of Asia's Miracle," *Foreign Affairs*, Vol. 73, No. 6, 1994, pp. 62 – 78.

第二节 美国主导的体系正在转型

国际秩序的解体和形成是一个较长时期的进程，不存在某个间断点。其主要原因在于国际秩序本身是一个多层次的结构，危机在经济层面、制度构成的治理规范层面以及军事层面存在着不同阶段的变化。① 总体来看，在国际秩序中，存在着一个金字塔形的结构，军事领域处于最高端，中间层次是制度领域，塔基是经济领域。② 目前，在国际秩序领域中，经济力量对比的变化看得最为清楚，制度和治理领域的博弈也能摸清一些脉络，但军事领域的变化却极为缓慢。一方面，上述三个领域的信息透明度不同，导致各类知识的传播和学习机制不同；另一方面，各国国内在三个领域的利益基础不同，集体行动的逻辑导致军事这样一种小规模、排他性集团难以被轻易改变。正是因为战略行为所依据的政治逻辑在各国不同，各大国的战略关系目前也经历着复杂的变化。③ 在大国战略关系方面最具代表性的无疑是中美关系，中美两国在国际政治经济领域形成了最具对比性的现象，在新国际秩序形成过程中的作用界定不同，无论是对战略环境的理解还是战略行为的构想都差异很大。总体而言，发展中国家的确快速崛起，尤其是金砖类国家，但完全冲破发达国家所构建的旧国际秩序至少还需要 10 年时间。以美国为代表的学术界对战略环境的研判不是依据当前的事实，而更多的是依据对未来发展局势的评估。由于美国等西方国家在学术和知识创造领域仍然掌握着绝对主导地位，他们的评估和政策建议显著地更有利于维护旧秩序，对发展中国家的知识界

---

① 例如，阎学通认为，国际体系由国际行为体、国际格局和国际规范三个要素所构成，在过去的 500 年里，国际格局的形态发生了多次变化，国际规范的性质变化了 3—4 次，而国际行为体的性质只变化了一次。参见阎学通《权力中心转移与国际体系转变》，《当代亚太》2012 年第 6 期。

② 这一点与美国学者约瑟夫·奈对美国权力的认识也较为一致。

③ 在最近一篇文章中，左希迎和唐世平区分了战略行为的四个阶段：战略评估、战略决策、战略动员和战略执行，并从国际、国内两个层面对影响四个阶段的因素进行了深入分析，对四个阶段都产生影响的因素是政体类型。参见左希迎、唐世平《理解战略行为：一个初步的分析框架》，《中国社会科学》2012 年第 11 期。

而言，如何更好地利用全球各地涌现的地方性知识和地方性需求无疑是极为重要的。

一 发展中世界不平衡崛起但仍未主导全球经济格局

2008 年金融危机以来，全球经济格局正在发生迅速变化，发达国家经济遭遇重创，而发展中经济体总体上继续保持着较快增长。国际货币基金组织（IMF）在 2011 年 4 月的《世界经济展望》中提出了"双速复苏"（Two-Speed Recovery）概念，发展中世界的表现显著好于发达世界。2010—2012 年，前者的年均增速达到 6.3%，后者只有 2%。[①] 在 2013 年 4 月的报告中，IMF 又提出了"三速复苏"（Three-Speed Recovery）概念，新兴市场和发展中经济增长继续保持强劲势头，而先进经济体中美国的表现较好，欧元区则仍然处于艰难之中。[②]

实际上，两种复苏速度起源于更早一个阶段的经济增长速度差异。20 世纪 80 年代，发展中世界的经济增速普遍低于发达世界，自 90 年代开始略微超过发达世界，进入 21 世纪以后平均增速达到发达世界的 2.5 倍。2000—2007 年，发展中世界的年均经济增长率达到 6.6%，而发达世界只有 2.6%。受益于信息技术的传播，这一阶段实际上被多数经济学家视作全球经济增长的黄金阶段。随着 2008 年全球金融危机的爆发，发达国家的经济增速直线下降，2009 年跌至 −3.5%，同年，发展中国家还保持着 2.7% 的增速。依照 IMF 的展望，2013—2018 年，发达世界年均增速只有 2.4%，而发展中世界年均增速为 6%。从某种程度上说，发达世界从 20 世纪 80 年代前期到 21 世纪初近 20 年的经济优异表现已不复存在，从 21 世纪初以来，发展中世界引领着世界经济的增长，在未来 10 年里，发展中世界的增速仍然将超过发达世界。在 2013 年 4 月出版的《世界经济展望》中，

---

① International Monetary Fund, *World Economic Outlook*: *Tensions from the Two-Speed Recovery*, *Unemployment*, *Commodities*, *and Capital Flows*, April 2011, Washington, DC: International Monetary Fund, 2011.

② International Monetary Fund, *World Economic Outlook*: *Hopes*, *Realities*, *Risks*, April 2013, Washington, DC: International Monetary Fund, 2013.

IMF 再次强调了 2008 年提出的所谓低收入国家群体性增长现象。如果以低收入国家的人均产出在至少 5 年内的持续上升作为增长起飞的条件，那么 1990—2011 年至少有 29 个国家跨入这一行列。①

正是归因于 21 世纪初期开始的这种增长率分叉，发展中国家在全球经济中的比重迅速上升。按照 IMF 设定的购买力平价（PPP）计算，新兴市场与发展中国家的经济总量在 2013 年将超过先进经济体。按照购买力平价计算，1980 年，先进经济体占全球经济总量的 70%，冷战结束后的 1992 年调整为 64%，2003 年跌破 60%，2012 年只剩下 50.1%，也就是说，发达世界与发展中世界的经济进入了历史转换期，有史以来发展中世界将首次超过发达世界。不过，PPP 计算会放大一国服务业在全球经济中的地位。由于发展中世界的服务业比较落后，较少参与国际竞争，因此在国际战略中这部分产业与制造业相比，较少能够影响到其他国家的经济形势。从这个意义上说，对于绝大多数发展中国家，市场汇率法计算的经济实力更具有国际战略影响力。按照市场汇率法计算，IMF 预计，2013 年发达世界占全球的比重为 60.7%，5 年以后也仍有 56% 的比例，因此发展中世界至少仍需 10 年以上时间才能赶超发达世界。

显然，20 世纪 90 年代发展中经济体的崛起是在全球化这一背景下发生的。从全球经济来看，贸易的波动比 GDP 的波动幅度更大，但 1985 年以后贸易的增速也比 GDP 的增速要快，这也说明全球经济一体化对于各国经济增长的重要性有所增强。按照 IMF 的预测，自 2013 年起贸易将进入一个新的快速增长通道。这主要归功于南—南贸易的增长，2002 年，发展中国家之间的贸易额占发展中国家总贸易额的 39.2%，到了 2010 年上升至 50%，这意味着某些发展中国家在国际贸易中的地位已经超过高收入国家。此外，发达国家之间的贸易增速低于发达国家向发展中国家的出口增速，2000—2010 年，前者年均只有 7.3%，后者达到 11.8%。② 不过，总体来看，发达国家

---

① International Monetary Fund, *World Economic Outlook*: *Hopes*, *Realities*, *Risks*, April 2013, chapter 4.

② The World Bank, *Global Economic Prospects*: *Assuring Growth over the Medium Term*, Vol. 6, January 2013, p. 63.

在贸易领域还是强于发展中世界的，即便按照汇率法计算，2012 年，发展中世界贸易占比仍然不足全球的 40%。更重要的是，在消费市场方面，2012 年，发达国家进口了全球 61.7% 的货物①，未来发展中世界仍然严重依赖发达国家市场。即便是在全球贸易中占有重要地位的亚洲发展中国家，其最终产品的消费地仍然是欧美市场。中国是一个典型的例子，自 2001 年底加入 WTO 之后，东亚地区（不包括东盟）占中国最终产品出口的比重从 41% 下降为 2011 年的 27%，而北美自贸区和欧盟 27 国在 2011 年总共进口了中国最终产品的 54%。②

在直接投资领域，作为资本接受国，2012 年，发展中世界首度超过发达国家，达到 7030 亿美元，占全球流量的 52%，而发达国家只吸收了 5610 亿美元。而且，在前 20 个最大吸收外资国家中，发展中国家占了 9 个。③ 金融危机全面爆发前的 2007 年，发展中世界吸收的外商直接投资流量只占全球的 34%。应该说，金融危机之后，由于发展中世界仍然保持着远高于发达国家的经济增长率，流入发展中世界的投资增速很快。但是，需要指出的是，在资本输出方面，显然，力量的天平仍然向着发达国家倾斜。2012 年，来自发达国家的外商直接投资达到 9090 亿美元，是发展中国家的 2 倍多。如果按照存量计算，截至 2012 年，来自发达国家的对外直接投资达到 18.7 万亿美元，占全球总存量的 79%。④ 也就是说，在对外直接投资领域，发展中世界大体上相当于发达国家的 1/5。

在力量对比方面更不利于发展中世界的是，发达国家有着深度的金融市场。按照 IMF 在《全球金融稳定报告》中提供的数据，2011 年全球资本市场规模近 2600 万亿美元，是全球 GDP 总量的 369%。⑤ 其中，新兴市场和发展中经济体的资本市场规模只有 455 万亿美元，

---

① 数据来源于 IMF 网上数据库。

② 数据取自日本经济产业研究所，参见 http：//www. rieti – tid. com/trade. php。

③ United Nations Conference on Trade and Development, *World Investment Report 2013*, Global Value Chains: Investment and Trade for Development, *New York and Geneva*: *United Nations*, 2013, *p. xii.*

④ Ibid. , pp. 213 – 217.

⑤ International Monetary Fund, *Global Financial Stability Report*: *Old Risks*, *New Challenges*, April 2013, p. 11, Statistical Appendix, Table 1.

不过是发达国家的 1/5，但相较于 2002 年 11% 的比重①，发展中世界的增速无疑快于发达世界。其中，亚洲新兴市场从 2002 年占全球 6.5% 上升至 2011 年的 11%，而整个新兴市场和发展中经济体 2011 年占全球的 17.5%。尤其需要注意的是，相比于美国资本市场规模占其 GDP 424%、日本资本市场规模占其 GDP 550% 的金融深化程度，发展中世界大体上只接近 180%，亚洲新兴经济体也只不过是 252%。在资本市场方面，发展中世界落后发达世界绝不止 30 年。

因此，从衡量全球经济实力对比的四个指标 GDP、贸易、直接投资、资本市场来看，发展中世界的力量是依次递减的。在经济总量上，按购买力平价计算，发展中世界经济规模即将超过发达世界，但以市场汇率法计算，发展中世界经济规模占全球一半份额至少还需要 10 年；在贸易领域，发展中国家的货物贸易只占发达国家的 40%，但发展中国家之间的贸易增速显著高于发达国家之间的贸易增速；而在对外直接投资和资本市场方面，发展中国家大约只占发达国家 20% 的份额，在这两个领域追赶发达国家显然需要更漫长的时间。

发展中世界在投资和金融方面的落后，导致在这两个领域的全球治理当中话语权相当缺乏。反过来讲，发达国家利用长期积累的投资、金融实力，在相当长时期内仍然继续把控这两个领域的主导权。由于投资和金融事实上是经济的高端，对贸易有着相当重要、深入的影响，发展中国家即便在贸易额上超过发达国家，短期内也不具备在投资、金融领域发起挑战的实力。这方面最典型的莫过于中美经济实力对比，在贸易领域，实际上中国已经超过美国成为全球最大，但在金融、投资领域，中国赶超美国仍然需要很多年。

二　金砖类国家崛起正在改变全球治理格局

自第二次世界大战结束以来，美国以其空前绝后的经济实力（表现在占全球 GDP 比重、黄金储备等上），建立了以布雷顿森林体系为核心的一套国际制度，推动了经济自由化和经济增长。关于美国如何

---

① International Monetary Fund, *Global Financial Stability Report*: *Market Developments and Issues*, September 2003, p. 143, Table 1.

建立霸权，历来有不同的看法，自由主义经济学家倾向于认为，战后世界经济的扩张与美国的权力体系是两个独立的、互不联系的系统。但美国国际政治经济学家罗伯特·吉尔平认为，政治与经济是紧密关联的，"美国体系"除了美国是核心之外，还包括两个附属支撑地带，即西欧与日本。在建立政治权力结构之后，一个自由的世界经济才在广阔的大西洋和西太平洋地带建立，其标志是经济领域的布雷顿森体系。不过，吉尔平也提到，20世纪70年代开始，随着世界经济的增长和扩散，原有的系统遭遇巨大的挑战。[1] 换句话说，尽管政治权力在一定程度上约束着经济的扩张能力，但权力不一定都能自由、自主地管控经济力量的扩散，比如服务贸易的发展、产业内贸易的扩张以及非美国型跨国公司的崛起，等等。随着美国自身经济能力的下降，尤其是所谓"他者的崛起"，必然会冲击美国体系的稳定性。[2]

在20世纪70年代对美国体系形成巨大威胁的主要是西欧和日本，通俗地讲，是同盟体系的内部矛盾，而不是体系外的挑战。总体上讲，无论是英国霸权还是美国霸权，在权力逻辑上都基本继承了英国工业革命的优势，即西方世界总体上都处于扩张态势，发达国家长期占据着世界经济的核心区位置，广大发展中国家多数都处于边缘区。不过，这种趋势从20世纪60年代后期开始逐渐逆转，其标志性的现象是在理论界出现了依附论，主张与发达国家脱钩，在对外经济政策上实行"进口替代"战略。也是从这个时候开始，少数国家逐渐进入了半边缘区，在某些产业领域、问题领域具备了与发达国家竞争、对话的能力。从20世纪70年代开始，发展中国家在国际货币体系（石油美元）、国际海洋秩序领域（200海里经济专属区）对美国体系发起挑战[3]，但进入80年代后，由于拉美国家普遍陷入债务危机

---

[1] Robert Gilpin, "The Rise of American Hegemony," in Patrick Karl O'Brien and Armand Clesse, eds., Aldershot: Ashgate Publishing, Ltd., 2002, pp. 165 – 182.

[2] Alice H. Amsden, *The Rise of "The Rest": Challenges to the West from Late-Industrializing Economies*, New York: Oxford University Press, 2001. 法里德·扎卡利亚：《后美国世界：大国崛起的经济新秩序时代》，赵广成、林民旺译，中信出版社2009年版。

[3] 罗伯特·基欧汉和约瑟夫·奈在其著名的《权力与相互依赖》一书中构建复合性相互依赖理论时，所选择的案例正是这两个问题领域的国际制度。

以及中东地区权力格局重组，这一波挑战并不成功。

目前，这一波新兴市场和发展中国家的崛起，对发达国家在战后形成的布雷顿森林系构成严峻挑战。前文已经提及，新兴市场和发展中国家在按购买力平价计算的 GDP 总量上即将超过先进经济体，如果将东亚"四小龙"等经济体纳入前一个集团①，那么人均收入总体上大大低于发达国家中的一大批国家，在经济总量上的确已经超过了发达国家。在国际政治领域，如同国内政治领域一样，也存在着集体行动困境问题。与发达国家相比，发展中国家由于利益差距过大，比如其人均收入既有低于 100 美元的，也有像韩国这样高于 2 万美元的，因此在政治领域的行动能力是不够的。20 世纪 70 年代组建的一些发展中集团，比如 77 国集团，之所以难以对发达国家构成真正意义上的挑战，是因为其政治行动能力不足。

因此，随着金砖国家机制的出现——中国、俄罗斯、印度、巴西加上南非，一些关键性的发展中国家形成了一个强有力的行动集团。除南非外，这些国家基本上都属于美国彼得森经济研究所贝格斯滕所谓"万亿俱乐部"成员，再加上韩国、墨西哥以及即将跨入的土耳其、印度尼西亚，那么 GDP 总量 1 万亿美元的国家总数将达到 8 个。② 由于大型发展中经济体在世界经济中的地位上升迅速，一些学者提出，未来十年将形成"新经济秩序"（New Economic Order），在这一经济秩序中，中美是两极，紧随其后的是印度、日本、俄罗斯、德国、巴西（如图 8 – 1 所示）。做出这一判断的依据主要是基于购买力评价计算的 GDP 变化，如果以购买力评价计算，中国超过日本是在 2005 年，2012 年，印度已经超过日本，2017 年，中国将超过美国。因此，可以说经济增长表现好、经济体量大的金砖类国家（不仅仅是现有的金砖机制国家，将来还可能继续扩容）将在经济领域对发达国家构建的旧秩序形成强有力的挑战。

---

① 国际货币基金组织在《世界经济展望》中将新加坡、韩国、中国香港和台湾地区列入"先进经济体"。

② F. Fred Bergsten, "U. S. Economy: Beyond A Quick Fix," *Vital Speeches of the Day*, October 2011, pp. 348 – 354.

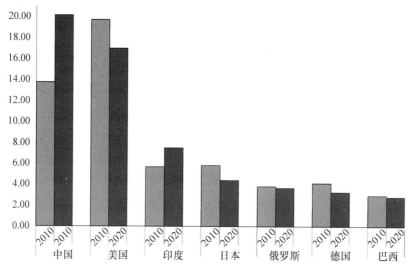

图 8 - 1　2020 年的新经济秩序

资料来源：Dale W. Jorgenson and Khuong Minh Vub, "The emergence of the new economic order: Growth in the G7 and the G20," Journal of Policy Modeling, Vol. 35, 2013, p. 398.

在当前的态势下，世界的行动力量可以适当地分为分散的发展中国家、有一定组织性的金砖类国家以及制度化程度最高的西方发达国家三个集团。世界银行前行长罗伯特·佐利克 2010 年曾论述道："如果 1989 年被看作共产主义这个'第二世界'的瓦解，那么 2009 年就应当被看作'第三世界'的终结。我们现在进入了一个快速演进的多极世界经济中，一些发展中经济体成长为经济大国，一些成长为增长的有力支撑极，另外一些则不断跃升为在新体系中有影响力的国家。"① 以金砖国家为核心的关键发展中国家，已经在诸如农业、气候变化、纺织品贸易等问题领域，阻止了发达国家利用制度优势获取垄断超额利益的趋势。贝格斯滕认为，在当前金融危机背景下，经济增长的差异给国际制度造成了巨大影响，WTO 成员扩大，包括巴西、中国、印度以及传统的领导国美国、欧洲、日本和澳大利亚。IMF 两次提高份额，让新兴市场能发出声音。更为重要的是，7 国集团

――――――――――

① 转引自 Robert H. Wade, "Emerging World Order? From Multipolarity to Multilateralism in the G20, the World Bank, and the IMF," *Politics & Society*, Vol. 39, No. 2, 2011, p. 348.

（G7）被 20 国集团（G20）所取代。① 从经济增长的差异上讲，一些
学者断言，21 世纪的第一个 10 年，全球经济中心向着亚洲和太平洋
转移，或者更广泛地说从 G7 向着 G20 转移。② 这种转移最突出的是
少数金砖类国家的崛起。

国际货币货币基金组织的改革构成了金砖类国家和发达国家机制
竞争的一个核心领域。因多数发达国家能够直接影响低收入发展中国
家的领域正是对外援助，而发达国家之间则存在着大量资本流动所造
成的金融监管问题，发达国家和关键性发展中国家则试图以再平衡为
题对金融秩序进行博弈。哈佛大学教授丹尼·罗德里克指出："世界
银行、国际货币基金组织和世贸组织等国际组织所倡导的制度改革类
型太过偏向于所谓的最佳策略模式……根本没有考虑到地方局势的复
杂性。"③ 之所以掌控这些机构的专家和政治家给出过于理想化的方
案，一方面是因为发达国家在人均收入上远高于发展中国家，难以真
正摸清经济落后地区的地方性状况；另一方面是因为发达国家本身也
不愿意让发展中国家真正实现过快发展，威胁到发达国家高高在上的
地位，这种傲慢的心态长期存在着，乃至有的学者提出了发达国家踢
掉发展的梯子的喻言。④ 但在经济领域，随着全球化的扩散，参与成
员日渐增多，一个少数人控制的精英集团难以应对复杂多变的局势，
地方性知识需求的增长迫使国际组织的改组。

另外，金砖类国家在经济崛起过程中所面对的国内挑战远大于发
达国家，在几乎所有的经济议题上都需要新的改革措施，因此也就有
很强的政治行动力去改变框定发展中国家的经济治理框架。前文已经
指出，实际上发展中国家的贸易速度已经超过发达国家，在经济的共
同利益方面，发展中国家具备了共同行动的政治逻辑。罗德里克在讨

---

① F. Fred Bergsten, "U. S. Economy: Beyond A Quick Fix. "

② Lawrence Kleina, Dominick Salvatore, "Shift in the World Economic Center of Gravity
from G7 to G20," *Journal of Policy Modeling*, Vol. 35, 2013, pp. 416 - 424.

③ Dani Rodrik, "Getting Governance Right," May 12, 2008, Project-Syndicate, http://
www. project-syndicate. org/commentary/getting-governance-right/chinese.

④ Ha-Joon Chang, *Kicking Away the Ladder: Developing Strategy in Historical Perspective*,
London: Anthem, 2005.

论经济议题时对问题类型做了四种区分，两个端点分别是诸如教育政策这样的纯国内政策和气候这样的纯国际政策，而处于中间的是以邻为壑类政策和"以己为壑"类政策。① 显然，涉及全球公共利益的政策最需要全球治理，而以邻为壑类政策也需要加以制止。对于全球公共利益性政策，高收入群体最难以忍受，比如环境问题、气候问题等，而对于以邻为壑类政策，则无论是高收入群体还是低收入群体，都存在极大可能性和意愿去改变治理规则。由于金融危机不仅给发达国家造成危害，也给一些发展中国家带来困境，最大的、长期性的危险是全球的年轻群体。国际劳工组织在 2012 年、2013 年的就业报告中，以"失去的一代"（Lost Generation）为题指出未来一段时间里年轻人群体性失业不可避免。② 年轻人的失业足以形成巨大的政治破坏能力，2011 年以来中东北非的巨变、美国的占领华尔街运动、2013 年以来巴西的骚乱等，都足以说明不从全球层面改善就业，将引发"蝴蝶效应"，牵动高端的政治稳定、金融稳定和军事平衡。

目前，最能体现上述三个群体的国家博弈新秩序的领域正是 IMF 的改革。一方面，自 2009 年 G20 匹兹堡峰会以来，先进经济体和新兴市场经济体启动了"强劲、可持续和均衡增长框架"，并要求 IMF 提供技术分析，协助成员国制定指示性框架，以评估各成员国的政策，协调失衡问题。中国于 2009 年 8 月正式接受 IMF 和世界银行的首次金融稳定评估，并于 2011 年 11 月完成。周小川认为，这是对中国"自身金融稳定评估的有益补充，是对中国金融体系的一次全面体检"③。另一方面，IMF 也史无前例地加大了对低收入国家的优惠贷款，规模扩大至原先的 4 倍。

---

① Dani Rodrik, "Leaderless Global Governance," Jan. 13, 2012, Project-Syndicate, http://www. project – syndicate. org/commentary/leaderless – global – governance/chinese.

② International Labour Organization, *Global Employment Trends for Youth* 2012, Geneva: International Labour Office, 2012; International Labour Organization, *Global Employment Trends for Youth* 2013: *A Generation at Risk*, Geneva: International Labour Office, 2013.

③ 周小川：《国际金融危机：观察、分析与应对》，中国金融出版社 2012 年版，第 393 页。

但在 IMF 的治理结构改革上，国家的博弈则十分艰难。2010 年 12 月，IMF 理事会同意将基金份额扩大一倍，并把超过 6% 的份额比重转移给新兴市场和发展中国家，同时维持低收入国家的投票权比重。此外，执行董事会还将由选举产生，其中欧洲国家由 8 个席位减少至 6 个。IMF 总裁施特劳斯—卡恩表示："这项具有历史意义的协议是基金组织 65 年历史上一次最根本性的治理改革，也是一次最大规模的有利于新兴市场和发展中国家的权力调整，调整是为了认可它们在全球经济中越来越大的作用。"① 改革之后，中国成了基金份额第三大的国家，仅次于美国、日本，而印度、俄罗斯、巴西都进入了前十，也就是说形成了金砖类国家增大、欧洲国家受损、美国基本未变的格局。尽管损失者是发达国家，但实际上额度很小，仅从 57.9% 下降为 55.3%。如果按照 GDP 的混合算法（市场汇率＋购买力评价），那么发达国家仍然占到 60% 的份额，特别是美国的比重足以在需要 85% 投票通过的重大议题上掌握着话语权（如表 8-1）。尤其需要注意的是，正如罗伯特·韦德指出的，IMF 在计算份额变化时，将一贯界定为先进经济体的韩国、新加坡转移到了发展中国家，如果将这两个国家移入先进经济体，那么发达国家的份额损失只有 2%。② 按照表 8-1 的数据，目前新兴市场和发展中国家的份额还只有 40%。俄罗斯在 2013 年 9 月举办 20 国集团峰会，据俄罗斯总统普京在接受法新社采访时的表态，俄罗斯将致力于扩大发展中国家在 IMF 中的份额和投票权。③ 依据 IMF 的计划，2015 年将进行下一轮改革。

---

① 国际货币基金组织：《基金组织执董会批准对份额和治理进行全面改革》，2010 年 11 月 5 日，新闻发布稿第 10/418 号，http://www.imf.org/external/chinese/np/sec/pr/2010/pr10418c.pdf.

② Robert H. Wade, "Emerging World Order?" p. 364. 韦德在注解中指出，此次改革份额五个最大的获益国是中国（2.4%）、巴西（0.53%）、韩国（0.39%）、土耳其（0.37%）和墨西哥（0.35%），五个最大的损失国是沙特（-0.83%）、比利时（-0.59%）、德国（-0.52%）、加拿大（-0.36%）和委内瑞拉（-0.33%）。

③ 《普京：G20 与 G8 各有各的"附加值"》，《解放日报》2013 年 6 月 17 日，http://www.people.com.cn/24hour/n/2013/0617/c25408-21856497.html.

表 8 - 1   2010 年改革后 IMF 的份额和投票权重变化   （%）

	按 GDP 混合计算	份额比重	投票权比重
先进经济体	60.0	60.5	57.9
G7	48.0	45.3	43.0
美国	21.6	17.7	16.7
新兴市场和发展中国家	40.0	39.5	42.1
亚洲	17.3	12.6	12.8

说明：IMF 在计算 GDP 时，使用 60% 市场汇率和 40% 购买力平价计算 GDP 混合成分。亚洲一项中包括了被挪至此的新加坡和韩国。

资料来源：国际货币基金组织：《基金组织执董会批准对份额和治理进行全面改革》，2010 年 11 月 5 日，新闻发布稿第 10/418 号。

　　总体而言，在经济领域的全球治理中，金砖类国家是在一个渐进的过程中获得治理权的。正如中国学者在评估新兴经济体改变全球治理时所指出的那样："目前任何国家都难以凭借自身的实力彻底推翻业已存在的全球经济治理体系。那些依靠发达经济体力量建立起来的国际机制仍在发挥着实实在在的作用。"[1] 尤其需要注意的是，美国通过削弱欧洲而不是美国本身来安抚金砖类国家在全球治理上的需求。这意味着轰轰烈烈的全球治理改革要比想象得艰难，像非洲这样正在日益崛起的新兴大陆仍然无法在全球治理中获得升值，全球治理的改革路径只是在老欧洲、美国以及金砖类国家之间展开。而美国调动欧洲资源的能力却不是金砖类国家所能比拟的，比如金砖类国家无法像美欧正在展开的自贸区谈判那样在发展中国家之间建立一个广域自贸区，毕竟一个高质量的自贸区首先要求在产业能力上具有全球

---

[1]　徐秀军：《新兴经济体与全球经济治理结构转型》，《世界经济与政治》2012 年第 10 期。

性。而全球性的产业所要求的全球性军事力量分布以及全球性货币唯独美国具备。

三 军事影响力下降但美国仍主导全球军事战略环境

瑞典斯德哥尔摩和平研究所公布的军费开支数据，是跟踪国际军事战略形势发展的一项重要参考。[①] 尽管它关于中国、俄罗斯等国家的数据是一个估计值，有夸大之嫌，但并不妨碍国际社会以此做出判断。自冷战结束以后，全球军费开支占全球 GDP 的比重呈现出缓慢下降态势。1988 年，这一比重达到 0.89%，但此后逐步下降，至 2012 年已下降为 0.24%。这意味着全球经济增长的福利分配总体上越来越多地进入非军事领域，军事因素在国际政治经济中的影响力不如从前。最突出的原因是苏联解体结束了两极对抗，大规模、集团性军事对抗迅速消失。从这个意义上说，和平与发展是世界主题这一说法是成立的，冷战结束与全球化的确改变了世界大势。

不过，这并不意味着军费支出不重要。纵观过去 20 多年来的发展，全球在军事开支方面还有如下几个特点值得关注。第一，从 20 世纪 90 年代中后期开始，军费开支占 GDP 比重的下降态势变得缓慢。如果从绝对量来看，自 20 世纪 80 年代后期开始迄今，全球军费开支总体上经历了一个 U 形发展阶段，从 1988 年的 16130 亿美元下降到 1996 年的 10520 亿美元，此后又逐年增加至 2012 年的 17330 亿美元。2009 年的全球军费开支已经超过 1988 年的支出额度，这不能不说是全球战略环境的一个新态势。

第二，欧洲在全球军费开支中的相对地位日渐下降，美洲略有上升，而亚洲的地位可以说是稳步上升。从历史上看，欧亚大陆与北美是军费开支的最主要地区。1988 年，美洲与欧洲占全球军费开支的比重分别为 38%、48%。这种军事支出的分布与冷战时代地缘竞争的核心地带密切相关，地缘战略家也倾向于将欧亚大陆看作国际战略竞争的核心区。冷战结束使得欧洲在全球战略中的地位下降，相应

---

① 以下所引军事支出数据除非特别注明外，都来自该研究所的网上数据库。

地，欧洲在全球军费支出中的比重也逐年下滑，2012 年，欧洲的占比只相当于 1988 年的一半。与欧洲地位下滑形成对比的是亚洲，从 1988 年的 8.7% 稳步上升至 2012 年的 22%。而美洲的比重在过去 25 年中略有波动，但平均维持在 43% 左右，2002 年受"9·11"事件的影响有所上升，在 2010 年达到历史高峰 47%。

第三，2008 年爆发的全球金融危机削弱了欧美的军费支出，2009 年以来全球军费开支的增长总体上趋于停滞。起源于美国的"次债危机"引发了美国的财政危机，进一步导致全球性金融、经济危机爆发，并将欧洲拖入主权债务危机之中。财政紧缩与军费支出的负相关关系在欧美发达国家表现得非常明显，2012 年，北美的军费开支比 2010 年减少 520 亿美元；而西欧也比 2009 年减少 300 亿美元。不过，亚洲和中东的军费开支没有受到金融危机的负面影响，特别是东亚 2012 年的军费开支比 2009 年增加近 300 亿美元。

从国别来看，美国在全球军事领域的主导地位没有改变。一方面，20 世纪 90 年代以来，尽管美国军费开支占全球的比重实际上有所下降，但在 2001 年发生"9·11"事件后美国增加了军费支出，占比从 2001 年的 34.7% 上升至 2004 年的 40%，到 2010 年已上升至 41.4%。此后受金融危机影响以及美国战略的调整，其军费占全球比重下降为 2012 年的 38.6%。另一方面，其他国家的军费支出显著低于美国。2012 年，全球军费开支超过 100 亿美元的共有 19 个国家以及中国台湾省。其中，美国 6688 亿美元，中国 1576 亿美元，俄罗斯大约为 900 亿美元，在 500 亿—700 亿美元的有英国、法国、德国、日本，接近 500 亿美元的有印度、意大利，200 亿美元以上 400 亿美元以下的有沙特阿拉伯、澳大利亚、土耳其、巴西、加拿大，100 亿—200 亿美元的有韩国、西班牙、以色列、荷兰、中国台湾省、哥伦比亚。在前 15 个国家中，排名第一的美国相当于其余 14 个国家的军费支出总和，而这前 15 个国家占全球军费开支总额的 85% 左右。

进一步而言，如果从美国联盟体系角度考虑的话，美国的军事地位还将进一步放大。[1] 众所周知，自冷战时期开始，美国在欧洲建立北约体系、在亚洲拥有双边的"轴辐体系"，在冷战结束后这两个体系并未解体，特别是北约还进行了大规模的东扩。在 1991 年海湾战争中，派兵参战的主要国家有美国、沙特、埃及、英国、叙利亚、法国、科威特、阿拉伯联合酋长国等，在 2003 年第二次伊拉克战争中，共有 36 个国家派兵参战。[2] 在上述军费开支排名前 20 的国家和地区中，除俄罗斯、中国、印度、巴西之外，其余国家和地区或多或少都与美国有深厚的军事关系。显然，美国拥有前所未有的同盟体系，在军事领域的动员能力无可匹敌。如果以上述与美国有深厚关系的一方计算，那么 20 年来美国拥有的全球军事行动能力平均将达到全球的72%（如图 8-2 所示）。

迄今为止，西方在军事上的实力地位对思考国际政治格局具有根本性的影响力。从国际秩序角度思考的话，英国在工业革命之后正是通过武力向全球扩张，将一个分散的世界组合成"英国治下"的霸权体系，无论是以中国为中心的"朝贡秩序"解体，还是帝国主义国家在 19 世纪后期的争霸，抑或是第二次世界大战后形成的美国治下的体系，其根本基础都是西方卓越的军事能力。由于西方国家长期在军事领域占据压倒性地位，某些学者认为，即便在全球化时代，所有国家也仍然被约束在西方构建的军事秩序中。但是，这种约束机制

---

① 美国在签署防务条约时，约定可使用武力，依照美国国务院网站提供的资料，这样的防务类条约成员共包括 52 个。与美国签署防务条约的国家有：1949 年 4 月签署的《北大西洋条约》，组织成员 26 个，包括阿尔巴尼亚、比利时、保加利亚、加拿大、克罗地亚、捷克、丹麦、爱沙尼亚、法国、希腊、匈牙利、爱尔兰、意大利、拉脱维亚、立陶宛、卢森堡、荷兰、挪威、波兰、葡萄牙、罗马尼亚、斯洛伐克、斯洛文尼亚、西班牙、土耳其、英国；1951 年 9 月签署的《澳新条约》，成员包括澳大利亚、新西兰；1951 年 8 月签署的美菲条约，成员包括菲律宾；1954 年 9 月签署的《东南亚防务条约》，成员包括澳大利亚、法国、新西兰、菲律宾、泰国和英国；1960 年 1 月签署的《美日安保条约》，成员包括日本；1953 年签署的《美韩条约》，韩国；1947 年 9 月签署的《里约条约》，成员 21 个，包括阿根廷、巴哈马、玻利维亚、巴西、智利、哥伦比亚、哥斯达黎加、古巴、多米尼亚、厄瓜多尔、萨尔瓦多、关塔那摩湾、海地、洪都拉斯、尼加拉瓜、巴拿马、巴拉圭、秘鲁、特立尼达和多巴哥、乌拉圭、委内瑞拉。参见美国国务院网站，http://www.state.gov/s/l/treaty/collectivedefense/。

② ［英］马丁·吉尔伯特：《美国历史地图》，王玉菡译，中国青年出版社 2012 年版，第 154 页。

对发达国家是一种良性的促进，而处于经济增长相对弱势地位的欠发达地区则陷入了政治不稳定、军事扩大、威慑机制缺乏的战略环境中。① 显然，这是一种现实主义的思维，即政治格局决定着经济实力的分布，边缘区国家如果不能在军事上取得优势地位，恐怕也无法从根本上改变经济增长不利的地位，毕竟，20 世纪 90 年代以来所谓发展中低收入国家增长起飞的故事，其发生的背景是前文提及的军事力量总体影响力下滑。如果未来美国为确保霸权而进行大规模的军事斗争，那么全球化的步伐必然受损，特别是支撑低收入国家增长所需的各类大宗商品价格将迅速下跌。

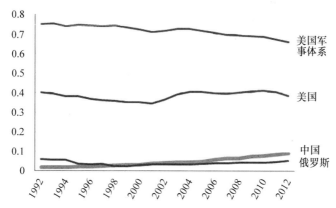

图 8 - 2　美国军事体系、美国、中国与俄罗斯在全球军事开支中的比重
资料来源：SIPRI.

半边缘区国家依靠日渐增大的经济总量在扩张军事势力方面正加速前进。全球著名咨询公司麦肯锡在 2013 年 4 月的一份报告中，突出强调发展中国家在全球军备支出中的崛起，特别是某些发展中国家已经将曾经占据前十位的发达国家挤出排行榜（见表 8 - 2）。按照该报告对 2022 年全球经济增长预测中最有利于金砖类国家的第四类预

① David Held and Anthony McGrew, "The End of the Old Older? Globalization and the Pros-
pects for World Order," *Review of International Studies*, Vol. 24, 1998, pp. 219 - 243;
J. M. Goldeier and M. McFail, "A Tale of Two Worlds: Core and Periphery in the Post-Cold War
Era," *International Organization*, Vol. 46, No. 2, 1992, pp. 467 - 91.

测，届时美国及其同盟体系占全球防务开支总额从 2011 年的 78% 下降至 55%，而金砖四国加上沙特阿拉伯则从 2011 年的 22% 上升至 2022 年的 45%。[①] 也就是说，即便按照最佳的情况预测，10 年以内发展中国家整体上仍然落后于发达国家，全球军事战略环境的变革在未来 10 年要比经济领域变迁的速度慢得多。

表 8 - 2　　　　冷战结束以来发展中国家军备开支缩小与发达国家的差距

	1991—2011 年年均增长（%）	1991 年全球排名	2011 年全球排名
美国	2.2	1	1
中国	10.1	9	2
日本	0.4	5	3
法国	−0.6	2	4
英国	0.3	6	5
俄罗斯	0.0	4	6
德国	−1.9	3	7
沙特	3.7	8	8
印度	5.1	17	9
意大利	−0.4	7	10
巴西	4.1	16	11
韩国	3.5	13	12
澳大利亚	2.7	12	13
加拿大	1.3	10	14
土耳其	1.4	19	15

说明：麦肯锡报告特别注明军费开支前 15 国中，中国、俄罗斯、沙特、印度、巴西为非美国军事同盟国。

资料来源：Jonathan Ablett and Andrew Erdmann, *Strategy, Scenarios, and the Global Shift in Defense Power*, McKinsey & Company, April 2013, p. 6.

---

① Jonathan Ablett and Andrew Erdmann, *Strategy, Scenarios, and the Global Shift in Defense Power*, McKinsey & Company, April 2013.

西方国家近些年来渲染中国军事威胁论，其依据是中国军费开支以年均10%的速度增长。[1] 这种担忧的逻辑实际上就是西方世界200多年来主导的国际关系思维，即西方获得持续经济增长的前提是压倒性的军事地位。如果中国在西方体系中日渐扩大军事实力，那么从长期来看必然影响到西方的军事地位，并进一步影响到其经济福利。如果单看斯德哥尔摩的估计数据，1992年以来，中国军费开支的确在不断增长中，从1992年占全球份额的2.1%增加至2012年的9.1%。另一个令西方国家比较担心的是俄罗斯近年来军费开支的增长，从图8-2可以看出，2012年，俄罗斯的全球占比已经基本恢复至20世纪90年代初的水平，达到5.2%，而90年代后期曾一度下滑至2.2%。图8-2还显示出美国近十年来占全球的比重基本上未发生显著变化，西方国家对中国军力增长所产生的整体性恐慌的原因恐怕不单单来自于美国一国，而是来自于美国盟国军力的相对下滑，其军力相对下滑导致美国军事体系整体上处于一个缓慢的衰落进程中。美国加上与其有密切关系，且军费开支超过100亿美元以上的15个国家和地区，整体上占全球的比重从1992年的75.1%下降至2012年的66.2%。单从增减份额上看，美国军事体系的减少部分略等于中国军事开支份额的增加部分。

如果西方世界不改变旧政策，那么按照西方自身的成长逻辑，经济增长必然伴随着军事力量的增强。一部分西方人士也表示，随着中国经济实力的增长，军事支出不可避免地会增加，并认为这符合历史规律。[2] 如果以军费开支占GDP的比重来表示，那么过去10年里中国基本维持在2.1%左右，而美国自"反恐战争"以来年均保持在4.2%，2008年金融危机以后更是提高到年均4.6%。自2001年以来，全球军费开支排名第三的俄罗斯年均达到4.1%，排名第四的英国年均为2.5%，排名第五的法国年均为2.4%。在排名前十的国家中，只有德国、日本、意大利年均增长率低于2%，而这三个国家都

---

① 美国国防部出台的年度中国军力报告是这种思维的典型体现。

② 比如，澳大利亚前外长斯密2010年5月在上海发表讲演时提出，"中国经济增长必然将提高中国的战略影响力"，参见 Stephen Smith, "Australia and China: Great Potential and Great Prospects," Fudan University, Shanghai, 18 May 2010, http://www. foreignminister. gov. au/speeches/2010/100518_ china. html。

是第二次世界大战的战败国，其军费开支增长受到种种制约。自
2001 年以来，同为新兴经济体的亚洲大国印度也达到 2.7%，而排名
第十位的沙特则高达 9.2%。显然，从经济实力角度理解中国的军事
力量不足以让西方国家消除对中国的担心，他们对中国军力增长抱有
一种矛盾的心态。在实力相对衰落的态势下，具有竞争潜力的非美国
军事体系成员的快速成长，已经被认为是最大的挑战者。

　　以美国在金融危机后的经济增长表现来讲，美国军事实力将进入
一个缓慢下降的阶段。现实情况也是如此，奥巴马政府上台后就不断
强调要进行军费缩减，对海外军事行动采取审慎政策，其中包括在
2014 年底从阿富汗撤军。对于经济实力与军费开支之间的关系，美
国学界长期以来就存在着不同意见。为中国读者熟知的是历史学家保
罗·肯尼迪的著名观点，即"过度扩张"将引发帝国的衰落。而查
尔斯·库普钱则提出"没有主宰者的世界"的判断，认为美国终将
失去领导地位，特别是美国在失去经济主导能力之后，军事实力的天
平也将倾斜。[①] 这种论断与美国国家情报委员会对 2030 年局势的判断
比较一致，《全球趋势 2030》报告认为，后冷战时代的均衡正在发生
转移，在未来 15—20 年里，美国难以担当全球秩序保卫者的角色，
世界将进入一个没有霸主的时代。[②]

　　但是，对于中国读者而言，需要明确的一点是，不少谈论美国衰
落的学者实际上是未来派，即他们的论述多数建立在对未来而不是对
现实的预期上。[③] 如果从现实角度加以论述，那么不少美国学者则反
驳说美国正在衰落，但美国军事力量还处于无人挑战的状态。就连坚
持自由国际主义立场的美国学者也认为，经济学家的研究并不支持肯
尼迪的判断，因为军费开支与经济衰落并无直接、清晰的联系。问题
的关键在于如何判断"过度"，如果像苏联那样将 GDP 的 25% 用于

---

　　① 查尔斯·库普钱：《没有主宰者的世界：即将到来的全球大转折》，洪漫、王栋栋
译，新华出版社 2012 年版，第 95—96 页。

　　② The National Intelligence Council, *Global Trends* 2030: *Alternative Worlds*,
2012. www.dni.gov/nic/globatrends.

　　③ Robert O. Keohane, "Hegemony and After: What Can Be Said About the Future of American Global Leadership?" *Foreign Affairs*, Vol. 91, No. 4, 2012, p. 1.

军费开支，那么长期而言是无法持续的。但美国的这一指标还处于保险限度内，在与苏联对抗的年代达到 7.6%，而冷战结束后则进一步下降至 4.5%。况且，那些军费开支比美国更少的国家，如日本、德国，其人均收入并不比美国高。① 显然，深谙军事制胜之道的西方战略家在看待军事实力的广泛影响时，不只是从战争的角度考察，他们将军事地位与贸易成本下降、保持美元地位以及让盟国支持美国政策调整等联系在一起，也就是说，军事地位是美国得以不断调整其经济的根本保障。简单而言，美国通过庞大的军费支出，在诸多其他领域获得了不对称的超额收益。

按照斯德哥尔摩和平研究所提供的数据，美国军事同盟体系尽管仍处于压倒性地位，但在冷战结束以来的 20 多年里已经处于缓慢的下降之中。而在美国主导的这个体系之外，中国、俄罗斯、印度等国的军费开支在新世纪里稳步增长，另一个新兴国家巴西在 2009 年以后略有下降。一方面，由于亚洲军费开支在全球格局中的地位上升，另一方面由于将中国看作未来最大的挑战者，美国显著地加强了军事力量向亚洲转移的力度。2011 年 11 月，奥巴马在澳大利亚发表防务言论，决定在澳大利亚的达尔文港派驻海军陆战队。随后国防部出台了新文件《维持美国的全球领导力：21 世纪防务的优先性》，重新界定了地区优先性，即将东亚滨海区作为美国安全利益的集中点，但其范围包括日本南部，经过澳大利亚，达到孟加拉湾。② 也就是说，为了应对中国、印度的崛起，美国已经将战略重心从西太平洋向西南移动，形成了所谓"印太"（India-Pacific）区域。

第三节　中国与国际秩序转型

第二次世界大战结束以来，美国领导的霸权体系的战略重心几度

---

① Stephen G. Brooks, G. John Ikenberry, and William C Wohlforth, "Lean Forward: In Defense of American Engagement," *Foreign Affairs*, Vol. 92, No. 1, 2013, pp. 130 – 142.

② Department of Defense, United States of America, *Sustaining U. S. Global Leadership: Priorities for 21st Century Defense*, January 2012, Sustaining U. S. Global Leadership: Priorities for 21st Century Defense.

转移。美国在冷战阶段将其力量重心集中在欧洲，以对抗苏联势力的扩张。在这一阶段，美苏关系是分析国际秩序转变最核心的一对双边关系，挑战的内容主要集中在军事层面。随后，中美苏战略三角一度占据世界的中心舞台。但冷战结束前后，美国将注意力转向亚洲的日本，因日本在经济上构成了美国最大的挑战者。这一阶段对美国而言，主要是资本主义体系内领导力之争，由于日本在经济上陷入了增长困境，这一波双边关系对国际秩序的挑战相对较短。但目前，美国将重心转向亚洲，将中国看作苏联和日本的集合体，认为中国在军事和经济上都对美国构成挑战，中国在第二次世界大战结束后是首次以军事和经济相结合的方式出现。[①] 因此，中美关系构成了所有大国进行战略调整的背景。

　　无论是对经济重心转移的评估，还是对军事地位的评估，都受到中美两国战略思维差异的影响。在这种战略思维中蕴含着根本的不同价值，即对何种国际秩序更有利于世界和平与发展的判断。美国历来认为，全球的稳定离不开美国的领导。由于世界上对美国实施霸权式领导颇有微言，美国领导人声称，"leadership"在美国的语境中并不是美国单个领导，而是要求所有利益相关方集体参与的团队。[②] 但是对于这种领导的看法，就连西方人自己也有清醒的意识，《金融时报》专栏作家曾一针见血地指出："成为西方的成员就意味着做美国人说的事。"[③] 在中国看来，美国当前维护的国际秩序没有解决一个根本性问题，即无法让世界上更多的人过上共同富裕的生活。自英国工业革命以来，总体上跨入工业化国家的人口比重没有超过全球人口比重的1/6。这样的一种国际秩序无法获得收入较低国家的支持，其合法性是不足的。

---

　　① 钟飞腾、张洁：《雁形安全模式与中国周边外交的战略选择》，《世界经济与政治》2011 年第 8 期。

　　② 例如，美国现任国防部长哈格尔就说，世界需要美国的领导，但领导是团队事务，每一个人都要扮演角色、发挥作用。参见 Chuck Hagel, "America: A Force for Good," *Vital Speeches of the Day*, May 2013, pp. 146 – 148.

　　③ Philip Stephens, "The West Must Offer Turkey a Proper Seat at the Table," *Financial Times*, June 18, 2010.

　　由于两国与邻国关系的历史性差异，中美对最优国际秩序的看法也是不同的。前文提及，美国建国之后所认知的世界基本上是英国霸权治下的殖民地世界，它对国际秩序的理解深受欧洲大国争霸历史的影响，因此得出了所谓均势（Balance of Power）具有永恒法则性质的判断。在欧洲历史上，均势曾被当作西方文明的四大支柱之一。① 美国《国际安全》杂志在 2012 年春季号刊发的一篇文章中，推翻了历来对冷战格局起源形成于美苏意识形态竞争的判断，认为美国政策的变化与欧洲大陆均势的变化基本吻合，而意识形态的作用是第二位的。② 反观中国，历史上形成的基本国家间关系格局是等级制，而不是均势。西方人很难相信中国文化是和平主义的，但中国文化之所以表现出这种特性，是因为几千年来周边国家与中国的实力差距太大，以致中国根本用不着考虑动用武力来解决中国与周边国家的问题。用国际关系的术语概括，东亚以中国为核心的等级秩序是一个稳定的、和平的格局，也可以称之为"儒家和平论"。③

　　由于美国根深蒂固地相信均势的改变是不利的，因此在 20 世纪 90 年代冷战格局瓦解后期，对中国的关注就围绕着中国的经济军事实力增长是否持续以及美国应该采取遏制还是参与战略两个问题进行。④ 美国进攻性现实主义代表、学院派的米尔斯海默的观点表达了遏制派的思想。⑤ 米氏针对中美关系的三种乐观主义观点逐一批评，

　　① Karl Polanyi, *The Great Transformation：The Political and Economic Origins of Our Time*, Beacon Press, 2 edition, 2001.

　　② Paul C. Avey, "Confronting Soviet Power：U. S. Policy during the Early Cold War," *International Security*, VOl. 36, No. 4 (Spring 2012), pp. 151 – 188.

　　③ David C. Kang, "Hierarchy in Asian International Relations：1300 – 1900," *Asian Security*, Vol. 1, No. 1, 2005, pp. 53 – 79; Robert E. Kelly, "A 'Confucian Long Peace' in Pre – Western East Asia?" *European Journal of International Relations*, Vol. 18, No. 3, 2011, pp. 407 – 430.

　　④ 例如, Gerald Segal, "East Asia and the 'Constrainment' of China," *International Security*, Vol. 20, No. 4 (Spring, 1996), pp. 107 – 135; Avery Goldstein, "The Diplomatic Face of China's Grand Strategy：A Rising Power's Emerging Choice," *The China Quarterly*, No. 168 (Dec., 2001), pp. 835 – 864.

　　⑤ John J. Measheimer, "The Gathering Strom：China's Challenge to US Power in Asia," *The Chinese Journal of International Politics*, Vol. 3, 2010, 381 – 396.

首先，他认为，所谓中国的善意是靠不住的，因为领导人通常在公开声明中说谎。其次，中国发展军备到底是用于防卫还是进攻性难以区分。最后，中国与邻国关系目前的确还没有完全恶化，但这并不代表未来。米氏还认为，中国是同美国一样的国家，最终将获得地区霸权。而且米氏断言，尽管中国不同于苏联，但中美之间的经济相互依赖不会减少地缘政治冲突。

当然，与遏制派观点相对立的也大有人在。首先，从理论上看，经济相互依赖的确能够有效降低国家间冲突。针对多数人关于相互依赖理论靠不住的说法，尤其是长期以来现实主义学者拿第一次世界大战做例子来否定经济相互依赖的有效性的说法，美国学者又拿出了新东西，认为第一次世界大战不是从相互依赖高的国家开始的，而是从经济相互依赖低的奥匈帝国和塞尔维亚开始的。第一次世界大战爆发前，西欧是相互依赖深厚的次体系，东欧是相互依赖浅显的次体系，尽管西欧主要大国和俄国有很大的矛盾，但总体上由于经济相互依赖而能控制住冲突，但在经济上相互依赖较浅的东欧，冲突升级为战争。① 其次，从经验上看，美国前国务卿基辛格的说法值得重视。基辛格认为，对中美两国而言，冲突只是选择，而不是必然。基辛格建议，中美要一起努力界定和平竞争的势力范围。当前的国际秩序是在没有中国参与的情况下建立的，并不符合中国的偏好。反应性的危机管理不足以应对中美两个大国的复杂关系，中美之间要建立太平洋共同体（Pacific Community）。② 与基辛格关于中美关系新架构的建议类似，前澳大利亚总理陆克文也提出中美应签署第三份上海公报以构建中美关系新框架。③

中国经济崛起是一种必然，但崛起中的中国是否会与美国体系产

① Erik Gartzke and Yonatan Lupu, "Trading on Preconceptions: Why World War I was Not a Failure of Economic Interdependence," *International Security*, Vol. 36, No. 4（Spring 2012）, pp. 115 – 150.

② Henry A. Kissinger, "The Future of U. S. -Chinese Relations," *Foreign Affairs*, Vol. 91, No. 2, Mar/Apr 2012, pp. 44 – 55.

③ Kevin Rudd, "Beyond the Pivot: A New Road Map for U. S. -Chinese Relations," *Foreign Affairs*, Vol. 92, No. 2, 2013, pp. 9 – 15.

生体系性冲突显然还存在着巨大的不确定性。在有关"中国模式"的争论中，西方主流学者的基本结论是"北京共识"不可怕，因为其内核与自由化相距不远，但"华盛顿共识"需要认真考虑东亚发展型国家所具有的高储蓄、良好教育以及人口红利的积极作用。在金融危机背景下，美国需要调整对发展中国家的出口导向型政策、资本流动以及财政政策的评估。① 有的学者甚至将中国的发展模式与 1841 年德国学者李斯特的理论相联系，认为中国模式没有多少特殊性，只不过是中国特色的李斯特氏发展型国家而已，东亚社会也曾经如此。② 在所有全球贸易大国中，只有中国、美国是覆盖全球利益的超大型贸易体，其余国家多数都还集中在某个区域内或者某个产业领域里。与美国相比，中国的优势在于其发展经验可以覆盖绝大多数的发展中国家，未来中美在经济影响力方面的竞争取决于发展中国家的选择。但从贸易产品的产业链角度看，中美之间的互补性仍然大于竞争，而发达国家之间的竞争性要远比中美之间的竞争性强。③ 20 世纪 70 年代后兴起的产业内贸易改变了历史上的很多论断，比如，资本主义国家经济竞争会导致冲突，经济相互依赖增强了对和平的推动力和约束力。因此未来中美在经济领域竞争性增强也不一定必然导致中美竞争，颠覆既有的体系，而很可能是体系的扩大。④ 鉴于中国不可能在短短一代人时间里，缩短中国内部地区、阶层之间的贫富差异，中国的势力扩张主要还是服务于国内目标而不是全球地位，中国有能力和战略空间在国内消化因国际竞争而产生的冲突。

　　中美关系的广度和深度正朝着历史上前所未有的双边关系迈进，这给国际关系理论界带来挑战。一些美国学者在深入分析中美关系的历史中发现，无论是自由主义、现实主义还是建构主义，在看待中美

---

① John Williamson, "Is the 'Beijing Consensus' Now Dominant?" *Asia Policy*, No. 13, January 2013, pp. 1 – 16.

② Shaun Breslin, "The 'China Model' and the Global Crisis: From Friedrich List to A Chinese Mode of Governance?" *International Affairs*, Vol. 87, No. 6, 2011, pp. 1323 – 1343.

③ 相关分析可参考关志雄《中国贸易结构不断升级》，《财经》2013 年第 19 期。

④ 王正毅：《中国崛起：世界体系发展的终结还是延续？》，《国际安全》2013 年第 3 期。

关系时都显著地存在着乐观派与悲观派。[①] 在某种程度上，中国领导人提出的"新型大国关系"框架，既有对英美均势论的考虑，也包含着中国对国际秩序的理想看法，而以往所有的国际关系大理论都是西方理论和对西方历史的总结。仔细解读遏制派的观点，其突出的特点是以理论推理界定中美关系，而不是实事求是地分析中美关系发展历史来探索未来。按照英美学术界主导的均势论思想，中国超大规模的增长显著改变了美国霸权体系的现状，因此，从理论上讲存在着颠覆均势的这种可能性，但现实是中国本身已经是体系的一部分，完全推倒重来也等于间接否定中国的增长基础。从历史上看，从荷兰霸权向英国的转移以及英国霸权向美国的转移，都是一种继承性转移，而不是颠覆性转移。由于是继承性转移，所谓均势的不稳定只是内部领导权之争，总体上都是和平的。

在当前国际秩序的构成方面，美国所主导的霸权体系在经济层面的相对衰落不可避免，在全球治理层面也开始缺乏足够的吸引力和管控能力，唯独在军事层面，美国还牢牢掌握着主导权。因此，最近一段时期国际秩序的辩论主要是围绕着经济秩序而展开的，对美国政府而言，为了维护美国对全球的吸引力，振兴其经济是首要任务，这决定着美国战略调整的内容和方向。归根结底，对发达国家而言，保证自身的生活水平不显著恶化比防范一个军事上可能造成威胁的中国来得更加重要。

第四节　中国的发展战略空间

中国未来 10 年发展的战略空间依然具有很强的塑造力和延展性。从原因来看主要有三大类：第一，源于中国作为全球多数国家的出口市场地位的提高。第二，美国体系的特殊性赋予中国一定战略空间。第三，最为根本的是，中国是全球少有的大地缘政治经济平台，且内

[①] Aaron Friedberg, "The Future of U. S. – China Relations: Is Conflict Inevitable?" *International Security*, Vol. 30, No. 2（Fall 2005）, pp. 7 – 45; Thomas J. Christensen, "Fostering Stability of Creating a Monster? The Rise of China and U. S. Policy Toward East Asia," *International Security*, Summer 2006, pp. 81 – 126.

部不均衡发展为转化国际矛盾提供了缓冲时间。

一 中国作为出口市场地位的提升

有学者将美国体系的亚洲组成部分归纳为四根支柱，分别是美国领导地位的确立、亚洲国家对经济增长的追求、美国对亚洲国家经济政策的容忍以及联盟经济效应的存在。[①] 而 2008 年金融危机造成的分化效应使得这些支柱都欠稳当，特别是最后一根支柱，即安全与贸易投资模式之间的联系正在发生变革，这是美国难以迅速控制的。特别表现在贸易的分化上，美国不再是唯一的中心，而中国作为消费市场地位大幅度上升。也正是在这一点上，权力的部分转移正在美国体系中发生着。

美国体系过去曾长期依赖与发达世界的贸易，如今要转而依赖与发展中世界的贸易，这使得美国的对外经济政策遭遇了极大挑战。2011 年，50% 的世界出口来自北美和欧洲，另一半来自亚非拉国家，这是一个巨大的转变。中国、巴西、印度、印度尼西亚、墨西哥、俄罗斯、土耳其所谓七个新兴经济体占美国出口的比重已从 2000 年的 20% 上升至 2011 年的 47%，占世界出口的比重从 1990 年的 7% 增加至 2011 年的 20.6%，2016 年达到了 25%。随着发展中国家进一步增强经济力量，出口对美国的重要性还将上升，这些国家对美国的影响也将扩大。[②] 哈佛大学经济学教授戴尔·乔根森（Dale Jorgenson）2011 年的测算表明，2018 年，中国将超过美国，成为最大的经济体。乔根森因此强调，2018 年将是领导力转变之年。[③] 按照印度国际经济关系委员会（ICRIER）经济学家维尔马尼（Arvind Virmani）的预测，

---

① Michael Wesley, "Asia's New Age of Instability," *The National Interest*, Nov/Dec 2012, pp. 21 – 29.

② Raymond J. Ahearn, "Rising Economic Powers and U. S. Trade Policy," Congressional Research Service, CRS Report for Congress, R42864, December 3, 2012, http://www.fas.org/sgp/crs/row/R42864.pdf.

③ 在该研究中，发展中亚洲有 16 个经济体：孟加拉、柬埔寨、中国、中国香港、印度、印度尼西亚、马来西亚、尼泊尔、巴基斯坦、菲律宾、新加坡、韩国、斯里兰卡、中国台湾、泰国、越南。参见 Dale W. Jorgenson and Khuong M. Vu, "The Rise of Developing Asia and the New Economic Order," *Journal of Policy Modeling*, Vol. 33, 2011, pp. 698 – 716.

以购买力平价计算，中国将在 2017 年超过美国，到 2050 年将是美国的两倍。印度将于 2040 年与美国齐平，到 2050 年将超过美国 30%。[①]

在金融危机之前，中国便逐步确立了对亚洲的出口主导地位，2005 年超过美国对亚洲的出口额近 200 亿美元，众所周知，这一年美国副国务卿佐利克发表了负责任的利益相关者说法，不能不说中美两国在亚洲地位的变迁是美国出台这一说法的一个原因。紧接着，欧洲对中美的重要性产生了分化。2006 年，中国对欧洲的出口超过了美国对欧洲的出口，多出近 80 亿美元，金融危机后加速，到 2011 年，中国已经超过美国对欧出口 1200 亿美元。金融危机之后，中美在三大区域之外的出口继续朝着有利于中国的态势发展。可以期待的是，如果中国对北美的出口超过美国对北美的出口，那么对美国的冲击力度还将进一步加大。

从政治经济学角度看，权力来源于国内市场。一方面，主权国家单独控制的国内市场更具有强制性，更容易对贸易伙伴施加影响力。另一方面，进口比出口更重要也源于美国体系的特性，美国由于成为绝大多数国家的最大出口市场，才使得美国拥有极大的不对称权力。以当前最热门的泛太平洋经济合作伙伴计划（TPP）而言，这些国家看重的实际上是美国的国内消费市场。以中美作为别国的出口市场来看，金融危机前后有何特点呢？2011 年，亚太地区有 6 个国家的贸易额超过 1 万亿美元，分别是中国、日本、韩国、中国香港、印度和新加坡。日本的出口地区分布与中国、美国显著不同，中美实际上是真正意义上的全球性国家，而日本日渐成为一个亚洲区域内的国家。在 2000 年左右，日本对亚洲的贸易超过总额的 50%。2009 年 3 月以后，日本对中国的出口超过对美国的出口。不过，美国作为日本出口市场的鼎盛时期是 1986 年，达 38.4%，以中国 2011 年的数据而言，远没有达到这一比重，也就谈不上日本对中国的美国式依赖了。这个数据比什么都能说明美日同盟的重要性和实质，说明经济作为政治基础的重要性。

---

① Rakesh Kapoor, "Asian Century, Planetary Change?" *Futures* 40, 2008, pp. 300 – 204.

二 美国体系的特殊性赋予中国的战略空间

长期以来，西方国家关系理论的研究者倾向于把中国崛起看作历史上大国崛起的翻版，但最近这一潮流似乎在改变。很重要的一个原因在于，对英德争霸、英美霸权转移历史案例的深入研究表明，经济相互依赖、意识形态竞争以及安全认知三者决定着战争的发生与否，而且后者的影响力更大一些。美国主流学者强调，中美并不必然会发生冲突，特别是美国在亚洲的利益与中国有很大的重合之处。[①]

更具冲击力的观点是，一个日益强大的中国既不会变成传统的欧洲型大国，也不会是冷战时代的中国，而是"具有西方特色的传统中国"。詹姆斯·库茨（James Kurth）认为，未来的中国更像是传统中国，即西方入侵中国以前的中华帝国，拥有独特的中国式世界秩序、军事战略优势和对外经济关系。随着中国日益融入全球经济，现代中国还将具有两个西方的特点：既是一个陆权国家又是一个海权国家，既是一个贸易国又是一个金融强国。作为一个海权和金融强国，中国对美国构成了根本性挑战，不仅是从安全意义上对西太平洋，也是从长远意义上对"华盛顿共识"关于全球经济秩序的构想。[②] 库茨给出的建议是，美国要将其大战略放在发展经济上，特别是发展新的美国产业，压缩美国金融部门的经济作用和政治权力，重建美国工业部门的经济作用和政治地位。

美国学者之所以强调经济发展对美国体系的重要性，是因为他们要强调美国体系比英国体系更注重经济。许多人认识到美国违背了历史上的铁律——权力均势，即没有其他国家联合起来平衡美国的独特优势地位。美国学者最新的解释是，美国不同于欧洲。基于欧洲经验的均势理论从来就不适合解释跨地区的海上体系，即一个海权与经济财富高度集中的体系。英美两个体系的重要区分不在于是陆军还是海军主导，而在于前者是控制领土、人民的领土性霸权，而后者是控制

---

① Robert J. Art, "The United States and the Rise of China: Implications for the Long Haul," *Political Science Quarterly*, Fall 2010, pp. 359 –391.

② James Kurth, "Confronting a Powerful China with Western Characteristics," *Survival*, Winter 2012, pp. 39 –59.

市场的经济霸权。后者的经济主导并不要求必要的政治控制。领导性的海上强国越是强大，它的兴趣越是集中在市场而不是领土是上，特别是在地区范围内。美国认识到领土扩张的经济成本极大，与陆上强国相比，海上强国在这方面并不具有优势。①

深入思考美国体系扩张的动力，很重要的一个原因在于他们对民主体制促进经济增长的自信，以及随之而来的归附于这一体制的人口的增加。而中国在这一点上与美国是不同的，特别是与欧洲不同。中国过去30年的增长建立在体制转变和人口优势上，如果考虑到中国、印度人口占世界1/3多，那么美国制造业的回归必然要考虑中印人力资源的优势。在这一点上，中国与美国的合作远远大于竞争。如果中国人均收入进一步提升，中产阶级人数将显著超过美国。按照西方的理论，一个以中产阶级为基础的社会是比较稳定的。② 中国共产党十八大报告提出，至2020年，中国将把人均收入从2011年的5400美元提升至10000美元左右，显然，中国的主要目标还是国内层面的，而不是西方社会在富裕之后的对外扩张，占地盘、增人口。这种对人口扩大的偏好源于西方社会长期人口少的恐惧。2020年后的中国仍然更愿意服务于国内人口的福利提升。

三　中国国内的不平衡为转化国家间冲突提供了缓冲

美国学者注意到中国面临着地区不平衡、富裕与贫困的不平衡、城市与乡村的不平衡，并认为这是中国的劣势，我们也认为这构成中国可持续发展的巨大挑战。但从国际政治经济层面看，中国恰恰可以有效转化这种劣势，以此作为缓冲平台，降低与其他国家的冲突烈度。

对西方工业化的研究表明，产业在国家间的转移往往是引发国际

---

① Jack S. Levy and William R. Thompson, "Balancing on Land and at Sea: Do States Ally against the Leading Global Power?" *International Security*, Vol. 35, No. 1, Summer 2010, pp. 7 – 43.

② Mans Svennsson, Rustamjon Urinboyev and Karsten Astrom, "Welfare as A Means for Political Stability: A Law and Society Analysis," *European Journal of Social Security*, Vol. 14, No. 2, 2012, pp. 64 – 85.

冲突的重要原因。由于产业向国外转移，国内产业空心化导致低技术工人大量失业，引发国内政治冲突。同时产业向外转移，也会提升产业接受国的技术水平，进而增强其战略能力。因此，大国趋向于强制性压榨产业链，压缩产业链低端的收益，增强主导国的产业收益。由于价值增值部分并未按照产业分工本身在国家间分配，强国通过制度设计、政治影响力来获得超额收益，那么地区间的国家摩擦将日益增多。而中国巨大的内部空间和差距甚大的东、中、西部这种结构，使得中国在产业的国内转移上更具优势，这不仅可以降低国与国之间因缔结地区协定所带来的成本，也可以有效缓解经济快速崛起的外部紧张。更重要的是，对于一个统一的中央政权而言，通过在内部释放和应对产业转移的矛盾，具有更强的合法性、治理效力和管控能力。

中国的发展通过遵循比较优势，也表现出日本此前的"雁形"模式特征，在产业内部、产业之间以及国际劳动分工上逐级上升，逼近发达国家的发展水平。由于中国的经济总量非常大，中国对世界的外溢效应更大，成为领头龙，给发展中国家带来更大的收益。① 在 2012 年 11 月召开的中央经济工作会议上，中国对外部环境进行判断后，也认为要加强扩大内需、创新和转变经济发展方式。这一点可以说明，中国对以往产业在国家间转移引发冲突至少有所注意，试图通过在差距甚大的东、中、西部进行国内层面的产业转移，来降低产业升级所引发的国际冲突。而中国巨大的人口规模也表明，一旦中国在国内的产业转移和再造成功，那么中国所塑造的体系，将显著缩小美国体系中巨大的国家空间，而一个更加平衡的世界将趋向于和平，也就是说会得到在今后世界经济中力量壮大的发展中国家的进一步支持。

美国体系具有历史继承性以及政治经济相结合的特点。美国体系继承了英国帝国体系的一部分内容，特别是非领土性部分，这种继承性是英美体系和平转移的一个保障。美国体系除了美国自身是核心部分之外，还有非领土性的如盟友、跨国公司等，有正式的多边制度，也有非正式制度的市场开放、价值观和治理规范等。在非正式制度部分，崛起国存在着巨大的战略空间，这也意味着中国崛起的可能性。

---

① 林毅夫：《从西潮到东风》，余江译，北京大学出版社 2012 年版，第 105—151 页。

　　政治与经济相结合是美国体系得以维护和不断扩展的根本原因。经济权力是美国体系的根本，包括体系内盟友的增长，美国作为出口市场地位的扩大以及体系内成员因收入水平接近所形成的凝聚力。日本曾经试图组建的体系，由于自身没能维持持续的经济增长，也无法为外部世界提供持续的国内市场机会，更欠缺凝聚可能的盟友或者伙伴的力量，只能说是一次"假性的领导力"转移。

　　主导国不会主动让出其盟主地位，它会试图压制崛起国全面接近其实力。但鉴于中国作为出口市场地位的提高，巨大的国内空间以及不平衡性所提供的矛盾转化能力，中国有可能摆脱权力转移理论的噩梦，走出一条新路。如果中国的发展以已有的国际环境为背景，一个发展了的中国将增强已有的国际环境的稳定性，那么中国的发展就是可持续的。

第九章　超越地缘政治的迷思

　　亚洲崛起与20世纪后半期地缘政治调整紧密相关，而中国崛起将地缘政治因素更强劲地注入有关"亚洲世纪"的讨论。2008年金融危机以来，在西方相对衰落态势下，中国根据全球政治经济变革新形势提出了一些新的主张，比如亚洲新安全观、"一带一路"建设等，谋划中国和平发展的新地缘。美国为了因应亚太的新形势也提出了新的全球战略，无论是从"枢纽"到"再平衡"，还是"印太"战略，都反映出美国国际政治思维中根深蒂固的均势理念，而这种均势理论又与地缘政治有着深厚的渊源。在西方舆论看来，新一轮大国关系调整明显带有地缘政治的色彩。[①]

　　地缘政治探讨权力与地理的关系，类似于自然科学中牛顿的"万有引力"模型所呈现的距离和力量呈反比特质，在国际关系意义上权力也随距离增大而减弱。[②] 地缘关系是导致崛起国和霸权国地缘战略差异的一项重要因素，霸权国始终要寻找影响自身权势地

---

　　① 因乌克兰事件引发的美俄冲突以及中俄战略协作关系升级，关于"地缘政治回归"命题的争论成了2014年的显著特色，普林斯顿大学教授伊肯伯利认为，自由主义仍然占据着主导地位，中俄不是世界秩序争论的参与者，而沃尔特·米德则认为，中俄与伊朗一道形成了一个轴心，挑战美国主导的秩序，冷战结束初期所谓的"地缘政治终结和历史终结"的乐观情绪已消失殆尽，参见 Walter Russell Mead, "The Return of Geopolitics: The Revenge of the Revisionist Powers," *Foreign Affairs*, Vol. 93, No. 3, May/June 2014, pp. 69 – 79; G. John Ikenberry, "The Illusion of Geopolitics: The Enduring Power of the Liberal Order," *Foreign Affairs*, Vol. 93, No. 3, May/June 2014, pp. 80 – 90.

　　② "引力模型"在国际贸易、投资领域应用广泛，其一般含义是双边贸易投资额与距离呈反比。可参考：James E. Anderson, "The Gravity Model," *Annual Review of Economics*, 2011, pp. 133 – 60.

位的崛起国。对于距离遥远的力量中心崛起，霸权国需要消耗更大
的成本才能压制住，而管控周边地带的力量发展则相对容易许多，
因而实现同样的战略目标所要付出的成本随地缘远近而发生着变
化。对于崛起国而言，不仅需要讨论霸权国的权力如何通过地理关
系影响自身发展的外部环境，也要通过调整国内因素来进一步促进
权力的生产和发展。

　　中国的国际政治战略并不缺少地缘考虑，但需要超越以均势为
基础的西方思维，应更加注重从国内、国际两个方面培育权力、扩
大权力，而不只是破除外部因素中阻碍本国实力增长的因素。对于
崛起国而言，内外平衡构建地缘战略对于确保崛起的稳定性至关重
要。中国新一代领导人的亚洲视野仍然将共同发展置于核心地位，
努力拓展覆盖全亚洲的基础设施建设，将中国的国内发展经验延伸
至周边，唤醒周边国家的历史记忆，打造基于共同发展理念的命运
共同体。

第一节　地缘政治与国家兴衰

　　地缘政治学说具有不同的国家属性特征，也因缘起国不同的发展
历程而呈现出兴衰之态。在当前流行的有关学说中，德国地缘政治学
和英美地缘政治学是两大思想流派。[①] 德国地缘政治学随着 1945 年德
国战败及其代表性学者卡尔·豪斯浩弗（Karl Haushofer）1946 年过
世而终结。[②] 但地缘政治学在 70 年代后期因美国政治家的地缘平衡战
略而开始复活，并在 2008 年全球金融危机后呈现出越来越强劲的影

---

　　① 也有学者认为还存在着一个法国地缘政治学流派，参见吴征宇《地理政治学与大
战略》，中国法制出版社 2012 年版，第 7—12 页；［英］杰弗里·帕克《地缘政治学：过
去、现在和未来》第四章，刘从德译，新华出版社 2003 年版。当然，如果把第二次世界大
战期间日本有关地缘政治的论述加进来，名单还将继续扩大。

　　② Leslie W. Hepple, "The Revival of Geopolitics," *Political Geography Quarterly*, Supplement to Vol. 5, No. 4, 1986, p. 522.

响力。① 地缘政治学的命运往往与国家的兴衰联系在一起，德国崛起时发展出地缘政治学说，英国、美国霸权衰落时开始探究地缘政治发展规律。明晰地缘政治学说的兴衰因素，对于探讨中国的地缘政治定位以及从地缘政治角度考察中国的未来发展趋势意义重大。

地缘政治作为一种思考国家间权力关系的方法与思想兴起于 19 世纪末期。据考证，"地缘政治"（Geopolitik）一词于 1899 年由瑞典政治学家鲁道夫·契伦（Rudolf Kjellén）创造。② 契伦认为，国家有独立的目标和动力，在国际舞台上不仅是法律主体，也是土地和人民不可分离的、活生生的具有灵魂的生命体。尽管从学术意义上说，契伦缔造了后世流行的"地缘政治"术语，但他的相关论著在其 1922 年去世后的很长时间内并未翻译成英文，对后世影响更大的有关地缘政治思想源于日渐崛起的德国。

德国人提出地缘政治的相关论述，其着眼点是采取何种政策让德国发展壮大。与契伦的学术际遇不同，弗里德里希·拉策尔（Friedrich Ratzel）关于"政治区"（Political Areas）的相关论述早在 1897 年就被翻译成英文。拉策尔认为，空间是一种政治力量，应该从权力角度而不是从自然地理意义上评估空间，反过来也是如此。③ 拉策尔判断，国家的规模随着不断征服而变得越来越大，领土大的国家越安全，德国的命运就是要不断获得新的领土。④ 契伦和拉策尔都

---

① 典型的比如美国记者和地缘政治分析师罗伯特·卡普兰的系列论述（http://www.robertdkaplan.com/robert_ d_ kaplan_ bio. htm）。中文世界将其 2012 年的论著《地理的报复》翻译为《即将到来的地缘政治战争》，但该标题并不能准确反映其论著的主旨。[美] 罗伯特·D. 卡普兰：《即将到来的地缘政治战争：无法回避的大国冲突及对地理宿命的抗争》，涵朴译，广东人民出版社 2013 年版（Robert D. Kaplan, *The Revenge of Geography*: *What the Map Tells Us about Coming Conflicts and the Battle Against Fate*, Random House, New York, 2012）。

② Ola Tunander, "Swedish-German Geopolitics for a New Century Rudolf Kjellén's ʻThe State as a Living Organism'," *Review of International Studies*, Vol. 27, No. 3（Jul., 2001），pp. 451 – 463.

③ Friedrich Ratzel, "Studies in Political Areas. II. Intellectual, Political, and Economic Effects of Large Areas," *American Journal of Sociology*, Vol. 3, No. 4（Jan., 1898），pp. 449 – 463.

④ Friedrich Ratzel, "Studies in Political Areas. The Political Territory in Relation to Earth and Continent," *American Journal of Sociology*, Vol. 3, No. 3（Nov., 1897），pp. 297 – 313.

主张德国和瑞典应建立某种更加强大的联合体，而拉策尔关于"生存空间"（Lebensraum）的论断在后世也广为人知。

国家有机体论为更改边界提供了合法性，这必然会影响到当时霸权国英国划定的利益。英国在19世纪确立自由主义作为其立国之基，希望全球都向英国开放。与主导英国大战略的经济自由主义不同，19世纪后期德国的所有学说，都带上了为德国崛起背书的烙印，德国地缘政治学说与弗里德里希·李斯特的重商主义、俾斯麦的"现实政治"（Realpolitik）① 都致力于发展德国的国家利益，为德国争夺势力范围寻求合法性。在当时的德国人看来，领土空间是确保国家生存和发展的首要问题。用武力解决领土问题，这不仅是拉策尔一人的看法，也是19世纪后半期国际社会的普遍规范。但对英国来说，以武力争夺的后果是古典自由主义的衰落，特别是以英国为代表的自由市场模式的衰落，这一深远影响直到第一次世界大战结束后才被认识到。

与德国精英要求德国崛起一样，美国人同样也认为天佑美国。但美德两国的地缘政治环境截然不同，这不仅影响到两国的命运，也塑造了各自学者构建的学说。与拉策尔同时期的美国学者有两类关于如何拓展美国势力的学说，一个是以马汉为代表的国际关系意义上的海权论，另一个较少受到国际关系学者的注意，但在美国国内同样产生了重大影响。历史学家弗雷德里克·特纳（Frederick J. Turner）在19世纪90年代发展出了一套"边疆论"，认为正是由于美国人的边缘身份塑造了一个共同的国家身份，这种国家认同为美国向西拓展奠定了基础。就拓展国家边疆和塑造新的国家认同而言，特纳的学说和拉策尔的区别并不大，但对后世影响更大的是马汉的海权论。有论者认为，马汉认同帝国主义论，但其实现方式与欧洲国家不同，马汉总结了罗马时代以来海权发展的学说，特别是借鉴了英国的强盛之道，提出了集海军发展、海上贸易和开放市场为内涵的海权论。马汉学说产

---

① 据考证，"Realpolitik" 这个词首次出现于德国思想家 Ludwig August von Rochau 1853 年的著作《现实主义政治原则》里，后来指代俾斯麦的国务政策。参见 John Bew，"The Real Origins of Realpolitik," *The National Interest*，Mar/Apr 2014，pp. 40 – 52.

生的最重要的地域背景是中美洲国家联合对抗美国在拉美的权力扩张，为了压制地区力量的反弹，马汉主张美国建立若干个军事基地。马汉学说一经产生，就影响了当时的决策者，如麦金莱总统、西奥多·罗斯福总统和海约翰国务卿等人。①

面对欧洲大陆强权的崛起，英国地理学家麦金德提出了基于均势的地缘政治学说。在 1904 年的论文《历史的地理枢纽》中，麦金德提出三个主要判断：第一，"由哥伦布一代的伟大航海家们开始的变革……主要的政治效果是把欧洲与亚洲的关系颠倒过来"；第二，由于蒸汽改进与航海技术发展，世界已经成为一个完整的政治体系；第三，俄国的扩张将对世界政治产生重大影响。麦金德担心，对英国最大的威胁来自将来德国和俄国的联合。② 为此，在 1919 年的著作《民主的理想与现实》中，麦金德进一步将"心脏地带"拓展为包括亚欧和非洲的"世界岛"概念，并发展出著名的三段论，即控制东欧到心脏地带再延展至世界岛的逻辑判断。③ 后人皆以为麦金德预见到冷战时期的美苏对立，但麦金德给英国开出的地缘政治解决方案，却是将东欧分裂成几个独立的小国，隔离德国和俄国。显然，美苏在冷战中并没有完全采纳这一主张。尤其值得今天的读者注意的是，麦金德 1904 年认为的"美国最近已成为一个东方强国，它不是直接地，而是通过俄国来影响欧洲的力量对比"④。显然，美国在麦金德的势力均衡地缘战略方面并没有占据首要位置。

据说，麦金德自己并不乐意被视作地缘政治学家，而更愿意被归为政治经济学家。麦金德对地缘政治的思考主要源于 1885—1920 年的世界政治经济现实，并未预见到美国崛起给后世带来的巨大影响，其著作在战争期间也没有受到美国的重视，但却受到德国人的赏识。麦金德死于 1947 年 3 月 6 日，6 天后，美国总统杜鲁门宣布救援希腊

---

① Greg Russell, "Alfred Thayer Mahan and American Geopolitics: The Conservatism and Realism of an Imperialist," *Geopolitics*, Vol. 11, 2006, pp. 119 – 140.

② ［英］麦金德：《历史的地理枢纽》，林尔蔚、陈江译，商务印书馆 1985 年版，第58页。

③ ［英］麦金德：《民主的理想和现实》，武原译，商务印书馆 1965 年版，第 134 页。

④ ［英］麦金德；《历史的地理枢纽》，第 61 页。

和土耳其。按照一位学者的概括，推动麦金德思想产生的时代背景是被霍布斯鲍姆称作的"帝国主义时代"（1875—1914），有四个新特点极为突出：第一，第一波全球化改变了国家使命，从领土征服转向获取较高的相对效率，而后者正是英国当时难以解决的问题，麦金德主张限制居民和资金移出；第二，英帝国的衰落远远快于其竞争对手的崛起，为此麦金德倡导关税和帝国特惠制，但并不重视美国崛起的机会；第三，新技术和新的全球生活标准使得社会组织形式至关重要；第四，20世纪初的英国已经由于城市化而变成了工业社会，但统治精英和治理方式仍然是旧式的。① 由于这四类问题，麦金德的地缘政治方案并不足以重振英国霸权，仅凭调整外部地缘政治关系无法解决社会问题。从根本上说，英国的政治经济实力不足以支撑实现麦金德的方案，地缘政治理论和政治现实之间产生了"麦金德悖论"②。

　　20世纪70年代，因美国国务卿基辛格的推动，"地缘政治"从政策层面开始重新赢得社会和政治支持。基辛格1979年出版的《白宫岁月》一书到处使用诸如"地缘政治的重要性""地缘政治的利益""地缘政治的现实""地缘政治的挑战""地缘政治的雄心""地缘政治的结果"等表述。基辛格的政治地位，特别是尼克松总统频繁地在演讲中提到地缘政治，使得美国的精英读物，如《时代》《新闻周刊》《福布斯》《新共和》等大量使用这一概念。特别是美国凭借联合中国抵抗了苏联的进攻后，地缘政治作为一种恢复均势的方法赢得了国际声誉。③ 从这个意义上说，美国地缘政治话语的复活与中国的地缘战略有关。中国从改革开放初始，就被镶嵌在一个地缘政治复活构成的话语世界中，中国转向改善对美关系改变了东亚的地缘政治格局。我们还可以进一步推断，政治家可以创造或者复活一套政治话语体系，几乎所有在地缘政治学说上产生影响力的理论家，同时又是该国活跃的政治人物，契伦、拉策尔、马汉、麦金德莫不如是，而基

---

　　① Gearoid O. Tuathall, "Putting Mackinder in His Place: Material Transformations and Myth," *Political Geography*, Vol. 11, No. 1, January 1992, pp. 100 – 118.

　　② 张文木：《"麦金德悖论"与英美霸权的衰落——基于中国视角的经验总结》，《国际关系学院学报》2012年第5期。

　　③ Leslie W. Hepple, "The Revival of Geopolitics," pp. 525 – 526.

辛格、布热津斯基同样也有这类特点。

20世纪90年代以后，地缘政治学更是呈现出多样化发展之势。有的学者将其概括为"一种旗帜、多种含义"，认为地缘政治复兴以来出现了四种流派，分别是作为地缘战略的新古典地缘政治、一切都是地缘政治的颠覆性地缘政治、国际关系的政治地理学、批判性地缘政治。① 但真正受到重视且具有政治影响力的，仍然是基辛格和布热津斯基等人代表的"新古典地缘政治学"（neoclassical geopolitics）。② 地缘政治的含义是多样化的，但与权力的紧密关系是几乎所有地缘政治学流派的核心所在。

从地缘政治学说和国家的关系看，可以将地缘政治学划分为进攻性和防御性两大类。19世纪后期的德美两国都属于崛起国，其地缘政治学说的目标是使两国更好地从既有的国际体系中崛起，但德美两国基于地缘政治环境开出的药方是不同的；而英国的地缘政治学说则服务于如何捍卫英国的霸权，第二次世界大战后美国的地缘政治学说向英国回归，也是为了捍卫美国霸权、防止美国霸权的衰落，基辛格复兴地缘政治学说乃是从麦金德的实力均衡出发的，目的和手段如出一辙。从这个意义上说，麦金德的陆权概念是防御性的，斯派克曼的边缘地带论也是防御性的，即为了捍卫霸权，需要控制某一区域。但控制这个区域本身并非美欧力量增长的源泉，美欧力量增长本身来源于他们的民主制、科技创新以及西方阵营内部的交换。而德国乃至日本的一些地缘政治概念，显然多了一些进攻性色彩。相比于英国，德国、日本当年都属于后发世界中的一员，发展出"生存空间"学说含有寻求崛起合法性的意味，对于很多寻求更大程度发展的当代发展中国家而言，也需要这类学说，但必须考虑到地缘政治环境的可塑性。

在通过地缘政治运筹提升权力这一点上，这些学说基本一致。提升权力，既可以通过国内调整这一手段，比如麦金德对英国困境的分

---

① V. D. Mamadouh, "Geopolitics in the Nineties: One Flag, Many Meanings," *GeoJournal*, Vol. 46, No. 4, 1998, pp. 237 – 253.

② Alexander B. Murphy, "Is There a Politics to Geopolitics?" *Progress in Human Geography*, Vol. 28, No. 5, 2004, pp. 619 – 640. 特别是其中 Mark Bassin 关于当代地缘政治学两张面孔的论述。

析很多时候都基于国内自然禀赋和调整国内矛盾，也可以通过国际政治经济这种途径调整。从这个意义上说，比地缘政治运作更重要的是本国能否首先通过国内调整以提升权力。其次才是地缘政治上的首要任务，即判断某个区域本身是否具有权力属性上的重要性，然后才是通过技术分析研判影响这一区域权力地位的其他可能区域。就此而言，心脏地带是属于地缘政治意义上的第一层次概念，而通过资源、通道、技术、资金输入或者输出来改变某个区域的重要性，则属于第二层次的概念。因此，理解地缘政治的关键，在于如何理解权力，特别是如何认识某个区域、国家的权力兴衰。

第二节 "枢纽"与"印太"地缘战略

在地缘战略谋划上，美国崛起依靠海权。马汉的学说塑造了美国的海洋国家特性，站在 21 世纪的第二个 10 年，分析美国霸权的地缘战略时须牢记，马汉《海权论、海权对历史的影响（1660—1783）》一书分析的时间节点是 1660—1783 年，即英国工业革命开始前的崛起之路。[①] 借鉴英国崛起之道，马汉强调，美国要支配加勒比海和墨西哥湾，确保美国通向亚太，但 21 世纪美国海权战略与马汉时代迥然不同。[②] 第二次世界大战后美国成为全球首屈一指的霸主，其国际战略更多从欧亚大陆列强争霸历史中汲取养料。正如一位论者指出的，美国政府和学术界有关欧洲地缘政治的代表性论述都出自战后的欧洲移民之手。[③]

在分析潜在挑战者时，历史上最负盛名的不是马汉的海权论而是麦金德的学说。从实践结果看，第一次世界大战初步验证了麦金德的理论。第二次世界大战结束后的美国地缘战略，贯穿着一条"麦金德—斯皮克曼—凯南"线索。斯皮克曼在《和平的地理学》一书中明

---

① ［美］阿尔弗雷德·塞耶·马汉：《海权论：海权对历史的影响（1660—1783）》，冬初阳译，时代文艺出版社 2014 年版。

② ［美］吉原恒淑·詹姆斯·霍姆斯：《红星照耀太平洋：中国崛起与美国海上战略》，社会科学文献出版社 2014 年版，第 264—265 页。

③ Michael Lind, "A Neglected America Tradition of Geopolitics?" *Geopolitics*, Vol. 13, 2008, p. 181.

确告诫美国："在和平时期就要确保旧大陆的两个区域不被一个国家或数个国家构筑成的联盟所统治。"基于美国卷入两次世界大战都源于"欧亚大陆的边缘地带将有可能被一个单一的强权所统治"，斯皮克曼认为"心脏地带的重要性已经不及边缘地带"①。但无论是麦金德还是斯皮克曼，其基本的国际政治理念仍然是均势，而均势从来都是西方特色的地缘大战略。② 乔治·凯南的遏制理论是斯皮克曼—麦金德学说的一个具体应用。例如，1988 年里根公布的《美国国家安全战略》就表示："如果一个敌对的国家或者一群国家支配欧亚大陆——这一区域通常称之为世界的心脏地带，那么美国最为根本的国家安全利益就处于危险之中。"③ 美国地缘政治战略运用最成功的案例是击败了苏联这个挑战者，而这个经验对美国战略思维的影响堪比麦金德学说对英国的影响。

从霸权者角度看，21 世纪对均势格局影响最大的是亚洲崛起，特别是中国的崛起。为了应对这种挑战，奥巴马政府于 2011 年底提出"枢纽"（Pivot）政策④，稍后更改为"再平衡"，包括军事再平衡与以 TPP 为核心的经济再平衡。⑤ 美国政府把战略的名称从"枢纽"改为"再平衡"，既为摆脱过分侧重于军事的印象，或者说避免落入因财政危机而导致的承诺信用问题，又受到其他地域地缘政治意义变革的影响，比如中东地区再度陷入动荡，美国需要在各个区域之间平衡其投

① ［美］斯皮克曼：《边缘地带论》，林爽喆译，石油工业出版社 2014 年版，引文分别见第 48、60、62 页。其英文版为 Nicholas John Spykman, *The Geography of the Peace*, New York：Harcourt, Brace and Company, 1944.

② 相比于《和平的地理学》66 页的篇幅，斯皮克曼 1942 年论述美国战略的大作厚达 500 页，而其副标题就是"美国与均势"，参见 Nicholas John Spykman, *America's Strategy in World Politics：The United States and the Balance of Power*, New York：Harcourt, Brace and Company, 1942。

③ Ronald Reagan, National Security Strategy of the United States, Department of State Bulletin, 88, No. 2133, 1988, p. 2. 转引自 Gearoid O Tuathall, "Putting Mackinder in His Place：Material Transformations and Myth," p. 100.

④ Hillary Clinton, "America's Pacific Century," October 11, 2011, *Foreign Policy*, http：//www.foreignpolicy.com/articles/2011/10/11/americas_pacific_century.

⑤ 美国前贸易谈判专家普雷斯维茨认为，TPP 是一项失败的地缘政治方案，参见 Clyde Prestowitz, "The Pacific Pivot," *The American Prospect*, Apr. 2013, Vol. 23, No. 3, pp. 40 – 46.

入。但归根到底，美国全球战略调整的核心，旨在处理亚洲的新地缘政治经济格局，应对中印崛起、旧日盟友相对衰落所带来的不确定性，以及继续保持美国对地区内国家的承诺，维护盟友和伙伴国的利益。美国再平衡战略，在一定程度上阻碍了原本趋向于一体化的东亚地区，并进一步引发地区内国家的分裂，亚洲地缘政治经济加快分化。

理解美国政策调整的关键词是"枢纽"。美国地缘政治学家布热津斯基《大棋局》英文版共 29 次使用了"pivot"一词。该书中译本根据行文背景，将该词分别被译作"支轴""中枢"。布热津斯基在该书中断言："地缘政治支轴国家的重要性不是来自它们的力量和动机，而是来自它们所处的敏感地理位置以及它们潜在的脆弱状态对地缘战略棋手行为造成的影响"，"辩明冷战后欧亚大陆关键的地缘政治支轴国家并为它们提供保护，也是美国全球地缘战略的一个重要方面"①。布热津斯基认为，法国、德国、俄罗斯、中国和印度等是战略棋手，而英国、日本和印度尼西亚却不具备当棋手的资格，支轴国家和地区则包括乌克兰、阿塞拜疆、朝鲜半岛、土耳其和伊朗，地缘政治支轴国家的重要性不如地缘战略棋手。在布热津斯基看来，地缘战略棋手"是有能力、有民族意志在其国境之外运用力量或影响去改变现有地缘政治状况以致影响到美国的利益的国家"②。应当说，这个区分对于理解当前美国的战略是有意义的，至少布热津斯基认为："辨明主要棋手和关键的支轴国家有助于界定美国面临的重大政策难题和预测美国在欧亚大陆面临的潜在重要挑战。"③ 美国对付这两类国家的策略是完全不同的。对于地缘政治棋手，布热津斯基的两个关键英文词为"操纵和适应"，而对于地缘政治支轴国家则是"管理"④。

---

① ［美］兹比格纽·布热津斯基：《大棋局：美国的首要地位及其地缘战略》，中国国际问题研究所译，上海人民出版社 2007 年版，第 35 页。地缘政治支轴国家的英文是"Geopolitical Pivots"，地缘战略棋手的英文是"Geostrategic Player"。

② 同上书，第 34 页。

③ 同上书，第 40—41 页。

④ 英文分别为"manipulates and accommodates"和"manages"，中文版将前者翻译成"巧妙地处理"，后者翻译为"打交道"，参见［美］兹比格纽·布热津斯基：《大棋局：美国的首要地位及其地缘战略》，第 158 页。

"再平衡"战略在推行过程中，不仅引发美国国内的诸多质疑，也让其盟友担心美国承诺的可信度。从中国的角度看，将其理解为"遏制"显得过于具有冷战色彩，但如果紧紧抓住"枢纽"这个词的历史含义，深入分析被美国同盟体系着力推进的"印太"（Indo-Pacific）战略，则能迅速理解美国新一轮全球战略调整的根本国际政治思维。关于"印太"概念的确切起源，各有各的说法。有人认为，德国地缘政治学家卡尔·豪斯浩弗最早使用这一概念。[①]但 2011 年开始升温的"印太"概念，主要归因于美国同盟体系的整体战略调整。

"印太"在澳大利亚的使用和扩散首先源自智库学者，其后被澳大利亚国防部等正式写入政府文件。罗伊研究所的罗瑞·迈德卡夫（Rory Medcalf）认为："印太"是一个正在显现的囊括印度洋、太平洋的亚洲战略系统，其兴起既因中印利益扩张所致，也由美国在这两个区域持续的战略作用和存在加以推动。迈德卡夫特意指出，澳大利亚早在 20 世纪 60 年代就开始重视"印太"地缘战略，讨论核威胁以及核武器的传播，提出了"亚洲和印太地区"以及"印太地区安全的英联邦的责任"。那个时候的"印太"概念就已经涉及中国，因为中国于 1964 年引爆了原子弹。[②] 2012 年 8 月，澳大利亚国防部长斯蒂文·史密斯（Stephen Smith）在罗伊研究所讨论国防白皮书问题时认为，环印度洋地带是具有全球战略意义的一个地区。在 21 世纪，被称为"印太"的亚太和环印度洋地区将成为全球战略中心地带。[③] 2012 年 10 月发布的《亚洲世纪中的澳大利亚》白皮书明确提出，印度洋已超过大西洋、太平洋而成为世界上最繁忙的商业通道，战略地

---

① Chengxin Pan, "The 'Indo-Pacific' and Geopolitical Anxieties about China's Rise in the Asian Regional Order," *Australian Journal of International Affairs*, Vol. 68, No. 4, 2014, p. 454.

② Rory Medcalf, "The Indo-Pacific: What's in A Name?" *The American Interest*, Vol. 99, No. 2, 2013, http://www.the-american-interest.com/2013/10/10/the-indo-pacific-whats-in-a-name/.

③ Stephen Smith, "Paper Presented by Stephen Smith MP, Minister of Defence, to the Lowy Institute on the 2013 Defence White Paper," 9 August 2012, the Lowy Institute, http://www.lowyinstitute.org/publications/paper – presented – stephen – smith – mp – minister – defence – lowy – institute – 2013 – defence – white.

位突出。该白皮书将西太平洋和印度洋看作一个战略极（strategic arc）。①

"印太"概念得以广泛传播也离不开美国的战略部署。2010 年 10 月，希拉里·克林顿在檀香山的演讲中使用"印太"这一术语，描述新的地缘政治现实："美国将在印度洋上和印度海军扩展联系，因为美国理解印太盆地对全球贸易商业的重要性。"② 在美国"印太"战略中，澳大利亚因文化和地理关系而处于十分特殊的地位。2011 年 11 月，在澳美新联盟 60 周年之际，奥巴马选择访问澳大利亚，并宣布将把战略重心转移至亚太地区，这一演讲代表着美国政府正式开始强力推动再平衡战略。在《美国的亚洲世纪》一文中，希拉里阐述了"印太"这一概念，认为"亚太成了全球政治的关键驱动者，范围包括从印度次大陆到美国西海岸。这一地区跨着两个大洋——太平洋和印度洋，通过船只和战略变得更为紧密"③。2014 年 8 月，美澳"2＋2"会议签署为期 25 年的《军事态势倡议》（Force Posture Initiatives，美方用 Agreement），将达尔文驻军协议法律化。美国防长哈格尔则表示，与澳大利亚签署的这一协议，以进一步夯实美国在亚太的同盟体系，深化美国正在推进的亚太战略再平衡。美国将持续推进与印度的关系，并致力于建立一个跨越印太地区的安全体系。④ 自 2010 年 10 月前国务卿希拉里在阐述美国新政策时将印度洋纳入其中以来，哈格尔的表述是美国对地区安全架构的最新阐述，即构建一个跨越两洋的安全体系。

对美国而言，以"印太"替换"亚太"显示着极为重要的战略调整。长期以来，美国的太平洋司令部管辖着第七舰队，位于中东的

① Australian Government, *Australia in the Asian Century*, White Paper, October 2012. 关于"印太"与"泛亚"概念的辨析可参考第 74—75 页的专栏 2.5，关于"战略极可"参考第 232 页的内容。

② Hillary Clinton, "America's Engagement in the Asia-Pacific," remarks at Kahala Hotel, Honolulu, October 28, 2010, http://www.state.gov/secretary/rm/2010/10/150141.htm.

③ Hillary Clinton, "America's Pacific Century."

④ Remarks With Secretary of Defense Chuck Hagel, Australian Minister of Foreign Affairs Julie Bishop, and Australian Minister of Defense David Johnston, August 12, 2014, http://www.state.gov/secretary/remarks/2014/08/230525.htm.

司令部管辖着第六舰队。在国务院，主管东亚事务的官员只负责东北亚、东南亚，南亚次大陆属于另外一批人。① 美国构建"印太"安全体系意味着要整合分属不同机构的力量。随着中国崛起势头的加速，美国的力量增长又因为金融危机而暂时停滞不前，甚至出现了某些领域的大幅度削弱，美国必须提高盟友担负防务开支的比重，并重整内部机构以提高效率。奥巴马政府上台以来，不仅修复与传统盟友的关系，也加强了与新伙伴的关系。而"印太"无论是从地理范围还是美国关注的利益来看，都适合于减轻美国的负担，增强亚洲国家对中国的警惕。

"印太"的兴盛也与海洋安全问题突出相关。近几年来，中美海上竞争的态势日益明显。尽管包括澳大利亚在内的西方国家，都承认一个具有全球性贸易地位、实力不断增长的大国必然会发展形成现代化军力，但对于中国如何使用军力存在着极大的担忧。随着中国海军现代化进程的大大加速，美国不得不重新审视从西太平洋直到印度洋的航线的安全，以及所谓公海航行自由等国际规则是否遭遇挑战等问题。无论是澳大利亚还是美国，都希望制定海洋规则的权力仍然掌握在美国及其盟友手中。对美国政府而言，印度、澳大利亚、印度尼西亚、日本以及其他国家的合作有助于其控制印度洋。

美国霸主的维持得益于防止欧亚大陆出现麦金德、斯皮克曼等人所担心的被"数个国家构筑成的联盟所统治"，美国地缘战略的核心任务是防止中印俄结盟，特别是拉拢印度。但印度政府对"印太"概念的运用更加强调印度的自主性，保持既有对外政策的稳定性，推动印度向东发展，但不愿成为美国的同盟。这一政府立场与"印太"概念的赞成者或怀疑论者都不同。② 美国、澳大利亚面临着一种困境，

① 王缉思曾指出，美国把中国划定为东亚范围，"跟美国负责东亚事务的人谈大的问题，比如阿富汗、印度、中东的问题，对方不关心，也不跟你谈。他老跟你谈中日争端、南海这些搅成一锅粥的问题"。参见王缉思《中国布局未必要按美国想法来》，《东方早报》2014 年 6 月 20 日，http：//finance. ifeng. com/a/20140620/12579624_ 0. shtml。

② Priya Chacko, "India and the Indo – Pacific：An Emerging Regional Vision," Indo – Pacific Governance Research Centre Policy Brief, Issue 5, The University of Adeladie, November 2012. http：//www. adelaide. edu. au/indo – pacific – governance/policy/Chacko_ PB. pdf#search = ' Priya + Chacko%2C + indopacific '.

既希望继续从中国经济增长中获益，又担心中国实力增长后逐渐改变国际秩序。中国崛起进程的一个突出表现是，国际财富创造和分配的能力更加向亚洲倾斜。从这个意义上说，"印太"显示出美国体系对权力、财富向亚洲转移的重视，美国始终担心中国日益在"泛亚"地区建立一个以中国为中心的地区秩序。美国拉拢西太平洋国家似乎忽视了权力在亚洲内部的变迁，特别是东北亚权势地位的缓慢下降，当然这取决于如何定义亚洲，特别是定义中国的位置。①

第三节　亚洲地缘重心的大偏移

以中印为核心的亚洲，在人类历史上其人口占比超过 1/3，在很长时间里也是经济大国。尽管其人口占比未发生变化，但亚洲从 19 世纪后期以来不断衰落，地缘政治重要性也不断下滑。第二次世界大战结束后印中相继独立，亚洲的地缘政治重要性上升，但在很长一段时期内，仍然是属于第二层次的地缘政治重要性，即亚洲的阵营归属将影响到其他更为重要区域的地缘政治地位。亚洲经济地位的重新上升是从 20 世纪 70 年代开始的，进入 80 年代后世界各地更是涌现出不少关于"亚洲世纪"来临的展望。尽管 1997 年东亚金融危机一度动摇了世界对东亚的信心，但亚洲发展中经济体在危机之后增长仍然继续着。亚洲开发银行 2011 年发布《亚洲 2050：实现亚洲世纪》报告，认为到 2050 年亚洲经济体的 GDP 总量将占世界的 51%。②

亚洲在全球政治经济中的地位上升比较明显，难点在于亚洲的这种上升究竟是由哪个板块推动的？这涉及如何确定"亚洲"的问题，阿米塔·阿查亚（Amitav Acharya）认为，第二次世界大战结束以来存在着四种关于亚洲的概念，分别是帝国主义者的亚洲、民族主义者

---

① 王缉思曾一再强调，中国并非一个美国定义下的东亚国家。参见王缉思《东西南北，中国居"中"——一种战略大棋局思考》，王缉思主编：《中国国际战略评论 2013》，世界知识出版社 2013 年版，第 15—30 页。

② Asian Development Bank, *Asia 2050: Realizing the Asian Century*, Manila: Asian Development Bank, 2011.

的亚洲、普遍主义者的亚洲和地区主义者的亚洲，后者的生命力最强劲。[①] 也有学者认为，亚洲应该被分为海上亚洲（Maritime Asia）和内陆亚洲（Inland Asia），海上亚洲应当将连接内陆亚洲和西方作为其地缘政治使命。[②] 在讨论"亚洲世纪"的发展前景时有一个有趣的现象，区域外的学者基本不认同"亚洲世纪"的提法，而亚洲本土的学者则持肯定态度。在否定派看来，亚洲无法像欧洲和北美那样成为一个紧密联系在一起的地区，缺乏政治影响力，而且亚洲国家在 21 世纪中叶之前都将面临相当严峻的人口老龄化、粮食和水资源压力。[③]

亚洲本身是一个西方舶来的概念，第二次世界大战后成立的一些国际组织对亚洲的定义也不统一（如表 9 - 1 所示），这种不统一对通过统计来显示某个区域地缘经济的重要性有很大影响。在讨论亚洲的重要性时，一项基本工作是明确通行的"亚洲"概念，或者说找出被大多数机构所接受的亚洲地理共识。

在上述统计范畴中，联合国统计局将"亚洲"分为中亚、东亚、南亚、东南亚和西亚五个区域，属于标准的地理概念。亚洲开发银行（ADB）的"发展中亚洲"概念不包括西亚，但纳入了太平洋岛国，而世界贸易组织（WTO）和国际货币基金组织（IMF）在定义"亚洲"时不包括中亚和西亚，但都包括了一定数量的太平洋岛国。从一定意义上说，ADB、WTO 和 IMF 的"亚洲"概念更靠近"亚洲—太平洋"，反映了日本和美国的地缘战略考虑。从中国角度看的话，"亚洲"的含义更靠近联合国统计局的定义。进一步考虑瑞典斯德哥尔摩和平研究所（SIPRI）在考察各国军费支出时对亚洲的定义（中亚 5 国、东亚 5 国、东南亚 11 国家加上中国台湾地区、不包括马尔代夫的南亚）[④]，那么被大多数国际机构使用的"亚洲"实际上是四个区域：中亚、东亚（加

---

① Amitav Acharya, "Asia Is Not One," *The Journal of Asian Studies*, Vol. 69, No. 4 (November 2010), pp. 1001 – 1013.

② Myongsob Kim and Horace Jeffery Hodges, "Is the 21st Century an 'Asian Century'? Raising More Reservations than Hopes," *Pacific Focus*, Vol. XXV, No. 2 (August 2010), 161 – 180.

③ 可参考《国际经济》对众多专家的采访，"The Asian Century: Reality or Hype?" *The International Economy*, Summer 2013, pp. 8 – 31.

④ 参考该所网站，http://milexdata.sipri.org.

上中国港澳台地区)、东南亚和南亚(加上阿富汗)。

表 9 – 1   国际组织中定义的亚洲

机构	名称	涵盖范围	数量
联合国统计局	亚洲	1)中亚;2)东亚,加中国香港和澳门;3)南亚,加阿富汗;4)东南亚;5)西亚	50
亚洲开发银行	发展中亚洲	1)中亚,加亚美尼亚、阿塞拜疆、格鲁吉亚;2)不包括朝鲜和日本的东亚,但包括中国香港;3)南亚,加阿富汗;4)东南亚;5)太平洋岛国,加库克群岛	45
世界贸易组织	亚洲	1)"东亚",其成员实际上为不包括朝鲜的东亚,不包括东帝汶的东南亚,另外加上中国港澳台、澳新,以及不包括马绍尔群岛、密克罗尼西亚、瑙鲁、帕劳的太平洋岛国;2)"西亚"(实际上是南亚加上阿富汗)	35
国际货币基金组织	新兴和发展中亚洲	中国、蒙古,东南亚,不包括巴基斯坦的南亚,不包括瑙鲁的太平洋岛国	29

说明:1)中亚包括哈萨克斯坦、吉尔吉斯斯坦、塔吉克斯坦、土库曼斯坦、乌兹别克斯坦五国;2)东亚包括中国、朝鲜、日本、蒙古、韩国五国;3)南亚包括孟加拉、不丹、印度、马尔代夫、尼泊尔、巴基斯坦、斯里兰卡七国;4)西亚包括亚美尼亚、阿塞拜疆、巴林、塞浦路斯、格鲁吉亚、伊拉克、以色列、约旦、科威特、黎巴嫩、阿曼、卡塔尔、沙特、巴勒斯坦、叙利亚、土耳其、阿联酋、也门等;5)太平洋岛国包括斐济、基里巴斯、马绍尔群岛、密克罗尼西亚、瑙鲁、帕劳、巴布新几内亚、萨摩亚群岛、所罗门群岛、汤加、图瓦卢、瓦努阿图等。

资料来源:笔者根据各机构网站数据整理。

    根据这一定义,以购买力平价计算①,亚洲占世界 GDP 的比重将从 1980 年的 19.3% 上升至 2019 年的 42%。但亚洲内部四个区域的增幅并不同,东亚占比从 1980 年的 11.7% 上升到 2019 年的 25.6%,南亚占比从 1980 年的 4.1% 上升至 2019 年的 9.4%,可以说,亚洲

---

    ① 市场汇率算法主要侧重于一个经济体可进行国际交易部分的经济总量对比,而购买力平价则主要立足于一个单一的经济体的总量对比。这里使用购买力平价计算主要是为了展示亚洲内部格局的变化。此外,需要特别注意的是,经济力量对比应该更加重视存量,而不是流量性质的 GDP。

GDP 占世界比重的上升在很大程度上缘于东亚和南亚的上升。但从四个区域占亚洲内部的比重而言，格局基本维持稳定，东亚占比从1980 年的 60.3% 缓慢上升至 2019 年的 61%，南亚占比从 21.3% 上升至 22.4%，东南亚从 18.4% 下降至 14.9%，而中亚占比从 1992 年的 2.3% 下降至 2019 年的 1.7%。鉴于中国处在中亚、南亚、东南亚和东亚的包围中，如果将中国大陆单独列为一个区域，那么过去 30多年来亚洲经济体的内部平衡关系就显示出另一幅图景（如图 9 - 1所示）。1980 年，不包括中国大陆的东亚占亚洲 GDP 总额的 48.2%，其中日本一国占 40.4%，而中国大陆单独占比为 12.1%，落后于南亚的 21.3% 和东南亚的 18.4%。1988 年，中国占比超过东南亚，1993 年，中国占比超过南亚，1999 年，中国占比超过日本，达到25.9%，日本当年为 24.6%。2012 年，中国占比达到 40.8%，已经超过 1980 年日本在亚洲的经济地位，而这一年不包括中国的东亚占比跌破 20%。预计 2019 年，中国占比将达 44.6%，而东亚占比为16.4%。回顾这一段历史，可以发现中国快速赶超起步于 1992 年前后，而亚洲地缘经济重心的变革在很大程度上取决于中日力量的对比以及如何在区域上定位中国。鉴于日本经济总量在全球占比的趋势不断下降，那么亚洲地缘经济重心与中国的战略布局紧密相关，中国地缘经济重心移动很可能会带动整个亚洲地缘经济重心的变迁。

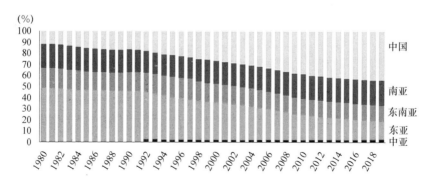

图 9 - 1 亚洲四个区域与中国占亚洲 GDP 比重的演变

资料来源：IMF.

以亚洲开发银行（ADB）为主推出的"ACI"概念典型地反映出亚洲经济重心从东亚转向亚洲中南部的变迁轨迹。① ACI 是东盟（ASEAN）、中国（China）和印度（India）三个经济体首字母的缩写。据亚洲开发银行和亚洲开发银行研究所 2014 年联合公布的《中国、东盟与印度：伟大的转变》报告，按市场汇率计算，ACI 占全球GDP 的比重将从 2010 年的 15.6% 增长至 2030 年的 28.8%，而日本从 2010 年的 8.8% 下降至 2030 年的 5.4%。如果按照购买力平价计算，ACI 占全球 GDP 的比重将从 2010 年的 23.6% 增长至 2030 年的39.4%，而日本从 2010 年的 5.9% 下降至 2030 年的 3.2%。② 亚洲开发银行行长中尾武彦在该书序言中指出："尽管这些特大型和富有活力的发展中经济体没有形成任何特定的制度集团，但它们享有共同的边界、机遇和挑战。如果它们能够管理重要的挑战和风险，那么 ACI经济体就有一个'伟大的转变'。"③ 如果东盟、中国和印度未来将引领亚洲的发展，那么亚洲未来的格局将由 ACI 主导，这与 19 世纪后期开始并在整个 20 世纪由日本主导亚洲经济发展的格局是非常不同的。ACI 经济实力的上升将给地区和全球带来新的地缘政治考验，中印在推动亚洲和平与合作中将扮演更加积极的角色，需要从"防御性主权"转变为"负责任主权"。④ 需要引起中国重视的是，在 ACI 概念背后潜藏的美日地缘政治观念。当前，美日政策界日益把印度洋与

① 2010 年 10 月，ADB 在东京举办了该项目的起步会，同时配合该项目开展名为《东盟 2030：分享繁荣的增长》的研究。2011 年 5 月，亚洲开发银行和中国社会科学院首先在北京启动了研究项目"关键新兴经济体——东盟、中国和印度，在塑造平衡、可持续和活力亚洲中的作用"的技术评估工作会议。8 月中旬，ADB 在新德里举行第二次技术工作会议。10 月，ADB 联合美国彼得森国际经济研究所在华盛顿召开了"ACI 崛起对全球的意义"国际研讨会。

② Asian Development Bank/Asian Development Bank Institute, *ASEAN, PRC, and India: The Great Transformation*, Tokyo: Asian Development Bank Institute, 2014, p. 28 Table 2.1, p. 29 Table 2.2.

③ Asian Development Bank/Asian Development Bank Institute, *ASEAN, PRC, and India: The Great Transformation*, p. xi.

④ C. Raja Mohan, "Emerging Geopolitical Trends and Security in the Association of Southeast Asian Nations, the People's Republic of China, and India (ACI) Region," *ADBI Working Paper Series*, No. 412, March 2013, Asian Development Bank Institute.

西太平洋捆绑在一起谈论亚洲未来的海上安全挑战。美国在澳大利亚达尔文港驻防海军陆战队，在澳大利亚位于印度洋的科科斯岛建立军事设施，从根本上是预防中国在印度洋势力的崛起。可以说，美国亚太同盟体系正以一种更广阔的视角看待中国的周边地带。

2008 年金融危机以后，西方世界看到了亚洲军费开支持续上升的势头，大肆宣扬亚洲军费开支总额超过欧洲意味着一场亚洲军备竞赛。[1] 从西方一贯秉持的均势地缘政治思维看，在西方之外崛起的军事力量中心的确具有重要意义。但是正如康灿雄（David Kang）指出的，按照军费在国内生产总值中所占比重来衡量，东亚地区的军事开支为 25 年来的低点，是冷战期间开支水平的近一半。2002 年以来，东亚主要国家的军费开支比拉美国家平均少 50%。东亚（不包括中国）年均军费开支增长 4%，而拉丁美洲国家为 6%。[2] 对亚洲国家自身而言，需注意亚洲内部的军费开支配比是否发生了迁移？

如果将中国作为一个东亚国家来定位，那么从 1992 年到 2013 年的 22 年间，亚洲四个区域的军费占比并未发生显著变化。依据瑞典斯德哥尔摩和平研究所提供的数据[3]，1993 年，中亚、东亚、东南亚和南亚的占比分别 0.2%、76.8%、10.7% 和 12.5%，2013 年，四个区域的占比分别为 0.5%、74%、9.4% 和 15.8%，四个区域占比大体稳定。相较而言，1993 年是东亚军费开支占亚洲比重最高的年份，最低年份出现在 2010 年，为 71.6%，而南亚在这一年达到历史高点 18.7%。20 世纪 90 年代以来，东亚占比的平均值为 73.9%，东南亚为 10%，南亚为 15.7%。22 年来，东亚军费年均开支占亚洲的 3/4，亚洲四个区域的军事开支相对份额并未发生变化。换句话说，

① Myra Macdonald, "Asia's defense spending overtakes Europe's: IISS," Mar. 14, 2013, Reuters, http://www.reuters.com/article/2013/03/14/us－security－military－iiss－idUS-BRE92D0EL20130314; Carola Hoyos, "Asian military spending on the rise", February 6, 2014, FT.com, http://www.ft.com/cms/s/0/af1000e8－8e89－11e3－98c6－00144feab7de.html.

② David c. Kang, "A Looming Arms Race in East Asia?" *National Interest*, May 14, 2014, http://nationalinterest.org/feature/looming－arms－race－east－asia－10461.

③ 世界银行提供的各国军费开支数据由该研究所提供。需要注意的是，该研究所承认它给出的中国数据是一个估计值。该数据有所夸大。另外，该数据库没有朝鲜的军费支出数据。

在四个区域军事实力分布是稳定的。

与判断经济权力在亚洲内部的变迁一样，中国属于哪一个区域将决定性地影响四个区域之间的军事力量分布。如果将中国单独列为一个板块，那么1993年以来亚洲军事实力在五个板块的分布发生了显著的变化。1994年，不包括中国的东亚军费开支占比达到高峰值的66.2%，此后基本一路下滑至2013年的24.4%，而中国占比则从1994年的历史低点9.5%上升至2013年的49.5%。因此，在过去22年里亚洲军事力量格局最大的变化出现在东亚，简单而言是中国上升、日本下降。日本的历史高峰值同样出现在1994年，占比42.1%，2013年降至12.8%，几乎等于1993年中国在亚洲的占比。不包括中国的东亚，其占比于2002年跌破50%，从逻辑上讲，自此以后中国的区域属性将决定性地影响区域间原有的军事实力分布格局。

亚洲军事实力分布的变迁比经济领域中日力量转换来得更复杂一些，从东部往西移动的态势更明显（如图9-2所示）。1994年，亚洲军事支出前六强排名依次是日本、韩国、中国台湾地区、中国大陆、印度和新加坡。换句话说，与美国有密切关系的盟友、准盟友牢牢把握着亚洲的军事威慑力量。2014年的排名是中国大陆、印度、日本、韩国、新加坡和中国台湾地区。美国在东亚的驻军主要是在韩日两国，韩日两国的地位变迁典型地反映出东亚的衰落。1994年，韩日两国的军费开支合计占比为54.9%，东亚金融危机期间有所下降，但真正意义上的转折点发生在2001年，两国合计占比从2002年的50.9%下跌至2001年的45.2%，且于2007年被中国超过。与此同时，南亚的军事支出大国印度，其占比从1992年的9%增长至2013年的12.5%，1998年略微超过韩国后两国占比在很长一段时间内基本接近，直至2008年金融危机爆发后才显著拉开差距。2010年，印度占比达到15.4%，而韩国只有9.2%。东南亚的新加坡，其占比尽管没有发生显著变化，但其地位相对于中国台湾地区上升明显。

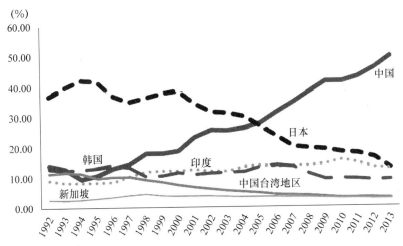

图 9 - 2 亚洲各国和地区的军事开支占亚洲比重的变迁

资料来源：SIPRI。

　　由于印度的军费支出大幅度上涨，长期以来，作为心脏地带的东北亚地位将逐渐下降，军事力量在亚洲的分布正缓慢发生着从东北亚向西南亚的偏移。2013 年，印度军费开支非常接近日本（相差 12 亿美元），2014 年，印度的军费超过日本。这预示着一个转折点，亚洲的军费支出两强，不再是 20 世纪 90 年代的日韩和 21 世纪第一个 10 年中的中日，而是中印。按照印度今后的经济规模及其偏向海洋的战略部署，亚洲的军费开支重心偏移还将加速。印度在亚洲军事战略地位上升，在某种程度上推动美国、日本、澳大利亚提议将印度纳入其"印太"战略布局。在安倍晋三第一任期内，日本政府就正式提出了"民主菱形"国家联合政策。

　　由于中印发展迅速，亚洲本身已经成为一个权力增长极，对亚洲而言具有超越地缘政治的重要性。崛起国首要的任务是判断国际环境是否有利于其继续崛起，一方面塑造良好的周边关系，同时还要稳定与霸权国的关系，其地缘政治挑战具有双重特性。从精神气质上看，比较接近于马汉时代的美国崛起策略，而与麦金德如何保持英国霸权地位、防止崛起之后的大国衰落有所不同。但在霸权国美国看来，中国则具有第一层次意义上的地缘政治重要性，即该区域的崛起构成了美国权势的最主要挑战，而哪些区域以及哪些行为关系能否构成第二层次意义上的地缘重要性，则取决于这些地域和中国权力中心的关系，以及美国如何研判这些地缘政治关系。

美国的战略研判显然已经将亚洲大陆与西太平洋、印度洋衔接的一片区域视作其继续维持霸权必须管控的"心脏地带"，韩国、日本、澳大利亚以及东南亚都属于这一区域，用斯皮克曼的术语讲是"边缘地带"，而斯皮克曼的解决方案是在这一区域设置基地，再平衡战略在军事上实施前沿部署也是位于这一区域。问题在于，随着中印崛起带动亚洲地缘中心偏移，特别是中国亚洲地缘新布局，这一边缘地带本身已经不足以抗衡新势力的崛起。正如批评者指出的，美国政府不断使用麦金德构建的"心脏地带"概念统领其战略，是有意忽略"统治北美就能统治世界"这一根本的地缘政治事实。[1] 而对于英美霸权而言，最大的威胁来自于外部而不是社会内部，这是麦金德地缘政治模式得以盛行的根本原因。

第四节　中国的亚洲地缘新视野

改革开放以来，中国通过出口导向战略融入东亚分工体系，实现了沿海省份快速的经济增长。但中国的持续增长给国际体系带来的地缘政治冲击，却不同于原先属于美国体系中的一些国家和经济体。日本、韩国等美国盟友的经济持续增长，因这些国家在主权上从属于美国而在本质上增强了美国主导国际体系的能力，然而，中国的崛起被认为是挑战者。[2] 同样的经济增长，因政治原因而带来截然不同的地缘政治影响。中国面临的挑战是，如果美国改变其地缘政治部署，特别是围绕"印太"构建遏制中国崛起的防御圈，中国权力增长的外部基础能否通过在亚洲区域内的调整而得以继续巩固？

中国在大国塑造地缘政治经济方面的主要策略是提出新型大国关

---

① Christopher J. Fettweis, "Sir Halford Mackinder, Geopolitics, and Policymaking in the 21st Century," *Parameters*, Summer 2000, Vol. 30, No. 2, p.66.

② Baldev Raj Nayar, "The Geopolitics of China's Economic Miracle," *China Report*, Vol. 40, No. 1, 2004, pp. 29 – 30.

系，意在破除崛起国和守成国的争霸逻辑。习近平在多次讲话中提到，中国不承认国强必霸的逻辑，通过构建新型国际关系、新型大国关系来塑造和平发展的外部环境。自 2013 年 6 月习近平会晤奥巴马提出新型大国关系理念后，美国对新型大国关系发展的热情与信心有所下降，特别是因乌克兰危机而导致俄欧关系僵局，中俄关系因 4000 亿美元天然气大单而升温，美国正逐渐丧失对欧亚地缘政治格局的控制权，加大了对中国的地缘压力。美国学者罗伯特·罗斯（Robert Ross）认为，随着中国经济和政治影响力的扩展，西太平洋区域的国家呈现出从北到南逐渐向中国靠拢的态势，中国权力的影响力也随距离而逐渐缩小。[①] 这一结论的政策启示是，美国可以花费较少成本拉拢海上亚洲的相关国家，但对于地理上靠近中国的国家难度较大。2014 年 10 月，美国、韩国、日本、印度尼西亚和澳大利亚缺席亚洲基础设施投资银行（AIIB）备忘录签署，而印度则支持中国的这一倡议成为创始成员国之一。韩国、澳大利亚缺席被广泛解读为美国施压的结果，美国同盟体系的存在对于维系美国在西太平洋的地缘政治优势不可或缺。

如果中美新型大国关系建设受阻，中国在亚洲地缘政治经济中的作为是否可行、可靠，还能不能有所作为，奋发进取？这是一个严峻的问题。从地缘政治角度考虑，以争霸为主旨的麦金德式的思考有助于理解美国战略，但对崛起国而言是不够的。亚洲的地缘政治变革首先源起于中印自身的发展路径调整，而不是通过外部关系的地缘政治运作实现的，尽管在发展的早期阶段地缘政治起了相当关键的作用，但只有立足于国内的发展才能起到决定性作用。

立足于亚洲崛起思考中国的地缘政治布局是摆脱美国压力的一个思路。美国秉持麦金德式的地缘政治思路构建地缘平衡，本质上是一种现实主义的、对外部力量崛起的悲观看法。20 世纪后半期，亚洲的经济崛起为中国重新定位奠定了基础，尤其值得注意的是，从 20 世纪末开始亚洲的经济和军费支出格局都在从美国同盟体系中的韩日

① Robert S. Ross, "The Rise of Chinese Power and the Implications for the Regional Security Order," *Orbis*, Vol. 54, No. 4, 2010, pp. 525 – 545.

向 ACI 国家转移。从中国自身来看，经济重心也发生着偏移，尽管东部沿海地区仍然占据主导地位，但中西部地区的权重有所上升。按照中国东中西部的划分原则，东部地区的经济总量占比从 2004 年的 59.2% 下降到 2013 年 55.4%，而中部地区占比从 23.5% 上升到 24.6%，西部地区从 17.2% 上升至 20%。在进出口额比重方面，东部占比下降至 2013 年的 66.6%。① 中国的经济重心仍然在东部，但 10 年来地位有所下降，中西部占比上升。特别是西部的占比上升快于中部地区，是中部地区的两倍。从这个意义上说，西部大开发战略以及中国—东盟自贸区产生了实质性结果。当然，从美国的历史经验看，美国崛起之时其国内重心也长期在东部地区，但美国的地缘战略最终不得不考虑 20 世纪 80 年代以来美国太平洋沿岸地区的力量发展，特别是加利福尼亚州的利益。从这个意义上说，中国的新亚洲地缘政治经济图景既立足于外部现实，也有深厚的国内基础。

从综合实力对比、可操作性方面看，中国外交理念创新最富有创造力的仍然是在周边地区。新一届领导人对亚洲地缘政治经济格局有了某种比较系统的论述。一种新的地缘政治经济理念和方案，不仅要具备较为扎实的国内政治地位，也要准确把握周边发展新态势，特别是抓住周边社会经济和安全战略方面的共同利益，在引领周边地区安全形势时，中央的策略是以共同发展为核心理念、以地区安全新架构为制度框架，以"一带一路"为基本手段，以中国稳步实现两个百年目标为根本保障。

第一，提升周边在中国政治经济体系中的地位。最显著的政治信号是，2013 年 10 月在中共十八届三中全会之前首先召开周边工作座谈会。在中国政治议程中，三中全会具有定标作用，被各界评价为里程碑式的变化，提出了市场与国家的新型关系。这种新倡议综合了国内和国际局势，特别是周边的发展态势。在国内方面，以上海自由贸易区为龙头的新型开放模式加速推进。在周边地区，美日同盟进一步巩固，并抓紧利用 TPP 分化中国推动的亚洲区域一体化。中国领导人出访东南亚，美国总统奥巴马缺席 APEC 会议，这一对比震动了东南

① 根据中国国家统计局的数据计算得出。

亚地区，中国与东亚国家的关系再度面临调整，为创新性发展、创造性转化与周边国家的关系注入了新因素。由于中国在亚洲的中心位置，随着周边在中国国内政治议程中地位的上升，中国与周边国家的关系已经发生变化，地缘视野随之更新，中国的经济重心略微向西移动，政治视野则更大幅度地往西面偏移，居中心地位的中国更具实质性内涵。例证之一，2014 年 6 月上旬出台的长江经济带，其目的之一是"形成与丝绸之路经济带的战略互动，打造新的经济支撑带和具有全球影响力的开放合作新平台"①。

第二，构建亚洲安全新架构。有关亚洲安全新架构的相关论述，最早可能出现在 2013 年 4 月的亚洲博鳌论坛上，当时习近平提出不容许"为一己之私把一个地区乃至世界搞乱"，已经隐含着警告区域外势力干预亚洲安全的想法。② 2013 年 10 月，李克强总理在出席第16 次中国—东盟领导人会议时首次使用了"安全架构"，希望与东南亚国家建立睦邻和平友好条约，地区安全的制度化发展态势已经得到明确阐述。③ 2014 年 5 月，在亚信峰会第四次首脑会议上，中国建议，推动亚信成为覆盖全亚洲的安全对话合作平台，并在亚信的基础上探讨建立地区安全合作新架构，未来具体的机构设置包括亚新秘书处功能完善、成员国防务磋商机制、落实监督行动小组、亚洲执法安全合作论坛、亚洲安全应急中心、亚洲文化对话大会等。习近平指出，实现这种安全新架构应"积极倡导共同、综合、合作、可持续的亚洲安全观，创新安全理念，搭建地区安全和合作新架构，努力走出一条共建、共享、共赢的亚洲安全之路"。这种亚洲安全新架构主要立足于本地区，排斥区域外力量参与，为此习近平强调"亚洲的事情归根结底要靠亚洲人民来办，亚洲的问题归根结底要靠亚洲人民来处

---

① 《国务院常务会议部署建设综合立体交通走廊打造长江经济带》，新华网，2014 年6 月 11 日，http://news. xinhuanet. com/2014 – 06/11/c_ 1111097481. htm.

② 习近平：《共同创造亚洲和世界的美好未来》，习近平：《习近平谈治国理政》，外文出版社 2014 年版，第 331 页。

③ 李克强：《李克强总理在第 16 次中国—东盟（10 + 1）领导人会议上的讲话》，新华网，2013 年 10 月 10 日，http://news. xinhuanet. com/world/2013 – 10/10/c_ 125503937. htm.

理，亚洲的安全归根结底要靠亚洲人民来维护。"[①]国际舆论则认为，这是中国人提出的"亚洲版门罗主义"，意在排除区域外势力的干预，特别是美国的干预。[②] 美国自认是一个太平洋国家，但难以断言是一个亚洲国家。因此，当中国在安全治理领域提倡"亚洲"而不是"亚太"时，被认为在相当大程度上否定了美国参与亚洲安全事务的合法性。当然，值得注意的是，参加亚信峰会的47个国家代表主要来自中国的西部和西南部邻国，尤其是能源大国，比如伊朗、卡塔尔。而东亚的日本、南太的澳大利亚没有参加。这意味着中国的亚洲安全新架构，核心是亚欧大陆权势格局变迁，是中国应对西部"三股势力"的一个重大举措，陆权的考量特别突出，当然也反映出中国对北约这一安全模式的思考，以及未来通过互联互通对话欧洲安全机制的可能性。

第三，构建以"一带一路"与两个经济走廊为代表的"井字形"地缘经济合作新态势。2013年9月，习近平在出席上海合作组织会议时提出了复兴"古丝绸之路"，10月，在印度尼西亚国会演讲时提出21世纪"海上丝绸之路"。而中巴经济走廊与孟中印缅经济走廊则是总理李克强在出访巴基斯坦、印度时提出来的，比"一带一路"更具针对性，是对中国四个次区域方向上区域合作进程最落后的南亚地区的一个大举措，这两个经济走廊在后续的双边对话中也逐渐融入"一带一路"建设中。在"一带一路"这一规划中，具有明显特征的是，中国与相关国家探讨设立中长期发展规划纲要，对接发展战略，推动互联互通，以油气、资源、电力合作拓展经济一体化新模式。当然，这一地缘经济新态势也面临着挑战。如果日本加入这个"井字

---

① 习近平：《积极树立亚洲安全观，共创安全合作新局面》，习近平：《习近平谈治国理政》，外文出版社2014年版，第354—356页。

② Sukjoon Yoon，"Xi Jinping's 'Monroe Doctrine'：Rebuilding the Middle Kingdom Order?" *Eurasia Review*，May 29，2014，http：//www. eurasiareview. com/29052014-xi-jinpings-monroe-doctrine-rebuilding-middle-kingdom-order-analysis/. Seiichiro Takagi，"Xi Jinping's New Asia Security Concept，"AJISS-Commentary，The Association of Japanese Institute of Stategic Studies，No. 204，27 August，2014. Patrick Mendis，"China follows America's Monroe Doctrine as Obama pursues a policy of ambiguity，"Minnpost，05/21/2014，http：//www. minnpost. com/community-voices/2014/05/china-follows-americas-monroe-doctrine-obama-pursues-policy-ambiguity.

形"架构，那么中国的地缘经济新布局将呈现出圈形，但中日对峙短期来看难以结束，中国的新地缘经济战略在东海方向上存在一个对峙点。在西南方向，莫迪当选印度总理后，其政策走势更加注重与中国发展关系，中印关系有可能减少 1962 年因中印边界战争而引发的猜疑，重新寻求 20 世纪 50 年代共同开创和平共处五项原则时对新亚洲的期待。9 月，习近平主席在出访印度时表示："中印两国要做更加紧密的发展伙伴、引领增长的合作伙伴、战略协作的全球伙伴。"①这一中印关系定位，实际上是要协调亚洲两个增长极在各个层次的地缘政治关系。

第四，实现中国两个一百年战略目标是铸造亚洲地缘政治经济新格局的保障。中国的总体目标是到 2021 年建成比较完善的社会主义体系，包括治理体系现代化的初步完成以及 2049 年实现人均收入的中等国家化。目前的亚洲地缘政治经济变化只是这一长远目标的一个阶段，具有动态特性。相比较而言，在过去 10 年里中国国力的增进速度、变化规模超过国际体系的变革，特别是在经济力量方面尤其让人感觉到中国崛起的冲击力。中国与国际体系这两种变革速度是推动中国实施新亚洲地缘战略的根本动力，如果未来 10 年在 7.5% 的新增长常态下，相较于以往 10% 的速度下滑 1/4，动力减速后，中国还能不能保持过去 10 年累积的变革能力？因此，中国新亚洲地缘战略或者说塑造亚洲地缘战略的新视野，立足的国内基础与 10 年前大不相同。从国际层面看，金融危机以来西方社会无论在经济力量、治理模式、军事威慑等方面，都出现了被挑战的态势，也就是说，以往的国际秩序所具有的一套规范正处于转型当中，在国际秩序发生变革的时候进行新地缘安排比较可行。当然，对中国既有战略思维和模式的挑战是，国际体系层面的变革速度更快，至少比前一个 10 年要快，因此须适应巨变的国际体系层面所提出的一些新规范、新期望以及社会心理变革。

---

① 习近平：《携手追寻民族复兴之梦——在印度世界事务委员会的演讲》，新华网，2014 年 9 月 19 日，http://news.xinhuanet.com/politics/2014-09/19/c_1112539621.htm。

第五节　超越对抗性地缘政治思维

自 19 世纪后期欧洲诞生地缘政治理论体系以来，以英美为代表的防御性学说基本上战胜了德国的进攻性学说，但亚洲无非西方世界实践这两种理论体系的舞台，亚洲国家本身并不处于舞台中心位置。从这个意义上说，麦金德关于欧洲和亚洲的权势因欧亚大陆地位上升而逆转的预言并没有在 20 世纪实现。20 世纪后半期，美国遏制苏联扩张，进一步说明英美地缘政治学说的指导思想是均势，目的是防止出现挑战霸主地位的地区以及重要地区内强国的崛起。但美苏对抗也带动亚洲地缘政治的变革，表现在以日本为首的美国亚太盟国体系的崛起以及中国的发展上。中国通过发展与海洋国家的关系，特别是借助亚太地区体系寻求经济增长的空间。

中国崛起是 20 世纪后半期东亚崛起的继续，而当前亚洲的地缘政治经济重心已经偏离美国定义的东亚。东亚崛起表明，19 世纪以来相互分离的次区域治理模式，已经发展成为一个能够进行产业升级和容纳地区外对抗性力量的整体。与 19 世纪分散在亚洲各个区域的次级治理体系不同，如今的亚洲地区一体化建立在各国工业化基础上，各国之间的相互依赖有了实质性含义，损害他国利益最终也将引火烧身。21 世纪亚洲地缘重心的变迁意味着传统东亚概念的衰落，日本、韩国在亚洲的经济和安全影响力将让位于中国和印度的地缘影响。中印两国在历史上拥有各自主导的次区域体系，但在西方入侵下都崩溃了，经历兴衰的两国在如何建构稳定的地区秩序方面拥有很多相同的看法，其代表性观点是 20 世纪 50 年代产生的和平共处五项原则。

中国崛起与东亚的相对衰落被认为是美国地缘政治的挑战。20 世纪后半期，美国处理东亚事务的基础之一是其亚太盟友在力量对比上优于中国。然而，中国崛起改变了东亚的力量对比，美国的双边制度框架能够约束其同盟体系，却难以管控中国崛起所带来的冲击。奥巴马政府力推再平衡战略，其核心是阻止东亚的中国确立中心地位，延缓同盟体系的衰落。美国试图联合印度，构筑地域广阔的"印太安全体系"，将中国的力量优势约束在东亚大陆一侧。美国如此运作地缘战略的依托是亚太盟友这些支轴国家，美国决策层深受麦金德防御性地缘政治学说的影响，认为要构建亚太海洋力量来管控大陆力量向海外的拓展。

但美国强化双边同盟体系，提升支轴国家地位的战略，并没能阻止中国回归亚洲大陆的中心位置，反而进一步加速了东亚的相对衰落。其关键原因在于，美国将中国定位在东亚，维持美国在东亚的霸主地位，加剧了日本的国家定位难题，日本难以协调作为美国体系一员与亚洲一员的关系，作为美国体系的核心组成部分，日本势必要承担美国管控中国的任务，与此同时，日本出于自身的战略利益又要加强与亚洲增长极的交往，特别是在经济利益上日本难以脱离亚洲的新增长极。美国也面临着类似难题，如果日本加速发展与亚洲新增长极的关系，尽管能增强这一支轴国家的地位，但同时也在增强亚洲新增长极的影响力，这两种力量增长加总之后如何影响美国国家利益还难以断言。因此，美国及其同盟体系有必要调整其地缘政治思维，降低20世纪地缘政治运作经验的有效性，以开放姿态迎接亚洲的全面崛起。

作为亚洲新增长极的重要一员，中国也要认真考虑弱小邻国的地缘认知。历史上"朝贡秩序"的基础是农业经济模式以及中国长期占据优势地位，国家间实力对比几乎没有变化，规范国家间关系的准则是文化体系，地区关系总体上和平。这种和平局势对中国的战略文化有着深远影响，决策层相信，中国历史上处理周边国家的经验具有合法性，因而可以借鉴到当前的对外战略中。但对第二次世界大战后新独立的一批亚洲民族国家而言，盛行的地缘政治思维是英美模式，这种模式有两点经验总结：一是西方历史上的国强必霸逻辑，二是对19世纪后期以来日本武力崛起的否定。中国面临的挑战是，在英美地缘政治模式仍旧占据主导地位的国际关系逻辑中，发现、培育和扩展发展中国家的新型国际关系逻辑，让周边国家逐步相信中国的崛起有利于地区稳定和各国的发展。

客观上，中国与地区内国家间的权力差距越来越大，周边邻国的心理落差也会继续增强，在某些问题上的反应有时更加敏感和激进。

对于这些行为，除了要继续强调不认同"国强必霸"的陈旧逻辑，不认同用"集团政治""势力范围"等方式处理国家间关系外，还要真正从国内社会层面降低用武力解决纷争的心理预期，培育心心相印的关系。中国已经成为亚洲最重要的增长极，亚洲的地缘格局也迈入一个新的历史阶段。中国提出用"亲、诚、惠、容"的理念处理周边关系，强调义与利平衡发展，并且将国内的中国梦扩展为"亚太梦想"，寻求以更加长远的眼光看待一时的得失。说到底，理念和价值观比某一时期的政策更具生命力和传播效应，对社会力量的渗透更深远。

为了继续推进地区一体化、夯实地区安全的基础，中国领导人提出了"一带一路"倡议，积极支持地区内基础设施建设和互联互通工程，在更大范围、更大产业规模上深化双边互利合作，继续提升亚洲国家在全球事务中的话语权，发出亚洲国家在发展经济、维护社会稳定方面的独特声音。中国以对接周边国家的发展作为核心，推进"一带一路"新合作倡议，为中国政府的外交行为和本国发展道路确立了合法性。唤醒与周边邻国共同的历史记忆，挖掘彼此之间更多的文化关联和人文纽带，有助于塑造新的地区认同。恢复、复兴海陆"丝绸之路"，在某种程度上是中国地缘政治身份的重新定义，中国不仅仅是一个融入现代国际体系的后发国家，不仅仅是像东亚的日本、"四小龙"那样，满足于在阶梯上追随美国，而且是要从根本上复兴中华民族的历史地位，创造新的发展模式和文明。

中国的亚洲地缘视野立足于共同发展，而不是共同威胁。中国强调国家战略目标的动态性和多元性，争取霸权地位并不是中国推行新亚洲战略的核心利益。从这个意义上说，中国的地缘战略显然超越了麦金德式的、以均势为核心的地缘政治诉求。

第十章　拓展海外利益

对外经济战略的展开与中国整体发展进程密切相关，它不仅要求对国情有深入的理解，也要求对世界上大国发展的道路有着哲理性的把握。新中国成立以来，从对外援助服务于政治目标起步，在经济制裁领域从对象国发展到发起者，及至改革开放新阶段，中国又通过引入外资、加入国际生产体系获得了大国成长的历史性经验，并在对外投资和国际金融货币领域有所创新。中国成为全球最大货物贸易国、第二大对外直接投资流量大国以及全球第二大经济体，中国对贸易、投资以及货币金融领域的影响力具有全球效应，中国应更深入地研究历史经验和现实战略环境的变革，以勇敢创新的精神步入新的历史时期。

第一节　国家大战略中的对外经济战略理念

在中文语境中，战略关注的是多层次的复合型关系，不计较一时一事、一城一池的得失，而主要看各分部归总之后的总绩效大小。从战略上评估一项事业的成败，不仅要看各类手段的运用是否能完成预定目标，而且要注重其是否完成了最高目标。从这个意义上说，具有实战意义的国家大战略，必然要求手段和目标的相互匹配。

在国家大战略中，经济战略的重要性不言而喻。从国家目标来看，随着人口增多、人民福利水平的增进，经济利益在国家利益中的比重日渐上升，扩展国家的经济实力成为一个国家最为重要的任务之一。从国家的战略手段来看，为了保障一国的安全，除通过军工企业和一流的军队直接提供护卫能力之外，还需要一个经济上有活力、创新上活跃的社会加以支撑。在一定时期内，一个国家的资源禀赋是相对固定的，国家通过优化资源配置获得了生产力的提升，如果再从制度上保证资源优化的可持续性，那么这个国家的实力将得到更好的增强。自现代国际体系形成以来，国家通过军备和经济两种手段扩张实力。经过多次战争之后，幸存下来的几个大国构成了国际体系持续演进的主要动力，这些大国同时也具有工业能力不断提升的主要动力。随着新的技术革命的开展，大国主要通过和平竞争的手段护卫国家的安全，并同时促进国民福利的提升，这主要归功于全球贸易的形成。在一个全球相互依存的系统中，大国为了保障本国经济竞争力，尤其需要从战略层面制定发展对外经济关系的原则，综合考虑运用多种手段促进本国利益。

一 对外经济战略的两种传统

将对外经济上升到国家战略的高度，不只是从经济作为实现国家战略目标的手段加以考虑，很多国家认为获得经济的增长也要务实地考虑外交的作用。正如西欧通过重商主义等一系列政策实现崛起一样，后来的国家在面临政治与经济的相互调配时，也基于各自发展阶段做出不同的组合。一般而言，既可以先实施政治手段图谋经济利益，也可以通过经济利益交换得到政治利益。从实践对外经济战略的国家来看，日本与美国是比较典型的两个代表。在很长一段时期里，日本的对外经济战略都把外交作为手段，把经济增长和重新融入国际经济体系作为战略目标。在发展到一定程度时，日本也会以经济利益来交换政治利益。而美国等传统西方大国，由于较早地达到了全社会的富裕水平，则更多地把经济作为手段，把实现既定的外交政策目标作为最后的归宿。第二次世界大战后，这一特性显得尤其明显，美国对东亚盟友实施不对称开放战略，以经济上的让利，获得了这些盟友在政治安全上的支持，拓宽了美国的霸权影响力。

第二次世界大战结束后，日本在政治上变成了小国，其领导人只能致力于发展经济。以吉田茂为代表的日本政治精英对此有充分认识，在 1952 年的施政演说中，吉田茂提出日本要进行一系列经济外交工作，包括缔结通商航海条约来发展贸易。1957 年，日本政府在外交蓝皮书中首次提出了"经济外交"的概念，并把它与睦邻外交、对美关系并列为当时外交方面的三大课题。实践证明，在政治上解决对美关系后，日本通过经济外交迅速增进了实力，1957 年也是日本经济实力恢复至战前水平的一年。此后，日本的经济总量逐渐赶超西欧一些大国，包括德国、法国、英国等，于 1968 年成为资本主义世界的第二大经济体。

进入 20 世纪 70 年代后，在面临石油危机冲击时，为了保障日本的能源供应，日本调整了中东政策，不再继续跟随美国实施压制政策。此后一个阶段，日本的经济外交迈入了新的发展阶段，经济增长和外交上追随美国的矛盾更加凸显。特别是在贸易上与美国的矛盾越来越大，日本公司的全球竞争力迫使美国跨国公司救助母国，美国政府在政治上压迫日本政府进行双边谈判，降低日本公司的出口能力。

在自身崛起过程中，美国主要靠的是保护国内市场、发展自身的尖端制造业。通过持续的产业升级，美国培训了一大批具有高技术能力的产业工人，一大批具有影响国际经济运行机制能力的经济金融人才构成了美国国际经济竞争力的人力资源。在国际政治领域，美国在崛起之时显得比较低调，并不试图冲击英国在经济领域的霸主地位，特别是经济制度的制定，而是等着英国犯错误，一步步丧失其核心优势。在第一、二次世界大战期间，美国针对日本的石油制裁，以及对中国的贷款等，基本上都是在英国遭遇其他国家的挑战无暇顾及时进行，显然都有很强的战略意义。

第二次世界大战结束后，美国具备了霸主国的地位，灵活地根据其战略目标调整对外经济关系。在东亚地区，最典型的是对日本的经济布局。由于美国的介入，东亚形成了两个阵营，日本被迫割断了与传统市场的联系，朝鲜、中国大陆，特别是中国的东北三省完全断绝了与日本的经济联系。在美国的安排之下，日本不得不与东南亚国家重新结合，将法国所属、荷兰所属的殖民地新独立国家重新纳入经济体系中，而日本在很长一段时间内变成了美国的市场。不过，随着日本经济实力的增强，这种变相的依赖关系逐步改变，这或许是美国人没能料到的。

在全球层面，美苏经济关系更能体现出美国对外经济战略的特色。哈佛教授亨廷顿在 1978 年的《外交政策》杂志上就分析了美国如何利用经济外交推进与苏联的关系。[①] 他断言：美国的经济能力与经济关系必须服务于美国对外政策的基本目标，即鼓励东西方合作，遏制苏联扩张，以及促进美国的价值观。亨廷顿进而认为，美国与苏联的经济关系绝不能与美国和英国、德国的相似。如果苏联借缓和的名义行军事扩张之实，美国及其盟友就别无选择，只能关闭经济缓和的大门。亨廷顿强调，经济缓和与军事敌对不能长时期一起出现。在该文的末尾处，亨廷顿说了一句名言：如果说战争至关重要，不能只留给将军处理，那么商业也是不能只留给银行家和商人来处理的。

英国学者艾瑞克·霍布斯鲍姆（Eric Hobsbawm）认为，美国在20世纪构建的霸权秩序不同于19世纪的英国。这表现在一系列指标上，比如英国当时是人口输出国，而美国是人口输入国。英国与全球经济的联系，至少在贸易、投资上，要比美国来得更深入。尤其值得重视的是，霍布斯鲍姆认为，英国没有美国那种称霸世界的目标。在对外经济战略上，霍布斯鲍姆的如下一段话值得重视：

> 美国对20世纪世界经济发展的主要贡献，都是由该国的政治所支撑：在欧洲的马歇尔计划，在占领日本期间的土地改革，以及在亚洲为了朝鲜战争和稍后的越南战争所进行的军事指挥。假使少了冷战期间它在"自由世界"所享有的政治优势，单凭美国的经济规模，是否足以把美国做生意的方式、美国的信用评级机构、会计事务所、商业合约惯例，更别提有关国际金融的"华盛顿共识"变成全球通行的标准？这点很值得怀疑。[②]

美日对外经济战略的一个重大启示是，对外经济战略中政治目标和经济手段的地位，将随着总体国家实力的变化有所转化。在早期阶段，为了获得经济增长，外交应该服务于创造外部环境，但是随着经济实力发展到一个新的阶段，特别是成为经济强国之后，不管是有意还是被

① Samuel P. Huntington, "Trade, Technology, and Leverage: Economic Diplomacy," *Foreign Policy*, No. 32, 1978, pp. 63–90.

② ［英］艾瑞克·霍布斯鲍姆：《霍布斯鲍姆看21世纪》，吴莉君译，中信出版社2015年版，第59页。

迫，对外经济关系的发展将越来越具有政治含义。这意味着别的国家在考虑经济关系时，将不得不把政治成本纳入其中，这无疑增加了经济交往的不确定性和复杂性，也对国家大战略的设计带来了更多挑战。

二 中国对外经济战略的观念变迁

中国早期对非洲等第三世界以及社会主义国家的经济援助，带有实现政治目的的意图，即在美苏两极格局之中塑造"第三个世界"，使中国的生存得到更大的保障。在冷战时代，尽管实现经济增长也是国家的核心目标之一，但保障政权的稳定与生存占据压倒性地位。一方面是由于美国遏制，一大批先进的技术和急需的物资无法抵达中国；另一方面是新中国巩固意识形态基础的需要，与苏联为首的社会主义阵营的经济关系不完全是互利共赢的。

改革开放后，为了适应经济建设的形势，中国鼓励外交干部学习经济知识、熟悉国际经济关系，为搞活经济做贡献。在1998年出版的《中国对外经济贸易白皮书》中，中国官方理解上的对外经济战略，包括通过出访、交涉、谈判、会议、文件交换、签订经济贸易协定、结盟等外交活动，实现对外经济目标。[①] 经过20年的发展，中国已经迅速学习到各类保障经济交换的手段与制度形式，特别是政府有意识地通过传统的外交活动为企业的国际经营和资源的国际交易拓展路子。

随着中国进一步融入全球化，特别是1997年东亚金融危机的冲击，中国日益注重经济安全。比如外汇储备的大量增加，不仅仅是经济因素在起作用，也是看到在关键时刻对于重塑地区政治安全关系的重要性，对于提升中国负责任大国形象的重要性。将经济与安全挂钩对政策界、学术界产生了深远的影响，中国人对全球化的两面性具有更深入的体会，认识到中国外交的首要任务是争取和平，为社会主义现代化建设服务，而中国在国际经济体系中地位的上升直接有助于大国地位的形成。在此后一段时期中，中国在对外经济战略中比较注意保持经济利益和安全利益两者之间的平衡。

---

① 《中国对外经济贸易白皮书》编委会：《中国对外经济贸易白皮书：1998》，经济科学出版社1998年版。

　　随着中国于 21 世纪初完成加入 WTO 的法理程序，从国家层面而言，中国完成了和全球主要经济制度的对接，但在很多领域内的改革进程是逐步完成的。在对外经济关系中，具有战略意义的一项变革是内外平衡思路的逐步形成。例如，中共中央郑重提出的"走出去"战略，这不仅是中国继承历来坚持的勇敢走进新世界的精神体现，实际上也是在 20 年对外开放中，对全球市场体系中公司发展的领悟。至 21 世纪初，中国取得的成绩主要是通过引入外部资本、技术和资源完成的，不管是外商直接投资、各类贸易形式，还是购买的专利技术等，中国是国际市场的消费者。而加入 WTO 以及"走出去"战略意味着中国将逐步转变为全球市场体系的供给者，在观念和经营管理上提供一些不同以往的做法。

　　在此后几年里，中国高层则更多地从国家战略层面突出了对外经济关系改善的政治含义。2004 年 8 月，中共中央总书记、国家主席胡锦涛在第十次驻外使节会议上郑重提出："要加强经济外交和文化外交，推动实施'引进来'和'走出去'相结合的对外开放战略。"随后，国务院在京召开全国对发展中国家经济外交工作会议。在 2005 年的《政府工作报告》中，温家宝总理强调政府"将全面加强经济外交和对外文化交流"。在 2011 年制定的五年规划中，中国政府对中国对外经济战略的总体部署是"互利共赢、提高对外开放水平"。在国内层面要继续"完善区域开放格局"，在对外经济关系中则持续"优化对外贸易结构""统筹'引进来'与'走出去'""积极参与全球经济治理和区域合作"。从中国的角度讲，提高开放水平的首要目的还是推动中国的经济增长，不仅要帮助中国跨越"中等收入水平陷阱"，也是国家总体外交和战略部署的一部分，是维护和发展国家利益的重要手段。

　　关于实施对外经济战略的行为体方面，中国社会科学院吴白乙研究员认为："经济外交是一国对国内外竞争利益作出回应的政策努力，其目的是通过政府及其海外公司使国家利益最大化。"[①] 显然，跨国公司和政府机构都可以成为国家战略的执行者，都能够通过某种经济

---

① 吴白乙：《中国经济外交：与外部接轨的持续转变》，《外交评论》2008 年第 3 期。

手段促进国家利益。吴白乙还认为，中国经济外交的真正里程碑是2001年全面加入世界贸易组织，中国完成了主要发达国家的经济制度对接。随着中国经济总量发展为世界第二，中国经济外交的内容得到了极大扩展，特别是中国向外输出经济力量的能力显著增强。外交学院组织编写的《中国经济外交年度报告（2011）》几乎包括了所有的中国对外经济关系，包括贸易投资、对外援助、财金外交、能源外交、气候环保等，主编赵进军院长认为："中国经济外交为营造良好宽松的国际环境，提升本国国际经济地位，增大影响力，提升话语权，做出了重大贡献，产生了显著效果。"①

当前，国际政治经济秩序处于大发展、大变革之中，中国对世界格局的影响力显著上升，可以说，中国已经迈入了"影响世界、改善自己"的时代。由此，经济外交的战略性逐步加强，中国的经济外交兼具美日的特征，既为了促进本国的经济增长，也为了实现既定的对外政策目标。对一个崛起的大国而言，这两者都十分重要。

第二节　对外援助、经济制裁与中国的国际地位

一　"经济治国方略"的历史地位

美国学者大卫·鲍德温（David A. Baldwin）在1985年出版的《经济治国方略》一书中提到，由于1973年石油禁运、美国抗议1979年苏联入侵阿富汗以及1980年冻结伊朗资产等，利用经济手段达到政治目的重新回到了人们的视野，但是人们普遍怀疑其作用。于是，鲍德温问道："为什么'每个人都知道'它不起作用，而政治家们却一再实行经济治国方略呢？"鲍德温认为，作为经济大国，不可避免地要系统考察对外经济政策、国际经济政策、经济外交、经济杠杆（Economic Leverage）、经济制裁（Economic Sanctions）、经济战（Economic Warfare）以及经济强制（Economic Coercion）等手段的作用，并且还需要对上述各类手段进行比较，制定出与时俱进的综合性

① 赵进军：《步入后危机时代的中国经济外交》，赵进军主编，江瑞平、刘曙光副主编：《中国经济外交年度报告（2011）》，经济科学出版社2011年版，第7页。

概念框架。①

　　鲍德温认为，经济治国方略的核心组成包括三项：经济制裁、经济战与对外援助。但是很多学者否认这三项的实用性。鲍德温认为，以往学者之所以对经济治国方略评价不高，是因为分析框架不足。鲍德温通过重温历史发现，从柏拉图时期就已经开始出现关于对外政策目标和经济资源之间关系的论述，而且这种探索一直延续至今。鲍德温总结道："在过去的 25 个世纪中，孤立主义者、国际主义者、民族主义者、战争贩子、法西斯主义以及意识形态的斗士们都提倡用经济治国方略实现他们的目的。孤立国内社会以免于外国的有害影响，通过军事准备提高国家安全，通过降低军事准备的需求提高国家安全，促进民族经济福利，惩罚侵略者以及向全世界传播民主都被当作经济治国方略的恰当目标。"②

　　关于经济制裁是否能够实现政治意图存在极大的争论。美国彼得森国际经济研究所的研究人员在 2008 年出版的《经济制裁再思考》中认为③，冷战结束以来，进行制裁的理由变得更多了，包括种族屠杀、内战、人权、民主、贩毒以及恐怖主义等。而从成效上来看，大约 34% 的制裁案例获得了预期目的。而且，拥有多种制裁手段比单一手段更能获得成功，比如金融、出口和进口制裁同时使用，要比单一的贸易手段高出 15% 的成功率。因为，前者将使被制裁国的政治与军事精英受到打击，而贸易制裁通常只会让普通人受损。

　　在理论上，关于对外援助的研究就同制裁一样，历史悠久。制裁和援助，一个是压迫性的，一个是利诱性的，都构成了国家对外经济战略的支柱。中国社会科学院学者周弘在《对外援助与国际关系》一文中，回顾了解释对外援助的理论，包括"国家利益"理论、"超国家"理论以及国家内部因素的国际化进程等。周弘认为，随着全球化进程的加速，在对外援助领域出现了多元的外援行为体，有关对外

　　① David A. Baldwin, *Economic Statecraft*, Princeton: Princeton University Press, 1985.

　　② Ibid., pp. 94 – 95.

　　③ Gary C. Hyfbauer, etc., *Economic Sanctions Reconsidered*, 3rd edition, Washington: Peterson Institute for International Economics, 2008.

援助的国际制度也逐渐形成。① 但是，对于接受援助的发展中国家而言，受援国必须重视和利用自身的力量，以合适的速度和能力吸收外援的功效。

二　对外援助与中国的大国地位

2011 年 4 月，中国国务院新闻办公室公布了《中国的对外援助》白皮书，论述了中国对外援助的政策、资金、方式、分布和管理，以及在对外援助领域开展的国际合作等问题。白皮书认为，中国的对外援助"坚持平等互利……不附带任何政治条件，形成了具有自身特色的模式"。从中国开展对外援助的政治目标来看，白皮书认为："发展巩固了与广大发展中国家的友好关系和经贸合作，推动了南南合作"。在中国的外交布局中，近 20 年来基本明确了大国、周边、发展中以及多边的四维框架。在这一序列中，对外援助与发展中国家相挂钩。

在一般意义上，援助是发达国家对不发达国家形成的一种经济关系，是单向度进行的。而新中国自成立以来，在自身发展问题极为严峻的情形下就开展对外援助，是一种发展中国家与发展中国家的关系。这种战略举措，除了当时意识形态的国际主义考虑之外，创立大国地位也是中国国家利益的需要。对于像中国这样的文明国家，一旦获得政治上的独立，追求大国地位就成了政治家乃至民众迫切期待的大事。

中国实施"一边倒"对外战略，加入苏联为首的社会主义阵营，直接影响到中国的对外援助对象。根据白皮书的论述，1950 年，中国开始向朝鲜和越南提供物资援助。此后，中国为摆脱朝鲜战争后的孤立局面和美国的制裁，特别是"巴统"严厉的、宽幅度的制裁，中国联合印度等不结盟国家在印度尼西亚的万隆召开会议，将对外援助的范围从社会主义国家扩展到其他发展中国家。1956 年，中国开始向非洲国家提供援助。正是在对非洲的援助中，中国不仅创新了援助的方式，比如从一般物资、成套项目援助、人力资源开发合作项目到援外医疗队，也逐步构建了对外援助的原则性框架。至 60 年代中期，在"两个拳头打人"的外交布局中，中国的对外援助具有格外

---

① 　周弘：《对外援助与现代国际关系》，《欧洲》2002 年第 3 期。

重要的意义。在某种程度上，为了区别于苏联式对外援助与美国式对外援助，中国独创了"平等互利、不附带条件"的援助模式。这一基本方针框定了后来 40 多年的中国对外援助。

从政治上看，拓展对非洲的关系对于中国获得在联合国的席位产生重大影响。第二次世界大战结束之初，国民党政府依靠美国力量的支撑，获得了所谓的大国地位，但是这种地位随着国共内战、政权易手以及冷战的开始，实际上无法得到继续保障。新中国在意识形态上选择共产主义，以国际主义的精神与苏联阵营加强了联系，在政治关系上得到了苏联的支持。但在美苏把持国际政治格局的时代，要突破大国的约束，只能借助于联合国系统来拓展政治威望。20 世纪 70 年代初期，中国大陆在联合国席位的恢复，是政治、外交工作取得的最出色成绩之一。在此过程中，非洲国家在投票上的支持是不可或缺的。

进入 21 世纪，中国的外交突出了多边舞台的重要性，在对外援助方面的创新主要体现在紧急人道主义援助和援外志愿者方面。从地区分布来看，这两项内容的开展也是从周边逐步拓展至其他区域的。2002 年 5 月，中国首次向老挝派遣青年志愿者，在教育和医疗卫生领域开展志愿服务。2004 年 12 月，在印度洋发生海啸之后，中国向受灾国提供各种援助共计 7 亿多元人民币。

此外，随着经济实力的持续增长，中国也运用了发达国家较多使用的"债务减免"方式，免除部分发展中国家对华到期政府债务。截至 2009 年底，中国与发展中 50 个国家签署了免债议定书，总金额近 260 亿美元。这一创新的援助类型，实际上是中国在实施对非战略中提出来的，在 2000 年 10 月举行的中非合作论坛第一届部长级会议上，双方达成了《中非经济和社会发展合作纲领》。中方认为，非洲欠中国的债务并不构成非洲总债务的主体，但中方愿意通过双边渠道减免非洲重债贫穷国和最不发达国家的 100 亿元人民币债务。

实际上，纵观中国在对外援助领域所取得的成绩，非洲具有独特的地位。在近一段时期里，美国等西方国家对中国与非洲的关系提出了诸多非议，指责中国在非洲等发展中世界推行所谓"新殖民主义"。例如，2012 年 7 月底 8 月初，美国国务卿希拉里访问非洲多个国家，在塞内加尔发表讲话时，指责其他国家攫取非洲财富的时代应该结束，而美国则致力于增进非洲的经济增长。这只是西方国家对中国迅速扩大在非洲影响力表示担忧的一个例子。国际上广泛认为，中非关系发展迅速，特别是在金融危机背景下中非经贸合作仍然取得不俗成绩。有的观察家认为，由于美国对非的援助附加了追究接受国的腐败等条件，而中国则不注意这一点，因此推动了中非贸易的快速发展。

事实上，美欧的担心主要源于中国在非洲地位的快速上升，中国在欧美传统的边缘地带的竞争，特别是中国大国地位的彰显对"欧美中心观"的打击比较大。第一，2001—2010年，在非洲的出口市场份额中，中国增加4倍，美国维持不变，但中国的进口总量仍低于美国。2001年，中国仅占非洲对全球出口的2.8%，美国占非洲对全球出口的15.6%。2010年，中国仅占非洲对全球出口的11.8%，美国占非洲对全球出口的15%。美国的份额基本没有变化，但对非洲而言，中国作为出口市场的地位上升迅速，比10年前增长了4倍多。其中金融危机对美国的影响要远大于对中国的影响。第二，从中美非贸易结构看，在过去10年里也发生了若干变化。作为非洲重要的出口目的地市场，在农产品领域，中国于2010年超过美国。在矿产油气领域，中国2001年是美国的16%，但是，2010年已经发展到美国的78%。在制造业领域，2001年，中国是美国的22%，2010年为48%。第三，就矿产资源而言，非洲并非中美两国的主要进口来源地，但非洲在美国进口矿物燃料中的比重从2001年的11.2%增加到2010年的16.3%；而中国从2001年的8.7%增加到2010年的13.8%，仍然低于美国，尤其是低于美国2007年的高峰值18.2%。2011年，中国进口"矿砂、矿渣及矿灰"的来源地，前三强分别是澳大利亚、巴西和印度。

中非经贸关系取得进步，甚至政治影响力的提升，与前期中国从政治和战略意义的角度安排对非洲的援助开发方式分不开。西方人指责"中国到非洲主要是掠夺资源"，实际上这种说法是站不住脚的。例如，以中国进出口银行的贷款为例，进出口银行目前在非洲贷款支持的项目超过500个，其中大部分都是基础设施和改善民生的项目，资源开发型项目很少。多数发达国家并不履行联合国"千年发展目标"所规定的将国民综合收入的0.7%用于发展援助的承诺。在2012

年 7 月举行的中非合作论坛第五届部长级会议上，中国政府表示将继续扩大对非洲的援助，具体包括增加援非农业技术示范中心，培训各类人才，提供政府奖学金，派遣医疗队。此外，还包括一项新内容，即帮助非洲国家加强气象基础设施能力建设和森林保护与管理。中国继续给非洲国家提供援助，实际上也是考虑到中国的对外战略布局中需要一个更强大的非洲。

中国在非洲的拓展不仅遭到西方传统大国的打压，也面临诸如印度这样传统上在非洲具有重要影响力的新兴市场的竞争。美国、法国、日本这样的经济强国，与非洲都存在着极为紧密的经济联系。而印度在非洲东部和南部地区的贸易交往可以追溯到丝绸之路时期，为了促进贸易关系，印度于 2008 年 4 月在德里举行了印非峰会，来自14 个非洲国家的代表参加了此次会议。这预示着中国政府以及中国企业在非洲的行动，并非都如中国人想象的那样是一个多赢的局面，中国有可能会步入一种新的局面，即从更广阔和长远的视角审视中国在非洲的利益，以及中非关系对中国大国地位塑造的作用，并综合考虑多种国家行为体的竞争。在中国经济改革开放的初期，中国对非洲的重视有所下降，政治性考虑让位于经济考虑，即便中非合作论坛这种形成于世纪之交的制度性框架，在某种程度上也只是反应性安排。正如北京大学李安山教授指出的："对西方争夺非洲的特有敏感和在中国与非洲之间建立一种常设机制的迫切性，使中国政府最后决定设立中非合作论坛。"①

中国与非洲关系的演进，是评估中国对外援助成效的一个重要例子。中国是拥有 13 亿人口的大国，而非洲大陆则有接近 10 亿人口，两者加起来占世界总人口的 1/3，中非关系无疑影响着世界的发展进程。在金融危机背景下，非洲从单纯依靠国外援助体系发展，成长为当今世界发展不可缺少的重要伙伴，这是需引起我们重视的新变化。数据显示，在过去 10 年里，全球范围内 10 个增长最快的经济体中，有 6 个是非洲国家。国际货币基金组织和联合国非洲经济委员会都曾预测，非洲可以成为全球经济的下一个增长极。非洲有许多可以带来

---

① 李安山：《论中非合作论坛的起源》，《外交评论》2012 年第 3 期。

经济增长的因素，基本上经济增长需要的资源、土地、劳动力以及消费市场等非洲都具备。因此，对中国而言，要革新对非洲的看法，自然也包括我们对外援助体系的创新，真正从互利共赢的理念展开对非合作，特别是企业要进一步增加重视企业社会责任建设，为当地的发展输送"造血"能力。通过与非洲的合作，中国不仅能看到西方大国传统模式的弊病，也能重新审视中国作为经济强国的含义。

三 经济制裁与外交空间的拓展

在美国治下的和平中，美国对待发达国家与发展中世界的政策很不相同。美国利用经济援助、贷款复兴了欧洲与日本，而对发展中世界则主要通过直接投资、贸易等从它们那里稳步获得原材料和能源。对社会主义阵营的国家，美国则利用盟国对安全的担忧，强迫性地出台了制裁社会主义国家的经济政策。

美日两国在冷战初期制裁中国问题上的表现，特别是日本因美国的压力而对中国的制裁，显示出这一对外经济政策手段的政治含义。1950年4月，日本参议院曾出台一项关于促进中日贸易的决议，建议政府要抛开政治和意识形态等方面的问题，只是单纯从经济角度考虑，宜尽快恢复对华贸易，毕竟，第二次世界大战之前与中国的贸易占据了日本亚洲贸易的65%。[①] 但当年12月初，日本通产省就下了一纸禁令，不得向中国本土，包括港澳等地运送货物。在1951年签署的旧金山对日和约中，美国的意志表现无遗，对于各盟国及其国民的各项需求，日本必须在条约签署之日起4年内完成。1951年12月24日，日本首相吉田茂在致美国国务卿杜勒斯的信中表示，因中国台湾在联合国中占据着席位，拥有发言权和投票权，日本希望与中国台湾通商。[②] 在美国封锁和禁运的局势下，中国只能以中国国际贸易促进委员会的名义和日本的民间贸易代表开展易货贸易。1952年6月，中日达成了同类物资相互交换协定。

在很长一段时期里，中国是国际经济制裁的对象国，而不是发起

---

① 田桓主编：《战后中日关系文献集》，中国社会科学出版社1996年版，第76页。
② 同上书，第117页。

国。比如，1964 年 4 月，在伦敦举行的对南非实行经济制裁的国际会议上，中国表示不会同南非建立外交关系，也不会同南非有任何经济、财政、贸易和文化联系。在 20 世纪 70 年代初获得联合国席位之后，中国也很少倡议对哪一个国家实施经济制裁，在这一领域中国的外交空间并不大。比如 70 年代几次石油危机，都是阿拉伯国家使用石油武器，以经济制裁的方式迫使欧美日等工业国让步，而中国当时的石油出口量占全球份额并不大，中国在这一经济制裁中作用不大。总体来看，由于中国基本上缺乏与国际经济的联系，经济制裁的能力并不高。比如，1979 年 11 月新加坡总理李光耀希望西欧、日本和美国对越南实行经济制裁，中国通过经济手段实现政治目的的能力并没有得到东盟国家的认可。

不过，在联合国的经历确实有助于中国提升对经济制裁领域国际规则的熟悉。根据《联合国宪章》第 7 章第 41 条的规定，联合国实施的制裁包括财政、金融、贸易、海运、航空、石油等领域。从广义上说，军火贸易等制裁也属经济制裁范畴。在这方面中国有着比较严格的规章制度，比如《核出口管制清单》与《核两用品及相关技术出口管制清单》覆盖了"桑戈委员会"清单和"核供应国集团"控制清单所包括的所有物项和技术；在生物和化学领域，我们的清单包括《禁止化学武器公约》及"澳大利亚集团"控制清单监控的全部物项和技术；在导弹领域，我们的清单在控制范围和有关参数与《导弹及其技术控制制度》（MTCR）的附件基本一致。中国目前在上述领域与美国、欧盟国家等的出口控制范围和措施基本一致。另外需要注意的是，《联合国宪章》第 50 条规定，当安理会对某一国家采取制裁时，若其他国家因此事而引起经济问题，该国有权与安理会协商解决此项问题。中国作为联合国安理会常任理事国，在这方面学习到了一部分国际规则。

20 世纪 80 年代后期，由于中国发生"政治动乱"，美国以所谓民主、人权等口号压制中国的发展，实施了广泛的经济制裁。1989 年 11 月，美国国会通过了制裁中国的国务院授权法修正案，中国人大外事委员会认为，美国的经济制裁"践踏了国际关系基本准则"，是"粗暴干涉中国内政的霸权主义行径"①。这一时期，欧美对中国的经济封锁，迫使中国转向周边，加大了与日本、中亚新独立国家以及东盟的经济联系。在此后很多年里，中国对美国的经济制裁持批评态度，并充分注意美国国会和利益集团针对经济制裁的一些论辩。比如，1997 年《人民日报》就报道了"美国有效接触联盟"发起的反对美国经济制裁的做法。② 由于商业竞争日渐激烈，经济制裁不仅使部分公司丧失商业信誉，也给竞争对手创造了机会，不少美国跨国公司对政府的经济制裁颇有微词。

中国加入 WTO 后，企业在国际上经营日趋广泛，尤其在制造业等领域获得了竞争优势。这些企业对全球性行业的设计、生产以及销售都有影响，但重点在生产部分。企业之间的密切联系影响到政府对经济手段的运用，为了呼应中国企业在境外的运营，中国政府也通过外交手段来保障公司的利益。但就经济制裁而言，中国决策界在对美国经济制裁深入观察的基础上，逐步意识到国际经济关系并不只是双赢，在某些情况下也不一定非得建立在平等互利的基础之上。国际经济相互依赖的加深，并不是由某一个行业或者某一国政府的良好意愿促成的，而是很多看不见、测不到却又实实在在存在的市场需求促成的。比如，上文提及的美国跨国公司与美国政府在要不要实行经济制裁上的分歧，主要原因是企业的利益遭受损害，企业不得不通过国会和利益集团的运作来影响美国的对外政策。

由企业、社会因素，通过利益集团来影响一国对外政策，这种逻辑隐藏在通过经济手段达到政治目的的战略中，经济制裁也不例外。中国近两年里因钓鱼岛撞船事件引发的稀土问题、黄岩岛事件引发的香蕉战等，都反映出中国决策部门对这一逻辑的运用，是中国实力增强之后主动运用经济制裁的鲜明例子。不过，中国在这一领域仍然是"初生牛犊"，对经济制裁的相关研究十分落后，也缺乏对运用经济手段实现政治目标的各类评估。以针对菲律宾的所谓香蕉战为例，这类产业部门实际上控制在菲律宾华人手中，另外，农业只占菲律宾经

---

① 《人民日报》1989 年 11 月 21 日第 1 版。

② 《人民日报》1997 年 4 月 20 日第 3 版。

济构成的 12%，农业领域的劳动力只占 33%，而工业和服务业对菲律宾经济更重要，特别是电子产品的出口，据中国社会科学院学者赵江林的分析，电子信息产业是菲律宾解决国内就业压力的最主要行业，而且菲律宾对中国市场的依赖度很高。中国在贸易上根本没有对菲律宾下"狠招"，只是实行了小范围的"惩罚"。① 不过，由于菲律宾以及中国都属于跨国公司地区生产网络的一部分，中国在设置这类政策时要精心准备。

在稀土领域，中国的政策影响更广泛一些。2012 年 1—6 月，中国稀土矿石、金属及化合物出口量较上年同期下降 42.7%，只有 4908 吨。由于中国出口的稀土占全球市场 90% 以上的份额，许多工业化国家认为中国的政策违背了 WTO 规则。7 月，WTO 成立专家组，负责对美国、日本和欧盟 3 月针对中国稀土出口配额和关税提出的诉讼进行核查。中国稀土政策的调整并非只是出于经济制裁的目的，更重要的原因是国内发展战略要求的，转变经济发展方式和提升生态文明建设的地位，要求中国更加注重环保与可持续发展，而过度开发稀土资源与环境保护构成了一对矛盾。在 2012 年 6 月公布的《中国的稀土状况与政策》白皮书中，中国明确表示要着力保护资源和环境，加快调整稀土产业结构，积极推进技术创新，严格控制开采和冶炼分离能力，淘汰落后产能，进一步提高稀土行业的集中度。②

随着中国经济实力进一步壮大，以及中国公司对全球性行业领域的影响力加大，中国在经济制裁方面的需求和影响力也将增强。在这一领域，美国无疑积累了相当丰富的经验，特别是在如何通过经济手段获得国际规则的制定权以及协调国内不同利益团体的矛盾方面。

第三节　政治目标与对外经济关系的格局

对外经济关系的展开不仅源于决策者对国家战略的认识，也源于

---

① 《证券时报》2012 年 5 月 22 日。
② 中华人民共和国国务院新闻办公室：《中国的稀土状况与政策》，人民出版社 2012 年版。

国家间政治关系的确立。在 19 世纪的多数时间里，尽管中国是经济总量排名第一的国家，但中国与世界经济甚少发生关系，对欧洲正在大规模开展的跨国贸易也不关注。一方面，以农业为主体的经济结构基本上可以在国内完成资源的调配，另一方面也是由于对世界形势的演进缺乏洞察。只有在中国被迫进入西方塑造的国际体系，并通过战争确立主权地位之后，中国的国家战略目标中才纳入了安全、经济增长以及国民幸福等指标。在最近 30 多年的改革历程中，经济发展被确立为国家首当其冲的战略目标。1980 年 1 月，邓小平提出 80 年代要做的三件大事：在国际事务中反对霸权主义，维护世界和平；台湾回归祖国，实现祖国统一；加紧经济建设。其中经济建设是核心。①换句话说，对外经济关系的展开时刻以国家的政治目标为指导。

当前，中国与世界经济的关系迈入了一个新阶段。随着经济影响力的大幅度上升，政治的影响力也在持续发酵，新的政治目标正在塑造中。实际上，考察西方诸大国崛起和衰落的历史，可以说，成败之得失不在于经济，根本上在于政治目标，每一个经济势力的崛起都会给政治格局以及权力关系带来重大的改变。2012 年 11 月，胡锦涛在党的十八大政治报告中指出："综观国际国内大势，我国发展仍处于可以大有作为的重要战略机遇期。我们要准确判断重要战略机遇期内涵和条件的变化，全面把握机遇，沉着应对挑战，赢得主动，赢得优势，赢得未来，确保到 2020 年实现全面建成小康社会宏伟目标"。②中国已经成为经济总量世界第二的大国，中国塑造国际局势的能力进一步增强。

一　国际贸易格局的三个阶段

第一阶段，1949—1971 年，中国对外经济关系的核心是贸易。中国的国际贸易类似于冷战的两极格局。中国在经济增长的苏联模式和美国模式竞争中谋求生存，同时致力于富国强民的发展，从国际经

---

①　中央文献研究室编：《邓小平思想年谱（1975—1997）》，中央文献出版社 1998 年版，第 142 页。

②　胡锦涛：《胡锦涛文选》，人民出版社 2016 年版，第 625 页。

济的角度而言，这一时段，中国不是一个完全封闭的社会，而是立足于与苏联东欧以及除美国之外的主要资本主义国家建立经贸关系，促进中国的发展。第二阶段，1972—2001 年，是融入和重塑东亚经济秩序时期。布雷顿森林体系的解体为国际经济秩序变革开创了新局面，中国领导人重新向美国打开国门，并逐步介入日本在东亚塑造的雁形经济秩序中，1997 年东亚金融危机为中国突破日本主导的地区经济秩序创造了条件，中国加入 WTO，意味着中国完全超越自 1840 年以来对中国西方异同的认识，意识到融入国际经济对于中国而言是一条必由之路。中国通过融入国际经济秩序进一步增强了在东亚地区的影响力。第三个阶段，2002 年迄今迎来了塑造国际经济秩序的大时代。中国加入 WTO 以后，面临的课题是如何塑造一个有利于自己的开放的国际经济秩序。

新中国成立 25 年里，中国与世界经济的关系在美国构建的国际经济秩序和苏联主导的模式的相互竞争中发展。美国在英国帮助下建立了布雷顿森林体系并把国际经济关系约束于这一国际制度之中，以苏联为首的社会主义国家建立了经互会，实际上苏联建立的远不是市场经济的"市场"，而是一个类似于宗主国和殖民地的势力范围，这样就出现了所谓的两个平行市场。

美国的敌视与遏制给中国的国际经济关系带来三种结果（如图 10－1）。第一，中国与美国的贸易急剧下降至零，直至 1972 年重新恢复贸易关系。第二，中国与以苏联为首的社会主义国家建立了深厚而又广泛的对外经济关系。中国 1953 年开始实行第一个五年计划时，和社会主义国家之间的贸易占据了国际贸易总额的 77.9%，1957 年，这一比例上升为 82.0%。①不过，中苏贸易在 1959 年达到顶峰的 20.9 亿美元之后一直呈下降趋势，1964 年，中国与苏联集团的贸易落后于与资本主义国家间的贸易。第三，尽管美国试图压迫其盟国中断与中国的国际经济联系，但中国并未停止与世界其他经济体的经济联系。备受赞誉的中日民间贸易是当时的一大特色。

---

① Georege P. Jan, "Japan's Trade with Communist China," *Asian Survey*, Vol. 9, No. 12, 1969, p. 907.

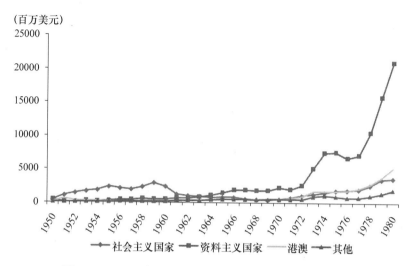

图 10 - 1　1978 年改革开放前中国国际贸易的全球分布

说明：社会主义国家包括朝鲜、苏联、罗马尼亚、匈牙利、捷克斯洛伐克、波兰、德意志民主共和国和南斯拉夫；资本主义国家包括日本、瑞士、德意志联邦共和国、法国、意大利、美国、加拿大和澳大利亚；其他国家包括缅甸、巴基斯坦、斯里兰卡、马来西亚、新加坡、智利和古巴。

资料来源：《中国统计年鉴（1982）》。

从国际经济联系扩大的角度看，1972 年尼克松访华重新开始中美贸易联系是中国对外经济关系新阶段的开始。中美关系改善之后，中国迅速改变了与美国亚洲同盟国家的关系，日本、菲律宾、泰国等都开始与中国建立政治外交关系。在国际贸易方面，1972 年之后，中国与以苏联为首的社会主义阵营板块贸易量下降，与资本主义国家的贸易一枝独秀，加上中国香港和澳门这两个转口贸易港的国际贸易，中国几乎压倒性地加强了与资本主义经济体系的联系。进而言之，中国此一阶段与世界经济的联系最大的特色在于，从南部中国进入日本主导的东亚经济秩序，并不断通过国内改革和推进国际经济联系重塑东亚分工格局，直至 2001 年加入 WTO，进入全球贸易体系。

日本与中国香港地区是中国内地在 20 世纪 80 年代至 90 年代前

期最重要的两个贸易伙伴。如图 10 - 2 所示，美国在中国贸易格局中的地位在 1997 年金融危机之后迅速上升，超过中国香港地区成为中国内地的第二大贸易伙伴国，1998 年又超过日本成为第一大贸易伙伴国。中国有意愿重新和美国主导的国际经济体系联系上之后，就立即介入了日本主导的东亚经济秩序。这不仅是地缘战略布局的结果，因为面向以美国为首的资本主义世界经济时，东亚地区的市场距离中国最近。从中国自身来讲，东南沿海地区比较容易介入资本主义经济世界，而且要进入更为深厚和竞争激烈的全球市场绕不开东亚地区经济秩序。另外一个重要因素是中国香港地区在帮助中国内地建立国际经济联系上积累了经验。以香港地区为中心的珠三角是中国自鸦片战争以来的港口，第二次世界大战结束后大批来自上海的资本家进入香港，带动了香港的工业化发展，这些地区承继的商业习惯和社会规范为香港尽快切入世界市场的缝隙做出了贡献。

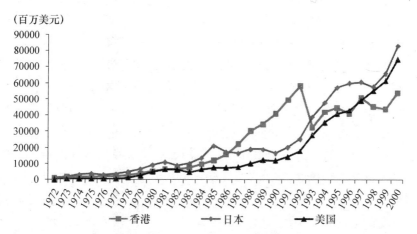

图 10 - 2　美国、日本与中国香港在中国内地国际贸易中的地位（1972—2000 年）
资料来源：历年《中国统计年鉴》。

　　在加入 WTO 之前，中国与发达国家的贸易额已经主导了中国对外贸易格局。1994 年，中国与日本、美国、德国、英国、法国以及俄罗斯的贸易额占中国对外贸易总额的 45.6%，在中国加入 WTO 的 2001 年，这一数字下降至 43.3%。中国务实地承认了资本主义经济强国在中国对外贸易中的重要性，半壁江山的权重不得不让中国人思考经济改革与开放的走向。在东亚金融危机之后的十几年里，中国与美国的贸易关系迅速发展，这种进展不仅得益于中国入世，也得益于"9·11"事件带给中国的战略机遇期效应。在小布什政府时期，中国已经有意识地与美国进行战略经济对话，此后更是升级为战略与经济对话，转变为最高水平的双边对话，大大促进了中美对双方关切的共同理解。

由于美国降低了对东亚区域合作的抵制，中国有较大的政治空间布局地区经济一体化。通过与东盟建设自贸区的机会，中国实施了一系列的政策创新，比如早期收获计划等，进一步融合地区经济，让中国的产业链与周边地带相互渗透，也带动了中国内地的产业升级，使得中国的省域市场更为一体化，降低了中国国内的交易费用，以此进一步提升中国的竞争力。另外，通过加强中日韩之间的合作，中国也有效地整合了地区市场。据 2012 年 5 月公布的《中日韩合作（1999—2012）》白皮书，三国间贸易额从 1999 年的 1300 多亿美元增至 2011 年的 6900 多亿美元，增长超过 4 倍，中国已连续多年成为日本、韩国最大贸易伙伴，日本、韩国在中国贸易伙伴中分别位居第四位和第六位。①

在近一段时期里，美国利用"泛太平洋经济合作伙伴协定"（TPP）积极参与亚洲地区一体化进程，由于美国的参与，地区合作的核心由"东亚"逐步转变为"亚太"，自由化的目标和范围都要宽广得多。美国在地区经济的制度设计上明显带有约束中国的意图，尽管美国官方一再解释不会遏制中国，却彰显了对外经济战略中的安全与政治含义。美国方面担心，随着中国成为亚洲最大的经济体，并以每年 8% 的速度增长，如果美国不采取行动，那么美国在具有重要战略意义的亚洲将失去主导权。

进入新世纪，发达国家占中国国际贸易的比重已明显下降，但国际金融危机后下降速度有所趋缓（如表 10−1 所示）。此外需要注意的是，中德贸易额占比相对而言其地位上升。20 世纪 90 年代，中德的贸易额只有中日贸易额的 24.8%，但 2015 年却上升至 57.1%。抛

---

① 《〈中日韩合作（1999—2012）〉白皮书全文》，新华网，2012 年 5 月 9 日，http://news. xinhuanet. com/politics/2012 − 05/09/c_ 111919576. htm。

开中国内地与香港之间紧密的经贸联系，美国、日本、德国是中国最重要的贸易伙伴，三者占中国总贸易额的比重从 1994 年的 40%，下降至 2002 年的 36.9%，2015 年又进一步下滑至 25.1%，减少了近 12 个百分点。三国的总量占中国外贸的比重从 90 年代初期的 2/5，下降为 21 世纪第二个 10 年的 1/4。尽管中国国际贸易仍然被大国所左右，但与 20 年前相比，这些传统贸易大国的地位大幅度下降。国际贸易格局的变化意味着中国的外交布局将进入新一轮调整期，中国外交布局势必会对贸易格局的变化做出回应。

表 10 - 1　　**主要大国占中国国际贸易的比重（2001—2015 年）**　　　（%）

年份	2001	2003	2005	2007	2009	2011	2013	2015
美国	15.8	14.8	14.9	13.9	13.5	12.2	12.5	14.1
日本	17.2	15.7	13	10.9	10.4	9.4	7.5	7
德国	4.6	4.9	4.4	4.3	4.8	4.6	3.9	4
俄罗斯	2.1	1.9	2	2.2	1.8	2.2	2.1	1.7
英国	2	1.7	1.7	1.8	1.8	1.6	1.7	2
法国	1.5	1.6	1.5	1.5	1.6	1.4	1.2	1.3
总计	43.3	40.5	37.5	34.7	33.8	31.5	28.9	30.1

资料来源：历年《中国统计年鉴》。

如果从中国在各大洲的贸易分布来看，那么发展中世界的地位又开始上升。在很长一段时期里，发达世界的北美洲、欧洲是中国贸易的主要对象。20 世纪 70 年代初，中国领导人派遣经贸考察团取经时，欧洲、日本是重要的对象。仅 1978 年一年，中国先后有 12 位副总理及副委员长以上的领导人访问了 50 多个国家，其中包括邓小平先后 4 次出访。1981 年，欧洲、北美洲占据了中国对外贸易额的 35.9%，2010 年，这一数值减少至 33.5%。亚洲从 1981 年的 54.6% 下降至 2010 年的 52.7%，而大洋洲、非洲、拉丁美洲的比重则从 1981 年的 9.4% 增加至 2010 年的 13.7%，而且中间曾经历了 2.8% 的历史低点。因此，从洲际布局来看，中国的贸易拓展在地理上更广泛了，尤其是加大了与拉丁美洲、非洲的贸易交往，30年来这两个洲的贸易额占比增加了3.7%，不过，1991年、2001年却低于1981年的数值，因此比重的增加是最近几年才实现的。这一新动向所具有的政治含义，不仅是中国工业发展升级、对外经济战略转型促成的，也是世界格局中新兴市场崛起的结果。

二 对外直接投资

从20世纪90年代后期开始，中国领导人提出要重视企业如何在全球市场中实现发展壮大的问题。2000年，"走出去"正式上升为国家战略，中国对外开放的格局具备了"请进来"与"走出去"日益平衡的发展趋势。随着越来越多的企业、经济贸易活动走出国门，中国与世界经济联系的深度和广度扩大了。中国已经成为世界第一大出口国，对外贸易额超过3万亿美元，中国实施境外直接投资的企业已经超过1.3万家，2010年的流量接近700亿美元。

尽管2008年全球金融危机对中国出口市场造成巨大冲击，但中国"走出去"的步伐并未减缓。2010年，中国对外直接投资流量名列全球第五位，首次超过日本、英国等传统大国，创造了历史最高值。2010年在流量的地区分布上，亚洲占65.3%，大约是拉丁美洲的4倍、欧洲的7倍、北美洲的17倍、非洲的21倍、大洋洲的24倍。2010年，流量在10亿美元以上的国家（地区）达到9个，占到中国对外投资流量总额的84%。目前，中国对外直接投资覆盖了国民经济所有行业类别，其中存量在100亿美元以上的行业有：商务服务业、金融业、采矿业、批发零售业、交通运输业、制造业，六个行业累计投资存量2801.6亿美元，占中国对外直接投资存量总额的88.3%。

在产业类型上，中国的境外投资也实现了多元化，而不只是集中在资源能源上。从数量上看，进入有色金属、煤炭以及原油的采矿业类投资占中国总的对外直接投资的比重不仅从2006年的40.4%下降为2010年的8.3%，其金额也从2006年的85.4亿美元下降为2010年的57.1亿美元。目前，占据中国境外投资主导地位的是租赁和商业服务业，2010年的比重为44%，金额达到302.8亿美元，而2006年的比重仅为21.4%，大大低于采矿业的权重。这或许是6年前国际社会在谈论中国企业海外投资时过分注重资源类型的一个重要原因。但是，目前资源类型的投资已经跌出 2010 年中国境外投资前三位，被金融业（12.5%）和批发零售业（9.8%）所取代。

中国投资的兴盛与新兴市场在国际资本市场地位的上升息息相关。据美国官员提供的数据，在过去 25 年里，对外投资的总量翻倍，重塑了世界经济版图。相比于 1993 年的 3.7 万家跨国公司和 17 万家分支机构，在 2010 年的世界经济中，拥有超过 8 万家跨国公司以及 80 万家分支机构。① 对外投资者不仅带来了资本、技术、竞争精神以及新市场的观念，同时还有工作岗位。这些公司雇用了大约 8000 万工人，相当于德国的总劳动力。按照联合国 2010 年的投资报告，这些跨国公司附属机构的全球销售额两倍于世界出口，全球 1/3 的商业交易是企业内贸易。对外直接投资及跨国公司的活动成了世界经济的中心。

以《财富》和《金融时报》500 强的上榜企业来看，以大型跨国公司衡量的国家经济实力，正从传统的权力中心——美国和日本，向其他地方转移。在这两份榜单上，美国与日本失去了很多位置，而新兴市场则实现了跨越式发展。1991 年联合国贸发会的第一份世界投资报告以美、日、欧三角投资关系作为主题，当时日本跨国公司正处于辉煌时代。20 年以后，新兴市场的对外直接投资正日渐引人瞩目。2012 年 7 月公布的《财富》500 强中，美国有 132 家，中国大陆（包括香港）有 73 家，日本有 68 家。哥伦比亚大学教授 Karl P. Sauvant 在其主编的《新兴市场跨国公司的兴起》一书中援引《金融时报》2006 年的评论："［新兴市场跨国公司］的对外并购刚刚兴起……未来 30 年，中国和印度将统治世界经济，将诞生一批伟大的工业公司，在世界各地拥有分支机构。"②

国际、国内对于近些年来中国企业"走出去"影响全球政治经济

---

① Robert D. Hormats, "Importance of Investment in the Global Economy," Xiamen, China, Sep. 6, 2010. http://www.state.gov/e/rls/rmk/2010/146894.htm

② 转引自 Karl P. Sauvant, "The Rise of TNCs from Emerging Markets: The Issues," in Karl P. Sauvant, Kristin Mendonza and Irmak Ince, eds., *The Rise of Transnational Corporations from Emerging Markets: Threat or Opportunity*? Cheltenham: Edward Elgar, 2008, p. 2.

局势的评价差异明显。部分原因是 2007—2008 年金融危机的影响还在持续发酵，欧美经济的衰退和萎靡加速了心理的失衡，西方主流媒体已经开始以诸如"国家资本主义""新殖民者"这类词汇来刻画中国企业全球战略与政府之间的紧密联系，并进一步把因中国高速的经济增长所需要的原材料投资与历史上的殖民主义联系起来，西方社会担忧的是中国日益扩展的全球影响力是否将削弱乃至最终压倒性地挖掉长期以来发达国家所具有的优势。相反，中国国内与海外华人则日益看好中国企业"走出去"所蕴藏的历史性机遇，以及中国作为全球制造业大国崛起对世界经济的拉动作用。

由于中国"走出去"企业强有力的政府背景，以及在全球各个区域、各个行业开展的并购、投资活动，国有资本国际化的影响吸引了一大批学者。美国外交学会亚洲研究中心主任易明在 2010 年的一篇重要文献中将中国的形象描绘为"游戏改变者"，她认为在政府的支持下，中国国有企业承接了其他跨国公司认为划不来的项目，在对东道国进行基础设施投资和援助方面的建设之后，把正在热烈争论中的"中国模式"带到东道国。易明认为，中国政府及其国有企业愿意随时随地、不惜任何代价做生意成了一种当代传奇。由于中国经济迅速增长以及在全球活动的广度和深度达到了前所未有的程度，易明提请美国决策界注意中国正在发生的对外政策革命。[①] 2012 年 4 月，在澳大利亚国立大学编辑的"东亚论坛：中国境外投资"报告中，专家们普遍认为，中国对外投资代表了中国融入全球经济和政治体系的新层面。随着中国进一步放宽资本流出的限制，中国拥有的外国资产将不仅是政府的外汇储备，而且逐渐成为中国公司的海外直接投资。目前国际社会正在兴起一场辩论，有关国有企业的对外投资是否影响以及如何影响东道国的收益，该争论涉及国家的政治制度。[②]

从投资角度来看，中国企业在境外的经营要比日本当年面临着更大的政治风险。一方面，中国企业在国内市场的经营很多时候并非基

① Elizabeth C. Economy, "The Game Changer: Coping with China's Foreign Policy Revolution," *Foreign Affairs*, Vol. 89, No. 6, November/ December 2010, pp. 142 – 153.

② Peter Drysdale and Shang-Jin Wei eds, "China's Investment Abroad," *East Asian Forum*, Vol. 4, No. 2, April-June 2012.

于市场经济原则，而更多的是适应中国国情需要的妥协。但是在中国经济只占全球 10% 左右的比重下，国际市场的规则要比中国国内更加规范化和严格化，中国企业如果以简单沿袭甚至照搬的套路投资国际市场，恐怕会付出惨重的代价。另一方面，投资比贸易更具有政治敏感度，而中国在对外政策上实行不干涉政策，面对欧美强国在安全问题上的对抗性安排，中国对地区局势的影响和渗透难以让企业的投资有一个安全的环境。比如，2011 年中、日、韩对外投资额分别为676 亿美元、1156 亿美元、204 亿美元，但三国间的相互投资仅占上述投资总量的约 6%。截至 2010 年底，中国对俄罗斯的投资存量为27.9 亿美元，对蒙古为 14.4 亿美元，对日本为 11 亿美元，对朝鲜半岛的投资仅为 8.7 亿美元。这种投资格局的形成，与朝鲜半岛的紧张局势以及东北亚地区形势的复杂性肯定是相关的。

三　对外货币金融关系

中国加入 WTO 后不久，经济学界就围绕汇率制度改革和人民币升值等问题展开了广泛的争论。2005 年 7 月开始人民币对美元升值以应对经济内涵的转变和国际压力，中国社会科学院余永定认为："人民币升值的方式应取决于其对通货膨胀、热钱流入、贸易平衡和经济增长方式转变的综合影响。"[1]事实上，人民币问题不仅是个经济问题，也是一个十分重要的国际政治经济问题。特别是 2008 年全球性金融危机之后，国际上对人民币国际化以及中国在维持国际金融体系稳定中的作用所展开的相关讨论，都预示着中国的国际货币政策变动将带来巨大的国家间分配效应，以及随着贸易和投资战略跟进所产生的社会集团间的分配效应。这样一来，中国国际货币战略面临着巨大的挑战。

货币金融是对外经济关系升级的高端平台，无论是贸易还是投资，在交易过程中必然涉及以哪种货币作为交易单位、以什么样的汇率制度作为基准以及金融机构之间交易规则等问题。中国经济的持续增长，提高了国内的生活水平，壮大了经济实力，在国际上则表现出一个经济体对旧制度的冲击。从逻辑关系上看，中国开放政策的主要内涵是吸收外

---

① 余永定：《2008 年中国经济：应对三大挑战》，《国际经济评论》2008 年第 5—6 期。

商直接投资，跨国公司通过加工贸易方式在中国账户名义下产生了大量的贸易盈余，进而积累起巨额外汇储备，导致国际结构的失衡。

对于 20 世纪 90 年代后期中国在货币金融问题上所面临的挑战，余永定将其概括为"双顺差、人民币汇率和美元陷阱"三大问题。具体而言，自 1978 年实行改革开放以来，中国创造了"出口导向型创汇经济"，但随着中国经济总量排名世界第二，出口第一以及外汇储备第一，中国经济进入了前所未有的不平衡阶段，中国势必要调整经济发展方式。由于美元在国际货币体系中的核心地位，中国积累的巨额美元外汇储备，成了美国国债的最大外国持有者。在金融危机造成美元贬值以及美国财政状况恶化之后，中国的国际经济地位与美元、人民币的国际地位发生了前所未有的紧密联系。余永定建议，中国应通过改变政策来调整结构，特别是主动性的政策调整。①

自 2008 年全球性金融危机爆发以来，中国在国际货币金融领域实施了诸多新政策。自 2008 年末至 2012 年年中，中国已与 18 个国家及地区分别签署了近 1.7 万亿人民币的货币互换协议，这些经济体对华双边贸易额约占中国外贸总额的 30%。签署货币互换协议可增加人民币在一些国家中的使用，通过人民币区域化为国际化铺路。这类制度安排也将降低签约国在双边贸易活动中所面临的美元汇率波动风险，据中国人民银行估算，以人民币结算的交易成本比以外币结算的交易成本平均低 2 至 3 个百分点，从而有利于双边贸易的发展。

货币互换协议不仅有利于促进投资贸易，而且着眼于维护金融稳定。从互换金额与贸易额的比率来看，数值最高的是白俄罗斯，其次为阿根廷，最低的是乌兹别克斯坦。比率在 2 倍以下的国家和地区包括澳大利亚、哈萨克斯坦、韩国、马来西亚、中国香港、乌克兰。比率在 2—4 倍的国家有马来西亚、新加坡、新西兰、阿根廷和冰岛。考虑到中国境外直接投资的国别分布，货币互换在更大程度上促进了贸易而非投资的增长。比如，按照《2010 年度中国对外直接投资统计公报》，2010 年，中国在白俄罗斯的直接投资存量为 2371 万美元、流量为 1922 万美元，在阿

---

① 余永定：《见证失衡：双顺差、人民币汇率和美元陷阱》，生活·读书·新知三联书店 2010 年版。

根廷的投资存量为 21899 亿美元、流量为 2723 万美元，乌兹别克斯坦的存量为 8300 万美元、流量为负 463 万美元。尽管从存量来看，乌兹别克斯坦吸收的中国资本多于白俄罗斯，但中国与白俄罗斯之间的货币互换额度是中国与乌兹别克斯坦之间的近 29 倍。

进一步考察双边货币互换的地区性分布，亚洲无疑是重心所在。截至 2012 年年中，在 18 个国家和地区中，除白俄罗斯、乌克兰、冰岛三个欧洲国家（合计 385 亿元人民币），澳大利亚、新西兰两个大洋洲国家（合计 2250 亿元人民币），以及阿根廷一个南美国家（700 亿元人民币）外，其他 12 个国家和地区都在亚洲。亚洲各国加上中国香港地区的 4000 亿元人民币，亚洲地区参加人民币互换的金额总计为 13327 亿元人民币，占中国货币互换额的 80%，高于贸易比重 20 个百分点。从货币/贸易比例来看，东盟地区是中国此项战略的一个基点，中国与东盟十国 2011 年的贸易总额约为 3630 亿美元，而货币互换的额度为 5000 亿元人民币。此外，中国尤其重视与澳大利亚、新西兰的货币互换，这体现了近年来中国与该地区以资源为主的贸易投资，货币互换可减损国际市场动荡，特别是美元汇率波动对矿产合同的影响。

在 2009 年 3 月初中国人民银行行长周小川正式提出改革国际货币体系之前，中国政府已经开始对人民币汇率机制进行改革。2005 年 7 月，人民币对美元升值是一个标志性变化。不过，尽管人民币此后陆续升值，并最终对美元贬值达 20% 以上，但是美国方面却仍然指责中国是汇率操纵国，中美贸易失衡的问题长期得不到解决。随着 2008 年国际金融危机的爆发，各主要国家都认识到经济的过度金融化，特别是放宽资本账户管制会带来极大的问题。全球宏观经济管理的思路和理念开始发生了革命性的变化。①

金融危机之后，中国在货币政策上的另一项创新是跨境人民币结算业务，助推人民币国际化。在 2009 年 3 月的《政府工作报告》中，中国政府首次提出"加快推进与港澳地区货物贸易的人民币结算试

---

① Olivier Blanchard, Raghuram Rajan, Kenneth Rogoff, and Lawrence H. Summers, eds., *Progress and Confusion：The State of Macroeconomic Policy*, London, England, Cambridge, Mass.：The MIT Press, 2016.

点"。这与前几年一直强调以人民币汇率形成机制为中心的改革思路有了较大的不同。2009 年 4 月 8 日，国务院决定在上海市和广东省广州、深圳、珠海、东莞 4 城市先行开展跨境贸易人民币结算试点工作，境外地域范围暂定为港澳地区和东盟国家。跨境人民币业务的开展，不仅有利于降低进出口企业的汇兑成本，也有利于人民币提高充当地区性储备货币的能力，为中国企业"走出去"提供金融服务。2010 年 1 月 1 日，中国—东盟自贸区正式建成，东盟在中国国际贸易格局中的地位迅速上升，仅次于欧盟与美国，超过日本与中国香港地区。在某种程度上，得益于中国—东盟贸易投资进展顺利，2010 年中国将跨境人民币结算的试点范围扩大至沿边、沿海所有省份，以及长江上游的四川、重庆、湖北等 18 个省市。为完成"十二五"规划纲要中"扩大人民币跨境贸易和投资中的作用"重大部署，2011 年 1 月，中国人民银行出台了《境外直接投资人民币结算试点管理办法》，规定凡获准开展境外投资的境内企业可以人民币进行境外直接投资，银行依据相关规定为企业办理人民币结算业务。2011 年 7 月，跨境贸易人民币结算地区扩大至全国，结算地域范围也从毗邻国家扩展到境外所有国家和地区。2012 年 3 月，六部委联合发布了《关于出口货物贸易人民币结算企业管理有关问题的通知》，放开跨境贸易人民币结算试点企业，明确所有具有进出口经营资格的企业均可开展出口货物贸易人民币结算业务。

自 2004 年以来，中国政府在历年的《政府工作报告》中都会论述人民币问题。有关"完善人民币汇率形成机制"一直出现在2004—2013 年的《政府工作报告》中。但是，从 2014 年开始，相关表述有了较大的变化，中国政府最终设定了人民币汇率形成机制的新目标——"人民币汇率均衡稳定"。而改革的努力则进一步迈向人民币国际化，相关表述从前几年的"扩大人民币跨境使用"上升为2015 年的"扩大人民币国际使用"。2016 年 3 月，《政府工作报告》明确指出，中国已经"建立人民币跨境支付系统"，这主要是指 2015 年 10 月在上海建立的人民币跨境支付系统（CIPS）。2017 年 3 月，更是将目标定位于"保持人民币在全球货币体系中的稳定地位"（如表 10 - 2 所示）。

表 10-2　　　《政府工作报告》中关于人民币问题的阐述

2009 年	2010 年	2011 年	2012 年	2013 年	2014 年	2015 年	2016 年	2017 年
完善人民币汇率形成机制，保持人民币汇率在合理均衡水平上的基本稳定。健全金融监管协调机制。加快推进与港澳地区货物贸易的人民币结算试点	继续完善人民币汇率形成机制，保持人民币汇率在合理、均衡水平上的基本稳定。跨境贸易人民币结算试点启动实施。推进跨境贸易人民币结算试点，逐步发展境外人民币金融业务	人民币汇率形成机制改革有序推进，跨境贸易人民币结算试点不断扩大。进一步完善人民币汇率形成机制。扩大人民币在跨境贸易和投资中的使用。推进民币资本项下可兑换工作	把跨境贸易人民币结算范围扩大到全国，启动境外直接投资人民币结算试点，开展外商直接投资人民币结算业务。完善人民币汇率形成机制，增强人民币汇率双向浮动弹性，保持人民币汇率在合理均衡水平上的基本稳定。稳步推进人民币资本项目可兑换，扩大人民币在跨境贸易和投资中的使用。支持香港巩固和提升国际金融、贸易、航运中心地位，建设离岸人民币业务中心	人民币汇率形成机制不断完善，利率市场化和资本项目可兑换改革稳步推进，建立宏观审慎政策框架，扩大人民币在跨境贸易和投资中的使用，逐步实现人民币资本项目可兑换	保持人民币汇率在合理均衡水平上的基本稳定，扩大汇率双向浮动区间，推进人民币资本项目可兑换	保持人民币汇率处于合理均衡水平，增强人民币汇率双向浮动弹性。稳步实现人民币资本项目可兑换，扩大人民币国际使用，加快建设人民币跨境支付系统，完善人民币全球清算服务体系，开展个人投资者境外投资试点，适时启动"深港通"试点	建立人民币跨境支付系统。人民币加入国际货币基金组织特别提款权货币篮子。继续完善人民币汇率市场化形成机制，保持人民币汇率在合理均衡水平上基本稳定。设立人民币海外合作基金	加强金融风险防控，人民币汇率形成机制进一步完善，保持了在合理均衡水平上的基本稳定，维护了国家经济金融安全。人民币正式纳入国际货币基金组织特别提款权货币篮子。"深港通"开启。坚持汇率市场化改革方向，保持人民币在全球货币体系中的稳定地位

资料来源：笔者根据历年《政府工作报告》的内容整理。

　　按照哥伦比亚大学教授伊藤隆敏在 2017 年"亚洲新的金融秩序：人民币集团会出现吗？"一文中的论述，目前人民币在各个功能性指标上的全球排名并不一致。① 如在 IMF 的特别提款权货币篮子和信贷

---

① Takatoshi Ito, "A New Financial Order in Asia: Will a RMB Bloc Emerge?" *Journal of International Money and Finance*, 2017, doi: http://dx.doi.org/10.1016/j.jimonfin.2017.02.019.

账户中名列全球第三，但同样在 IMF 所列的未尝国际债务证券中名列第九，在环球银行金融电信协会（SWIFT）所列的跨境支付体系中名列全球第八。令人尴尬的是，人民币在 IMF 所列的全球外汇储备货币中并未出现。2015 年 3—4 月，IMF 对各国在外汇储备中实际使用人民币做过一次调查。根据这次调查结果，2013—2014 年人民币在各国外汇储备中的占比不到 1%。作为"稳定人民币在全球货币体系中的地位"的重要一环，未来一个时期应当进一步与 IMF 磋商，敦促其在官方储备货币篮子中列出人民币的进展情况。2017 年 3 月 31 日，IMF 首次公布全球人民币外汇持有情况。截至 2016 年第四季度，人民币外汇储备达 845.1 亿美元，占参与官方外汇储备货币构成报告成员外储资产的 1.07%。①

从根本上讲，中国在货币金融领域的国际影响力主要是处理好对美关系。自 2012 年 6 月 8 日起，中国人民银行将金融机构的存款利率向上浮动的区间调整为基准利率的 1.1 倍，而将贷款利率向下浮动的区间调整为基准利率的 0.8 倍。此外，在中美对话框架内，美国还敦促中国改变出口信贷计划，对知识产权等实施保护。美国承认，中方在这些领域与美国实际上没有多大的分歧，特别是中国走向以服务和消费为导向的经济，符合美国的利益。当然，对中美两国而言，货币金融关系的革新是建立新型大国关系的必要组成部分。美国的强大并不只是依赖于其政治制度，也依赖于在第二次世界大战之后以美国标准设立的一套国际制度，其中的核心是国际金融货币制度。随着美国权势的相对衰退、新型经济体的崛起，围绕 IMF 投票权的争夺，体现出传统国际经济组织的治理已在改革中。2012 年 6 月，中国向 IMF 的危机应对基金注资 430 亿美元，巴西、俄罗斯、印度以及墨西哥等新兴经济体都表示愿意注资 100 亿美元。不过，正如有学者指出的，增加的投票权或者代表权不会立即转化为实际的政策结果，其实际结果还取决于中国在诸如制度设计、规范认识以及博弈过程中软实力的

---

① 江宇娟：《IMF 首次公布全球人民币外汇储备持有情况》，《人民日报》2017 年 4 月 2 日第 3 版。

增长。① 2015 年 11 月底，国际货币基金组织（IMF）同意将人民币纳入特别提款权（SDR）货币篮子，并且权重将超过英镑和日元。人民币国际化大大加速，并在上海建成了人民币跨境支付系统。2016年 10 月，人民币正式纳入 IMF 的特别提款权计算的储备货币中。

哈佛大学教授杰弗里·弗兰克尔（Jeffrey Frankel）从 20 世纪三次货币更替的历史中得出一个重要结论，即资本市场自由化是一国货币国际化不可或缺的三要素之一。弗兰克尔认为，就这一条件的满足程度而言，中国的金融市场并不算开放、对跨境资本流动的限制也很强，中国香港的人民币债券规模还不够大，中国国内金融市场的发展刚刚起步。因此，弗兰克尔在 2012 年对人民币国际化前景进行评估时，认为人民币国际化刚刚迈上征程。② 而当伊藤隆敏于 2016 年底对人民币国际化进行评估时却得出了大胆的结论，即亚洲很可能会形成一个区域人民币集团。这两位学者都认识到，中国拥有强大的进出口能力，特别是中国经济的增速和规模将很多发达经济体甩在后面，会特别吸引与中国有较多贸易关系的国家使用人民币。但目前的一个弱项是人民币在各国央行储备货币中的地位不高。

正如余永定所强调的，长远而言，人民币国际化的支撑力量还是在于市场方面。据 CIPS 2017 年 3 月中旬公布的数据，2016 年人民币跨境支付系统处理业务 63.61 万笔，金额 4.36 万亿元。日均处理业务 2544.4 笔，金额 174.47 亿元。③ 按照环球银行金融电信协会（SWIFT）2017 年 1 月公布的数据，2016 年人民币的国际化进程趋缓。SWIFT 认为，与 2015 年相比，2016 年人民币支付金额下降多达29.5%。尽管如此，SWIFT 强调，受惠于中国政府推动的"一带一路"建设，更多离岸清算中心的设立，以及上海人民币跨境支付系统（CIPS）与 SWIFT 于 2016 年 3 月签署的合作备忘录，未来人民币的境外使用率仍将上升。如图 10-3 所示，2017 年 1 月，人民币在国际

---

① 曲博：《金融危机背景下的中国与全球经济治理》，《外交评论》2010 年第 6 期。

② Jeffrey Frankel, "Internationalization of the RMB and Histrocial Precedents," p. 353.

③ 中国人民银行支付结算司：《2016 年支付体系运行总体情况报告》，2017 年 3 月 15日，http://www.pbc.gov.cn/zhifujiesuansi/128525/128545/128643/3273108/2017031521165247927.pdf。

支付货币中的排名为第 6 位，份额为 1.68%。2015 年 1 月以来曾长期稳定在第五位，份额最高曾达到 2.45%（2016 年 1 月）。也就是说，2016 年，人民币在国际支付货币中的占比下降了 0.77 个百分点，出现了图 10 - 3 中的转折点。

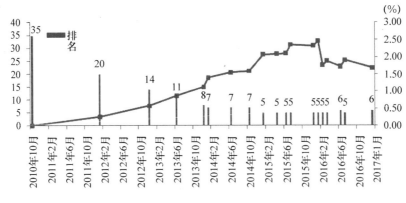

图 10 - 3　人民币在国际支付货币中的份额与排名

资料来源：SWIFT Watch.

目前来看，使用人民币前三位的是中国香港（72.9%）、英国（6.05%）以及新加坡（4.6%）。在中国内地和香港地区进行的跨境支付货币中，人民币已列第二位，远超日元和欧元。截至 2017 年 1 月，美国已经赶超中国台湾地区，列第四位，占 2.94%。这可能是 2016 年 9 月之后，中国银行纽约分行作为直接参与者推动了北美人民币交易额的扩增。其基础则是中美之间高达 5200 亿美元的贸易额。此外，在过去一年中，英国和法国的占比上升较快。按照 CIPS 提供的数据，截至 2017 年 2 月，CIPS 业务处理已覆盖全球 6 大洲 83 个国家和地区，直接参与 CIPS 业务处理的金融机构已有 28 家，间接参与者达 544 家，主要分布在亚洲（391 家）和欧洲（78 家）。① 从上述交易数据看，中国香港、伦敦、新加坡、纽约、法兰克福、中国台湾

① 跨境银行间支付清算（上海）有限责任公司：《人民币跨境支付系统间接参与者达 544 家》，2017 年 2 月 24 日，http：//www. cips. com. cn/cips/xwzx/_ 2723/19405/in dex. html。

以及首尔等是人民币交易活跃度最高的地方。

与贸易、投资相比，金融货币领域的突破需要更长久的准备。一方面，中国的国情与发达国家不同，也与市场化程度比较高的新兴市场不同，在货币金融领域的可借鉴性远低于贸易投资。另外，金融货币领域的制度安排更需要战略性思维，货币金融是国家与国家竞争的最终体现，没有一个霸权国能在这一领域容许后起国获得实质性进步，突破霸权国给定的框架。中国尽管在贸易领域取得巨大进步，在投资领域也正奋起直追，但在金融货币领域我们仍然落后很远。

第四节　维护一个开放的全球经济秩序

一　中国道路继承历史上的大国之道

中国经济快速、持续的发展，不能不引起国际社会的极大关注。2001 年，中国 GDP 在全球排名第六位，2005 年底超过意大利，2006 年超过英国，2007 年超过德国，2010 年超过日本，跃升为全世界第二。如果把中国放在世界历史中去考察，比较的对象既包括发达国家，也包括发展中国家，那么可以说，在过去 30 年里，中国比大多数发展中国家和转型国家做得都好。为什么中国这样一个大国能持续实现经济增长？中国到底做对了什么？

在有关中国经济增长的动力方面，一般有三种解释。第一种集中在比较优势方面，即从 20 世纪 80 年代开始，中国政府充分利用了劳动力，从重工业化战略转变到劳动密集型产业的发展上，推动了经济增长；第二种是与苏联比较，中国的组织分权呈现出"块块"特征，各地是相对独立的经济体，有利于进行试验；第三种则聚焦于政府的性质，突出政府的全民性，与东欧执政党追求某个特定阶层的经济利益不同，中国共产党立足于社会的整体福利。

在有关中国道路的争论方面，人们强调中国具有独特性，但也越来越意识到中国在很大程度上正在继承历史上大国的成功之道。在关于中国模式争论方面，最大误区是中国走出了一种不同于"华盛顿共识"的发展模式。2004 年 5 月，当时在英国的对外政策研究中心工作的乔舒亚·雷默（Joshua C. Ramo），以"北京共识"来描述中国独特的发展路径。雷默认为，"华盛顿共识"是一种广受怀疑的经济理论，而"北京共识"含有许多不涉及经济学的思想，包括政治、生活质量和全球力量对比，将使中国及其追随者与现有的发展思想形成对立。[①]

但有不少学者认为，中国过去几十年来的发展路径与"华盛顿共识"极为相近。北京大学教授姚洋 2010 年 2 月在美国《外交》季刊网站发表了《北京共识的终结》一文，认为"在过去的三十年里，中国经济准确无误地朝着新古典经济学理论的市场信条迈进"。[②] 而香港科技大学教授丁学良认为，"华盛顿共识"被意识形态化、简单化，"北京共识"的作者忽视了中国国内严肃的经验研究成果，把迄今中国的改革发展当作与"华盛顿共识"全然相反、南辕北辙、"对着干"的一条道路，是过度随意和非常扭曲的解读。[③]

那么怎么理解中国持续、高速的经济增长呢？姚洋认为，制造中国经济奇迹的原因并不特殊。中国只不过是遵照主流意见，即"华盛顿共识"进行改革和发展。真正要探究的问题是：为什么中国政府会利用合适的制度安排，采纳和遵循这样一种正确的经济政策？姚洋的答案是，中国政府是一个中性的政府。市场经济的性质万变不离其宗，但是市场经济何时被使用以及在什么地方发展，则取决于政治因素，特别是政府的能力和意愿。

与姚洋从政府的角度理解中国高速经济增长一致，丁学良的视角同样从政治经济学领域出发，提出了一个把握中国模式的动态三角模型。动态三角的第一个支点是"核心的列宁主义"。该支点顶端是权力架构，其核心是由一个领袖或者一群领袖高度垄断权力，用自上而下的方式管治党内事务。第二个支点是"中国特色的社会控制"。第三个支点是"政府管治的市场经济"。政府介入经济事务对东亚经济来说并不新鲜，从日本开始，呈现出雁形发展序列，韩国、新加坡、中国台湾地区以及这些年的越南，经济发展过程中都有深度的政府介

---

① Joshua Cooper Ramo, "The Beijing Consensus," The Foreign Policy Centre, London, 2004.

② 姚洋：《中国道路的世界意义》，北京大学出版社 2011 年版，第 99 页。

③ 丁学良：《辩论"中国模式"》，社会科学文献出版社 2011 年版，第 7 页。

入。因此，这一支点实际上是东亚资本主义的一个变体。

强调政府与市场的非对立性是近期理解中国增长的关键。复旦大学张军教授认为，中国改革在 90 年代以后突飞猛进，主要原因是中央政府构建了与地方政府激励兼容的一套制度，政府作用的强化与经济增长之间存在着密切关系，甚至构成了需要被解释的因果机制。①中国政府懂得政治安排如何才能推动经济增长。尽管目前大家对 GDP 竞赛的批评不绝于耳，但是，如果没有这种数目字的目标定位，那么所谓竞争是压倒一切的规则就不可行。并不是所有的竞争体制最终都能实现目标，关键在于目标是数目字的。推动竞争的最重要手段，是要找出一个数目字的、阶梯性的标准。由于数目上可分，中央政府和地方政府才能坐下来谈判，差异性极大的各级地方政府才能有效地执行政策，才敢于通过竞争来实现资源的重新配置。只有在这个意义上，权力才能决定经济增长。

总体上讲，60 多年来中国的发展都处于"美国治下的和平"这样一个外部环境中，最近 30 年来的发展更是得益于融入全球化。在美国霸权时代，美国作为增长动力带动了其盟国的发展，日本以雁形模式带动了东亚地区的发展。而东亚的特色是政府的强势介入。离开世界来谈中国的发展，就无法理解中国能在 1978 年以后获得令国际社会瞩目和尊重的成功的原因。丁学良特别用一讲的篇幅谈中国模式的"史前阶段"，得出了开放比改革更关键的结论。而姚洋则在《小农体系和中国长期经济发展》一文中，比较了近代欧洲、中国的不同发展路径，得出中国重视人力资本积累的传统为中国胜出积累了优势。打开国门之后，人力资本迅速转化为现实生产力。特别值得注意的是，姚洋认为，几乎所有原发性的国家都发生过社会革命，且每一场革命或其后续调整都持续了近一个世纪，英国如此，法国如此，俄国如此，西班牙亦如此。但中国调整的时间要短很多，这主要得益于一个开放的国际秩序。用丁学良的话说，今天的中国之所以不再有大规模的饥荒，不再有长期的愚昧无知，不再有全局性的政治疯狂，很大程度上是因为日益介入了全球化的生产和贸易体系。

---

① 张军：《这样的故事最中国》，上海三联书店 2011 年版。

放开历史的视界，20 年来的中国经济增长在人类历史上并不独具一格。全球经济自 19 世纪 20 年代进入增长时代之后，越是后来获得经济增长的国家，其非市场的力量更为协调、完善和有力。德国的银行企业机制、苏联的国家重工业化发展道路，乃至东亚的发展型政府都在证实这个判断。越是晚进入世界市场的国民经济体，它们所面对的经济竞争规则、竞争内容都更为复杂和精巧，只有那些在整合资源上更加有力量的组织才能打破壁垒，进入经济增长集团中，获得经济增长的奥秘，中国政府的力量正在于此。从长时段来看，中国与历史上的强国有不同的话，也只是发展阶段的先后而已。

二　大国在强大之后谋求开放秩序

在谋求开放经济方面，中国大国发展道路并不具有历史独特性。自工业革命产生现代经济增长以来，英美两个拥有霸权式力量的国家都试图扩展国际经济的分工来推动国家的发展。简而言之，历史上的霸权国曾经塑造开放的国际经济秩序。这一表面化的轨迹有着深厚的社会经济背景。第一，国家或者说社会精英主导的国家战略目标是持续扩展经济实力。第二，对大国而言，实现这个战略目标的国内环境和国际环境都至关重要。第三，一个自由开放的国际经济秩序带来扩大的市场以及深化的分工，这将有利于国内产业的不断升级和技术的革新，最终有助于维护既有人口的利益，且扩展新增人口的社会经济福利。历史似乎表明，"中国过去 150 年、200 年做的很多事，跟其他国家几乎是同步的"，中国过去多年来的经济增长奇迹，"与其说是中国人自己创造的东西，不如说是顺应了某一种更大的世界趋势"[①]。

崛起国需要一个开放的国际秩序，大国的经验是在强大之后主动谋求开放秩序。对 19 世纪后期的经验研究也证明了这一点，卡尔·多伊奇等人发现，西方工业国家中对外贸易占国民收入的比重在 19 世纪初期的初始工业化阶段后上升，但绝大多数国家在 19 世纪 70 年代至 1919 年都达到了高峰。后来由于两次世界大战的冲击，全球贸

---

① 陈志武：《理解中国改革开放 160 年》，《资本市场》2008 年第 3 期。

易水平有所下滑。① 美国成为霸主之后，无论是其国际战略需求还是国内福利改善，都促使并保障最高决策者实施开放的国际战略。通过对盟国的开放，培植德国、日本这两个经济体，美国在苏联阵营的两翼形成两大前沿阵地，将苏联模式扼杀在苏联国土范围内。苏联尽管也试图与美国在第三世界争夺地盘，但其经贸模式缺乏可持续性。在计划经济模式中，对政治模式的要求超出了一般发展中国家的能力。而东亚社会长期而言具备这种独特能力，加上结合了开放特性，一举获得了经济成长。

从历史视角看，中国在世界经济格局中的实力和意愿的变迁与当时国际经济体系中的主导国息息相关。新中国成立之初以经济"小国"的身份学习并依靠苏联发展了重工业能力，60 年代中期逐步发展和资本主义世界经济的关系，70 年代重新建立与美国的经济联系，并通过融入和塑造东亚地区经济取得强劲的增长，在中国入世前后成为东亚经济秩序的另一个中心。2001 年底入世以后，和前两个阶段相类似——新中国成立后到 1952 年是一个战略调整的准备期，1972 年到 1978 年是第二个阶段的调整期——政策界与学术界面对中国日益上升的国际经济地位已经展开诸多研讨，随着中国日渐成为世界强国，这个战略调整的准备期已经过去，中国开始逐步形成新的国际战略和外交政策。尽管中国未来的面貌在很大程度上依然取决于自身，但中国毕竟走过了"改变自己、影响世界"的 20 世纪，21 世纪的中国将迎来"塑造世界、改善自己"的新时代。

第五节　以海外利益为先导塑造新秩序

自改革开放以来，中国经济取得了令世人震惊的高速、长期增长，30 年年均接近 10%，直至 2012 年后下降为 7% 的中高速增长。很多美国经济学家都认为，中国所取得的这种增长是人类有史以来规

---

① Karl W. Deutsch and Alexander Eckstein, "National Industrialization and the Declining Share of the International Economic Sector, 1890 – 1959," *World Politics*, Vol. 13, No. 2, 1961, pp. 267 – 299.

模最大的经济增长，当年的日、韩两国也不能在时长上与中国相比，而美国历史上保持长期高速增长的速度也只有 5%。

但中国仍是现代经济增长的后来者，在人均收入水平上仍达不到世界平均水平。从贸易理论来说，中国推动经济增长和对外经济关系的战略仍然有赖于我们的比较优势，即储备极为丰厚的劳动力，从早期大规模的低端劳动力到目前逐渐加强的高素质人力资本。因此，早期中国在海外的实实在在的利益，主要是劳务输出以及国际经济合作的工程建设等。

按 2016 年《中国统计年鉴》的数据，截至 2015 年底，中国各类在海外务工人员总数约为 62 万。而在 20 世纪 80 年代中期，中国派往海外的劳工不到 3 万人，30 年来增长了 20 多倍。当然，在此过程中，并不是说每年都有相同的增量。事实上，从 21 世纪初开始，中国海外劳务人数增长势头减缓，这可能也是中国政府考虑海外公民合法权益问题的背景之一（如图 10 - 4 所示）。

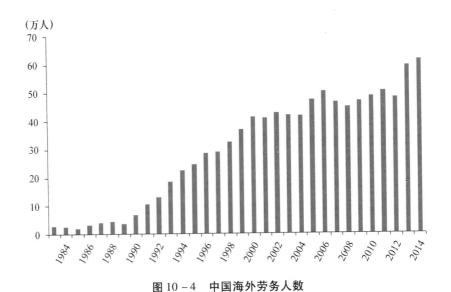

图 10 - 4　中国海外劳务人数

资料来源：《中国统计年鉴（2016）》。

越来越多的中国公民走出国门，显然会遭遇风险和危险。中国外

交部已经付出诸多努力来保障海外中国人的安全。例如，2006 年 7
月 25 日，外交部领事司就从黎巴嫩撤侨接受了记者问，负责人表示，
黎巴嫩撤侨是继所罗门群岛、东帝汶包机撤侨后，中国政府采取的又
一次重大撤侨行动。为了彰显中国政府对维护海外公民合法权益所采
取的努力，《人民日报》国际要闻版几乎全文刊登了外交部的这次谈
话。这是不多见的，也是不寻常的。

　　2007 年 3 月，温家宝总理在《政府工作报告》中首次提到"维
护我国公民和法人在海外的合法权益"[①]。对中国政治运作机理略有
知晓的人显然明白，中国政府在年度的工作报告中列出这么一条有着
多么重大的意义，要知道在《政府工作报告》中改动一个字都是不
同寻常的。政府的工作要反映老百姓的需求，并呼应老百姓的需求。
中国政府提出维护合法权益，这是历史上的第一次，反映出中国与世
界互动的增强，参与国际文化交流活动的扩大。特别是，随着中国海
外投资以及旅游的加速提升，中国居民和中国法人在海外的活动越来
越多，切实做好应急救助工作是应有之义。

　　自 2007 年《政府工作报告》首度提出"海外的合法权益"概念
之后，中国海外经济利益的扩展十分迅猛。无论是在对外直接投资、
海外劳务合作还是工程建设等方面，中国人走进世界的步伐越来越
坚定。

　　按照国家统计局发布的《国民经济和社会发展统计公报》中的数
据，2015 年，中国对外直接投资额（不含银行、证券、保险）为
7351 亿元人民币，按美元计价为 1180 亿美元，比上年增长 14.7%。
2016 年，中国对外直接投资额（不含银行、证券、保险）为 11299
亿元人民币，突破了万亿人民币这一关口，按美元计价为 1701 亿美
元，比上年增长 44.1%（如表 10 - 3 所示）。国家外汇管理局 2017
年 2 月初公布的数据显示，如果加上银行、证券和保险等，2016 年
对外直接投资净增 2112 亿美元，较上年增加 12%，主要是通过合格
境内机构投资者（QDII）、人民币合格境内机构投资者（RQDII）以

---

　　① 关于历年国务院《政府工作报告》，可参考中央政府门户网站数据，http: //
www. gov. cn/guoqing/2006 - 02/16/content_ 2616810. htm。

及港股通等的对外证券投资。

从中国对外投资的产业分布来看，传统上占据大头的主要是租赁和商业服务业、批发零售，以及早期引起国际关注的对采矿业的投资。但近年来这种产业格局变化较大，特别是与 2015 年相比，2016年最引人注目的是，中国制造业对外投资后来居上，列第二，全年达到了 310.6 亿美元，比 2015 年增长 116.7%。其次是信息传输、软件和信息技术服务业，达到了惊人的 203.6 亿美元，同比增长 240%，是所有产业中增长速度最快的（如表 10 - 3）。这两大产业的对外投资增速意味着中国在国际产业分工格局中的大幅度迈进，也表明中国对外投资进入了一个新的阶段，参与国际分工的深度显著增强。

表 10 - 3　　　　　　　中国近两年对外直接投资概况

行业	2016 年金额（亿美元）	比上年增长（%）	2015 年金额（亿美元）	比上年增长（%）
租赁和商务服务业	422.7	1.4	416.7	11.9
制造业	310.6	116.7	143.3	105.9
批发和零售业	275.6	72.0	160.2	-7.2
信息传输、软件和信息技术服务业	203.6	252.2	57.8	240.0
房地产业	106.4	17.4	90.6	193.2
采矿业	86.7	-20.1	108.5	-43.9
建筑业	53.1	18.0	45.0	-35.9
交通运输、仓储和邮政业	36.2	17.2	30.9	5.5
电力、热力、燃气及水生产和供应业	25.3	-9.3	27.9	51.6
农、林、牧、渔业	29.7	44.9	20.5	17.8
总计	1701.1	44.1	1180.2	14.7

资料来源：中国国家统计局 2015 年和 2016 年《国民经济和社会发展统计公报》。

由对外投资引发、吸引舆论关注的另一个话题是，中国企业对"一带一路"的投资热情似乎在下降。2016 年，对"一带一路"沿线国家的直接投资额为 145 亿美元，比 2015 年减少 3 亿美元。的确，以美元计价的对外直接投资额比 2015 年有所下降，但我们必须考虑

人民币贬值的影响。2016 年，人民币兑美元的汇率，从年初 1 美元
兑 6.5 元人民币变为年底的 6.9 元人民币，事实上贬值 6%。因此，
不能仅从以美元计算的投资额得出结论去判断中国企业开始转变对
"一带一路"沿线国家的投资。事实上，有见识的企业家肯定能想到
"一带一路"是中国统领新阶段改革开放的顶层设计之一。而过去的
历史也表明，只有那些融入国家发展战略、勇敢走进世界的企业成长
得最快。

　　除了对外直接投资外，中国在海外也持有其他类型的证券投资资
产，最有名的可能是购买美国国债。在近一段时期里，中国减缓了美
元资产配比。但鉴于欧元区的复杂形势，未来中国购买欧元的前景仍
存在不确定性。按照外汇管理局公布的数据，我国的海外净资产大约
在 1.7 万亿美元。如何维护这部分资产的安全性也将是重要考虑
之一。

　　汇率问题不仅在中国对外投资中越来越明显，也日益影响到我们
的外贸活动。考虑到我们接近 4 万亿美元的国际贸易，汇率的影响是
很大的。中国 2009 年超过德国成为第一大货物出口国，2012 年中国
的货物贸易总额首次超过美国，迄今仍保持这一地位，从今后来看，
也没有哪个国家能替代中国。国际贸易因素是促使中国政府自 2004
年以来在《政府工作报告》中提出"完善人民币汇率形成机制"改
革的根本原因所在。

　　事实上，中国进口了全球极大份额的矿产品、资源品。多年来，
国际社会看到了中国因素在大宗商品价格上升过程中的巨大推动力，
很多资源品出口国也随着受益，并提升了经济增长速度。可以说，中
国需求客观上的确造成了这些产品价格的上扬。但这个长期的大宗商
品上涨周期在 2008 年国际金融危机爆发后基本消失，美元体系的波
动给一批发展中国家的财政收益和国际收支平衡造成很大挑战。按世
界银行提供的大宗商品价格指数衡量，原油价格指数从 2014 年的
118.3 下跌至 2016 年底的 55，而非能源商品价格则从 97 下跌
至 80.3。

　　中国在海外的利益越来越多，面临着如何保护利益的问题。除了
经济、金融和外交手段外，军事手段也是必不可少的。一个标志性的

事件是，2008 年底，中国海军在亚丁湾海域护航。2016 年 1 月，中国在吉布提建立军事设施，为护航编队提供更好的后勤保障。事实上，美国、法国和日本早就在吉布提建有基地。此外，中国是目前在联合国国际维和行动中派出人数最多的国家。

也正是在这个意义上，2017 年《政府工作报告》提出了"加快完善海外权益保护机制和能力建设"，这要比 2016 年的表述"加快海外利益保护能力建设"前进了一大步。事实上，这些年来，中国政府在涉及"海外权益"的表述时还是比较谨慎的，通常前面都有一个定语——中国公民和法人。现在去掉了这个定语，也是进一步认识到中国融入全球经济的结构和内涵比以往要复杂得多。尤其是在跨国直接投资中存在着多种多样的股权结构，而且中国企业在海外发展进程中也日益加强了企业社会责任建设，形成了一个与当地共建的共同体架构。这就不单纯是中国的公民和法人，而是中国长期以来在外留存并发展起来的种种利益。

使用"海外权益"的表述，当然也意味着中国作为一个大国，在看待海洋发展上有了较大进展。长期以来，中国的战略思维中以陆地为主，历史上丧失过重大的发展机遇，并因此在近代遭遇涉及民族存亡的海上挑战。当前，随着贸易和投资的发展，中国的国内社会对于中国介入国际事务、发挥积极作用，有了更为明确的认识，这是支撑中国未来在全球发挥重大作用的社会经济基础。

中国政府也不单纯是为了保护自己的利益才发展海上力量的，也是从全球共同发展角度来看待目前的国际形势的，国际社会也需要中国在引导全球化方面做出新的贡献。因此，李克强总理在《政府工作报告》中也强调，今后一个时期中国将在维和、反恐等问题上，为国际社会提供更多的公共产品，并进一步在地区和全球问题上发挥显著作用。

与美国、日本等经济实力取得高速增长更早一些的国家相比，中国在对外经济战略上的发展还有很大的拓展空间。一方面，中国并不富裕，国内的发展极不平衡，社会舆论对中国更好地实施对外经济战略有更多的期待，希望在做好外交工作的同时，能更加服务于国内社会的发展。特别是中国出国旅游人数的急剧增长，将给中国的涉外部门增加很多新任务。从这个角度而言，学术界面临的任务是弄清楚对外经济关系改善与国内经济增长、社会福利提升之间的关系。另一方面，中国已经是全球第二大经济体，少数省份迈进全球前20大经济体行列，全球与周边国家也期待着中国能做出更多的贡献。中国已经在边境地区设立了14个边境经济合作区，不仅是为增强沿边地区的发展，也试图用这类制度创新带动邻国的经济增长。总体而言，中国需要更加审慎地运用自己的经济实力，要充分考虑到经济手段所具有的战略含义，特别是对周边经济总量较小、经济结构上与中国接近的国家的影响。展望未来，随着海外利益的进一步增强，中国面临着与国内不同的战略环境，在政策和制度上更需要创新精神。对决策者而言，需要把握历史发展的潮流，将中国的经验上升为具有普遍意义的人类发展经验，以更加开放的心态走进新的历史时期。

参考文献

《邓小平思想年谱（1975—1997）》，中央文献出版社1998年版。

《邓小平文选》（第3卷），人民出版社1993年版。

《十六大以来重要文献选编》（上），中央文献出版社2011年版。

《江泽民文选》（第2卷），人民出版社2006年版。

《胡锦涛文选》（第2卷），人民出版社2016年版。

习近平：《习近平谈治国理政》，外文出版社2014年版。

张文木：《中国地缘政治论》，海洋出版社2015年版。

张蕴岭主编：《转变中的中、美、日关系》，中国社会科学出版社1997年版。

张蕴岭主编：《未来10—15年中国在亚太地区面临的国际环境》，中国社会科学出版社2003年版。

张蕴岭主编：《中国对外关系：回顾与思考（1949—2009）》，社会科学文献出版社2009年版。

张蕴岭：《在理想和现实之间：我对东亚合作的研究、参与和思考》，中国社会科学出版社2015年版。

张培刚：《农业与工业化》，中国人民大学出版社2014年版。

张小明：《中国周边安全环境分析》，中国国际广播出版社2003年版。

唐世平：《塑造理想的中国安全环境》，中国社会科学出版社2003年版。

王逸舟：《创造性介入》，北京大学出版社2011年版。

王赓武：《1800年以来的中英碰撞：战争、贸易、科学及治理》，金明、王之光译，浙江人民出版社2015年版。

王赓武：《更新中国：国家与新全球史》，黄涛译，浙江人民出版社
　　2016 年版。

王正毅：《边缘地带发展论：世界体系与东南亚的发展》，上海人民
　　出版社 1997 年版。

王缉思主编：《高处不胜寒：冷战后美国的全球战略和世界地位》，
　　世界知识出版社 1999 年版。

邓正来编：《王铁崖学术文化随笔》，中国青年出版社 1999 年版。

傅军：《国富之道——国家治理体系现代化的实证研究》，北京大学出
　　版社 2014 年版。

陈方正：《继承与叛逆：现代科学为何出现于西方》，生活·读书·
　　新知三联书店 2009 年版。

赖建诚：《亚当·斯密与严复：〈国富论〉与中国》，浙江大学出版社
　　2009 年版。

胡绳：《帝国主义与中国政治》，人民出版社 1978 年版。

林毅夫、蔡昉、李周：《中国奇迹》，上海人民出版社 1995 年版。

朱天：《中国增长之谜》，中信出版社 2016 年版。

朱锋、［美］罗伯特·罗斯主编：《中国崛起：理论与政策的视角》，
　　上海人民出版社 2008 年版。

文一：《伟大的中国工业革命：“发展政治经济学”一般原理批判纲
　　要》，清华大学出版社 2016 年版。

蔡昉：《新常态·供给侧·结构性改革：一个经济学家的思考与建
　　议》，中国社会科学出版社 2016 年版。

江泽民：《全面建设小康社会 开创中国特色社会主义事业新局面》，
　　人民出版社 2002 年版。

丁学良：《辩论“中国模式”》，社会科学文献出版社 2011 年版。

宦乡：《宦乡文集》（上、下），世界知识出版社 1994 年版。

李向阳主编：《亚太地区发展报告（2011）：亚洲与中国经济模式调
　　整》，社会科学文献出版社 2011 年版。

林毅夫：《从西潮到东风》，余江译，北京大学出版社 2012 年版。

刘华清：《刘华清军事文选》（上），解放军出版社 2008 年版。

金钷主编：《国家安全论》，中国友谊出版公司 2002 年版。

唐世平、张洁、曹筱阳主编：《冷战后近邻国家对华政策研究》，世界知识出版社 2005 年版。

田桓主编：《战后中日关系文献集》，中国社会科学出版社 1996 年版。

王缉思、唐士其：《多元化与同一性共存：三十年世界政治变迁（1979—2009）》，社会科学文献出版社 2011 年版。

王泰平：《王泰平文存：中日建交前后在东京》，社会科学文献出版社 2012 年版。

王正毅、迈尔斯·卡勒、高木诚一郎主编：《亚洲区域合作的政治经济分析：制度建设、安全合作与经济增长》，上海人民出版社 2007 年版。

吴征宇：《地理政治学与大战略》，中国法制出版社 2012 年版。

姚洋：《中国道路的世界意义》，北京大学出版社 2011 年版。

余永定：《见证失衡：双顺差、人民币汇率和美元陷阱》，生活·读书·新知三联书店 2010 年版。

张洁、杨丹志主编：《中国周边安全形势评估（2011）》，香港社会科学文献出版社有限公司 2011 年版。

张洁、钟飞腾主编：《中国周边安全形势评估（2012）》，社会科学文献出版社 2012 年版。

张军、周黎安：《为增长而竞争：中国增长的政治经济学》，世纪出版集团 2008 年版。

朱锋：《国际关系理论与东亚安全》，中国人民大学出版社 2007 年版。

牛大勇、沈志华主编：《冷战与中国的周边关系》，世界知识出版社 2004 年版。

孙学峰：《中国崛起困境：理论思考与战略选择》，社会科学文献出版社 2011 年版。

史正富：《超常增长：1979—2049 年的中国经济》，上海人民出版社 2013 年版。

石源华：《中国周边外交十四讲》，社会科学文献出版社 2016 年版。

钱其琛：《外交十记》，世界知识出版社 2003 年版。

《邓小平与外国首脑及记者会谈录》编写组：《邓小平与外国首脑及记者会谈录》，台海出版社 2011 年版。

谢益显主编：《中国外交史（1979—1994）》，河南人民出版社 1995 年版。

［美］罗伯特·吉尔平：《世界政治中的战争与变革》，武军译，中国人民大学出版社 1994 年版。

［美］罗伯特·基欧汉：《霸权之后——世界政治经济中的合作与纷争》，世纪出版集团、上海人民出版社 2001 年版。

［美］巴里·诺顿：《中国经济：转型与增长》，安佳译，上海人民出版社 2010 年版。

［美］本杰明·史华慈：《寻求富强：严复与西方》，叶凤美译，江苏人民出版社 1996 年版。

［美］德怀特·珀金斯：《东亚发展：基础与战略》，颜超凡译，中信出版社 2015 年版。

［美］威廉·H. 麦尼尔：《竞逐富强——公元 1000 年以来的技术、军事与社会》，倪大昕、杨润殷译，上海辞书出版社 2013 年版。

［美］I. 伯纳德·科恩：《自然科学与社会科学的互动》，张卜天译，商务印书馆 2016 年版。

［美］费正清主编：《中国的世界秩序——传统中国的对外关系》，杜继东译，中国社会科学出版社 2010 年版。

［美］格里高利·克拉克：《应该读点经济史》，李淑萍译，中信出版社 2009 年版。

［美］韩德：《美利坚如何独步天下：美国是如何获得和动用它的世界优势的》，马荣久等译，上海人民出版社 2011 年版。

［美］亨利·威廉·斯皮格尔：《经济思想史的成长》，晏智杰、刘宇飞、王长青、蒋怀栋译，中国社会科学出版社 1999 年版。

［美］亨利·基辛格：《大外交》，顾淑馨、林添贵译，海南出版社 1998 年版。

［美］康灿雄：《西方之前的东亚：朝贡贸易五百年》，陈昌煦译，社会科学文献出版社 2016 年版。

［美］肯尼斯·沃尔兹：《现实主义与国际政治》，张睿壮、刘丰译，

北京大学出版社 2012 年版。

［美］克里斯托弗·莱恩：《和平的幻想：1940 年以来的美国大战略》，孙建中译，上海人民出版社 2009 年版。

［美］罗伯特·阿特：《美国大战略》，郭树勇译，北京大学出版社 2005 年版。

［美］杰弗瑞·G. 威廉姆森：《贸易与贫穷：第三世界何时落后》，符大海、张莹译，中国人民大学出版社 2016 年版。

［美］约瑟夫·E. 斯蒂格利茨、沙希德·尤素福主编：《东亚奇迹的反思》，王玉清、朱文晖等译，中国人民大学出版社 2013 年版。

［美］约翰·米尔斯海默：《大国政治的悲剧》，王义桅、信强译，上海人民出版社 2008 年版。

［美］约翰·伊肯伯里：《自由主义利维坦——美利坚世界秩序的起源、危机和转型》，赵明昊译，上海人民出版社 2013 年版。

［美］查默斯·约翰逊：《通产省与日本奇迹》，戴汉笠等译，中共中央党校出版社 1992 年版。

［美］查尔斯·P. 金德尔伯格：《世界经济霸权 1500—1990》，高祖贵译，商务印书馆 2003 年版。

［美］斯蒂芬·L. 帕伦特、爱德华·C. 普雷斯科特：《通向富有的屏障》，苏军译，中国人民大学出版社 2010 年版。

［美］迈克尔·斯温、阿什利·特里斯：《中国大战略》，洪允息、蔡焰译，新华出版社 2001 年版。

［美］尼克松：《超越和平》，范建民译，世界知识出版社 1999 年版。

［美］尼克松：《真正的和平》，钟伟云译，世界知识出版社 1999 年版。

［美］兹比格纽·布热津斯基：《大棋局：美国的首要地位及其地缘战略》，中国国际问题研究所译，上海人民出版社 2007 年版。

［美］亨利·威廉·斯皮格尔：《经济思想史的成长》，晏智杰等译，中国社会科学出版社 1999 年版。

［美］肯尼斯·沃尔兹：《现实主义与国际政治》，张睿壮、刘丰译，北京大学出版社 2012 年版。

［美］罗伯特·卡根：《天堂和权力：世界新秩序中的美国与欧洲》，

刘坤译，社会科学文献出版社 2013 年版。

［美］吉原恒淑、詹姆斯·霍姆斯：《红星照耀太平洋：中国崛起与美国海上战略》，钟飞腾、李志斐、黄杨海译，社会科学文献出版社 2014 年版。

［美］塞缪尔·亨廷顿：《文明的冲突与世界秩序的重建》，新华出版社 2010 年版。

［美］乔治·贝尔：《美国海权百年》，吴征宇译，人民出版社 2014 年版。

［日］大嶽秀夫：《经济高速增长期的日本政治学》，吕耀东、王广涛译，社会科学文献出版社 2013 年版。

［日］吉田茂：《激荡的百年史——我们的果断措施和奇迹般的转变》，孔凡、张文译，世界知识出版社 1980 年版。

［日］宫崎市定：《宫崎市定中国史》，焦堃、瞿拓如译，浙江人民出版社 2015 年版。

［日］防卫大学安全保障学研究会编著：《日本安全保障学概论》，刘华译，世界知识出版社 2013 年版。

［英］艾伦·麦克法兰：《现代世界的诞生》，管可秾译，上海人民出版社 2013 年版。

［英］巴里·布赞：《人、国家与恐惧——后冷战时代的国际安全研究议程》，闫键、李剑译，中央编译出版社 2009 年版。

［英］巴里·布赞、［丹麦］琳娜·汉森：《国际安全研究的演化》，余潇枫译，浙江大学出版社 2011 年版。

［英］安格斯·麦迪森：《世界经济千年统计》，伍晓鹰、施发启译，北京大学出版社 2009 年版。

［英］艾瑞克·霍布斯鲍姆：《霍布斯鲍姆看 21 世纪》，吴莉君译，中信出版社 2015 年版。

［英］杰弗里·蒂尔：《21 世纪的海权指南》（第二版），师小芹译，上海人民出版社 2013 年版。

［英］范达娜·德赛与罗伯特·B.波特主编：《发展研究指南》（下册），杨先明、刘岩等译，商务印书馆 2014 年版。

［印］普拉纳布·巴丹：《觉醒的泥足巨人：中印经济崛起评估》，陈

青蓝等译，中信出版社 2012 年版。

［加］阿米塔·阿查亚：《美国世界秩序的终结》，袁正清、肖莹莹译，上海人民出版社 2017 年版。

［加拿大］阿米塔·阿查亚：《建构安全共同体：东盟与地区秩序》，王正毅、冯怀信译，上海人民出版社 2004 年版。

［荷］杨·卢滕·范赞登：《通往工业革命的漫长道路：全球视野下的欧洲经济，1000—1800 年》，隋福民译，浙江人民出版社 2016 年版。

［荷］格劳秀斯：《论海洋自由或荷兰参与东印度贸易的权利》，马忠法译，张乃跟校，上海人民出版社 2013 年版。

［法］雅克、［印度］帕乔里、［法］图比娅娜主编：《海洋的新边界》，潘革平译，社会科学文献出版社 2013 年版。

［瑞典］托米·本特森、［美］康文林、［美］李中清等：《压力下的生活：1700—1900 年欧洲与亚洲的死亡率和生活水平》，李霞、李恭忠译，社会科学文献出版社 2007 年版。

［匈牙利］卡尔·波兰尼：《巨变——当代政治与经济的起源》，黄树民译，社会科学文献出版社 2013 年版。

阎学通等著：《中国崛起——国际环境评估》，天津人民出版社 1998 年版。

王正毅：《理解中国转型：国家战略目标、制度调整与国际力量》，《世界经济与政治》2005 年第 6 期。

时殷弘：《中国的变迁与中国外交战略分析》，《国际政治研究》2006 年第 1 期。

蔡昉：《理解中国经济发展的过去、现在和将来——基于一个贯通的增长理论框架》，《经济研究》2013 年第 11 期。

江忆恩：《中国对国际秩序的态度》，《国际政治科学》2005 年第 2 期。

杨震、周云亨：《论中美之间的海权矛盾》，《现代国际关系》2011 年第 2 期。

蔡昉：《二元经济作为一个发展阶段的形成过程》，《经济研究》2015 年第 7 期。

胡菁菁：《境外中国外交决策机制研究综述》，《国际政治研究》2010
年第 4 期。

唐世平：《国际政治的社会进化：从米尔斯海默到杰维斯》，《当代亚
太》2009 年第 4 期。

唐世平：《理想安全环境与新世纪中国大战略》，《战略与管理》2000
年第 6 期。

钟飞腾：《超越地位之争：中美新型大国关系与国际秩序》，《外交评
论》2015 年第 6 期。

钟飞腾：《中国周边安全环境：分析框架、指标体系与评估》，《国际
安全研究》2013 年第 4 期。

张小明：《邓小平关于稳定周边的战略思想》，《国际政治研究》1998
年第 1 期。

周桂银：《新世纪的国际安全与安全战略》，《世界经济与政治论坛》
2000 年第 1 期。

朱听昌：《新世纪中国安全战略构想》，《世界经济与政治》2000 年第
1 期。

朱立群、林民旺：《赫尔辛基进程 30 年：塑造共同安全》，《世界经
济与政治》2005 年第 12 期。

苏长和：《共生型国际体系的可能——在一个多极世界中如何构建新
型大国关系》，《世界经济与政治》2013 年第 9 期。

苏长和：《发现中国新外交——多边国际制度与中国外交新思维》，
《世界经济与政治》2005 年第 4 期。

时殷弘：《当代中国的对外战略思想》，《世界经济与政治》2009 年第
9 期。

秦亚青、朱立群：《新国际主义与中国外交》，《外交评论》2005 年第
5 期。

唐世平、綦大鹏：《中国外交讨论中的"中国中心主义"与"美国中
心主义"》，《世界经济与政治》2008 年第 12 期。

钟飞腾：《"周边"概念与中国的对外战略》，《外交评论》2011 年第
4 期。

陈东晓：《当前国际局势特点及中国外部环境的新挑战》，《国际展

望》2011 年第 1 期。

崔丕：《美国亚洲太平洋集体安全保障体系的形成与英国》，《冷战国际史研究》2004 年第 1 期。

方铁：《论中国边疆学学科建设的若干问题》，《中国边疆史地研究》2007 年第 2 期。

方柏华：《论国际环境：基本内容和分析框架》，《世界经济与政治》2001 年第 3 期。

葛剑雄、华林甫：《二十世纪的中国历史地理研究》，《历史研究》2002 年第 3 期。

付玉：《美国与〈联合国海洋法公约〉》，《太平洋学报》2010 年第 8 期。

黄仁伟：《中国面向二十一世纪保持国际环境稳定的战略选择》，《上海社会科学院学术季刊》1998 年第 1 期。

冷溶：《江泽民领导下的中国——十年回顾和新世纪的展望》，《党的文献》2001 年第 4 期。

李金明：《南海断续线的法律地位：历史性水域、疆域线，抑或岛屿归属线?》，《南洋问题研究》2010 年第 4 期。

陆俊元：《中国安全环境结构：一个地缘政治分析框架》，《人文地理》2010 年第 2 期。

罗国强、叶泉：《争议岛屿在海洋划界中的法律效力———兼析钓鱼岛作为争议岛屿的法律效力》，《当代法学》2011 年第 1 期。

马大正：《关于中国边疆学构筑的几个问题》，《东北史地》2011 年第 6 期。

门洪华：《中国东亚战略的展开》，《当代亚太》2009 年第 1 期。

门洪华、钟飞腾：《中国海外利益研究的历程、现状与前瞻》，《外交评论》2009 年第 5 期。

倪世雄、王义桅：《霸权均势：冷战后美国的战略选择》，《美国研究》2000 年第 1 期。

牛军：《改革开放 30 年中国国家安全战略再思考》，《国际政治研究》2009 年第 4 期。

潘忠岐：《地缘学的发展与中国的地缘战略———一种分析框架》，《国际政治研究》2008 年第 2 期。

秦亚青：《国际关系的定量研究与事件分析》，《中国社会科学》2005
　年第 1 期。

曲博：《金融危机背景下的中国与全球经济治理》，《外交评论》2010
　年第 6 期。

石源华、汪伟民：《美日、美韩同盟比较研究——兼论美日韩安全互
　动与东北亚安全》，《国际观察》2006 年第 1 期。

苏长和：《周边制度与周边主义——东亚区域治理中的中国途径》，
　《世界经济与政治》2006 年第 1 期。

谭其骧：《历史上的中国和中国历代疆域》，《中国边疆史地研究》
　1991 年第 1 期。

滕建群：《论中美关系中的第三方因素》，《国际问题研究》2011 年第
　1 期。

王缉思主编：《中国国际战略评论 2013》，世界知识出版社 2013
　年版。

王逸舟：《论中国外交转型》，《学习与探索》2008 年第 5 期。

王玉主：《东盟崛起背景下的中国东盟关系——自我认知变化与对外
　战略调整》，《南洋问题研究》2016 年第 2 期。

王正毅：《中国崛起：世界体系发展的终结还是延续？》，《国际安全》
　2013 年第 3 期。

王光厚：《从"睦邻"到"睦邻、安邻、富邻"》，《外交评论》2007
　年第 3 期。

吴白乙：《中国经济外交：与外部接轨的持续转变》，《外交评论》
　2008 年第 3 期。

杨霄、张清敏：《中国对外经贸关系与外交布局》，《国际政治科学》
　2010 年第 1 期。

阎学通：《对中国安全环境的分析与思考》，《世界经济与政治》2000
　年第 2 期。

阎学通：《权力中心转移与国际体系转变》，《当代亚太》2012 年第
　6 期。

阎学通、周方银：《国家双边关系的定量衡量》，《中国社会科学》

2004 年第 6 期。

袁正清：《中国周边安全环境的基本态势》，李慎明、王逸舟主编：《2006 年：全球政治与安全报告》，社会科学文献出版社 2006 年版。

叶自成：《采取与环境变化相适应的外交战略》，《现代国际关系》2002 年第 11 期。

俞正樑：《东亚秩序重组的特点及其挑战》，《国际展望》2012 年第 1 期。

谢碧霞、张祖兴：《从〈东盟宪章〉看"东盟方式"的变革与延续》，《外交评论》2008 年第 4 期。

章百家：《中国内政与外交：历史思考》，《国际政治研究》2006 年第 1 期。

张清敏：《六十年来新中国外交布局的发展》，《外交评论》2009 年第 4 期。

张洁：《对南海断续线的认知与中国的战略选择》，《国际政治研究》2014 年第 2 期。

张勇：《日本战略转型中的对外决策调整——概念模式与政治过程》，《外交评论》2014 年第 3 期。

张蕴岭：《如何认识中国在亚太面临的国际环境》，《当代亚太》2003 年第 6 期。

赵理海：《关于南海诸岛的若干法律问题》，《法制与社会发展》1995 年第 4 期。

周弘：《对外援助与现代国际关系》，《欧洲》2002 年第 3 期。

周振鹤：《范式的转换——沿革地理—政区地理—政治地理的进程》，《华中师范大学学报》（人文社会科学版）2013 年第 1 期。

左希迎、唐世平：《理解战略行为：一个初步的分析框架》，《中国社会科学》2012 年第 11 期。

［韩］禹锡熙：《亚太地区安全环境与综合安全合作》，《国际政治研究》1998 年第 1 期。

［印尼］尤素福·瓦南迪：《美国与东亚大国的关系：东南亚的视角》，《美国研究》2006 年第 1 期。

Amsden, A. H., *The Rise of "The Rest"：Challenges to the West from Late-Industrializing Economies*, New York：Oxford University Press, 2001.

Baldwin, D. A., *Economic Statecraft*, Princeton：Princeton University Press, 1985.

Gourevitch, P., *Politics in Hard Times：Comparative Responses to International Economic Crises*, Ithaca, New York：Cornell University Press, 1986.

Haggard, S., *Pathways from the Periphery：The Politics of Growth in the Newly Industrializing Countries*, Ithaca and London：Cornell University Press, 1990.

Hofheinz, R., Jr. and Kent E. Calder, *The East Asia Edge*, New York：Basic Books, 1982.

Johnson, C. A., *MITI and the Japanese Miracle：The Growth of Industrial Policy*, 1925-1975, Stanford, California：Stanford University Press, 1982.

Katzenstein, P. J., *A World of Regions：Asia and Europe in the American Imperium*, Ithaca, New York：Cornell University Press, 2005.

Pekkanen, S. M., *Asian Designs：Governance in the Contemporary World Order*, Ithaca, New York：Cornell University Press, 2016.

Perkins, D. H., *China：Asia's Next Economic Giant?* Seattle：University of Washington Press, 1986.

Pollard, R. A., *Economic Security and the Origins of the Cold War, 1945 – 1950*, New York：Columbia University Press, 1985.

Vernon, R., *Sovereignty at Bay：The Multinational Spread of the U. S. Enterprises*, New York：Basic Books, 1971.

Vogel, E. F., *Japan as Number One：Lessons for American*, Cambridge, MA：Harvard University Press, 1979.

Wade, R., *Governing the Market*, Princeton, New Jersey：Princeton University Press, 1990.

The World Bank, *World Development Report 2011：Conflict, Security, and Development*, Washington, D. C.：The World Bank, 2011.

International Monetary Fund, *World Economic Outlook：Hopes, Realities, Risks*, April 2013, Washington, DC：International Monetary Fund, 2013.

Acharya, A., "Will Asia's Past Be Its Future?" *International Security*, Vol. 2, No. 3, 2004.

Avey, P. C., "Confronting Soviet Power: U. S. Policy during the Early Cold War," *International Security*, Vol. 36, No. 4, 2012.

Beeson, M., "Security in Asia: What's Different, What's Not?" *Journal of Asian Security and International Affairs*, Vol. 1, No. 1, 2014.

Betts, R. K., "Wealth, Power and Instability: East Asia and the United States after the Cold War," *International Security*, Vol. 18, No. 3, Winter 1993/94.

Breslin, S., "The 'China Model' and the Global Crisis: From Friedrich List to A Chinese Mode of Governance?" *International Affairs*, Vol. 87, No. 6, 2011.

Curtis, G. L., "Japan's Cautious Hawks: Why Tokyo Is Unlikely to Pursue an Aggressive Foreign Policy," *Foreign Affairs*, Vol. 92, No. 2, 2013.

Feng Huiyun, "Is China a Revisionist Power?" *Chinese Journal of International Politics*, Vol. 2, No. 3, 2009.

Friedberg, A. L., "Ripe for Rivalry: Prospects for Peace in a Multipolar Asia," *International Security*, Vol. 18, No. 3, Winter 1993/94.

Gat, A., "Is War Declining—and Why?" *Journal of Peace Research*, Vol. 50, No. 2, 2013.

Gilpin, R., "Review: The Political Economy of the Multinational Corporation: Three Contrasting Perspectives," *The American Political Science Review*, Vol. 70, No. 1, March1976.

Hayashi, S., "The Developmental State in the Era of Globalization: Beyond the Northeast Asian Model of Political Economy," *The Pacific Review*, Vol. 23, No. 1, March 2010.

Johnson, A. I., "Is China A Status Quo Power?" *International Security*, Vol. 27, No. 4, 2003.

Kang, D. C., "Hierarchy, Balancing, and Empirical Puzzles in Asian International Relations," *International Security*, Vol. 28, No. 3, 2004.

Kelly, R. E., "A 'Confucian Long Peace' in Pre-Western East Asia?"

European Journal of International Relations, Vol. 18, No. 3, 2011.

Layne, C., "This Time It's Real: The End of Unipolarity and the Pax A-mericana," *International Studies Quarterly*, Vol. 56, No. 1, 2012.

Medeiros, E. S. and M. Taylor Fravel, "China's New Diplomacy," *Foreign Affairs*, Vol. 182, No. 16, 2003.

Miller, Steven E., "The Hegemonic Illusion? Traditional Strategic Studies in Context," *Security Dialogue*, Vol. 41, No. 6, 2010.

Neocleous, M., "From Social to National Security: On the Fabrication of Economic Order," *Security Dialogue*, Vol. 37, No. 3, 2006.

Nordhaus, W., John R. Oneal and Bruce Russett, "The Effects of the International Security Environment on National Military Expenditures: A Multicountry Study," *International Organization*, Vol. 66, No. 3, Summer 2012.

Nye, J. S., Jr. and Sean M. Lynn-Jones, "International Security Studies: A Report of a Conference on the State of the Field," *International Security*, Vol. 12, No. 4, 1988.

Prins, G., "The Four-Stroke Cycle in Security Studies," *International Affairs*, Vol. 74, No. 4, 1998.

Ritchie, N., "Rethinking Security: A Critical Analysis of the Strategic Defence and Security Review," *International Affairs*, Vol. 87, No. 2, March 2011.

Rose, G., "Review: Neoclassical Realism and Theories of Foreign Policy," *World Politics*, Vol. 51, No. 1, 1998.

Shambaugh, D., "China Engages Asia: Reshaping the Regional Order," *International Security*, Vol. 29, No. 3, 2005.

Sheives, K., "China Turns West: Beijing's Contemporary Strategy Towards Central Asia," *Pacific Affairs*, Vol. 79, No. 2, 2006.

Tønnesson, S., "Explaining East Asia's Developmental Peace: The Dividends of Economic Growth," *Global Asia*, Vol. 10, No. 4, 2015.

Ullman, R. H., "Redefining Security," *International Security*, Vol. 8, No. 1, 1983.

Acemoglu, D. , and James A. Robinson, "The Political Economy of the Kuznets Curve," *Review of Development Economics*, Vol. 6, No. 2, 2002.

Aoki, M. , "The Five-Phases of Economic Development and Institutional Evolution in China and Japan," in Masahiki Aoki, Timur Kuran and Gerard Roland, eds. , *Institutions and Comparative Economic Development*, Palgrave Macmillan, 2012, pp. 13 – 47.

Bernard, M. and John Ravenhill, "Beyond Product Cycles and Flying Geese: Regionalization, Hierarchy, and the Industrialization of East Asia," *World Politics*, Vol. 47, No. 2, 1995.

Cha, V. , "Powerplay: The Origins of the American Alliance System in Asia," *International Security*, Vol. 34, No. 3, 2009.

Christensen, T. J. , "Shaping the Choices of A Rising China: Recent Lessons for the Obama Administration," *The Washington Quarterly*, Vol. 32, No. 3, 2009.

Colgan, J. D. , "Where Is International Relaitons Going? Evidence from Graduate Training," *International Studies Quarterly*, Vol. 60, No. 3, 2016.

Hundley, L. , Benjamin Kenzer, and Susan Peterson, "What Pivot? International Relations Scholarship and the Study of East Asia," *International Studies Perspectives*, 2015, Vol. 16.

Ikenberry, G. J. , "American Hegemony and East Asian Order," *Australian Journal of International Affairs*, Vol. 58, No. 3, 2004.

Jiang, Jingyi, and Kei-Mu Yi, "How Rich Will China Become?" *Federal Reserve Bank of Minneapolis Economic Policy Paper*, Vol. 15, No. 5, 2015.

Johnston, A. I. , "What (If Anything) Does East Asia Tell Us about International Relations Theory?" *Annual Review of Political Sciences*, Vol. 15, 2012.

Kindleberger, C. P. , "Dominance and Leadership in the International Economy: Exploitation, Public Goods, and Free Rides," *International*

Studies Quarterly, Vol. 25, No. 2, 1981.

Krasner, S. D. , "Organized Hypocrisy in Nineteenth-century East Asia," *International Relations of the Asia-Pacific*, Vol. 1, 2001.

Lake, D. A. , "White Man's IR: An Intellectual Confession," *Perspectives on Politics*, Vol. 14, No. 4, 2016.

Lampton, D. M. , "Paradigm Lost: The Demise of 'Weak China'," *National Interest*, No. 81, 2005.

Moore, T. G. , "China as an Economic Power in the Contemporary Era of Globalization," *Journal of Asian and African Studies*, Vol. 43, No. 5, 2008.

Pan, C. X. , "The 'Indo-Pacific' and Geopolitical Anxieties about China's Rise in the Asian Regional Order," *Australian Journal of International Affairs*, Vol. 68, No. 4, 2014.

Pan, Su-Yan, and Joe Tin-Yau Lo, "Re-conceptualizaing China's Rise as a Global Power: A Neo-Tributary Perspective," *The Pacific Review*, Vol. 30, No. 1, 2017.

Ravenhill, J. , "Is China an Economic Threat to Southeast Asia?" *Asian Survey*, Vol. 46, No. 5, 2006.

Russett, B. , and Taylor Arnold, "Who Talks, and Who's Listening? Networks of International Security Studies," *Security Dialogue*, Vol. 41, No. 6, 2010.

Sala-I-Martin, X. , Gernot Doppelhofer and Ronald I. Miller, "Determinants of Long-Term Growth: A Bayesian Averaging of Classical Estimates (BACE) Approach," *The American Economic Reviw*, September 2004.

Severino, R. C. , "ASEAN and the South China Sea," *Security Challenges*, Vol. 6, No. 2, 2010.

Scalapino, R. A. , "China's Relations with Its Neighbors," *Proceedings of the Academy of Political Science*, Vol. 38, No. 2, 1991.

Soeya, Y. , "US and East Asian Security under the Obama Residency: A Japanese Perspective," *Asian Economic Policy Review*, Vol. 4, 2009.

Walt, S. M. , "The Renaissance of Security Studies," *International Studies*

Quarterly, Vol. 35, No. 2, 1991.

Williamson, J., "Is the 'Beijing Consensus' Now Dominant?" *Asia Policy*, No. 13, 2013.

Yi, Xu, etc., "Chinese National Income, CA. 1661 – 1933," *Australian Economic History Review*, forthcoming, 2017. DOI: 10. 1111/aehr. 12127.

后　记

　　本书是长期努力的产物，得到了诸多师友的帮助，也是在中国社会科学院亚太与全球战略研究院发展过程中逐步形成的。2009 年12 月，原中国社会科学院亚洲太平洋研究所召开"中国与周边国家关系问题研讨会"。这次会议是笔者入职后参与组织的第一次学术会议，会上来自中国海监东海总队的郁志荣老师就东海问题作了报告，让人印象深刻，由此也引发了笔者对海洋问题以及更为一般性的中国周边关系的关注。在推进哲学社会创新工程中，中国社会科学院提供了很多机会，使得笔者能在国内和周边国家进行较为广泛的调研，大大增强了走出书斋看世界的能力和意识。而且，本书的出版也得到中国社会科学院创新工程的资助。亚太与全球战略研究院作为中国社会科学院研究亚太地区的主要机构，接待了诸多来自该地区的学者、官员与智库专家，这些交流也直接提高了笔者对相关问题的认识。

　　全书一共包括 10 章和一个导论，除导论、第一章为新近撰写之外，其余各章节都是在已发表的论文基础上修改而成的。本书中的部分文章曾被中国人民大学书报复印资料《中国外交》等转载。第二、三、五章与第九章的绝大部分曾发表于《外交评论》各期。第三章的一部分内容曾以英文稿的形式编入外交学院赵进军和陈志瑞主编的一部书（Jinjun Zhao and Zhirui Chen, eds. *China and the International Society：Adaptation and Self-Consciousness*, World Scientific Publishing, 2014）中，笔者对此表示感谢。《外交评论》的陈志瑞编审对本书的形成帮助颇大，本书从周边概念和外交布局、海洋问题与中国周边战略议题的转向，再到深入认识中国大战略的基本线索与中国面临的地缘挑战，很多都是在与陈志瑞老师的讨论中逐步完善的。此外，第九章还改写成一篇英文稿，有幸入选中国社会科学院世界经济与政治研究所邵滨鸿研究员主编的一部书（Shao Binhong, ed., *Looking for A Road: China Debates Its and the World's Future*, Brill Academic Pub, 2016）中，笔者对邵老师及李君伟的帮助表示感谢。第三章的部分内容则发表在 2010 年《南亚研究》第 4 期上，缘起是为亚太所举办的一次会议提交的论文，《南亚研究》编辑张冬梅女士觉得此文有一定价值，鼓励笔者将其发展，文稿修改中还得到了孙士海研究员的指点。该文进一步修改后又收入在中国社会科学院学部委员张蕴岭主编的《中国面临的新国际环境》一书中。笔者在思考有关周边问题时，常常反复阅读张老师的文章，而张老师也时常"耳提面命"，鼓励笔者拓展研究。张老师在百忙之中，不顾年事已高，为本书撰写了序言，十分精炼地概括了本书的主旨，也为今后的进一步研究指明了方向。

第四章的原稿发表于《国际安全研究》2013 年第 4 期。这一章原本是为亚太与全球战略研究院评估周边环境而准备的内部稿件，赵江林、张洁等为该稿付出诸多辛劳。经过所内同事多次开专题会讨论，李向阳院长的多次指点，文稿得以进一步完善。最终在谭秀英老师的敦促和指教下，笔者补充了部分数据，进行了更为详尽的计算。可以说，这篇文章的成形历时多年，经过多次反复修改。在《国际安全研究》出版英文刊时，经过谭秀英老师推荐和同行评议，还被选入第一期。事实上，在过去几年中，李向阳院长主持了未来 5—10 年中国周边环境评估的课题工作，包括董向荣、高程、沈铭辉、王玉主、许利平、叶海林、张洁、赵江林等曾多次围绕课题参与小组讨论会，对笔者的相关思考帮助很大。就目前而言，亚太与全球战略研究院的中国周边问题研究人员仍然是国内极为出色的一个团队。

第五章关于海洋问题的部分论述则取材于笔者为《亚太蓝皮书》年度报告撰写的相关内容，意在补充一些资料。感谢蓝皮书编委会为这些稿件所做的审稿工作，这本皮书对青年研究人员的成长帮助很大，也是亚太与全球战略研究院的旗舰学术产品。第六章曾发表于《南洋问题研究》2017 年第 1 期，笔者感谢范宏伟教授的约稿以及对该文提出的诸多意见。此外，也感谢王玉主研究员对这一章构思和写作的帮助。

讨论中国与周边的关系，离不开美国因素。而从政治经济学角度考虑，归根到底，中国的现代化发展也是依托在美国体系中成长起来的，东南沿海省市的快速发展与国际市场有莫大的关系。因此，本书也用了相当大的篇幅去处理与美国、美国体系的关系，第七和第八章都有这种考虑在内。其中一些想法是在和朴键一研究员、张洁研究员多年讨论中形成的，张洁还是第七章的合作者，该文曾发表在《世界经济与政治》2011 年第 8 期。朴键一研究员与笔者一样，早期的训练并非社会科学，而是自然科学或工程学，这在跨界学习和研究国际问题上既有挑战也有别样的角度，多年来和朴老师的讨论常常令我耳目一新。特别值得指出的是，笔者对周边进行系统和追寻本源的讨论，受到了朴老师莫大的鼓励和长久的指点。此外，张洁过去几年组织编写了中国周边安全形势评估的年度系列报告，笔者参与了最初阶段的工作，十分感谢当年那个研究小组成员：曹筱阳、李志斐、吴兆礼、杨丹志、杨晓萍。第八章的部分内容曾发表在中国人民解放军军事科学院主办的《战略研究》上，文章架构和主旨的进一步凝练，则得益于与师小芹的讨论。此外，该章的部分内容最早是应邀为上海社会科学院高兰教授主持的课题而撰写，在此感谢刘鸣研究员、汪舒明副研究员的帮助，通过这一章的写作，加深了对国际秩序以及中美差异性的认识。

第十章有关对外经济战略和海外利益的主要内容，则是应门洪华教授之邀而撰写。近年来，有关经济合作能否实现中国既定战略目标的质疑逐步上升。在笔者看来，对外经济战略有两种，或者说是两个阶段，经济既可以服务于战略，战略反过来也可以服务于经济，谁主谁次则要视具体情况和发展阶段而定，总体而言，中国在运用经济手段达成战略目标上仍处于早期阶段。

系统撰写一部有关中国与周边关系的著作，并用一定的理论方法做出较为深入的分析，是笔者就职亚太所之后一贯的目标。从这个意义上说，这十章并不是心血来潮的产物，而是长期思考中国对外关系、政治经济学以及政策分析的产物。一个人的思想认识是周边小环境和大时代互动下的产物。从学术上看，关注中国周边问题在亚太与全球战略研究院是有传承的，包括张蕴岭学部委员、唐世平教授、周方银研究员等都做过系统深入的研究。从一定意义上说，这是研究机构的使命所在。如果说这本书有一些特点和连贯性，那么可以说是研究环境起了很重要的作用。在此，对科研处朴光姬研究员表示感谢，在诸多次院内项目申报和参与研究上得到了帮助，而亚太与全球院的韩锋研究员、赵源老师也曾鼎力支持我的研究工作。

限于笔者的水平以及各种因素，本书离理想目标仍有很大差距。今后将继续努力学习和深入思考。一个学者要在学术研究上有所进展，除了一个好的外部研究环境外，还需要不断激发自身的奋斗精神，在此感谢家人对我的支持和巨大的帮助。此外，对中国社会科学出版社赵丽博士为编辑出版本书付出的辛劳表示感谢，她的专业意见对完善本书也是至关重要的。

钟飞腾

2017 年 3 月